Regulierungsoptionen für Related Party Transactions

Europäische Hochschulschriften Recht

European University Studies in Law

Publications Universitaires Européennes de Droit

Band/Volume **6113**

Gülsah Civelek

Regulierungsoptionen für Related Party Transactions

PETER LANG

Bibliografische Information der Deutschen Nationalbibliothek
Die Deutsche Nationalbibliothek verzeichnet diese Publikation in der Deutschen Nationalbibliografie; detaillierte bibliografische Daten sind im Internet über http://dnb.d-nb.de abrufbar.

Zugl.: Münster (Westfalen), Univ., Diss. der Rechtswissenschaftlichen Fakultät, 2019

D 6
ISSN 0531-7312
ISBN 978-3-631-79176-9 (Print)
E-ISBN 978-3-631-80075-1 (E-PDF)
E-ISBN 978-3-631-80076-8 (EPUB)
E-ISBN 978-3-631-80077-5 (MOBI)
DOI 10.3726/b16083

Diese Publikation wurde begutachtet.

www.peterlang.com

Meiner Familie

Vorwort

Die Abhandlung hat der Rechtswissenschaftlichen Fakultät der Westfälischen Wilhelms-Universität Münster im Wintersemester 2019/2020 als Dissertation vorgelegen. Rechtsprechung und Literatur sind bis Anfang September 2018 berücksichtigt.

Mein besonderer Dank gilt zunächst meinem Doktorvater Herrn Professor Dr. Matthias Casper für seine eindrucksvolle Unterstützung und sein persönliches Engagement bei der Betreuung dieser Arbeit. Seine konstruktiven Anmerkungen und Hinweise sowie nicht zuletzt seine jederzeitige Bereitschaft zu fachlichen Diskussionen waren für das Gelingen meiner Arbeit maßgeblich. Auch danke ich ihm und Herrn Professor Dr. Johann Kindl für die zügige Erstellung der beiden überaus freundlichen Gutachten.

Herzlich bedanken möchte ich mich ferner bei meinen Kolleginnen und Kollegen von CMS Hasche Sigle Düsseldorf für die Zurverfügungstellung ihrer Ressourcen sowie die tatkräftige persönliche Unterstützung. Die Abhandlung entstand größtenteils während meiner dortigen Tätigkeit als wissenschaftliche Mitarbeiterin an der Seite von Herrn Dr. Dirk Jannott, dessen freundliche Unterstützung meiner wissenschaftlichen Tätigkeit, konstruktiven Anregungen sowie unentwegtes Engagement, zu motivieren, maßgeblich zur Realisierung dieser Arbeit beigetragen haben.

Meinen langjährigen Freunden Alina Santa, Caroline Rolf, John Bühler und David Dschasga gilt mein herzlichster Dank für die Begleitung meines Promotionsvorhabens, ihren motivierenden Zuspruch und stetige Hilfsbereitschaft. Insbesondere bedanke ich mich für ihre geduldige und kritische Durchsicht des Manuskripts.

Ganz besonders bedanken möchte ich mich schließlich bei meiner Familie: Bei meinem Bruder Ethem für die schöne gemeinsame Zeit und unzähligen Aufheiterungen; bei meinen Eltern Yasemin und Hakan Civelek ebenfalls für die unermüdliche Durchsicht meines Manuskripts. Ich danke ihnen von Herzen, dass sie mir diese Arbeit ermöglicht und mich auf meinem bisherigen Lebensweg fortwährend liebevoll begleitet und unterstützt haben. Ihnen gemeinsam widme mich diese Arbeit.

Düsseldorf im Frühjahr 2019 Gülsah Civelek

Inhaltsübersicht

Inhaltsverzeichnis

Abkürzungsverzeichnis

a. A.	anderer Ansicht
ABl. EG	Amtsblatt der Europäischen Gemeinschaft
ABl. EU	Amtsblatt der Europäischen Union
Abs.	Absatz; Absätze
a. E.	am Ende
a. F.	alte Fassung
AG	Aktiengesellschaft; Die Aktiengesellschaft (Zeitschrift)
AktG	Aktiengesetz
a. M.	am Main
Anh.	Anhang
arg.	argumentum
Art.	Artikel
Aufl.	Auflage
BayObLG	Bayrisches Oberstes Landesgericht
BayObLGZ	Entscheidungen des Bayerischen Obersten Landesgerichts in Zivilsachen
BB	Betriebs-Berater (Zeitschrift)
BDA	Bundesvereinigung der Deutschen Arbeitgeberverbände
BeckBilKomm	Beck'scher Bilanz-Kommentar
BeckOK	Beck'scher Online-Kommentar
Beck'sches Hdb	Beck'sches Handbuch
Begr. RegE.	Begründung Regierungsentwurf
Beschl.	Beschluss
BDI	Bundesverband der Deutschen Industrie e. V
BGB	Bürgerliches Gesetzbuch
BGBl.	Bundesgesetzblatt
BGH	Bundesgerichtshof
BGHZ	Entscheidungen des Bundesgerichtshofs in Zivilsachen
BilMoG	Bilanzrechtsmodernisierungsgesetz
BörsG	Börsengesetz
BR-Drucks.	Bundesrats-Drucksache
BT-Drucks.	Bundestags-Drucksache
BVerfG	Bundesverfassungsgericht
BVerfGE	Entscheidungen des Bundesverfassungsgerichts
bzw.	beziehungsweise

CEO	Chief Executive Officer
CFO	Chief Financial Officer
Corp.	Corporation
CRD	Capital Requirements Directive (Eigenkapitalrichtlinie)
DB	Der Betrieb (Zeitschrift)
DCGK	Deutscher Corporate Governance Kodex
ders.	derselbe
dies.	dieselbe; dieselben
DIHK	Deutscher Industrie- und Handelskammertag e. V.
DNotZ	Deutsche Notar-Zeitschrift
DStR	Deutsches Steuerrecht (Zeitschrift)
ECGF	European Corporate Governance Forum
EG	Europäische Gemeinschaft
etc.	et cetera (und so weiter)
EU	Europäische Union
EUR	Euro
EuZW	Europäische Zeitschrift für Wirtschaftsrecht
f., ff.	folgende
FBD	Freshfields Bruckhaus Deringer
FCA	Financial Conduct Authority
Fn.	Fußnote(n)
FS	Festschrift
GG	Grundgesetz (für die Bundesrepublik Deutschland)
GmbH	Gesellschaft mit beschränkter Haftung
GmbH & Co. KGaA	Gesellschaft mit beschränkter Haftung und Compagnie Kommanditgesellschaft auf Aktien
GmbHG	Gesetz betreffend die Gesellschaften mit beschränkter Haftung
GmbHR	GmbH-Rundschau (Zeitschrift)
Großkomm	Großkommentar
GWR	Gesellschafts- und Wirtschaftsrecht (Zeitschrift)
Hdb	Handbuch
HGB	Handelsgesetzbuch
h. M.	herrschende Meinung
Hrsg.	Herausgeber

IAS	International Accounting Standard(s)
IDW	Institut der Wirtschaftsprüfer
IFRS	International Financial Reporting Standards
IFRIC	International Financial Reporting Interpretations Committee.
Inc.	Incorporated
InsO	Insolvenzordnung
i. V. m.	in Verbindung mit
JZ	Juristenzeitung
KG	Kammergericht; Kommanditgesellschaft
KGaA	Kommanditgesellschaft auf Aktien
KK-AktG	Kölner Kommentar Aktiengesetz
LG	Landgericht
LR	Listing Rule(s)
l. Sp.	linke Spalte
MAR	Market Abuse Regulation (Marktmissbrauchsverordnung)
Mio.	Million(en)
MünchHdb	Münchener Handbuch
MüKo	Münchener Kommentar
m. w. N.	mit weiteren Nachweisen
NBER	National Bureau of Economic Research
n. F.	neue Fassung
NJW	Neue Juristische Wochenschrift
NJW-RR	Neue Juristische Wochenschrift Rechtsprechungs-Report Zivilrecht
Nr.	Nummer
NZG	Neue Zeitschrift für Gesellschaftsrecht
OECD	Organisation for Economic Co-operation and Developement (Organisation für wirtschaftliche Zusammenarbeit)
OLG	Oberlandesgericht
RdA	Recht der Arbeit (Zeitschrift)
RG	Reichsgericht

RGZ	Entscheidungen des Reichsgerichts in Zivilsachen
Rn.	Randnummer(n)
r. Sp.	rechte Spalte
S.	Seite
SE	Societas Europaea (Europäische Aktiengesellschaft)
SEAG	SE-Ausführungsgesetz
Sec.	Section
SE-VO	SE-Verordnung
SIC	Standard Interpretations Committee
SpruchG	Spruchverfahrensgesetz
TransPuG	Transparenz- und Publizitätsgesetz
UMAG	Gesetz zur Unternehmensintegrität und Modernisierung des Anfechtungsrechts
UmwBerG	Gesetz zur Bereinigung des Umwandlungsrechts
UmwG	Umwandlungsgesetz
Urt.	Urteil
USD	US-Dollar
v.	vom; von
vgl.	vergleiche
Vorb.	Vorbemerkung(en)
WM	Wertpapier-Mitteilungen (Zeitschrift)
WPg	Die Wirtschaftsprüfung (Zeitschrift)
WpHG	Wertpapierhandelsgesetz
WpÜG	Wertpapiererwerbs- und Übernahmegesetz
ZGR	Zeitschrift für Unternehmens- und Gesellschaftsrecht
ZHR	Zeitschrift für das gesamte Handelsrecht und Wirtschaftsrecht
Ziff.	Ziffer
ZIP	Zeitschrift für Wirtschaftsrecht
ZPO	Zivilprozessordnung

Kapitel 1: Einleitung

§ 1 Problemaufriss

Transaktionen einer Aktiengesellschaft mit ihr nahestehenden Personen und Unternehmen werden heute in der rechtswissenschaftlichen und -ökonomischen Literatur als eine der größten Schwachstellen der Corporate Governance betrachtet. Im angelsächsischen Raum werden diese Geschäfte unter dem prägnanten Begriff *Related Party Transactions* diskutiert.[1] Nach einhelliger Ansicht besteht bei *Related Party Transactions* die evidente Gefahr, dass es zu einem unberechtigten Vermögensabfluss zulasten der Gesellschaft und ihrer Aktionäre – vor allem der Minderheitsaktionäre – kommt.[2] Eine einheitliche Definition der *Related Party* kennt das deutsche Recht nicht. Dementsprechend weit geht das Verständnis. In seiner Grundform erfassen *Related Party Transactions* alle Geschäfte einer Gesellschaft mit Organmitgliedern und Kontrollaktionären einer Aktiengesellschaft als dieser originär nahestehenden Parteien.[3] *Related Party Transactions* sind der Prototyp der Fälle von Interessenkollisionen.[4] So sind Organmitglieder auf der einen Seite kraft ihres organschaftlichen Verhältnisses verpflichtet, in allen Angelegenheiten, die das Gesellschaftsinteresse betreffen, allein im Wohl und Wehe der Gesellschaft zu handeln.[5] Auf der anderen Seite sind sie bei Eigengeschäften naturgemäß daran interessiert, möglichst günstige Transaktionsbedingungen zu eigenen Gunsten auszuhandeln. Ähnlich verhält es sich bei Kontrollaktionären, die bei Geschäften mit der eigenen Gesellschaft typischerweise – wie alle Akteure am Markt – auf Maximierung des eigenen Vorteils bedacht sind. Die Gefahr bei Kontrollaktionären liegt darin, dass sie von ihrem Einflusspotential auf die Verwaltung, das in der Regel auf Mehrheitsbesitz oder zumindest auf einer gesicherten Hauptversammlungsmehrheit

---

1 So bereits *Drygala*, AG 2013, 198; *Enriques/Volpin*, Journal of Economic Perspectives 21 (2007), 117, 138; *Kalss*, ZHR 171 (2007), 146.

2 *Enriques/Hertig/Kanda/Pargendler*, in The Anatomy of Corporate Law, S. 145; *Tröger*, AG 2015, 53, 54.

3 *Enriques/Hertig/Kanda/Pargendler*, in The Anatomy of Corporate Law, S. 145; *OECD*, Related Party Transactions and Minority Shareholder Rights, S. 20. Wie weit der Kreis der nahestehenden Personen und Unternehmen im Einzelnen zu ziehen ist, wird noch unter § 10 zu erörtern sein.

4 Vgl. *Bachmann*, in Kremer/Bachmann/Lutter/v. Werder, DCGK, Rn. 1102.

5 *Fleischer*, in Spindler/Stilz, AktG, § 93 Rn. 114.

beruht, zum Nachteil der Minderheit Gebrauch machen können.[6] Daher können *Related Party Transactions* nicht die Regelvermutung für sich beanspruchen, zu angemessenen, marktüblichen Bedingungen zustande gekommen zu sein, wie es bei Leistungsaustauschen unter Dritten der Fall ist.[7]

Aktuellen Anlass zur Diskussion über die Regulierungsbedürftigkeit von *Related Party Transactions* haben Vorschläge auf europäischer Ebene zur Änderung der Aktionärsrechterichtlinie gegeben. Der Ausgangsvorschlag der Europäischen Kommission[8] geht auf Vorarbeiten des *European Corporate Governance Forums* (ECGF)[9] aus dem März 2011 zurück, die die Europäische Kommission bereits in ihrem Aktionsplan vom Dezember 2012[10] aufgegriffen hatte. Nach Auffassung der Europäischen Kommission haben (Minderheits-)Aktionäre derzeit keine ausreichenden Informations- und Mitspracherechte bei Transaktionen ihrer Gesellschaft mit nahestehenden Personen und Unternehmen. Es fehlten die geeigneten Instrumente, um gegen missbräuchliche Transaktionen vorzugehen.[11] Als Vorbild dienten unverkennbar die Regelungen der englischen *Listing Rules* 11 der *Financial Conduct Authority* (FCA LR 11)[12], wenn auch Unterschiede

6 Vgl. *Tröger*, AG 2015, 53, 63 f.

7 *Selzner*, ZIP 2015, 753; *Temming*, RdA 2015, 280.

8 Vorschlag der Europäischen Kommission v. 09.04.2014 für eine Richtlinie des Europäischen Parlaments und des Rates zur Änderung der Richtlinie 2007/36/EG im Hinblick auf die Förderung der langfristigen Einbeziehung der Aktionäre sowie der Richtlinie 2013/34/EU in Bezug auf bestimmte Elemente der Erklärung zur Unternehmensführung, COM(2014) 213 final (im Folgenden „AR-RL-KOM" oder „Kommissionsvorschlag").

9 Statement of the European Corporate Governance Forum on Related Party Transactions for Listed Entities, 10.03.2011, abrufbar unter: http://ec.europa.eu/internal_market/company/docs/ecgforum/ecgf_related_party_transactions_en.pdf (Stand 31.08.2018). Der ECGF ist eine ständige hochrangige Expertengruppe, die im Gefolge des Aktionsplans der Europäischen Kommission zur Modernisierung des Europäischen Gesellschaftsrechts von 2003 eingerichtet wurde. Sie berät die Europäische Kommission bei ihrer Aufgabe, die Gesellschaftsrechte der Mitgliedstaaten zu vereinheitlichen, *Tröger*, AG 2015, 53, 55.

10 Siehe Mitteilung der Europäischen Kommission an das Europäische Parlament, den Rat, den Europäischen Wirtschafts- und Sozialausschluss und den Ausschluss der Regionen; Aktionsplan: Europäisches Gesellschaftsrecht und Corporate Governance – ein moderner Rechtsrahmen für engagiertere Aktionäre und besser überlebensfähige Unternehmen, COM(2012) 740 final v. 12.12.2012, S. 11.

11 AR-RL-KOM, S. 5 f.

12 FCA LR 11, abrufbar unter: http://fshandbook.info/FS/html/Handbook/LR/11/1 (Stand 31.08.2018).

im Detail bestehen. Nach darauffolgenden Änderungsvorschlägen seitens des Europäischen Parlaments und des Rats der Europäischen Union haben sich die europäischen Institutionen drei Jahre später am 07./09.12.2016 im informellen Trilogverfahren auf einen Kompromiss geeinigt.[13] Nachdem der Kompromissvorschlag am 14.03.2017 vom Europäischen Parlament gebilligt und in endgültiger Fassung vom Rat der Europäischen Union am 03.04.2017 erwartungsgemäß angenommen wurde, ist die Richtlinie zur Änderung der Aktionärsrechterichtlinie[14] am 07.06.2017 in Kraft getreten. Mit der Einführung gemeinsamer europäischer Mindestanforderungen soll ein hinreichendes Schutz- und Regelungssystem in Bezug auf *Related Party Transactions* sichergestellt werden, das Ausdruck einer modernen und effizienten Corporate Governance ist.

§ 2 Gegenstand und Grenzen der Untersuchung

Gegenstand der Untersuchung dieser Arbeit ist die Regulierungsbedürftigkeit von *Related Party Transactions* einer Aktiengesellschaft (im Folgenden auch nur „Gesellschaft") sowie Regulierungsoptionen zur Schließung etwaiger Schutzlücken. Soviel sei vorweggenommen: Der Gefahr einer „Selbstbedienung" der nahestehenden Personen und Unternehmen wird im deutschen Aktienrecht nicht durch ein geschlossenes Gesamtkonzept entgegengewirkt. Das Problemfeld bleibt allerdings nicht gänzlich ungeregelt. Das Aktienrecht hält ein Bündel von Einzelinstrumenten bereit, die die abstrakte Gefahr, die von *Related Party Transactions* ausgeht, adressieren und regeln.[15] Sie schaffen eine Reihe von verfahrensmäßigen und materiell-rechtlichen Schutzvorkehrungen, die von bilanzrechtlichen Publizitätsvorschriften flankiert werden.[16] Um bewerten zu können, ob es überhaupt einen Regulierungsbedarf im Hinblick auf die Kontrolle von

---

13 Council of the European Union, Proposal for a Directive of the European Parliament and of the Council amending Directive 2007/36/EC as regards the encouragement of long-term shareholder engagement and Directive 2013/34/EU as regards certain elements of the corporate governance statement – Analysis of the final compromise text with a view to agreement, Dok. 15248/16 v. 13.12.2016 (AR-RL-Trilog).

14 Richtlinie (EU) 2017/828 des Europäischen Parlaments und des Rates vom 17.05.2017 zur Änderung der Richtlinie 2007/36/EG im Hinblick auf die Förderung der langfristigen Mitwirkung der Aktionäre (ABl. EU Nr. L 132 v. 20.05.2017, S. 1, im Folgenden „ReformRL"). Die reformierte Fassung der Aktionärsrechterichtlinie 2007/36/EG soll im Folgenden mit „AR-RL2017" oder „reformierte Aktionärsrechterichtlinie" abgekürzt werden.

15 *Selzner*, ZIP 2015, 753, 755.

16 Vgl. *Fleischer*, NZG 2006, 561, 566.

Related Party Transactions im deutschen Aktienrecht gibt, sind zunächst Stärken und Schwächen dieser Schutzinstrumente zu analysieren.

Die Reform der Aktionärsrechterichtlinie war zwar Anlass für eine genauere Auseinandersetzung und Analyse der nationalen Regulierung von *Related Party Transactions*. In erster Linie soll es in dieser Untersuchung jedoch nicht um die detaillierte Auseinandersetzung mit allen in der reformierten Aktionärsrechterichtlinie niedergelegten Bestimmungen zu *Related Party Transactions* und ihre mögliche Umsetzung in nationales Recht gehen. Vielmehr sollen unter Berücksichtigung des bestehenden rechtlichen Rahmens mögliche Regelungsoptionen beleuchtet werden, die für einen effektiven Schutz der Gesellschaft und ihrer (Minderheits-)Aktionäre gegen missbräuchliche *Related Party Transactions* in Betracht kommen. Vor diesem Hintergrund werden die einschlägigen Regelungen der reformierten Aktionärsrechterichtlinie gegebenenfalls im Rahmen einer rechtspolitischen Beurteilung daraufhin gewürdigt, ob sie aus deutscher Sicht zur Verbesserung des Schutzniveaus die richtigen Kontrollinstrumente ansetzen. Der in *Related Party Transactions* angelegte Interessenkonflikt kann zwar auch Gläubigerinteressen berühren. Um der vorliegenden Abhandlung aber hinreichende Konturen zu verleihen, soll der Schutz der Gläubigerinteressen, soweit sie nicht den Interessen der Gesellschaft und ihrer Aktionäre entsprechen, nur am Rande berücksichtigt werden. Dies entspricht ausweislich der Erwägungsgründe auch der grundsätzlichen Ausrichtung des europäischen Gesetzgebers.[17] In der Regel wird berechtigen Gläubigerinteressen aber reflexartig durch eine Verbesserung des Aktionärsschutzniveaus Rechnung getragen werden.

Der Schwerpunkt der mit *Related Party Transactions* verbundenen Probleme sowie die in dieser Abhandlung untersuchten Lösungswege sind gesellschaftsrechtlicher Natur. Um den Untersuchungsgegenstand nicht zu verwässern, werden kapitalmarktrechtliche Vorschriften daher nicht in die Betrachtung einbezogen. Zudem behandelt die Untersuchung lediglich *Related Party Transactions* einer Aktiengesellschaft. Die anlassgebende Aktionärsrechterichtlinie gilt zwar noch weiter einschränkend ausschließlich für Gesellschaften, deren Aktien zum Handel an einem geregelten Markt zugelassen sind (Art. 1 Abs. 1 Satz 1 AR-RL2017). Dennoch gilt es zu untersuchen, ob auch für nichtbörsennotierte Aktiengesellschaften ein Regulierungsbedarf besteht und ob und wie weit im Rahmen der Regulierungsoptionen für nichtbörsennotierte Gesellschaften Unterschiede bestehen. Andere Gesellschaftsformen bleiben aber außer Betracht.

---

17 Erwägungsgrund Nr. 42 und Nr. 44 ReformRL.

§ 3 Gang der Untersuchung

Im zweiten Kapitel soll zunächst eine kurze rechtsökonomische Vorbetrachtung des Phänomens der *Related Party Transactions* erfolgen. Es sollen die beiden Gesichter von *Related Party Transactions* vorgestellt werden: Zum einen soll ihr Charakter als Missbrauchs- und Ausbeutungsinstrument, zum anderen ihre wirtschaftliche Notwendigkeit beleuchtet werden. Das dritte Kapitel widmet sich sodann dem Status quo des deutschen Aktienrechts. Es wird untersucht, ob die existierenden Vorschriften im deutschen Recht zur Regulierung von Transaktionen mit nahestehenden Personen und Unternehmen Regelungsdefizite aufweisen. Da das deutsche Aktienrecht kein geschlossenes Gesamtkonzept bereithält, wird im Rahmen der Untersuchung zwischen Geschäften der Gesellschaft mit Organmitgliedern einerseits und mit Kontrollaktionären andererseits differenziert. Ausgehend von den gewonnenen Erkenntnissen der Analyse des Status quo, widmet sich das vierte Kapitel möglichen Regelungsoptionen, durch die etwaige bestehende Schutzdefizite geschlossen werden können. Im letzten Kapitel erfolgt schließlich eine Zusammenfassung der Untersuchung in Thesen.

Kapitel 2: Rechtsökonomischer Hintergrund von Related Party Transactions

§ 4 Related Party Transactions als Tunneling-Instrument

Die Gründe, warum Transaktionen mit nahestehenden Personen und Unternehmen in der nationalen und internationalen Diskussion als „Brennpunkt",[18] „eines der größten Defizite in der Unternehmensführung"[19] oder als „Achillesferse"[20] der Corporate Governance bezeichnet werden, sind vielfältig. *Related Party Transactions* zählen zu den wesentlichen Instrumenten, durch die der Gesellschaft zugunsten eines Kontrollinhabers Vermögenswerte und Erträge entzogen werden können. Im ökonomischen Fachjargon hat sich für eine solche Überführung von Wirtschaftsgütern und Erträgen der Begriff *Tunneling* etabliert.[21] *Related Party Transactions* stellen indes nur eine von vielen möglichen *Tunneling*-Varianten dar.[22] Als Beispiel für eine weitere, nicht transaktionsgebundene und daher für die zugrundeliegende Untersuchung irrelevante, *Tunneling*-Variante sei die Ausnutzung von Geschäftschancen der Gesellschaft für eigene Zwecke genannt.[23] So häufig wie *Related Party Transactions* in der Wirtschaftspraxis vorkommen, so unterschiedlich sind die konkreten missbräuchlichen Ausgestaltungen. Gemeinsam ist diesen Transaktionen, dass sie durch Interessenkonflikte und regelmäßig auch durch Informationsasymmetrien der benachteiligten (Minderheits-)Aktionäre gekennzeichnet sind. In den letzten Jahrzehnten haben *Related Party Transactions* sowohl mit Organmitgliedern als auch mit Kontrollaktionären für viel Aufsehen gesorgt, die Auslöser für zahlreiche legislative Reformen auf europäischer Ebene waren.[24] Im Rahmen der

18 *Tröger*, AG 2015, 53.

19 *Wiersch*, NZG 2014, 1131; vgl. auch *OECD*, Related Party Transactions and Minority Shareholder Rights, S. 20.

20 *Zetzsche*, NZG 2014, 1121, 1126.

21 Begriffsprägend: *Johnson/La Porta/Lopez-De-Silanes/Shleifer*, The American Economic Review 90 (2000), 22 sowie Ausführungen bei *Atanasov/Black/Ciccotello*, The Journal of Corporation Law 37 (2011), 1, 5 ff.

22 *Enriques*, European Business Organization Law Review 16 (2015), 1, 3; siehe auch feingliedrige Auffächerung bei *Atanasov/Black/Ciccotello*, The Journal of Corporation Law 37 (2011), 1, 5 ff.

23 *Bezzenberger*, Das Kapital der AG, S. 225; *Djankov/La Porta/Lopez-De-Silanes/Shleifer*, Journal of Financial Economics 88 (2008), 430.

24 Vgl. *Enriques/Volpin*, Journal of Economic Perspectives 21 (2007), 117, 127 ff.

Diskussion um die Kontrolle von *Related Party Transactions* begegnet man immer wieder drei herausragenden Beispielen, namentlich den Fällen *Enron*, *WorldCom* und *Parmalat*.[25] Einen der größten Unternehmensskandale stellte die Insolvenz des US-amerikanischen Energiekonzerns *Enron Corp.* dar.[26] Zahlreiche Manager waren in Bilanzfälschungen verwickelt, die aufgrund einer Reihe von *Related Party Transactions* lange verborgen blieben. Eine besondere Rolle spielte dabei *Enrons Chief Financial Officer (CFO)*, der auf beiden Seiten der *Related Party Transactions* tätig wurde, teilweise unter Zwischenschaltung von Gesellschaften, die unter seiner Beherrschung standen.[27] Durch diese *Related Party Transactions* soll sich der *CFO* um mindestens USD 30 Mio. bereichert haben.[28] Ähnlich hat sich die Insolvenz der *WorldCom, Inc.*, einer der weltweit größten Telekommunikationskonzerne, ereignet.[29] Auch hier ging es um erhebliche Bilanzmanipulationen und missbräuchliche *Related Party Transactions.* So wurden *WorldComs Chief Executive Officer (CEO)* Kredite in Höhe von mehreren Million USD unbesichert gewährt.[30] Der Fall *Parmalat* ist dagegen ein herausragendes Beispiel für missbräuchliche Transaktionen eines Kontrollaktionärs.[31] Vermögenswerte in Wert von mehreren Milliarden EUR wurden in Gesellschaften des kontrollierenden Aktionärs abgeführt.[32] Auch diese Transaktionen waren mit Bilanzfälschungen verbunden.

Das Problem des Profitstrebens übermächtiger Manager wie in den Fällen *Enron* und *WorldCom* ist ein Phänomen, das vermehrt in Gesellschaften anzutreffen ist, in denen der Anteilsbesitz weit gestreut ist und die Gesellschaft über keinen tonangebenden Aktionär verfügt (sogenannte Publikumsgesellschaften).[33]

---

25 *M. Roth*, Related Party Transactions, S. 4, abrufbar unter: https://ssrn.com/abstract=2710128 (Stand 31.08.2018).

26 Ausführlich zum Fall *Enron*: *Healy/Palepu*, Journal of Economic Perspectives 17 (2003), 3.

27 *Powers/Troubh/Winokur*, Report of Investigation of the Special Investigative Committee of the Board of Directors of Enron Corp., S. 18.

28 *Powers/Troubh/Winokur*, Report of Investigation of the Special Investigative Committee of the Board of Directors of Enron Corp., S. 2.

29 Siehe *Beresford/Katzenbach/Rogers*, Report of Investigation of the Special Investigative Committee of the Board of Directors of WorldCom, Inc.

30 *Beresford/Katzenbach/Rogers*, Report of Investigation of the Special Investigative Committee of the Board of Directors of WorldCom, Inc., S. 292 ff.

31 Eingehend bei *Enriques/Volpin*, Journal of Economic Perspectives 21 (2007), 117, 123 ff.

32 *Enriques/Volpin*, Journal of Economic Perspectives 21 (2007), 117, 124.

33 *Bezzenberger*, Das Kapital der AG, S. 355.

Das Problem wurzelt in der Trennung von Anteilseigentum und Unternehmenskontrolle. Dagegen zeichnen sich deutsche Gesellschaften regelmäßig dadurch aus, dass sie über einen Großaktionär verfügen, der bestimmenden Einfluss auf die Gesellschaft ausübt.[34] Dies trifft häufig selbst auf große börsennotierte Aktiengesellschaften zu.[35] Bedeutsamer sind in diesen Gesellschaften missbräuchliche Geschäfte mit dem Kontrollaktionär, bei denen die Gefahr besteht, dass sich der Kontrollinhaber eigennützig Sondervorteile zulasten der Minderheitsaktionäre verschafft. Dennoch sind Transaktionen mit Organmitgliedern auch in der deutschen Wirtschaftspraxis nicht bedeutungslos und werden daher als einheitliches Problem der Corporate Governance verstanden.[36]

Die den *Related Party Transactions* immanenten Interessenkollisionen und Informationsasymmetrien sind typische Probleme, die Rechtsökonomen unter dem Schlagwort Prinzipal-Agent-Theorie oder Agenturkonflikt diskutieren.[37] Die Prinzipal-Agent-Theorie beschreibt Probleme in einer Agenturbeziehung aus der Interessensperspektive des Prinzipals. Sie sieht den Ursprung der Probleme darin, dass der Agent eigene Interessen verfolgt und Informationen besitzt, die gegenüber dem Prinzipal verborgen bleiben.[38] Angewendet auf das Verhältnis zwischen Managern (Agenten) und Aktionären (Prinzipalen) nimmt die Theorie an, dass ein Manager, dessen Interessen bei einem Eigengeschäft mit der Gesellschaft mit den Unternehmensinteressen kollidieren, ersteren den Vorzug gibt.[39] Die Informationsasymmetrie entsteht bei diesen Transaktionen durch den Informationsvorsprung der Manager gegenüber den Aktionären, die von der Geschäftsführung ausgeschlossen sind und im Übrigen auch bei der Kontrolle der Geschäftsführung grundsätzlich nicht mitwirken. Daher lassen sich

34 *Bezzenberger*, Das Kapital der AG, S. 355; *Hopt*, ZHR 175 (2011), 444, 494.

35 Vgl. die Erhebungen zur Anteilseignerstruktur in börsennotierten Gesellschaften bei *Bayer/Hoffmann*, AG 2015, R91 ff.; *La Porta/Lopez-De-Silanes/Shleifer*, The Journal of Finance 2 (1999), 471. Als Beispiel sei die Volkswagen AG angeführt, deren Kontrollaktionärin, die Porsche SE, einen Anteilsbesitz von 30,8 % mit 52,2 % der Stimmrechte hat; die Aktionärsstruktur der Volkswagen AG ist, abrufbar unter: https://www.volkswagenag.com/de/InvestorRelations/shares/shareholder-structure.html (Stand 31.08.2018).

36 Vgl. *M. Roth*, Related Party Transactions, S. 3.

37 Eingehend dazu *Miebach*, Organisationstheorie, S. 47 ff.; ausführlich zu *Related Party Transactions* als Ausdruck von Agenturkonflikten *Tarde*, Related Party Transactions, S. 25 ff.

38 Vertiefend dazu unter Anwendung auf Interessenkonflikte *Kumpan*, Der Interessenkonflikt, S. 61 ff.

39 *Jensen/Meckling*, Journal of Financial Economics 3 (1976), 305, 309.

Related Party Transactions ohne Weiteres als typische Prinzipal-Agent-Konflikte kategorisieren, die bei der Corporate-Governance-Diskussion eine bedeutende Rolle spielen.[40] Zwar wurde die Prinzipal-Agent-Theorie originär angewendet, um die aus der Trennung von Eigentum und Kontrolle in der Kapitalgesellschaft resultierenden Probleme, namentlich opportunistisches Verhalten von Managementmitgliedern, zu untersuchen (vertikaler Prinzipal-Agent-Konflikt). Mit der Erkenntnis, dass Gesellschaften in Kontinentaleuropa – anders als in den USA und Großbritannien[41] – vielfach von einem kontrollierenden Aktionär beherrscht werden, hat man begonnen, auch Konflikte zwischen dem Mehrheitsaktionär und den Minderheitsaktionären unter Zugrundelegung der Agenturtheorie zu betrachten (horizontaler Prinzipal-Agent-Konflikt).[42] Der Konflikt resultiert aus der Macht des Kontrollaktionärs, der insbesondere in seiner Einflussmöglichkeit auf die Verwaltungsorgane liegt. Es gilt zu untersuchen, durch welche Institutionen des Gesellschaftsrechts die zwischen Agenten und Prinzipalen bestehende Informationsasymmetrie beseitigt werden und den berechtigten Interessen der Prinzipale insgesamt Rechnung getragen werden kann.

§ 5 Wirtschaftliche Notwendigkeit von Related Party Transactions

Fälle wie *Enron*, *WorldCom* und *Parmalat* zeigen, welche Ausmaße missbräuchliche, unangemessene *Related Party Transactions* haben können. Werden sie auch kritisch gesehen, so steht ihre wirtschaftliche Notwendigkeit überwiegend außer Zweifel. Durch ein umfassendes Verbot wäre die Gefahr des *Tunnelings* zwar vollumfänglich unterbunden. Allerdings würden auch zu marktüblichen Bedingungen zustande gekommene und wertschöpfende Transaktionen verhindert, an denen die Gesellschaft ein berechtigtes Interesse hat und die für die Gesellschaft sogar unersetzbar sein können.[43] Fälle wirtschaftlicher Notwendigkeit liegen etwa vor, wenn der Inhaber einer Lizenz für ein Patent, eine Software

40 *Hopt*, ZHR 175 (2011), 444, 448, 494; so auch *Tarde*, Related Party Transactions, S. 30.

41 *Hopt*, ZHR 175 (2011), 444, 449; zur Aktionärsstruktur in britischen Gesellschaften: *Cheffins*, Corporate Ownership and Control, British Business Transformed, passim.

42 *Hopt*, ZHR 175 (2011), 444, 494. Grundsätzliche Beschreibung der Möglichkeiten kontrollierender Aktionäre in sogenannten horizontalen Prinzipal-Agenten-Beziehungen Minderheiten auszubeuten und private Kontrollrenten zu konsumieren bei *Roe*, in Ménard/Shirley, Handbook of New Institutional Economic, S. 371, 374 ff.; außerdem *Tröger*, in KK-AktG, § 133 Rn. 13, 19.

43 *Wiedemann*, Organverantwortung, S. 16.

oder eine Marke das Mutterunternehmen ist, sodass für die Tochtergesellschaft von Anfang an kein anderer Vertragspartner in Betracht kommt. Gerade bei kleineren Gesellschaften stellen Organmitglieder oder Kontrollaktionäre oftmals die einzig in Frage kommenden Vertragspartner dar. Dies ist etwa der Fall, wenn sich am Markt aufgrund schwieriger Vermögensverhältnisse der Gesellschaft kein vertragswilliger Dritter finden lässt oder aber die Gesellschaft zur Offenlegung von Betriebsgeheimnissen oder sonstigen vertraulichen Plänen gezwungen wäre.[44] Allgemein können risikobehaftete Transaktionen mit nahestehenden Personen und Unternehmen, die die Gesellschaft und die Risiken einzuschätzen wissen, in der Regel zu besseren Konditionen durchgeführt werden als mit Außenstehenden, die der Transaktion misstrauisch gegenüberstehen und aus diesem Grund auf Risikoabschläge bestehen. Vor allem im Konzernverbund gehören nahestehende Unternehmen zu alltäglichen und unverzichtbaren Geschäftspartnern. Das Recht der faktischen Konzerne (§§ 311 ff. AktG) ist zwar auf einen dezentral geführten Konzern bedacht.[45] Ohne Transaktionen zwischen den Konzerngesellschaften wäre eine für die Wirtschaft wichtige, effiziente Konzernorganisation aber kaum denkbar. Folglich muss es Konzerngesellschaften möglich sein, Synergieeffekte durch einen gewissen Grad an zentralistischer Konzernführung zu nutzen.[46] Eine geschäftliche Vertrauensbasis sowie wenige Informationsasymmetrien zwischen der Gesellschaft und der *Related Party* beschleunigen den Transaktionsablauf und sorgen für eine Reduzierung der Transaktionskosten im Vergleich zu Fremdgeschäften.[47] Hinzutreten etwa für Kreditgeschäfte oder Beratungsverträge geschäftstypische Gründe, warum *Related Party Transactions* für die Wirtschaftspraxis unverzichtbar sind.[48]

§ 6 Gründe für eine Regulierung

Wegen der abstrakten Gefährlichkeit von *Related Party Transactions* ist ihre effektive Kontrolle für den Schutz der Interessen der Gesellschaft sowie ihrer (Minderheits-)Aktionäre unerlässlich. Von einem hohen Schutzniveau profitiert auch die Gesellschaft, da die Verstärkung des Minderheitenschutzes dazu führt, dass Investitionen für Anleger attraktiver werden; die Gesellschaft kann daher

---

44 *Enriques/Hertig/Kanda/Pargendler*, in The Anatomy of Corporate Law, S. 145, 146.
45 *Habersack*, in Emmerich/Habersack, Aktien- und GmbH-Konzernrecht, § 311 Rn. 2.
46 Ebenso *Tarde*, Related Party Transactions, S. 15.
47 Ebenso *Tarde*, Related Party Transactions, S. 14.
48 Zu den einzelnen Geschäftsarten siehe § 7 B. II.

mit einem höheren Aktienpreis rechnen.[49] In Rechtsordnungen mit schwach ausgeprägtem Minderheitenschutz soll bei Gesellschaften mit starker Konzentration des Aktienbesitzes – wie es auf deutsche Aktiengesellschaften zutrifft – regelmäßig mit einem Kursabschlag der Aktien oder sogar einem Unterlassen der Investition zu rechnen sein.[50] Aus Sicht des Kapitalmarkts seien daher vor allem Anzahl der von der Gesellschaft vorgenommenen *Related Party Transactions* und ihre Behandlung bewertungsrelevant.[51] Grund dafür sei insbesondere, dass Investoren nicht die Gewissheit haben, dass ihre Investition vor einer Umverteilung zum Mehrheitsaktionär geschützt ist.[52] Durch Verbesserung des Minderheitenschutzes vor missbräuchlicher Einflussnahme der Kontrollinhaber kann daher der Weg der Gesellschaft zu frischem Eigenkapital erleichtert werden.

---

49 *Drygala*, AG 2013, 198, 207; *Wiersch*, NZG 2014, 1131, 1136.

50 *La Portal/Lopez-De-Silanes/Shleifer/Vishny*, NBER Working Paper No. 5879, S. 16 f., abrufbar unter: http://www.nber.org/papers/w5879.pdf (Stand 31.08.2018); vgl. auch *Langenbucher*, in FS Müller-Graff, S. 312, 314.

51 *Selzner*, ZIP 2015, 753.

52 *Wackerbarth*, Der Konzern 2005, 562, 565.

Kapitel 3: Regelung von Related Party Transactions im deutschen Recht

§ 7 Schutz vor Geschäften mit Organmitgliedern

A. Überblick

So vielfältig wie die möglichen in Betracht kommenden Interessenkonflikte und Missbrauchskonstellationen sind auch die aktienrechtlichen Einzelregelungen, die dem Organhandeln formale und materielle Schranken setzen.[53] Die Regelungen haben gemeinsam, dass sie an abstrakte, typisierende Gefährdungslagen anknüpfen, regelmäßig in Form von abstrakten Interessenkonflikten. Zu den formalen, verfahrensrechtlichen Schutzvorkehrungen gehören die Verlagerung der Vertretungskompetenz auf den Aufsichtsrat (§ 112 AktG)[54] sowie die Zustimmungserfordernisse des Aufsichtsrats bei bestimmten Geschäftsarten (§§ 89, 115 AktG Kreditgewährungen an Vorstands- und Aufsichtsratsmitglieder,[55] § 114 AktG Dienst- und Werkverträge mit Aufsichtsratsmitgliedern[56]). Diese Vorschriften wollen bereits der Entstehung von Interessenkonflikten entgegenwirken, indem verfahrensmäßig ein weiteres Organ zur Mitwirkung berufen wird. In materieller Hinsicht unterliegen die Eigengeschäfte der Organmitglieder aufgrund ihrer Treuepflicht gegenüber der Gesellschaft einer Angemessenheitskontrolle. Schließlich unterwirft das deutsche Aktienrecht *Related Party Transactions* gewissen Publizitätspflichten. Der Untersuchung dieser Schutzinstrumente widmet sich der nachstehende Abschnitt.

B. Formale Schranken des Organhandelns

I. Entscheidungs- und Überwachungskompetenzen im dualistischen System

Die Leitung der Gesellschaft obliegt gemäß § 76 Abs. 1 AktG der eigenen Verantwortung des Vorstands. Für den Abschluss von *Related Party Transactions* ist daher der Vorstand zuständig. Aufsichtsrat und Hauptversammlung sind von dieser Aufgabe grundsätzlich ausgeschlossen. Die Kompetenzen der

---

53 *Fleischer*, in Spindler/Stilz, AktG, § 93 Rn. 123.

54 Hierzu unter § 7 A. II. 1.

55 Hierzu unter § 7 A. II. 2.

56 Hierzu unter § 7 A. II. 3.

Hauptversammlung einer Aktiengesellschaft beschränken sich im Wesentlichen auf Grundlagenzuständigkeiten; dem Aufsichtsrat obliegt primär die Kontrolle der Geschäftsführung des Vorstands. Die Überwachungsaufgabe des Aufsichtsrats beinhaltet neben der vergangenheitsbezogenen Kontrolle auch die mitunternehmerische Überwachung, indem er durch fortlaufende Beratung des Vorstands auf die künftige Geschäftspolitik Einfluss nimmt.[57] Wie er seine präventive Überwachung organisiert und welche Geschäfte er seiner Zustimmung unterwerfen möchte, liegt grundsätzlich in seinem Ermessen, sofern die Hauptversammlung keine bindenden Vorgaben in der Satzung trifft (§ 111 Abs. 4 Satz 2 AktG). Denkbar ist daher, Geschäfte der Gesellschaft mit Organmitgliedern und ihnen nahestehenden Personen und Unternehmen an die Zustimmung des Aufsichtsrats zu binden.[58]

Wie aus den Regelungen in §§ 100 Abs. 2, 110 Abs. 3 AktG deutlich wird, handelt es sich bei dem Aufsichtsratsamt um ein Nebenamt, das mit einer Interessenpluralität einhergeht.[59] Noch deutlicher kommt die Interessenpluralität in mitbestimmten Aufsichtsräten, in denen Interessenvertreter der Anteilseigner- und Arbeitnehmerbank sitzen, zum Ausdruck. Aus diesem Grund besteht bei Aufsichtsratsmitgliedern im Verhältnis zum Vorstand allgemein eine größere Gefahr von Interessenkonflikten.[60] Gleichwohl werden diese Konfliktsituationen vom Gesetzgeber toleriert.[61] Da der Aufsichtsrat grundsätzlich keine Vertretungs- und Geschäftsführungsbefugnis besitzt und bei Eigengeschäften daher stets auf die Mitwirkung des Vorstands angewiesen ist, besteht bei ihm schon dem Grunde nach eine geringere Gefahr unangemessener *Related Party Transactions*.[62]

---

57 *Koch*, in Hüffer, AktG, § 111 Rn. 13.

58 *Koch*, in Hüffer, AktG, § 111 Rn. 14.

59 *Hopt/Roth*, in Großkomm AktG, § 93 Rn. 228.

60 Vgl. *Habersack*, in MüKo AktG, § 111 Rn. 44.

61 Im Schrifttum wird von „Konflikttoleranz" gesprochen, so etwa *Koch*, ZGR 2014, 697, 701; *Semler/Stengel*, NZG 2003, 1.

62 *J. Vetter*, ZHR 179 (2015), 273, 292. Noch weiter geht *Koch*, der den Aufsichtsrat aufgrund seiner Stellung im aktienrechtlichen Kompetenzgefüge als weniger anfällig für Interessenkonflikte sieht, *Koch*, ZGR 2014, 697, 701.

II. Vertretungsverlagerung und Zustimmungserfordernisse

1. Vertretung durch den Aufsichtsrat

Abweichend von § 78 AktG wird die Gesellschaft bei unmittelbaren Eigengeschäften mit Vorstandsmitgliedern vom Aufsichtsrat vertreten (§ 112 AktG). In der Praxis kommen Verträge mit Vorstandsmitgliedern meist in Form von Beraterverträgen vor.[63] Die Gesellschaft schließt diese Verträge mit Vorstandsmitgliedern anstelle eines oder zusätzlich zu einem Anstellungsvertrag. Die Vorschrift will eine unbefangene Vertretung der Gesellschaft sicherstellen, die von sachfremden Erwägungen unbeeinflusst ist und sachdienliche Gesellschaftsbelange wahrt.[64] Sie basiert auf der Besorgnis, dass der Vorstand zu einer unbefangenen Wahrnehmung seiner Vertretungsaufgabe nicht imstande ist, wenn Vorstandskollegen an dem fraglichen Rechtsverhältnis beteiligt sind.[65] Es geht ähnlich wie beim Verbot des Insichgeschäfts nach § 181 1. Var. BGB um die Vermeidung eines Interessenkonflikts.[66] Bei den Rechtsfolgen eines Vertretungsmangels ist zwischen einem Handeln des Vorstands (oder eines Dritten) und einem Vertretungshandeln eines Aufsichtsratsmitglieds zu unterscheiden.[67] Das Handeln eines nicht durch einen wirksamen Beschluss ermächtigten Aufsichtsrats oder Aufsichtsratsmitglieds führt nach einhelliger Ansicht nicht zur Nichtigkeit des Rechtsgeschäfts, sondern zur Anwendbarkeit der Regelungen über den Vertreter ohne Vertretungsmacht (§§ 177 ff. BGB).[68] Das betreffende Geschäft ist nur schwebend unwirksam und bleibt genehmigungsfähig. Handelt dagegen der Vorstand oder ein Dritter entgegen § 112 AktG, führt dies zur Nichtigkeitsfolge des § 134 BGB.[69] Der Aufsichtsrat kann das Geschäft nicht nachträglich genehmigen,

63 *Fuhrmann*, NZG 2017, 291; *Koch*, in Hüffer, AktG, § 112 Rn. 5.

64 *Habersack*, in MüKo AktG, § 112 Rn. 1; *Koch*, in Hüffer, AktG, § 112 Rn. 1.

65 Ständige Rechtsprechung, siehe BGH, Urt. v. 26.06.1995 – II ZR122/94, BGHZ 130, 108, 111 f. = DStR 1995, 1440; BGH, Urt. v. 08.02.1988 – II ZR 159/87, BGHZ 103, 213, 216 = NJW 1988, 1384, 1385.

66 *Habersack*, in MüKo AktG, § 112 Rn. 1; *Henssler*, in Henssler/Strohn, AktG, § 112 Rn. 1; *Hopt/Roth*, in Großkomm AktG, § 112 Rn. 6 ff.

67 *Habersack*, in MüKo AktG, § 112 Rn. 31.

68 BGH, Beschl. v. 14.05.2013 – II ZB 1/11, ZIP 2013, 1273, 1277 (Rn. 23); *Drygala*, in K. Schmidt/Lutter, AktG, § 112 Rn. 19; *Grigoleit/Tomasic*, in Grigoleit, AktG, § 112 Rn. 16; *Habersack*, in Großkomm AktG, § 78 Rn. 12; *ders.*, in MüKo AktG, § 112 Rn. 31; *Henssler*, in Henssler/Strohn, AktG, § 112 Rn. 8; *Koch*, in Hüffer, AktG, § 112 Rn. 12.

69 OLG Brandenburg, Urt. v. 14.01.2015 – 7 U 68/13, AG 2015, 428, 430; OLG Stuttgart, Urt. v. 20.03.1992 – 2 U 115/90, AG 1993, 85, 86; *Drygala*, in K. Schmidt/Lutter, AktG, § 112 Rn. 21; *Hopt/Roth*, in Großkomm AktG, § 112 Rn. 109; *Mertens/Cahn*, in KK-AktG, § 112 Rn. 11; *Schmits*, AG 1992, 149, 155; *Semler*, in MüKo AktG, 2. Aufl.,

da verhindert werden soll, dass der Aufsichtsrat trotz der Kompetenzzuweisung in § 112 AktG die Rolle eines bloßen Zustimmungsorgans übernimmt.[70] Die Satzung kann das Selbstkontrahieren aufgrund der zwingenden aktienrechtlichen Zuständigkeitsordnung nicht gestatten.[71] Zwar regelt der ausdrückliche Wortlaut der Norm nur die Vertretungsverlagerung und verhält sich nicht zur Geschäftsführungsbefugnis. Der Zweck der Norm, der an die abstrakte Gefährdung der Gesellschaftsinteressen durch Interessenkonflikte anknüpft, wäre aber verfehlt, wenn der Aufsichtsrat lediglich die vom Vorstand intern bestimmten Geschäftsbedingungen im Außenverhältnis umzusetzen hätte.[72]

Über den Wortlaut hinaus wird der Anwendungsbereich aber nicht auf nahestehende Personen und Unternehmen des Vorstandsmitglieds oder allgemein auf Dritte erstreckt.[73] So findet § 112 AktG insbesondere auf Geschäfte mit Familienmitgliedern eines Vorstandsmitglieds keine Anwendung.[74] Nur ausnahmsweise erfasst § 112 AktG auch Gesellschaften von Vorstandsmitgliedern, wenn zwischen der vertragsschließenden Gesellschaft und dem Vorstandsmitglied wirtschaftliche Identität besteht.[75] Dies ist jedenfalls für den Fall anerkannt, dass es sich bei dem Dritten um eine Einpersonengesellschaft eines Vorstandsmitglieds handelt.[76] § 112 AktG ist dagegen nicht anwendbar, wenn es um einen Vertrag

---

§ 112 Rn. 75 ff.; *ders.*, FS Rowedder, S. 441, 455 f.; *Stein*, AG 1999, 28, 39 ff.; a. A. für eine Anwendbarkeit der §§ 177 ff. BGB: OLG München, Urt. v. 18.10.2007 – 23 U 5786/06, AG 2008, 423, 425 (Rn. 48 ff.); OLG Celle, Beschl. v. 25.02.2002 – 4 U 176/01, BB 2002, 1348; *Habersack*, in MüKo AktG, § 112 Rn. 32; *Koch*, in Hüffer, AktG, § 112 Rn. 12; *Spindler*, in Spindler/Stilz, AktG, § 112 Rn. 43; offengelassen BGH, Urt. v. 16.03.2009 – II ZR 280/07, NZG 2009, 550, 552; BGH, Urt. v. 29.11.2004 – II ZR 364/02, NZG 2005, 276, 277; ausführliche Darstellung der gegenüberstehenden Argumente bei *Köhler*, NZG 2008, 161, 162 f.

70 *Stein*, AG 1999, 28, 35.

71 *Fleischer*, in Spindler/Stilz, AktG, § 93 Rn. 134.

72 *Thoma*, Eigengeschäfte, S. 175.

73 *Eßwein*, AG 2015, 151, 154; *Habersack*, in MüKo AktG, § 112 Rn. 7; *Henssler*, in Henssler/Strohn, AktG, § 112 Rn. 3; *Selzner*, ZIP 2015, 753, 755.

74 BGH, Urt. v. 12.03.2013 – II ZR 179/12, DStR 2013, 982; *Eßwein*, AG 2015, 151, 154; *Koch*, in Hüffer, AktG, § 112 Rn. 2.

75 *Eßwein*, AG 2015, 151, 153; *Habersack*, in MüKo AktG, § 112 Rn. 9.

76 OLG Brandenburg, Urt. v. 14.01.2015 – 7 U 68/13, AG 2015, 428 (Rn. 36); OLG Saarbrücken, Urt. v. 22.01.2014 – 2 U 69/13, NZG 2014, 343 f.; OLG Saarbrücken, Urt. v. 11.10.2012 – 8 U 22/11 – 6, 8 U 22/11, AG 2012, 922, 923; *Bayer/Scholz*, ZIP 2015, 1853, 1856; *Drygala*, in K. Schmidt/Lutter, AktG, § 112 Rn. 11 f.; *Habersack*, in MüKo AktG, § 112 Rn. 9; *Koch*, in Hüffer, AktG, § 112 Rn. 4; *Mertens/Cahn*, in

der Gesellschaft mit einem Unternehmen geht, an dem ein Vorstandsmitglied nicht zu 100 % beteiligt ist, selbst wenn es sich um eine maßgebliche Beteiligung handelt.[77] Auch werden nicht Verträge mit Unternehmen erfasst, an denen ein dem Vorstandsmitglied nahestehender Dritter beteiligt ist.[78] Der beschränkte Anwendungsbereich des § 112 AktG hat damit zur Folge, dass der Vorstand insbesondere bei Rechtsgeschäften der Gesellschaft mit einem Ehegatten, Kindern oder sonstigen nahen Familienangehörigen eines Vorstandsmitglieds für die Vertretung der Gesellschaft zuständig bleibt. Auch kennt das deutsche Aktienrecht kein allgemeines Stimmverbot bei Interessenkonflikten des Vorstandsmitglieds, sodass das betroffene Vorstandsmitglied nicht von der Abstimmung über das Rechtsgeschäft ausgeschlossen ist.[79] Nur im Einzelfall kann das betroffene Vorstandsmitglied aufgrund seiner organschaftlichen Treuepflicht gehalten sein, der Beratung und Abstimmung fernzubleiben.[80]

Dem ersten Anschein nach hat der Gesetzgeber mit der Regelung des § 112 AktG ein Kontrollinstrument geschaffen, mit dem die Grundkonstellation des Interessenkonflikts an der Wurzel gepackt wird. Dies wird zusätzlich dadurch bestärkt, dass es im Interesse der Rechtssicherheit nicht auf eine konkrete Gefährdung der Gesellschaftsbelange ankommt. Problematisch ist allerdings der begrenzte Anwendungsbereich der Norm. Dadurch, dass sie nicht auch Familienangehörige erfasst, ist die Regelung für Umgehungen durch

---

KK-AktG, § 112 Rn. 18; *Werner*, ZGR 1989, 369, 373 f.; a. A. *Eßwein*, AG 2015, 151 ff.; *Witt*, ZGR 2013, 668, 679 ff.

77 OLG München, Urt. v. 10.05.2012 – 14 U 2175/11, NZG 2012, 706, 707; OLG Saarbrücken, Urt. v. 30.11.2000 – 8 U 71/100 – 15, 8 U 71/00, AG 2001, 483; *Bayer/Scholz*, ZIP 2015, 1853, 1857 f.; *Drygala*, in K. Schmidt/Lutter, AktG, § 112 Rn. 12; *Habersack*, in MüKo AktG, § 112 Rn. 9; *Mertens/Cahn*, in KK-AktG, § 112 Rn. 18; *Witt*, ZGR 2013, 668, 679 ff.; a. A. *Spindler*, in Spindler/Stilz, AktG, § 112 Rn. 9; *Rupietta*, NZG 2007, 801, 802 ff. BGH, Urt. v. 12.03.2013 – II ZR 179/12, BGHZ 196, 312, 314 (Rn. 9) = NJW 2013, 1742 hat die Frage offengelassen, aber klargestellt, dass jedenfalls bei einem Anteilsbesitz unter 25 % keine maßgebliche Beteiligung gegeben ist.

78 *Thoma*, Eigengeschäfte, S. 179.

79 *Koch*, in Hüffer, AktG, § 77 Rn. 8; *Spindler*, in MüKo AktG, § 77 Rn. 21.

80 Vgl. *Diekmann/Fleischmann*, AG 2013, 141, 149; *Koch*, in Hüffer, AktG, § 77 Rn. 8. Zur Treuepflicht sogleich unter § 7 C. I. 1. Enthält sich das betroffene Vorstandsmitglied nicht freiwillig aus dem Beratungs- und Abstimmungsprozess und schließen daraufhin auch die übrigen Vorstandsmitglieder das betroffene Mitglied nicht aus, besteht die Gefahr, dass sich auch die anderen Vorstandsmitglieder nicht auf die Business Judgement Rule (§ 93 Abs. 1 Satz 2 AktG) berufen können, so *Koch*, ZGR 2014, 697, 708 ff., 713 ff.; *ders.*, in Hüffer, AktG, § 94 Rn. 26. Ausführlich dazu unter § 7 E. I.

Zwischenschaltung Dritter anfällig. Dies überrascht im Hinblick auf den Normzweck. Wenn der Grund für die Verlagerung der Vertretungskompetenz in der Befürchtung liegt, der Vorstand sei zur unbefangenen Vertretung nicht im Stande, wenn über Geschäfte mit Vorstandskollegen zu entscheiden ist, wäre eine Ausdehnung zumindest auf nahe Familienangehörige naheliegend.

2. *Kreditgewährung an Organmitglieder*

Zu den besonderen, im Aktiengesetz geregelten *Related Party Transactions* gehören ferner Kreditgewährungen der Gesellschaft an ihre Vorstandsmitglieder. Zum einen sind sie ein Musterbeispiel für organschaftliche Interessenkonflikte.[81] Zum anderen lassen sie den Verdacht einer verdeckten Selbstbegünstigung zu Lasten der Gesellschaft und der Aktionäre entstehen.[82] Missbräuchliche Kreditgewährungen können beispielsweise eine überhöhte Kreditaufnahme, unangemessen niedrige Verzinsungen oder eine unangemessen geringe Tilgung von Krediten an Vorstandsmitglieder sein.[83] Das deutsche Aktienrecht begegnet diesen Gefahren jedoch nicht mit einem umfassenden Verbot von Kreditgewährungen an Vorstandsmitglieder.[84] Zum Schutz der Gesellschaft verlangt § 89 AktG lediglich einen Beschluss des Aufsichtsrats und sorgt damit für erhöhte Transparenz (§§ 107 Abs. 2, 108 AktG).[85] Die Entscheidungskompetenz des Aufsichtsrats folgt im Grunde schon aus § 112 AktG, der dafür sorgt, dass sich Vorstandsmitglieder nicht gegenseitig Kredite gewähren dürfen.[86] Das in § 89 Abs. 1 Satz 1 AktG verankerte Beschlusserfordernis stellt lediglich klar, dass konkludente Kreditgewährungen nicht möglich sind. Denn konkludente Beschlüsse des Aufsichtsrats gibt es nicht.[87] Aus dem Wortlaut der Regelung „auf

---

81 *Fleischer*, in Spindler/Stilz, AktG, § 89 Rn. 1; *Hopt*, ZGR 2004, 1, 9 f.; *Kort*, ZIP 2008, 717, 720; *Seibt*, in K. Schmidt/Lutter, AktG, § 89 Rn. 1; entsprechend für § 115 AktG auch *Hopt*, in FS Mestmäcker, S. 909, 923.

82 *Fleischer*, in Spindler/Stilz, AktG, § 89 Rn. 1; *ders.*, in Fleischer, Hdb Vorstandsrecht, § 9 Rn. 48; *Peltzer*, in FS Rowedder, S. 325 f.

83 *Ihrig/Schäfer*, Rechte und Pflichten des Vorstands, § 13 Rn. 319; *Koch*, in Hüffer, AktG, § 89 Rn. 1; *Kort*, in Großkomm AktG, § 89 Rn. 3; Begr. RegE. AktG 1965 bei *Kropff*, S. 113.

84 *Kort*, in Großkomm AktG, § 89 Rn. 4; Begr. RegE AktG 1965 bei *Kropff*, S. 113; *Spindler*, in MüKo AktG, § 89 Rn. 1.

85 *Fleischer*, in Spindler/Stilz, AktG, § 89 Rn. 1; *Koch*, in Hüffer, AktG, § 89 Rn. 1; *Spindler*, in MüKo AktG, § 89 Rn. 2.

86 *Spindler*, in MüKo AktG, § 89 Rn. 2.

87 BGH, Urt. v. 27.05.1991 – II ZR 87/90, AG 1991, 398; BGH, Urt. v. 06.04.1964 – II ZR 75/62, BGHZ 41, 282, 286 = NJW 1964, 1367; BGH, Urt. v. 11.07.1953 – II ZR

Grund eines Beschlusses" folgt ferner, dass der Aufsichtsratsbeschluss vor Kreditgewährung gefasst werden muss.[88] Die Regelung in § 89 Abs. 5 AktG, der eine nachträgliche Zustimmung ausreichen lässt, betrifft lediglich die sofortige Rückgewährpflicht, nicht aber die Rechtmäßigkeit der Kreditgewährung.[89]

Die Regelungen in § 89 Abs. 2 bis Abs. 4 AktG erweitern den Kreis der Kredite, die nur unter Mitwirkung des Aufsichtsrats gewährt werden dürfen. Bei diesen Krediten wird die Gesellschaft zwar vom Vorstand vertreten,[90] sie bedürfen aber zusätzlich der Einwilligung des Aufsichtsrats.[91] Nach § 89 Abs. 2 Satz 1 AktG sind von dieser Regelung Kreditgewährungen an Prokuristen und Generalhandlungsbevollmächtigte der Gesellschaft erfasst. Des Weiteren gehören auch gesetzliche Vertreter, Prokuristen und Generalhandlungsbevollmächtigte eines Konzernunternehmens zum betroffenen Personenkreis (§ 89 Abs. 2 Satz 2 AktG). Um Umgehungen zu vermeiden, dehnt § 89 Abs. 3 AktG den Anwendungsbereich der Zustimmungspflicht zudem ausdrücklich auf nahestehende Personen aus: Kredite an Ehegatten, Lebenspartner oder minderjährige Kinder eines Vorstandsmitglieds, eines anderen gesetzlichen Vertreters, eines Prokuristen oder eines Generalhandlungsbevollmächtigten bedürfen der Einwilligung des Aufsichtsrats. Zur Vorbeugung von Strohmanngeschäften sind ferner Kredite an Dritte erfasst, die für Rechnung einer der Kreditbeschränkung unterworfenen Personen handeln. Nach einhelliger Ansicht ist § 89 Abs. 3 AktG über seinen Wortlaut hinaus nicht auf weitere Personen anzuwenden.[92] Daher werden Kredite an volljährige Kinder, geschiedene Ehegatten, frühere Lebenspartner, sonstige Verwandte oder Verschwägerte, Mündel, Pflege- oder Stiefkinder nicht einbezogen, sofern nicht ausnahmsweise eine Strohmannkonstellation vorliegt.[93] Nach § 89 Abs. 4 AktG ist schließlich auch bei Kreditgewährungen

---

126/52, BGHZ 10, 187, 194 = NJW 1953, 1465, 1466; *Dauner-Lieb*, in Henssler/Strohn, AktG, § 89 Rn. 9; *Fleischer*, in Fleischer, Hdb Vorstandsrecht, § 9 Rn. 49, 63; *Koch*, in Hüffer, AktG, § 89 Rn. 4; *Spindler*, in MüKo AktG, § 89 Rn. 36, 38.

88 *Fleischer*, in Spindler/Stilz, AktG, § 89 Rn. 12; *Kort*, in Großkomm AktG, § 89 Rn. 4, 38; Begr. RegE. AktG 1965 bei *Kropff*, S. 114; *Mertens/Cahn*, in KK-AktG, § 89 Rn. 17.

89 *Spindler*, in MüKo AktG, § 89 Rn. 40; *Weber*, in Hölters, AktG, § 89 Rn. 7. Ersatzansprüche nach § 93 Abs. 3 Nr. 8 AktG bleiben wegen § 93 Abs. 4 Satz 2 und 3 AktG bestehen, *Koch*, in Hüffer, AktG, § 89 Rn. 8.

90 *Spindler*, in MüKo AktG, § 89 Rn. 36.

91 *Koch*, in Hüffer, AktG, § 89 Rn. 5.

92 *Kort*, in Großkomm AktG, § 89 Rn. 102; *Mertens/Cahn*, in KK-AktG, § 89 Rn. 9; *Selzner*, ZIP 2015, 753, 755.

93 *Selzner*, ZIP 2015, 753, 755.

an juristische Personen oder Personenhandelsgesellschaften die Mitwirkung des Aufsichtsrats erforderlich, wenn ein Fall der personellen Verflechtung vorliegt. Dafür genügt, dass ein gesetzlicher Vertreter oder ein Aufsichtsratsmitglied einer juristischen Person oder ein Gesellschafter einer Personenhandelsgesellschaft zugleich Vorstand, Prokurist oder Generalhandlungsbevollmächtigte der Aktiengesellschaft ist.

Ein entgegen § 89 Abs. 1 bis 4 AktG vom Aufsichtsrat gewährter Kredit ist nicht nach § 134 BGB nichtig,[94] sondern vielmehr gemäß § 89 Abs. 5 AktG sofort zurück zu gewähren. Die Pflicht zur sofortigen Rückgewähr entfällt aber, wenn der Aufsichtsrat der Kreditgewährung nachträglich zustimmt (§ 89 Abs. 5 Halbsatz 2 AktG). Davon unberührt bleibt eine etwaige Schadensersatzpflicht von Vorstands- und Aufsichtsratsmitgliedern nach §§ 93 Abs. 3 Nr. 8, 116 Satz 1 AktG.[95] Nur wenn der Vorstand einem seiner Mitglieder entgegen § 112 AktG einen Kredit gewährt, ist das Kreditgeschäft gemäß § 134 BGB nichtig.[96]

Eine besondere Regelung für Kreditgewährungen an Aufsichtsratsmitglieder ist in § 115 AktG vorgesehen. Dieser flankiert die Vorschrift des § 89 AktG und stimmt strukturell wie inhaltlich im Wesentlichen mit den Vorgaben für Vorstandsmitglieder überein. Das betroffene Aufsichtsratsmitglied ist entsprechend § 34 BGB von der Abstimmung ausgeschlossen.[97] § 115 AktG bezweckt damit zum einen, dass eine das Unabhängigkeitspostulat verletzende sachfremde Einflussnahme auf die Aufsichtsratsmitglieder durch großzügige Gewährung von Krediten seitens des Vorstands vermieden wird. Dadurch wird auch das Interesse der Gesellschaft an einer effektiven Überwachungstätigkeit gewahrt.[98] Zum

94 *Dauner-Lieb*, in Henssler/Strohn, AktG, § 89 Rn. 11; *Fleischer*, in Spindler/Stilz, AktG, § 89 Rn. 23; *ders.*, WM 2004, 1057, 1066; *Koch*, in Hüffer, AktG, § 89 Rn. 8; *Kort*, in Großkomm AktG, § 89 Rn. 133; *Mertens/Cahn*, in KK-AktG, § 89 Rn. 22; *Oltmanns*, in Heidel, AktG, § 89 Rn. 10; *Seibt*, in K. Schmidt/Lutter, AktG, § 89 Rn. 15; *Spindler*, in MüKo AktG, § 89 Rn. 51; *Weber*, in Hölters, AktG, § 89 Rn. 16; a. A. ältere Lehrmeinung *Schlegelberger/Quassowski*, AktG 1937, § 80 Rn. 15.

95 *Seibt*, in K. Schmidt/Lutter, AktG, § 89 Rn. 17; *Spindler*, in MüKo AktG, § 89 Rn. 57; *Weber*, in Hölters, AktG, § 89 Rn. 17.

96 *Fleischer*, in Fleischer, Hdb Vorstandsrecht, § 9 Rn. 66; *ders.*, in Spindler/Stilz, AktG, § 89 Rn. 23; *Hopt/Roth*, in Großkomm AktG, § 112 Rn. 108 f.; *Mertens/Cahn*, in KK-AktG, § 89 Rn. 22; *Seibt*, in K. Schmidt/Lutter, AktG, § 89 Rn. 15.

97 *Habersack*, in MüKo AktG, § 115 Rn. 17; *Hopt/Roth*, in Großkomm AktG, § 115 Rn. 27; *Mertens/Cahn*, in KK-AktG, § 115 Rn. 8; *v. Schenck*, in Semler/v. Schenck, Der Aufsichtsrat, § 115 Rn. 37; a. A. *Marsch-Barner*, in Semler/v. Schenck, AR Hdb, § 13 Rn. 115.

98 *Habersack*, in MüKo AktG, § 115 Rn. 2.

anderen soll verhindert werden, dass das Aufsichtsratsmitglied seine Organstellung ausnutzt, um sich von der Aktiengesellschaft Kredite zu günstigen Konditionen oder ohne ausreichende Sicherheit gewähren zu lassen.[99]

International werden Organkredite meist strenger behandelt: Einige Rechtsordnungen kennen im Gegensatz zu Deutschland ein grundsätzliches Verbot für Kreditgewährungen an Organmitglieder.[100] Ob ein umfassendes Verbot eine bessere Variante zu der bestehenden Konzeption der §§ 89, 115 AktG wäre, ist aber zu bezweifeln. Durch ein Verbot wäre die Gefahr von Missbräuchen durch Gefälligkeitsdarlehen zwar von vornherein gebannt. Kreditwürdigen Organmitgliedern steht es jederzeit offen, anderwärts Darlehen zu marktüblichen Bedingungen aufzunehmen. Für die gegenwärtige Lösung anhand von Transparenz- und Zustimmungsregelungen in §§ 89, 115 AktG lässt sich indes anführen, dass Organkredite für die Gesellschaft durchaus von Nutzen sein können. Sie können als Personalbeschaffungs- und Einbindungsinstrument oder der Unterstützung eines in finanzielle Schwierigkeiten geratenen Organmitglieds dienen.[101] Bei einem Verbot von Organkrediten würden unweigerlich Ausweichstrategien entwickelt werden und es würde zu einer Verlagerung auf andere Kompensationsformen führen.[102] Mit den §§ 89, 115 AktG treten demnach zusätzliche Anforderungen zu der Vertretungsbestimmung des § 112 AktG. Der Ansatz des Gesetzgebers, der Gefahr von Missbräuchen und Interessenkonflikten durch Transparenz und Einbindung anderer Organe statt durch Verbote zu begegnen, ist zu begrüßen.

3. *Dienst- und Werkverträge*

Der Abschluss von Dienst- und Werkverträgen über Tätigkeiten höherer Art zwischen einem Aufsichtsratsmitglied und der Gesellschaft ist nach § 114 Abs. 1 AktG von der Zustimmung des Aufsichtsrats abhängig. Erfasst sind insbesondere Beraterverträge, die Beratungsleistungen auf dem Gebiet der Rechts- oder Steuerberatung, der betriebswirtschaftlichen Beratung, des Ingenieurwesens, der Forschung und Entwicklung oder vergleichbarer Beratungsgebiete zum Gegenstand haben.[103] Vielfach werden Beraterverträge auch mit

---

99 *Henssler*, in Henssler/Strohn, AktG, § 115 Rn. 1; *Spindler*, in Spindler/Stilz, AktG, § 115 Rn. 1.

100 So zum Beispiel im US-amerikanischen Recht: In Sec. 402 *Sarbanes-Oxley-Act* 2002 ist ein kapitalmarktrechtliches Verbot von *insider loans* vorgesehen.

101 *Fleischer*, in Spindler/Stilz, AktG, § 89 Rn. 5.

102 Eingehend zu den rechtspolitischen Vor- und Nachteilen: *Fleischer*, WM 2004, 1057, 1061 f.

103 *Fuhrmann*, NZG 2017, 291.

Beratungsgesellschaften geschlossen, an denen Aufsichtsratsmitglieder beteiligt sind.[104] Häufiges Beispiel dafür ist die rechtliche Beratung und Prozessvertretung der Aktiengesellschaft durch eine Sozietät, deren Rechtsanwalt zugleich im Aufsichtsrat der Gesellschaft sitzt.[105] Die Vorschrift soll eine sachwidrige Beeinflussung des einzelnen Aufsichtsratsmitglieds durch sachlich ungerechtfertigte Sonderzuwendungen seitens des Vorstands, der die Verträge im Namen der Gesellschaft abschließt, verhindern.[106] Eine präventive Kontrolle von Beratungsverträgen ist ferner deshalb erforderlich, weil die besondere Beratungsbeziehung zwischen dem Vorstand und einzelnen Aufsichtsratsmitgliedern auch außerhalb der Gewährung rechtswidriger Sonderleistungen zu engen Beziehungen und Verflechtungen zwischen den beteiligten Personen führt, die Einfluss auf die Ausübung der Überwachungstätigkeit haben können.[107] § 114 AktG schützt damit auf der einen Seite – wie auch § 115 AktG[108] – die Effektivität der Überwachung durch den Aufsichtsrat.[109] Auf der anderen Seite steht § 114 AktG im engen Zusammenhang mit § 113 AktG und soll die Entscheidungskompetenz der Hauptversammlung bezüglich der Vergütung der Aufsichtsratsmitglieder sicherstellen.[110]

Die Zustimmungspflicht erstreckt sich auch auf Verträge mit einem Unternehmen, an dem ein Aufsichtsratsmitglied – nicht notwendig beherrschend[111] – beteiligt ist, sofern die Gefahr eines Interessenkonflikts besteht.[112] Mithin ist es

---

104 Zur Anwendbarkeit des § 114 AktG bei diesen Verträgen sogleich.

105 *Fuhrmann*, NZG 2017, 291.

106 BGH, Urt. v. 02.04.2007 – II ZR 325/05, BB 2007, 1185, 1186 (Rn. 11); BGH, Urt. v. 03.07. 2006 – II ZR 151/04, BGHZ 168, 188, 192 f. (Rn. 9) = NJW-RR 2006, 1410, 1411; BGH, Urt. v. 04.07.1994 – II ZR 197/93, NJW 1994, 2484, 2486; Begr. RegE. AktG 1965 bei *Kropff*, S. 158; eingehend *Ihrig*, ZGR 2013, 417, 427 f.

107 BGH, Urt. v. 04.07.1994 – II ZR 197/93, NJW 1994, 2484, 2486; *Henssler*, in Henssler/Strohn, AktG, § 114 Rn. 1; kritisch *Cahn*, Der Konzern 2012, 501, 502.

108 Siehe oben § 7 B. II. 2.

109 BGH, Urt. v. 04.07.1994 – II ZR 197/93, NJW 1994, 2484, 2486; *Mertens*, in KK-AktG, § 114 Rn. 2.

110 BGH, Urt. v. 03.07.2006 – II ZR 151/04, BGHZ 168, 188, 192 f. (Rn. 9) = NJW-RR 2006, 1410, 1411; BGH, Urt. v. 04.07.1994 – II ZR 197/93, NJW 1994, 2484, 2486; *Henssler*, in Henssler/Strohn, AktG, § 114 Rn. 1; *Koch*, in Hüffer, AktG, § 89 Rn. 1.

111 BGH, Urt. v. 20.11.2006 – II ZR 279/05, NZG 2007, 103 (Rn. 8); *Spindler*, NZG 2011, 334, 335.

112 BGH, Urt. v. 10.07.2012 – II ZR 48/11, BGHZ 194, 14, 18 (Rn. 14) = NJW 2012, 3235, 3236; OLG Frankfurt a. M., Urt. v. 21.09.2005 – 1 U 14/05, NZG 2006, 29 f.; *Habersack*, in MüKo AktG, § 114 Rn. 14; *E. Vetter*, AG 2006, 173, 177; a. A. *Hopt/Roth*, in Großkomm AktG, § 114 Rn. 42.

unerheblich, ob das Aufsichtsratsmitglied unmittelbar oder nur mittelbar über die Beteiligung an einem Beratungsunternehmen von einer ungerechtfertigten Sonderleistung profitiert. Die Gefahrenlage ist aus Sicht der betroffenen Aktiengesellschaft identisch.[113] Eine Ausnahme davon wird gemacht, wenn es sich bei der mittelbaren Zuwendung um eine ganz geringfügige Leistung handelt oder sie im Vergleich zu der von der Hauptversammlung festgesetzten Aufsichtsratsvergütung einen vernachlässigbaren Umfang hat.[114] Darüber hinaus wird überwiegend angenommen, dass die Vorschrift trotz Fehlens einer mit §§ 89 Abs. 3, 115 Abs. 2 AktG vergleichbaren Regelung auch in den Fällen zur Anwendung gelangt, in denen der Vertrag mit einer dem Aufsichtsratsmitglied nahestehenden Person abgeschlossen wird.[115] Hierfür spreche schon der auf Sicherung einer möglichst unabhängigen und effektiven Wahrnehmung der Aufsichtstätigkeit und der Vergütungskompetenz der Hauptversammlung gerichtete Schutzzweck der Vorschrift.[116]

Die Zustimmung des Aufsichtsrats ist im Außenverhältnis eine echte Wirksamkeitsvoraussetzung für das Zustandekommen des Vertrags.[117] Das betroffene Aufsichtsratsmitglied ist entsprechend § 34 BGB von der Abstimmung ausgeschlossen.[118] Die Zustimmung kann entweder vor Vertragsschluss im Wege der Einwilligung oder auch nach Vertragsschluss im Wege der Genehmigung erteilt werden.[119] Bis zur Erteilung der Zustimmung des Aufsichtsrats ist der Vertrag schwebend unwirksam, mit Verweigerung der Zustimmung wird er endgültig

113 *Henssler*, in Henssler/Strohn, AktG, § 114 Rn. 11.

114 BGH, Urt. v. 10.07.2012 – II ZR 48/11, BGHZ 194, 14, 18 (Rn. 14) = NJW 2012, 3235, 3236; BGH, Urt. v. 20.11.2006 – II ZR 279/05, BGHZ 170, 60, 62 (Rn. 8) = NZG 2007, 103; *Henssler*, in Henssler/Strohn, AktG, § 114 Rn. 12.

115 KG, Urt. v. 25.09.1995 – 2 U 6753/94, AG 1997, 42, 44; *Habersack*, in MüKo AktG, § 114 Rn. 12; *Hopt/Roth*, in Großkomm AktG, § 114 Rn. 42; *Koch*, in Hüffer, AktG, § 114 Rn. 2; *Spindler*, in Spindler/Stilz, AktG, § 114 Rn. 9; a. A. *Raiser/Wiesner*, AG 1976, 266, 267.

116 *Habersack*, in MüKo AktG, § 114 Rn. 12.

117 *Habersack*, in MüKo AktG, § 114 Rn. 27; *Koch*, in Hüffer, AktG, § 114 Rn. 8; *Mertens/Cahn*, in KK-AktG, § 114 Rn. 25.

118 OLG Frankfurt, Urt. v. 21.09.2005 – 1 U 14/05, ZIP 2005, 2322, 2324 f.; *Drygala*, in K. Schmidt/Lutter, AktG, § 114 Rn. 21; *Henssler*, in Henssler/Strohn, AktG, § 114 Rn. 20.

119 *Drygala*, in K. Schmidt/Lutter, AktG, § 114 Rn. 21; *Habersack*, in MüKo AktG, § 114 Rn. 27.

unwirksam.[120] Liegt ein Beratervertrag außerhalb des Anwendungsbereichs des § 114 AktG, weil er mit dem Inhalt der Organtätigkeit übereinstimmt, ist der Vertrag gemäß § 134 BGB i. V. m. § 113 Abs. 1 AktG nichtig.[121] Gleichwohl erbrachte Leistungen lösen in beiden Fällen die besondere aktienrechtliche Rückgewährpflicht nach § 114 Abs. 2 AktG aus.[122] Dem Vorstand ist es untersagt, vor Erteilung der Genehmigung Honorare auszuzahlen. Auch bei nachträglich erteilter Zustimmung durch den Aufsichtsrat bleibt eine etwaige vorherige Vergütungszahlung durch den Vorstand in aller Regel rechtswidrig.[123]

Da zwischen dem Vorstand, der die Gesellschaft beim Abschluss der Beraterverträge vertritt, und dem Aufsichtsratsmitglied eine Beratungsbeziehung entsteht, ist die Unabhängigkeit des vertragsschließenden Aufsichtsratsmitglieds regelmäßig gefährdet.[124] Eine Abhängigkeit des Aufsichtsratsmitglieds und die damit einhergehenden Interessenkonflikte werden jedenfalls nicht auszuschließen sein, wenn das Beratungshonorar nicht unwesentlich ist.[125]

Bei umfassender Würdigung der Corporate Governance ist dies allerdings eine Gefahr, die hingenommen werden muss. Dem Unabhängigkeitserfordernis steht die Möglichkeit eines Gewinns an Sachkompetenz der Aufsichtsratsmitglieder gegenüber. Ein Aufsichtsratsmitglied, das sich in einem laufenden Beratungsverhältnis zur Gesellschaft befindet, kann seine aus der Beratungstätigkeit gewonnenen Erkenntnisse nutzen, um beispielsweise die vom Vorstand erstatteten Berichte nach § 90 AktG anhand der eigens gewonnenen Einblicke auf ihre Richtigkeit und Vollständigkeit zu überprüfen.[126] Daher ist die Gefahr

---

120 BGH, Urt. v. 10.07.2012 – II ZR 48/11, BGHZ 194, 14, 20 (Rn. 18) = NJW 2012, 3235, 3236; *Habersack*, in MüKo AktG, § 114 Rn. 27; *Henssler*, in Henssler/Strohn, AktG, § 114 Rn. 20; *Hopt/Roth*, in Großkomm AktG, § 114 Rn. 47.

121 BGH, Urt. v. 20.11.2006 – II ZR 279/05, BGHZ 170, 60, 65 (Rn. 12) = DStR 2007, 122, 123; BGH, Urt. v. 03.07.2006 – II ZR 151/04, BGHZ 168, 188, 199 (Rn. 20) = NJW-RR 2006, 1410, 1413; *Fischer*, BB 2015, 1411, 1413; *Habersack*, in MüKo AktG, § 114 Rn. 22; *Ziemons*, GWR 2012, 451, 454.

122 *Koch*, in Hüffer, AktG, § 114 Rn. 10.

123 BGH, Urt. v. 10.07.2012 – II ZR 48/11 (Fresenius), BGHZ 194, 14, 21 (Rn. 20) = NJW 2012, 3235, 3236; OLG Frankfurt a. M., Urt. v. 15.02.2011 – 5 U 30/10, NZG 2011, 350, 352; *Henssler*, in Henssler/Strohn, AktG, § 114 Rn. 20; *Ihrig*, ZGR 2013, 417, 430 f. meint sogar, dass der Vorstand vor Zustimmung des Aufsichtsrats zum Beratungsvertrag auch Beratungsleistungen grundsätzlich nicht in Anspruch nehmen dürfe; a. A. *Cahn*, Der Konzern 2012, 501, 507 f.; *Drygala*, ZIP 2011, 425, 427 (Anmerkung zur Fresenius-Entscheidung); kritisch auch *Spindler*, NZG 2012, 1161, 1163.

124 *Bayer*, NZG 2013, 1, 12.

125 *Bayer*, NZG 2013, 1, 12.

126 *Drygala*, ZIP 2011, 425, 428 (Anmerkung zur Fresenius-Entscheidung).

einer gewissen Abhängigkeit der Aufsichtsratsmitglieder durch die Begründung von Beratungsverhältnissen mit dem Vorstand ein Preis, der für eine funktionierende Corporate Governance gezahlt werden muss. Kritisch anzumerken ist dennoch, dass die von § 114 AktG bezweckte Transparenz nicht vollumfänglich geschaffen wird.[127] Weder die Aktionäre noch die Öffentlichkeit erfahren von entsprechenden Zustimmungsbeschlüssen im Aufsichtsrat, erst recht nicht über die Höhe der Vergütung für die Beratungstätigkeit.[128] Anders als bei der Kreditgewährung an Vorstands- und Aufsichtsratsmitglieder tritt auch keine handelsbilanzrechtliche Transparenz verstärkend hinzu.[129] Nach § 285 Nr. 9 lit. a) HGB sind im Anhang die Gesamtbezüge auszuweisen, worunter lediglich solche aus der Organtätigkeit verstanden werden, nicht Vergütungen nach § 114 AktG.[130]

4. *Empfehlungen des Deutschen Corporate Governance Kodex*

Eine ausdrückliche Regelung für Transaktionen mit Vorstandsmitgliedern sowie ihnen nahestehenden Personen und Unternehmen kennt der Deutsche Corporate Governance Kodex (DCGK). Der DCGK hat keine Rechtsnormqualität.[131] Die Gesellschaften müssen daher Empfehlungen des Kodex nicht befolgen, müssen dies allerdings jährlich offenlegen und die Abweichung begründen („*comply or explain*“).[132] Zunächst wird in Ziff. 4.3.3 Satz 2 festgehalten, dass die Gesellschaft bei Rechtsgeschäften mit Vorstandsmitgliedern durch den Aufsichtsrat vertreten wird. Damit wird in leicht verkürzter Form die Regelung des § 112 AktG wiedergegeben. Eine Entsprechenserklärung ist mangels Empfehlungscharakter folglich nicht erforderlich (vgl. § 161 Abs. 1 AktG). Daneben empfiehlt der DCGK in Ziff. 4.3.3 Satz 4, wesentliche Geschäfte mit einem Vorstandsmitglied nahestehenden Personen oder Unternehmen der Zustimmung des Aufsichtsrats zu unterwerfen. Hinter der Empfehlung steht die Einsicht, dass der Vorstand – der die Gesellschaft bei diesen Geschäften zu vertreten hat – sich in einem Interessenkonflikt befindet, der das Urteilsvermögen beeinflussen kann.[133] Eine Definition

---

127 *Spindler*, in Spindler/Stilz, AktG, § 114 Rn. 2.

128 *Spindler*, in Spindler/Stilz, AktG, § 114 Rn. 2.

129 Gemäß § 285 Nr. 9 lit. c) HGB müssen im Anhang Angaben zu Krediten mit Organmitgliedern gemacht werden.

130 *Grottel*, in BeckBilKomm, HGB, § 285 Rn. 236; *Hopt/Roth*, in Großkomm AktG, § 114 Rn. 63.

131 OLG München, Urt. v. 06.08.2008 – 7 U 5628/07, AG 2009, 294; *Bayer/Scholz*, in Spindler/Stilz, AktG, § 161 Rn. 16; *Koch*, in Hüffer, AktG, § 161 Rn. 3.

132 DCGK Präambel.

133 *Bachmann*, in Kremer/Bachmann/Lutter/v. Werder, DCGK, Rn. 1123.

der Wesentlichkeit des Geschäfts enthält der Kodex nicht. Zur Bestimmung der Wesentlichkeit wird in der Literatur die Heranziehung der Testfrage empfohlen, ob ein aufmerksamer Dritter das Geschäft als verdächtig einstufen würde.[134] Zu berücksichtigen seien die individuellen Umstände der Gesellschaft, wie etwa der Unternehmensgegenstand. Ebenso wenig werden die Begriffe der nahestehenden Personen und Unternehmen definiert.

Die Empfehlung kann durch die Aufnahme eines entsprechenden Zustimmungsvorbehalts (§ 111 Abs. 4 Satz 1 AktG) in der Geschäftsordnung des Aufsichtsrats oder in der Satzung umgesetzt werden (Ziff. 3.3 DCGK).[135] Der Empfehlung wird aber auch schon dann Genüge getan, wenn derartige Geschäfte *ad hoc* von der Zustimmung des Aufsichtsrats abhängig gemacht werden.[136] Da sich der Kodex wörtlich an den § 111 Abs. 4 Satz 2 AktG anlehnt, bietet es sich für die Umsetzung der Empfehlung an, sich an der Auslegung des § 111 Abs. 4 Satz 1 AktG zu orientieren. Die erforderliche Zustimmung kann deshalb auch an einen Ausschuss delegiert werden und ist nicht dem Plenum vorbehalten.[137] Für die Empfehlungsentsprechung im Sinne des § 161 AktG ist es hingegen nicht relevant, ob der Aufsichtsrat dem Geschäft zu Recht, also den Unternehmensinteressen entsprechend und im Rahmen seines Ermessenspielraums, zugestimmt hat oder nicht.

Die Empfehlungen des DCGK werden von allen 30 DAX-Unternehmen befolgt, bei einer Gesamtbetrachtung aller börsennotierten Gesellschaften werden die Empfehlungen von mindestens 92 % der Gesellschaften umgesetzt.[138] Die Aussagekraft sollte aber nicht überschätzt werden, da die Pflicht zur Abgabe einer Entsprechenserklärung nach § 161 AktG lediglich börsennotierte Aktiengesellschaften trifft, die eine Minderheit darstellen. Dagegen sind *Related Party Transactions* häufig gerade auch in nichtbörsennotierten Aktiengesellschaften anzutreffen. Außerdem hat die Nichtbeachtung dieser – nicht bindenden – Empfehlungen in der täglichen Arbeit des Vorstands und Aufsichtsrats solange keine Organpflichtverletzung zur Folge, wie sie nicht zum Beispiel durch eine Regelung in der Geschäftsordnung oder Satzung zum Pflichtenkanon des betroffenen Organmitglieds gemacht worden sind und damit Normqualität erhalten haben.[139]

---

134 *Bachmann*, in Kremer/Bachmann/Lutter/v. Werder, DCGK, Rn. 1124.

135 *Bachmann*, in Kremer/Bachmann/Lutter/v. Werder, DCGK, Rn. 1125.

136 *Bachmann*, in Kremer/Bachmann/Lutter/v. Werder, DCGK, Rn. 1125.

137 *Bachmann*, in Kremer/Bachmann/Lutter/v. Werder, DCGK, Rn. 1126; *Habersack*, in MüKo AktG, § 111 Rn. 125.

138 Zur Umsetzung der Empfehlungen: *v. Werder/Turkali*, DB 2015, 1357, 1361 f.

139 *Goette*, in MüKo AktG, § 161 Rn. 98.

Davon zu unterscheiden ist die Haftung wegen eines Verstoßes gegen § 161 AktG. Die Abgabe einer unrichtigen oder unvollständigen Erklärung, die unterlassene unterjährige Aktualisierung und die Nichtabgabe einer Erklärung stellen eine Organpflichtverletzung nach § 93 Abs. 2 AktG (i. V. m. § 116 Satz 1 AktG) dar, die eine Innenhaftung auslösen können.[140] Jedoch werden die Kausalität der Pflichtverletzung sowie der Schaden nur ausnahmsweise anzunehmen sein.[141] Bedeutender hingegen ist der Umstand, dass (Berufs-)Anfechtungskläger die (vermeintliche) Missachtung von § 161 AktG gerne zum Anlass nehmen, Entlastungsbeschlüsse anzugreifen.[142]

5. *Zwischenfazit*

Die Vertretung der Gesellschaft durch den Vorstand bei Rechtsgeschäften mit Aufsichtsratsmitgliedern und ihnen nahestehenden Personen und Unternehmen sowie die Vertretungsverlagerung auf den Aufsichtsrat bei Rechtsgeschäften mit Vorstandsmitgliedern sorgen dafür, dass die Entscheidung über die Transaktion nicht dem Organ obliegt, das von einer Interessenkollision betroffen ist. Auf diese Weise wird auf eine unbeeinflusste Entscheidung hingewirkt. Für besonders missbrauchsanfällige Geschäfte existieren weitere Kontrollmechanismen in Form der zusätzlichen Mitwirkungspflicht des Aufsichtsrats (§§ 89, 114, 115 AktG).[143] Teilweise sorgen die in der Literatur und Rechtsprechung entwickelten und von der Praxis angenommenen tatbestandlichen Ausdehnungen dafür, dass auch Umgehungssachverhalte erfasst werden. Andererseits betreffen die für Aufsichtsratsmitglieder einschlägigen Regelungen der §§ 114, 115 AktG lediglich ausgewählte Dienst-, Werk- und Kreditverträge, obwohl sich die Gefahrenlage bei anderen Verträgen wie Kauf-, Miet- oder Leasingverträgen mit Aufsichtsratsmitgliedern aus Sicht der Gesellschaft nicht unterscheidet. Darüber hinaus ist auch fraglich, ob das Zustimmungserfordernis des Aufsichtsrats für die genannten Geschäfte mit Aufsichtsratsmitgliedern tatsächlich für eine bessere Kontrolle sorgt. Im Ergebnis stimmen Aufsichtsratsmitglieder über Geschäfte mit eigenen Kollegen ab. Für die spiegelbildliche Situation im Vorstand ordnet § 112 AktG gerade eine Verlagerung der Vertretungszuständigkeit auf ein anderes Organ an.[144] Da jedoch die *Tunneling*-Gefahr bei Transaktionen

---

140 *Goette*, in MüKo AktG, § 161 Rn. 98.

141 *Goette*, in MüKo AktG, § 161 Rn. 98; *Koch*, in Hüffer, AktG, § 161 Rn. 25a.

142 Vgl. BGH, Urt. 16.02.2009 – II ZR 185/07 (Kirch/Deutsche Bank), BGHZ 180, 9, 23 (Rn. 26) = NZG 2009, 342, 346.

143 *Fleischer*, in Spindler/Stilz, AktG, § 93 Rn. 123; *J. Vetter*, ZHR 179 (2015), 273, 292.

144 *Kumpan*, EU Vorgaben für related party transactions, S. 27.

mit Aufsichtsratsmitgliedern wegen der fehlenden Geschäftsführungs- und Vertretungsbefugnis des Aufsichtsrats im geringeren Maße besteht, erscheint die Abstimmung der Aufsichtsratsmitglieder über Geschäfte mit Kollegen hinnehmbar.

Die untersuchten formalen Schutzinstrumente haben gemeinsam, dass sie allesamt auf die Vermeidung von Interessenkollisionen zielen. Sie unterscheiden sich jedoch insbesondere im persönlichen Anwendungsbereich. Teilweise sind Unternehmen, an denen Organmitglieder beteiligt sind, nur bei wirtschaftlicher Identität, das heißt, bei 100 %-Anteilsbesitz einbezogen. Teilweise ist es bereits ausreichend, dass das Organmitglied das Unternehmen beherrscht oder nicht nur geringfügig an der Gesellschaft beteiligt ist.

C. Materielle Schranken des Organhandelns

I. Treuepflicht und Angemessenheitskontrolle

Das deutsche Aktienrecht begegnet den von *Related Party Transactions* ausgehenden Gefahren nicht nur durch formelle Schranken des Organhandelns, sondern ebenso durch materielle Vorkehrungen. Zu den wichtigsten materiellen Schranken zählen die ungeschriebenen organschaftlichen Treuepflichten, deren grundsätzliche Anerkennung heute außer Zweifel steht.[145] Die Treuepflicht hat in erster Linie das Ziel, Interessenkonflikte der Organmitglieder zu regulieren.[146] Unter der organschaftlichen Treuepflicht versteht man allgemein die Pflicht der Organmitglieder, allein im Interesse der Gesellschaft zu handeln und alles zu unterlassen, was dem Wohl ihrer Gesellschaft und ihres Unternehmens zuwiderläuft.[147] Organmitglieder dürfen ihre eigenen Interessen oder Interessen Dritter nicht über die der Gesellschaft stellen.[148] In Rechtsprechung und Literatur

---

145 Vgl. BGH, Urt. v. 26.03.1956 – II ZR 57/55, BGHZ 20, 239, 246; *Dauner-Lieb*, in Henssler/Strohn, AktG, § 93 Rn. 8; *Fleischer*, WM 2003, 1045; *ders.*, in Spindler/Stilz, AktG, § 93 Rn. 123; *Grigoleit/Tomasic*, in Grigoleit, AktG, § 93 Rn. 44; *Hölters*, in Hölters, AktG, § 93 Rn. 114; *Hopt/Roth*, in Großkomm AktG, § 93 Rn. 52, 224; *Koch*, in Hüffer, AktG, § 93 Rn. 28; *Mertens/Cahn*, in KK-AktG, § 93 Rn. 95; *Möllers*, in Hommelhoff/Hopt/v. Werder, HdB Corporate Governance S. 423, 426 ff.; *Spindler*, in MüKo AktG, § 93 Rn. 108; *U. Schmidt*, in Heidel, AktG, § 93 Rn. 30 f.; *Wiesner*, in MünchHdb GesR IV, § 25 Rn. 41.

146 *Fleischer*, in Spindler/Stilz, AktG, § 93 Rn. 122; *Hopt*, ZGR 2004, 1, 5 f.

147 *Fleischer*, in Spindler/Stilz, AktG, § 93 Rn. 114; *Hölters*, in Hölters, AktG, § 93 Rn. 114; *Wiedemann*, Organverantwortung, S. 16.

148 OLG Frankfurt, Urt. v. 18.11.2010 – 5 U 110/08, AG 2011, 462, 463 (Rn. 39); *Hölters*, in Hölters, AktG, § 93 Rn. 114; *Hopt/Roth*, in Großkomm AktG, § 93 Rn. 224 ff.;

wurden einzelne Aspekte der Treuepflicht herausgearbeitet. Für die vorliegende Untersuchung ergeben sich aus der organschaftlichen Treuepflicht zwei relevante Aspekte: Die Anforderungen an Eigengeschäfte mit der Gesellschaft und die Offenlegung von Interessenkonflikten.[149] Die organschaftliche Treuepflicht füllt die Lücken, die die formalen Schranken, die lediglich auf bestimmte missbrauchsanfällige *Related Party Transactions* begrenzt sind, hinterlassen.

1. *Die Treubindung von Vorstandsmitgliedern*

a) Angemessenheitskontrolle von Eigengeschäften

Von großer theoretischer sowie praktischer Bedeutung sind Eigengeschäfte eines Vorstandsmitglieds mit seiner Gesellschaft, sogenannte *self dealings*.[150] Offenkundig stehen bei diesen Geschäften die Interessen des Vorstandsmitglieds im Spannungsverhältnis zu den Interessen der Gesellschaft.[151] Aufgrund der mit *Related Party Transactions* durchaus verbundenen Vorteile für die Gesellschaft,[152] steht heute nicht mehr das „ob", sondern das „wie" der Eigengeschäfte von Vorstandsmitgliedern im Fokus.[153] Das aus der Treuepflicht folgende Gebot, eigene Interessen des Vorstandsmitglieds hinter die Gesellschaftsinteressen zurückzustellen, ist bei Eigengeschäften von besonderer Bedeutung.[154] Das Vorstandsmitglied muss dafür Sorge tragen, dass seine Gesellschaft bei dem Geschäft nicht dadurch geschädigt wird, dass ihm aufgrund seiner Organstellung unberechtigterweise Vorteile entstehen.[155] Das Geschäft ist jedoch nicht zu beanstanden, wenn das Eigengeschäft angemessen und damit fair ist.[156] Entscheidend ist, ob

---

Spindler, in MüKo AktG, § 76 Rn. 14; *Wiesner*, in MünchHdb GesR IV, § 25 Rn. 41; vgl. auch *Bürgers*, in Bürgers/Körber, AktG, § 93 Rn. 6; *U. Schmidt*, in Heidel, AktG, § 93 Rn. 34.

149 Zur Offenlegungspflicht als Fall der Treuepflichten siehe § 7 D. I.

150 *Fleischer*, in Spindler/Stilz, AktG, § 93 Rn. 131.

151 *Fleischer*, in Spindler/Stilz, AktG, § 93 Rn. 131; *Möllers*, in Hommelhoff/Hopt/v. Werder, HdB Corporate Governance, S. 423, 436; *Wiedemann*, Organverantwortung, S. 16.

152 Siehe oben § 5.

153 *Fleischer*, WM 2003, 1045, 1052 ff. mit umfassenden rechtsvergleichenden Nachweisen; *ders.*, in Spindler/Stilz, AktG, § 93 Rn. 133.

154 OLG Frankfurt, Urt. v. 18.11.2010 - 5 U 110/08, AG 2011, 462, 463; *Hopt/Roth*, in Großkomm AktG, § 93 Rn. 241; *Möllers*, in Hommelhoff/Hopt/v. Werder, Hdb Corporate Governance, S. 423, 432, 436 f.

155 OLG Frankfurt, Urt. v. 18.11.2010 - 5 U 110/08, AG 2011, 462, 463; *Hopt/Roth*, in Großkomm AktG, § 93 Rn. 241.

156 *Fleischer*, WM 2003, 1045, 1052; *ders.*, in Fleischer, Hdb Vorstandsrecht, § 9 Rn. 22.

das Geschäft einem Drittvergleich standhält. Das Geschäft müsste also unter sonst gleichen Umständen auch mit einem beliebigen unabhängigen Dritten geschlossen worden sein („*dealing at arm's length*").[157] Hält es sich innerhalb dieser Grenzen, muss das Vorstandsmitglied nicht auf erzielbare Gewinne aus dem Geschäft verzichten. Es findet also eine inhaltliche Überprüfung der Angemessenheit des Eigengeschäfts statt. Dieser Maßstab entspricht demjenigen, der zur Ermittlung einer verdeckten Gewinnausschüttung im Sinne des § 57 AktG und zur Bestimmung der Nachteiligkeit im Rahmen der §§ 311, 317 AktG herangezogen wird.[158]

Interessenkonflikte bei einem Vorstandsmitglied werden in der Praxis häufig auch durch die Interessen eines Dritten, namentlich einer ihm nahestehenden Partei, begründet.[159] Zu denken ist an Transaktionen mit dem Ehegatten eines Vorstandsmitglieds oder sonstigen nahestehenden Personen oder Unternehmen, an denen das Vorstandsmitglied im relevanten Maß beteiligt ist. Nach einhelliger Ansicht erfasst die organschaftliche Treuepflicht auch Geschäfte mit nahestehenden Personen und Unternehmen der Vorstandsmitglieder. Auch Transaktionen mit diesen Personen müssen einer „*at-arm's-length*"-Betrachtung standhalten; nahestehenden Personen und Unternehmen dürfen daher keine Vorteile auf Kosten der Gesellschaft zufließen.[160] Die Eingrenzung des persönlichen Geltungsbereichs des „*at-arm's-length*"-Erfordernisses ist nicht ganz eindeutig. Teilweise wird zur Bestimmung des Kreises der nahestehenden Personen an die Kriterien des § 89 Abs. 3, 4 AktG angeknüpft.[161] Entsprechendes gilt für

---

157 OLG Frankfurt, Urt. v. 18.11.2010 – 5 U 110/08, AG 2011, 462, 463 (für einen Mietvertrag zwischen AG und Vorstand); *Fleischer*, in Spindler/Stilz, AktG, § 93 Rn. 135; *ders.*, WM 2003, 1045, 1052; *Grigoleit/Tomasic*, in Grigoleit, AktG, § 93 Rn. 49; *Hopt*, ZGR 2004, 1, 10 f.; *Krieger/Sailer-Coceani*, in K. Schmidt/Lutter, AktG, § 93 Rn. 16; *Thoma*, Eigengeschäfte, S. 191.

158 Hierzu siehe unter § 8 B. I. und § 8 F. II. 2. a.

159 *Fleischer*, in Spindler/Stilz, AktG, § 93 Rn. 156; *Wiedemann*, Organverantwortung, S. 16.

160 Vgl. OLG Düsseldorf, Urt. v. 01.12.1994 – 13 U 5/94, GmbHR 1995, 227; *Fleischer*, in Spindler/Stilz, AktG, § 93 Rn. 156; *Hopt/Roth*, in Großkomm AktG, § 93 Rn. 272; *Mertens/Cahn*, in KK-AktG, § 93 Rn. 100; *Thoma*, Eigengeschäfte, S. 191; *Wiedemann*, Organverantwortung, S. 8.

161 *Fleischer*, in Spindler/Stilz, AktG, § 93 Rn. 156 f.; *ders.*, WM 2003, 1045, 1057, der die Orientierung an ausländischen Vorbildern vorschlägt; ferner *Harbarth*, in FS Hommelhoff, S. 323, 332; *Hopt/Roth*, in Großkomm AktG, § 93 Rn. 272; *Spindler*, in MüKo AktG, § 93 Rn. 111; *Wiedemann*, Organverantwortung, S. 20.

Geschäfte mit Unternehmen, an denen ein Vorstandsmitglied zu 100 % oder jedenfalls mehrheitlich beteiligt ist.[162]

Ein Vorstandsmitglied ist bei der Beschlussfassung über die Vornahme eines eigenen Rechtsgeschäfts mit der Gesellschaft analog §§ 28, 34 BGB vom Stimmrecht ausgeschlossen. Jedoch ist das Stimmverbot aufgrund der Verlagerung der Vertretungsbefugnis auf den Aufsichtsrat (§ 112 AktG) in diesen Fällen ohne praktische Bedeutung.[163] Der Aufsichtsrat übernimmt nicht nur die formale Verantwortung, sondern ist zugleich verpflichtet, materiell den Drittvergleich des Rechtsgeschäfts vorzunehmen und damit die Interessen der Gesellschaft zu wahren.[164] Daher können Vorstandsmitglieder im gewissen Maße ihre Marktposition als Privatperson austesten. Dies ist jedenfalls für Verhandlungen über Vorstandsbezüge anerkannt.[165] In allen anderen Fällen müssen die eigenen Interessen mit den Interessen der Gesellschaft in Einklang gebracht werden.[166] Für den Fall, dass der Vorstand die Gesellschaft bei Geschäften mit einem seiner Mitglieder nahestehenden Personen und Unternehmen vertritt, ist das betroffene Vorstandsmitglied bei der Beschlussfassung dagegen nicht vom Stimmrecht ausgeschlossen. Ein allgemeines Stimmverbot in Fällen von Interessen- oder Pflichtenkollisionen wird abgelehnt,[167] da es sich bei § 34 BGB um eine eng auszulegende Ausnahmevorschrift handelt.[168] Die übrigen Organmitglieder können das befangene Mitglied jedoch von der Abstimmung ausschließen, um eine unbeeinflusste Abstimmung sicherzustellen.[169]

---

162 *Fleischer*, in Spindler/Stilz, AktG, § 89 Rn. 157.

163 *Fleischer*, in Spindler/Stilz, AktG, § 77 Rn. 25; *Koch*, in Hüffer, AktG, § 77 Rn. 8; *Mertens/Cahn*, in KK-AktG, § 77 AktG Rn. 38; *Weber*, in Hölters, AktG, § 77 AktG Rn. 25.

164 *Bachmann*, in Kremer/Bachmann/Lutter/v. Werder, DCGK, Rn. 1113, 1123; *Hölters*, in Hölters, AktG, § 93 Rn. 124.

165 *Hopt*, ZGR 1993, 534, 541; *ders./Roth*, in Großkomm AktG, § 93 Rn. 243.

166 *Hopt*, ZGR 1993, 534, 541; *Mertens/Cahn*, in KK-AktG, § 93 Rn. 107; *Thoma*, Eigengeschäfte, S. 191.

167 *Fleischer*, in Spindler/Stilz, AktG, § 77 Rn. 26; *Hoffmann-Becking*, ZHR 150 (1986), 570, 580 f.; *Koch*, in Hüffer, AktG, § 93 Rn. 8; *Kort*, in Großkomm AktG, § 77 Rn. 14.

168 *Spindler*, in MüKo AktG, § 77 Rn. 21.

169 *Koch*, in Hüffer, AktG, § 93 Rn. 26; ausführlich *ders.*, ZGR 2014, 697, 710 ff., 719 ff. Dazu sogleich unter § 7 E. I.

b) Rechtsfolgen eines Treuepflichtverstoßes

Hält das Geschäft einem Drittvergleich nicht stand, liegt eine Verletzung der Treuepflicht vor,[170] welche im Einzelfall die organschaftliche Haftung nach § 93 Abs. 2 Satz 1 AktG auslösen kann.[171] Das Rechtsgeschäft bleibt gleichwohl wirksam.[172] Nur wenn beide Seiten in Fällen der Kollusion bewusst zum Nachteil der Gesellschaft zusammenwirken oder die Unangemessenheit offenkundig ist, kann es nach den Grundsätzen über den Missbrauch der Vertretungsmacht an einer wirksamen Vertretung der Gesellschaft und damit an einer wirksamen Verpflichtung der Gesellschaft fehlen.[173] Dies betrifft freilich nur Eigengeschäfte im weiteren Sinne – etwa solche mit nahestehenden Personen und Unternehmen des Vorstands –, bei denen der Vorstand zur Vertretung der Gesellschaft befugt bleibt.[174] Unzulässige Eigengeschäfte, die einem Drittvergleich nicht standhalten, sind zum Beispiel der Kauf von Gegenständen von einem Vorstandsmitglied zu überhöhten Preisen, die Veräußerung von Gegenständen unter Wert oder die Veräußerung eines Hauses an ein Vorstandsmitglied zu reinen Gestehungskosten, ohne dass dieser Bauzeitzinsen und eine Vergütung für die Betreuung der Errichtung des Baus zu zahlen hatte.[175] Die *Business Judgement Rule* findet im Rahmen der organschaftlichen Treubindung keine Anwendung.[176] Ein schwerwiegender und nicht nur vorübergehender Interessenkonflikt in der Person eines Vorstandsmitglieds kann schließlich einen wichtigen Grund zur Abberufung begründen (§ 84 Abs. 3 Satz 1 AktG).[177] Im Einzelfall kann das Vorstandsmitglied auch selbst zur Mandatsniederlegung verpflichtet sein.[178]

---

170 RG, Urt. v. 28.09.1935 – I 356/34, RGZ 148, 357, 361; vgl. *Fleischer*, WM 2003, 1045, 1052.

171 *Dauner-Lieb*, in Henssler/Strohn, AktG, § 93 Rn. 26, 29; *Hopt/Roth*, in Großkomm AktG, § 93 Rn. 224; *Spindler*, in MüKo AktG, § 93 Rn. 146.

172 *Bachmann*, in Kremer/Bachmann/Lutter/v. Werder, DCGK, Rn. 1117.

173 *Goslar*, in Wilsing, DCGK, Ziff. 4.3.4 Rn. 19.

174 *Thoma*, Eigengeschäfte, S. 203.

175 Vgl. OLG München, Urt. v. 24.10.1997 – 23 U 2392/97, ZIP 1997, 1965, 1966; *Fleischer*, WM 2003, 1045, 1052.

176 *Fleischer*, in Spindler/Stilz, AktG, § 93 Rn. 67, 115; *ders.*, in FS Wiedemann, S. 827, 843 f.; *Hopt/Roth*, in Großkomm AktG, § 93 Rn. 73.

177 *Diekmann/Fleischmann*, AG 2013, 141, 149; *Spindler*, in MüKo AktG, § 76 Rn. 53, § 84 Rn. 124.

178 *Diekmann/Fleischmann*, AG 2013, 141, 149; *Hoffmann-Becking*, ZHR 150 (1986), 570, 577.

2. *Die Treubindung von Aufsichtsratsmitgliedern*

Auch Mitglieder des Aufsichtsrats unterliegen der organschaftlichen Treuepflicht.[179] Allerdings können die Anforderungen an die Treuepflicht eines Vorstandsmitglieds nicht ohne Weiteres auf Aufsichtsratsmitglieder übertragen werden, da letztere in der Gesellschaft – anders als Vorstandsmitglieder – nicht hauptamtlich tätig sind.[180] Zwar gilt auch für Aufsichtsratsmitglieder, dass sie sich im Rahmen ihrer organschaftlichen Tätigkeit der Gesellschaft gegenüber loyal zu verhalten und strikt das Unternehmensinteresse zu wahren haben.[181] Jedoch bringt das Aufsichtsratsmandat als Nebenamt eine entsprechende Interessenpluralität mit sich,[182] die es im Rahmen der Treuepflicht zu berücksichtigen gilt. Zu unterscheiden ist in diesem Zusammenhang zwischen der Wahrnehmung der Organfunktion im Aufsichtsrat einerseits und dem Tätigwerden außerhalb der Organfunktion andererseits:[183] Soweit das Aufsichtsratsmitglied sein Mandat ausübt, ist der Vorrang des Unternehmensinteresses uneingeschränkt zu beachten. Außerhalb der Wahrnehmung seiner Organfunktion trifft das Aufsichtsratsmitglied lediglich die allgemeine Rücksichtnahmepflicht gegenüber der Gesellschaft, welche der Verfolgung anderweitiger Interessen durch das Aufsichtsratsmitglied nicht per se entgegensteht.[184]

Rechtsgeschäfte eines Aufsichtsratsmitglieds mit der eigenen Gesellschaft sind nicht verboten.[185] Aufgrund des Nebenamtscharakters hätte ein Verbot jeglicher Eigengeschäfte der Aufsichtsratsmitglieder zur Folge, dass der Kreis der potenziellen Geschäftspartner zu stark eingegrenzt wäre.[186] Trifft ein

179 *Habersack*, in MüKo AktG, § 116 Rn. 43; *Hopt/Roth*, in Großkomm AktG, § 116 Rn. 173; *Koch*, in Hüffer, AktG, § 116 Rn. 4; *Mertens/Cahn*, in KK-AktG, § 116 Rn. 24; *Möllers*, in Hommelhoff/Hopt/v. Werder, Hdb Corporate Governance, S. 423, 427 ff.; *Spindler*, in Spindler/Stilz, AktG, § 116 Rn. 74.

180 *Diekmann/Fleischmann*, AG 2013, 141; *Fleck*, in FS Heinsius, S. 89 f.; *Grigoleit/Tomasic*, in Grigoleit, AktG, § 116 Rn. 2, 10; *Habersack*, in MüKo AktG, § 116 Rn. 44; *Hopt/Roth*, in Großkomm AktG, § 93 Rn. 228, § 116 Rn. 173.

181 Vgl. BGH, Urt. v. 28.11.1988 – II ZR 57/88, BGHZ 106, 54, 65 = NJW 1989, 979, 982; *Hopt/Roth*, in Großkomm AktG, § 116 Rn. 173.

182 *Habersack*, in MüKo AktG, § 116 Rn. 44.

183 *Habersack*, in MüKo AktG, § 116 Rn. 44; *Hopt/Roth*, in Großkomm AktG, § 116 Rn. 174 ff.; *Mertens/Cahn*, in KK-AktG, § 116 Rn. 25 f.

184 *Habersack*, in MüKo AktG, § 116 Rn. 44; *Hopt/Roth*, in Großkomm AktG, § 116 Rn. 174, 177; *Mertens/Cahn*, in KK-AktG, § 116 Rn. 25 ff.

185 *Hopt*, ZGR 2004, 1, 10.

186 *Hopt/Roth*, in Großkomm AktG, § 116 Rn. 180. Als Beispiel aus der Wirtschaftspraxis sei der Aufsichtsrat der Borussia Dortmund GmbH & Co. KGaA genannt. Unter seinen Mitgliedern befindet sich Bjørn Gulden, der zugleich geschäftsführender Direktor

Aufsichtsratsmitglied der Gesellschaft als Vertragspartner, darf er den eigenen Interessen aber nicht uneingeschränkt den Vorrang einräumen. Vielmehrunterliegt er dem Verbot, zum Nachteil der Gesellschaft auf deren Geschäftsführung einzuwirken, beschränkt.[187] Es ist zwar Sache des Vorstands, die Belange der Gesellschaft bei der Vertragsanbahnung und -durchführung zu wahren. Daher dürfen transaktionsbeteiligte Aufsichtsratsmitglieder durchaus aktiv versuchen, möglichst günstige Vertragskonditionen auszuhandeln. Jedoch dürfen Aufsichtsratsmitglieder, die häufig starken faktischen Einfluss auf den Vorstand haben, das Gewicht ihres Amts nicht als Druckmittel gegen den Vorstand einsetzen und etwa dadurch bewirken, dass der Vorstand ein anderes Angebot, dem er im Rahmen seines pflichtgemäßen Ermessens den Vorzug gegeben hätte, ausschlägt.[188] Eigene Geschäftsbeziehungen des Aufsichtsratsmitglieds zur Gesellschaft müssen stets vertretbar ausgestaltet sein.[189] Insbesondere müssen auch Eigengeschäfte eines Aufsichtsratsmitglieds einem Drittvergleich standhalten.[190] Auch bei Geschäften der Gesellschaft mit den Aufsichtsratsmitgliedern nahestehenden Personen und Unternehmen ist es anerkannt, dass sie einer „*at-arm's-length*"-Betrachtung standhalten müssen.[191] Hält das Geschäft einem Drittvergleich nicht stand, liegt eine Treuepflichtverletzung vor, die im Einzelfall eine Organhaftung aus §§ 116 Satz 1, 93 Abs. 2 Satz 1 AktG zur Folge haben kann.

Ist im Einzelfall für die Vornahme des Rechtsgeschäfts mit dem Aufsichtsratsmitglied die Zustimmung des Gesamtaufsichtsrats erforderlich (etwa §§ 114, 115 AktG), ist das betroffene Mitglied von seinem Stimmrecht analog § 34 BGB ausgeschlossen.[192] Ein darüber hinausgehendes, allgemeines Stimmverbot für

---

und *Chief Executive Office* der Puma SE sowie Mitglied im *Executive Committee* der Puma-Muttergesellschaft ist. Die Puma International Sports Marketing B. V., eine 100 %-Tochter der Puma SE, gehört zu den wichtigsten Geschäftspartnern der Borussia Dortmund GmbH & Co. KGaA. (Quelle: Geschäftsbericht 2016/2017 der Borussia Dortmund GmbH & Co. KGaA S. 13, 41, abrufbar unter: http://aktie.bvb.de/Publikationen/Geschaeftsberichte/Geschaeftsbericht-2016-2017-KGaA-Konzern, Stand 31.08.2018).

187 *Fleck*, in FS Heinsius, S. 89, 92.

188 *Fleck*, in FS Heinsius, S. 89, 92, 94.

189 *Koch*, in Hüffer, AktG, § 116 Rn. 7.

190 *Hopt*, ZGR 2004, 1, 10; *ders./Roth*, in Großkomm AktG, § 100 Rn. 146, § 116 Rn. 181.

191 *Hopt/Roth*, in Großkomm AktG, § 100 Rn. 153.

192 BGH, Urt. v. 02.04.2007 – II ZR 325/05, AG 2007, 484, 485 (Rn. 13); BayObLG, Beschl. v. 28.03.2003 – 3Z BR 199/02, BayObLGZ 2003, 89, 92 = AG 2003, 427, 428; *Drygala*, in K. Schmidt/Lutter, § 108 Rn. 16; *Hambloch-Gesinn/Gesinn*, in Hölters, AktG, § 108 Rn. 32; *Spindler*, in Spindler/Stilz, AktG, § 108 Rn. 27.

Fälle der Interessenkollision existiert dagegen nicht.[193] Bei sehr schwerwiegenden Interessenkonflikten kann sich allerdings aus der Treuepflicht die Pflicht zur Mandatsniederlegung ergeben.[194]

3. Zwischenfazit

Auch wenn die herkömmliche Lehre der Treuepflicht neben der Sorgfaltspflicht eine eher geringe Bedeutung beimisst, ist zu beachten, dass sie die zentrale Pflicht eines jeden Treuhänders ist, die für dieses Rechtsverhältnis in allen seinen Ausprägungen relevant ist. Dies gilt insbesondere vor dem Hintergrund, dass die tatsächliche Bedeutung der Sorgfaltspflicht wegen des durch die *Business Judgement Rule* gewährten Freiraums gemindert wird.[195] Aus der Treuepflicht resultiert für Eigengeschäfte der Vorstands- und Aufsichtsratsmitglieder, dass sie einem Drittvergleich standzuhalten haben. Der Drittvergleichsmaßstab ist vor allem auch bei den praxisrelevanten Geschäften mit nahestehenden Personen und Unternehmen der Organmitglieder zu beachten.

II. Eigengeschäfte im Deutschen Corporate Governance Kodex

Der DCGK enthält in seiner Ziff. 4.3.3 neben Regelungen formellen Inhalts auch solche mit materiellem Regelungsgehalt zu Eigengeschäften von Vorstandsmitgliedern. Nach Satz 2 haben alle Geschäfte mit einem Unternehmen einerseits und den Vorstandsmitgliedern sowie ihnen nahestehenden Personen oder Unternehmungen andererseits branchenüblichen Standards zu entsprechen. Dies ist lediglich eine andere – missglückte[196] – Formulierung für das „*at-arm's-length*"-Prinzip: Eigengeschäfte eines Vorstandsmitglieds und Geschäfte mit nahestehenden Personen müssen inhaltlich fair und angemessen sein. Wiedergegeben wird damit geltendes Recht, sodass sich auch hier Vorstand und Aufsichtsrat nicht gemäß § 161 AktG zur Empfehlungsentsprechung erklären müssen.

---

193 OLG München, Urt. v. 13.10.2005 – 23 U 1949/05, AG 2006, 337, 338; *Drygala*, in K. Schmidt/Lutter, AktG, § 108 Rn. 14; *Habersack*, in MüKo AktG, § 108 Rn. 29; *Koch*, in Hüffer, AktG, § 108 Rn. 9; *Mertens/Cahn*, in KK-AktG, § 108 Rn. 65.

194 LG Hannover, Beschl. v. 12.03.2009 – 21 Z 2/09, AG 2009, 341, 342 (Rn. 24); *Diekmann/Fleischmann*, AG 2013, 141, 147; *Habersack*, in MüKo AktG, § 108 Rn. 96.

195 *Hopt/Roth*, in Großkomm AktG, § 93 Rn. 224.

196 *Fleischer*, in Spindler/Stilz, AktG, § 93 Rn. 134; *Grigoleit/Tomasic*, in Grigoleit, AktG, § 93 Rn. 49.

D. Publizitätsvorschriften im weiten Sinne

I. Offenlegungspflicht als Fall der organschaftlichen Treuepflicht

Der sich aus der organschaftlichen Treuepflicht ergebene Schutz vor unangemessenen Transaktionen wird durch zwei prozedurale Verhaltensgebote flankiert, die sich ebenfalls aus der Treuepflicht ableiten lassen: Zum einen treffen das Vorstandsmitglied gewisse Offenlegungspflichten. Anerkannt ist, dass das betroffene Vorstandsmitglied dem Aufsichtsrat gegenüber alle Interessenkonflikte – auch bloß mögliche[197] – unverzüglich offenzulegen und darüber hinaus auch die anderen Vorstandsmitglieder zu informieren hat.[198] Zum anderen muss er der Gesellschaft eine angemessene Kontrolle darüber ermöglichen, dass er seiner Treuepflicht tatsächlich genügt,[199] etwa durch Vorlage von Aufzeichnungen und Belegen.[200] Die Pflicht zur Offenlegung des Eigeninteresses an einem Geschäft besteht auch gegenüber anderen Vorstandsmitgliedern.[201] Dies ist insbesondere in größeren Aktiengesellschaften von Bedeutung, in denen Vorstandsmitglieder für verschiedene Ressorts zuständig sind. Entsprechendes gilt für Aufsichtsratsmitglieder: Auch sie sind aufgrund ihrer organschaftlichen Treuepflicht zur Offenlegung von Interessenkonflikten gegenüber anderen Mitgliedern des Aufsichtsrats verpflichtet.[202]

---

197 *Hopt/Roth*, in Großkomm AktG, § 93 Rn. 275; *Mertens/Cahn*, in KK-AktG, § 93 Rn. 110; *Spindler*, in MüKo AktG, § 93 Rn. 61; *Thoma*, Eigengeschäfte, S. 218; *Wiedemann*, Organverantwortung, S. 28; a. A. *Diekmann/Fleischmann*, AG 2013, 141, 148; *Koch*, ZGR 2014, 697, 725 die eine Offenlegungspflicht aus der Treuepflicht erst bei konkreter Gefährdung der Unternehmensinteressen annehmen.

198 BGH, Urt. v. 26.03.1956 – II ZR 57/55, BGHZ 20, 239, 246; *Fleischer*, in Spindler/Stilz, AktG, § 93 Rn. 124, 130a; *ders.*, in Fleischer, Hdb Vorstandsrecht, § 9 Rn. 12; *ders.*, BB 2014, 2691, 2696; *Hopt*, ZGR 2004, 1, 25; *Mertens/Cahn*, in KK-AktG, § 93 Rn. 110; *Spindler*, in MüKo AktG, § 93 Rn. 108; *J. Vetter*, ZHR 179 (2015), 273, 293; a. A. *Bachmann*, in Kremer/Bachmann/Lutter/v. Werder, DCGK, Rn. 1097, dem zufolge für die ungeschriebene Offenlegungspflicht bereits eine Offenlegung innerhalb des Vorstands genügen dürfe.

199 *Fleischer*, in Spindler/Stilz, AktG, § 93 Rn. 124; *Hopt*, ZGR 2004, 1, 31; *ders./Roth*, in Großkomm AktG, § 93 Rn. 277; *Mertens/Cahn*, in KK-AktG, § 93 Rn. 110; *Thoma*, Eigengeschäfte, S. 218; *U. Schmidt*, in Heidel, AktG, § 93 Rn. 45.

200 Vgl. BGH, Urt. v. 28.10.2002 – II ZR 353/00, NJW 2003, 431, 432.

201 *Hopt*, ZGR 2004, 1, 25 f.; *ders./Roth*, in Großkomm AktG, § 93 Rn. 167; *Thoma*, Eigengeschäfte, S. 218.

202 *Drygala*, in K. Schmidt/Lutter, AktG, § 116 Rn. 14; *Habersack*, in MüKo AktG, § 100 Rn. 93; *Hopt/Roth*, in Großkomm AktG, § 100 Rn. 164.

Die Pflicht zur Offenlegung von Interessenkonflikten sorgt für Transparenz und wirkt verhaltenssteuernd sowie präventiv. Die betroffenen Organmitglieder können aufgrund der drohenden Offenlegung ihrer persönlichen Verhältnisse motiviert werden, erhebliche Interessenkollisionen gar nicht erst entstehen zu lassen. Die Gefahr der Beeinträchtigung der Unternehmensinteressen, die mit Interessenkonflikten für gewöhnlich einhergehen, wird geschmälert, da die potentiell Benachteiligten rechtzeitig geeignete Maßnahmen ergreifen können.[203]

II. Regelungen im Deutschen Corporate Governance Kodex

Neben den formalen und materiellen Schranken für Eigengeschäfte der Organmitglieder enthält der DCGK Transparenzvorschriften. Interessenkonflikte von Vorstands- und Aufsichtsratsmitgliedern sollen gegenüber dem Aufsichtsrat (Ziff. 4.3.3 Satz 1 und Ziff. 5.5.2 Satz 1 DCGK) offengelegt werden. Vorstandsmitglieder haben „hierüber" auch die anderen Vorstandsmitglieder zu informieren (Ziff. 4.3.3 Satz 1, Halbsatz 2 DCGK). Nach dem Wortlaut ist nicht ganz klar, ob die Vorstandsmitglieder über den Interessenkonflikt selbst oder die Tatsache der Unterrichtung des Aufsichtsrats oder beides zu unterrichten sind. Sachgerecht dürfte aber die Information der Vorstandskollegen über den Interessenkonflikt selbst sein.[204] Nach dem Wortlaut („soll") ist die Offenlegungsvorgabe zwar als Empfehlung ausgestaltet, tatsächlich handelt es sich aber um die Wiedergabe geltenden Rechts (siehe oben § 7 D. I.).[205] Folglich müssen sich Vorstand und Aufsichtsrat nicht in der Entsprechenserklärung nach § 161 AktG zur Einhaltung dieser Regelungen des DCGK bekennen. Darüber hinaus enthält Ziff. 5.5.3 Satz 1 DCGK die Empfehlung, dass der Aufsichtsrat in seinem Bericht an die Hauptversammlung nach § 171 Abs. 2 AktG über die Interessenkonflikte und deren Behandlung informieren soll. Der Kodex enthält keine näheren Anforderungen zur Art und zum Umfang der Information. Aufgrund des in § 116 Satz 2 AktG verankerten Vertraulichkeitsgebots wird ein zusammenfassender Bericht über die wesentlichen Eckpunkte befürwortet.[206]

Es verwundert, dass der Kodex bei Interessenkonflikten von Vorstandsmitgliedern anders als bei Aufsichtsratsmitgliedern nicht zusätzlich die Offenlegung gegenüber der Hauptversammlung empfiehlt. Gerade die Anteilseigner haben

203 *Diekmann/Fleischmann*, AG 2013, 141, 144; *Peltzer*, in Wellhöfer/Peltzer/Müller, Die Haftung von Vorstand, Aufsichtsrat, Wirtschaftsprüfer, § 19 Rn. 114.

204 *Bachmann*, in Kremer/Bachmann/Lutter/v. Werder, DCGK, Rn. 1106.

205 *Koch*, ZGR 2014, 697, 723.

206 *Kremer*, in Kremer/Bachmann/Lutter/v. Werder, DCGK, Rn. 1476.

ein Interesse an der Offenlegung von Interessenkonflikten, da durch *Related Party Transactions* und der damit verbundenen Gefahr von Ausplünderungen der Gesellschaft nicht nur das Unternehmen, sondern auch die Minderheitsaktionäre geschädigt werden können.[207] Die Offenlegung gegenüber der Hauptversammlung würde auch Vorstandsmitgliedern einen zusätzlichen Anreiz zur Vermeidung von Interessenkonflikten setzen, zumal die Hauptversammlung mittelbar über die personelle Besetzung des Aufsichtsrats (§§ 101, 103 AktG) Einfluss auf den Vorstand nehmen kann. Schließlich würde eine Offenlegung der Interessenkonflikte gegenüber den Aktionären dazu beitragen, Informationsasymmetrien im Rahmen des vertikalen Prinzipal-Agent-Verhältnisses abzubauen.

III. Bilanzrechtliche Publizität

1. Angaben im (Konzern-)Anhang des Jahresabschlusses

a) Allgemeines

Das Recht der Rechnungslegung sieht eine gewisse *Ex-post*-Publizität von *Related Party Transactions* vor. Aktiengesellschaften haben gemäß §§ 285 Nr. 21, 314 Abs. 1 Nr. 13 HGB im (Konzern-)Anhang des Jahresabschlusses zumindest zu solchen Transaktionen mit nahestehenden Personen und Unternehmen nachträglich Angaben zu machen, die nicht zu marktüblichen Bedingungen zustande gekommen und wesentlich sind. Anzugeben sind die Art der Beziehung, der Wert der Geschäfte sowie weitere Angaben, die für die Beurteilung der Finanzlage notwendig sind. Die Beurteilung, ob ein Geschäft wesentlich und zu nicht marktüblichen Bedingungen zustande gekommen ist, trifft der Vorstand, der für die Erstellung des Anhangs zuständig ist.[208] Mit den Regelungen der §§ 285 Nr. 21, 314 Abs. 1 Nr. 13 HGB wird eine Annährung der handelsrechtlichen Berichtspflichten an die internationale Rechnungslegung bezweckt.[209] Die Pflichtangaben entfallen für Geschäfte mit und zwischen mittelbar- oder unmittelbar in 100 %-igem Anteilsbesitz stehenden, in einen Konzernabschluss einbezogenen Unternehmen (§ 285 Nr. 21 Halbsatz 2 HGB). Gemäß § 288 Abs. 1 Nr. 1 HGB können Aktiengesellschaften, die als kleine Kapitalgesellschaften im Sinne des § 267 Abs. 1 HGB zu qualifizieren sind, auf die Angaben im Anhang zu *Related Party Transactions* verzichten.

---

207 *Temming*, RdA 2015, 280.

208 *J. Vetter*, ZHR 179 (2015), 273, 294.

209 Begr. RegE. zum BilMoG, BT-Drucks. 16/10067, S. 72, l. Sp.

b) Nahestehende Personen und Unternehmen

Der Begriff der nahestehenden Personen und Unternehmen wird im Gesetz nicht definiert. Nach der Begründung zum Regierungsentwurf zum Bilanzrechtsmodernisierungsgesetz (BilMoG) ist der Begriff im Sinne des *International Accounting Standards* 24 (IAS 24)[210] zu verstehen.[211] Der Kreis der nahestehenden Personen und Unternehmen ergibt sich aus IAS 24.9 und IAS 24.11. Die Norm besteht aus einem umfangreichen und detaillierten Katalog und unterscheidet zwischen natürlichen Personen und Unternehmen, die der betreffenden Gesellschaft nahestehen können. Nahestehende Beziehungen werden durch Beherrschungsverhältnisse, gemeinschaftliche Führung und durch Beteiligungen mit maßgeblichem Einfluss begründet.[212] Insbesondere ist ein Unternehmen als nahestehende Partei anzusehen, wenn es auf direkte oder indirekte Weise herrscht oder beherrscht wird sowie direkt oder indirekt unter derselben Beherrschung wie das berichtspflichtige Unternehmen steht.[213] Erfasst sind ferner Unternehmen, die eine Beteiligung an der berichtspflichtigen Gesellschaft halten, die einen maßgeblichen Einfluss sichert (assoziierte Unternehmen),[214] oder die als Partnerunternehmen aufgrund eines gemeinsamen Managements eine gemeinsame Führung ausüben oder aufgrund eines Joint-Ventures mit einem Partnerunternehmen verbunden sind.[215] Insbesondere sind also alle Mutter-, Tochter-, Schwester- und Enkelgesellschaften erfasst.[216]

Eine natürliche Person steht einem berichtenden Unternehmen nahe, wenn sie die Gesellschaft beherrscht, durch ihre Beteiligung die Gesellschaft maßgeblich beeinflussen kann oder an der gemeinsamen Führung der Gesellschaft beteiligt ist. Außerdem werden auch Organmitglieder oder sonstige Schlüsselpersonen der Gesellschaft selbst oder der Muttergesellschaft als nahestehende Personen definiert. Eine Schlüsselposition besitzen auch Personen unter der Vorstandsebene, wenn sie indirekt oder direkt für die Planung, Leitung und Überwachung der Tätigkeiten der Gesellschaft zuständig und verantwortlich sind (IAS 24.9

---

210 Art. 4 der Verordnung (EG) Nr. 1606/2002 des Europäischen Parlaments und des Rates vom 19.07.2002 betreffend die Anwendung internationaler Rechnungslegungsstandards (ABl. EG Nr. L 243 v. 11.09.2002, S. 1).

211 Begr. RegE. zum BilMoG, BT-Drucks. 16/10067, S. 72, l. Sp.

212 *Morck*, in Koller/Kindler/Roth/Morck, HGB, § 285 Rn. 25.

213 IAS 24.9 lit. b) i) und ii).

214 *Senger/Prengel*, in Beck'sches IFRS-Hdb, § 20 Rn. 11.

215 *Morck*, in Koller/Kindler/Roth/Morck, HGB, § 285 Rn. 25; *Poelzig*, in MüKo HGB, § 285 Rn. 355 ff.

216 *Seibt*, BDI/FBD, Erforderliche Harmonisierung oder unnötiger Systembruch?, S. 10.

Unterabs. 5). Erfasst sind ferner die nahen Familienangehörigen der genannten natürlichen Personen.[217] Als nahe Familienangehörige werden Personen definiert, von denen angenommen werden kann, dass sie bei Transaktionen mit der Gesellschaft auf die originär nahestehende Person Einfluss nehmen oder von ihr beeinflusst werden können (IAS 24.9 Unterabs. 3). Hierzu zählen insbesondere Kinder und Ehegatten oder Lebenspartner der nahestehenden Person. Der Kreis der nahestehenden Unternehmen wird auch auf Unternehmen erstreckt, die von einer der genannten natürlichen Personen beherrscht werden oder die unter der gemeinschaftlichen Führung steht, an der eine der natürlichen Personen beteiligt ist.[218] Schließlich genügt es, wenn eine natürliche Person das berichtende Unternehmen beherrscht oder an dessen gemeinschaftlicher Führung beteiligt ist und gleichzeitig einen maßgeblichen Einfluss auf das andere Unternehmen oder gleichzeitig im Management des anderen Unternehmens eine Schlüsselposition hat.[219]

Für eine „Beherrschung" im Sinne der IAS 24.9 wird bei börsennotierten Aktiengesellschaften in der Regel ein Stimmrechtsanteil von weniger als 50 % ausreichen, so etwa, wenn der Aktionär in der Hauptversammlung eine nachhaltige Präsenzmehrheit hält.[220] Dies ist typischerweise – aber nicht ausschließlich – bei Publikumsgesellschaften mit breiter Streuung der Aktien anzutreffen.[221] Für einen „maßgeblichen Einfluss" reicht nach IAS 28.3 dagegen bereits die Möglichkeit aus, an den finanz- und geschäftspolitischen Entscheidungen des Beteiligungsunternehmens mitzuwirken. Er wird schon bei direktem oder indirektem Halten von mindestens 20 % der Stimmrechte widerleglich vermutet[222] und liegt damit unterhalb der Beherrschungsschwelle des § 17 AktG.[223]

Der Kreis der in Betracht kommenden nahestehenden Personen und Unternehmen ist mithin sehr weit. Er umfasst damit nahezu alle Konstellationen, in denen auch nur die latente Gefahr des *Tunnelings* besteht, selbst wenn das Einflusspotential der *Related Party* noch überschaubar ist. Die nahestehenden

---

217 IAS 24.9 lit. b) vi) und vii).

218 IAS 24.9 lit. b) vi).

219 IAS 24.9 lit. b) vii).

220 *Wiersch*, NZG 2014, 1131, 1133.

221 *Brune*, in Beck'sches IFRS-Hdb, § 30 Rn. 40; *Seibt*, BDI/FBD, Erforderliche Harmonisierung oder unnötiger Systembruch?, S. 9.

222 *Hennrichs/Schubert*, in MüKoBilR, IAS 24 Rn. 67; *Senger/Prengel*, in Beck'sches IFRS-Hdb, § 20 Rn. 11.

223 *J. Vetter*, ZHR 179 (2015), 273, 284.

Parteien müssen allerdings im Anhang nicht namentlich benannt werden.[224] Ihre Identität werden interessierte Aktionäre nur mit zusätzlichem Aufwand, etwa durch Inanspruchnahme ihres Auskunftsrechts in der Hauptversammlung (§ 131 AktG),[225] herausfinden können. Durch die genaue Angabe der nahestehenden Person oder des nahestehenden Unternehmens würde den Aktionären aber ermöglicht, die durch die Transaktion geschaffenen Risiken besser zu beurteilen.[226]

c) Anzugebende Geschäfte

Der Begriff des Geschäfts wird weit verstanden und erfasst alle Transaktionen rechtlicher oder wirtschaftlicher Art, die sich auf die Finanzlage eines Unternehmens auswirken können.[227] Anzugeben sind nur solche Geschäfte, die nicht zu marktüblichen Bedingungen zustande gekommen sind. Ob ein Geschäft zu marktüblichen Bedingungen zustande gekommen ist oder nicht, ist auch hier durch einen Drittvergleich festzustellen.[228] Markunübliche Bedingungen sind beispielsweise nicht marktgerechte Preise, Zahlungszielgewährungen über das marktübliche Maß hinaus, nicht marktkonforme Zinsvereinbarungen bei Finanzgeschäften, oder fehlende oder unzureichende Sicherheiten.[229] Außerdem muss das Geschäft selbst wesentlich sein. Das heißt, es muss im Hinblick auf die zur Zeit des Abschlusses des Geschäfts bestehende Finanzlage der Gesellschaft als wesentlich einzustufen sein.[230] Das Kriterium der Wesentlichkeit ist Gegenstand einer Einzelfallbetrachtung[231] und hat für die Praxis eine besondere Bedeutung. Schließlich erreichen die betreffenden Geschäfte nicht immer die Wesentlichkeitsschwelle.[232]

Die Beschränkung auf wesentliche und nur zu marktunüblichen Bedingungen zustande gekommene Geschäfte ist einerseits sinnvoll, um eine Überfrachtung

224 *Niehus*, DStR 2008, 2280, 2283; *Poelzig*, in MüKo HGB, § 285 Rn. 373.

225 Hierzu sogleich unter § 7 D. IV.

226 Erwägungsgrund Nr. 44 der ReformRL.

227 Begr. RegE. zum BilMoG, BT-Drucks. 16/10067, S. 72, l. Sp.

228 Begr. RegE. zum BilMoG, BT-Drucks. 16/10067, S. 72, l. Sp.; *Grottel*, in BeckBilKomm, HGB, § 285 Rn. 621; *Kessler*, in MüKoBilR, HGB, § 285 Rn. 229; *Petersen/Zwirner/Busch*, BB 2009, 1854, 1856.

229 *Grottel*, in BeckBilKomm, HGB, § 285 Rn. 622.

230 *Kessler*, in MüKoBilR, HGB, § 285 Rn. 233.

231 Vgl. Begr. RegE. zum BilMoG, BT-Drucks. 16/10067, S. 72; *IDW*, WP-Hdb I, Kap. F. Rn. 1015.

232 *Niehus*, DStR 2008, 2280, 2282.

des Anhangs mit unwesentlichen Transaktionen zu vermeiden. Dies gilt nicht zuletzt im Hinblick auf den weiten Kreis möglicher *Related Partys*. Eine Überfrachtung könnte die Analyse der wesentlichen Transaktionen durch Verschleierung der wichtigen Informationen erschweren und damit der bezweckten Transparenz zuwiderlaufen. Andererseits enthält § 285 Nr. 21 HGB auch nur eine Mindestangabe. Der Gesellschaft steht es frei, alle wesentlichen Geschäfte mit nahestehenden Personen und Unternehmen anzugeben. Das kann gerade dann zweckmäßig sein, wenn eine Unterscheidung zwischen marktüblichen und marktunüblichen Bedingungen nicht eindeutig möglich ist.[233] Eine Untergliederung in marktüblich und marktunüblich zustande gekommene Geschäfte ist dabei nicht erforderlich.[234] In der Praxis wird von dieser Möglichkeit häufig Gebrauch gemacht. Die Gründe hierfür liegen auf der Hand. Die Veröffentlichung marktunüblicher Transaktionen beinhaltet praktisch das Geständnis, gegen § 57 AktG oder gegen Organpflichten zu verstoßen.[235] Durch die unterschiedslose Angabe aller wesentlichen Transaktionen kann der Vorstand ein solches Eingeständnis vermeiden. Daher hat das Tatbestandsmerkmal der Marktunüblichkeit naturgemäß zur Folge, dass die Wahrscheinlichkeit zur tatsächlichen Aufdeckung von *Tunneling*-Transaktionen gesenkt wird.[236]

Darüber hinaus wird in der Praxis häufig von der in § 285 Nr. 21 Halbsatz 3 HGB eröffneten Möglichkeit, die Geschäfte nach Geschäftsarten (beispielsweise Kauf, Verkauf, Dienstleistungen, etc.)[237] zusammenzufassen, Gebrauch gemacht. Die sachgerechte Zusammenfassung ist zwar geeignet, zur Übersichtlichkeit beizusteuern und eine Überfrachtung des Anhangs zu verhindern. Jedoch hat dies gleichzeitig zur Konsequenz, dass die Aussagekraft der Anhangangaben im Konzern-/Jahresabschluss reduziert wird. Vor allem aber werden Aktionäre an der Bewertung der Auswirkungen einzelner Transaktionen auf den Abschluss noch weiter gehindert.

2. Angaben in den IAS(-Notes)

Börsennotierte Aktiengesellschaften sind nicht den handelsrechtlichen Rechnungslegungsvorschriften, sondern den *International Financial Reporting* Standards (IFRS) und *International Accounting Standards* (IAS) unterworfen (Art. 4

---

233 *Niehus*, DStR 2008, 2280, 2282.

234 *IDW*, WP-Hdb I, Kap. F. Rn. 1014.

235 *Drygala*, AG 2013, 198, 207; *Tröger*, AG 2015, 53, 55.

236 *Tröger*, AG 2015, 53, 55.

237 *Poelzig*, in MüKo HGB, § 285 Rn. 383.

IAS-Verordnung[238]).[239] Für die vorliegende Arbeit sind die Anhangangabepflichten nach IAS 24 relevant, die für Transparenz sorgen sollen.[240] Danach müssen berichtspflichtige Unternehmen im Anhang des – geprüften – IFRS-Konzernabschlusses sowie im IFRS-Einzelabschluss[241] über die Art der Beziehung zu nahestehenden Personen und Unternehmen sowie über alle Geschäftsvorfälle berichten, die die Abschlussadressaten benötigen, um die möglichen Auswirkungen dieser Beziehungen auf den Abschluss nachzuvollziehen (IAS 24.18). IAS 24 fordert für die Angabepflicht nicht, dass die betreffenden Transaktionen wesentlich sind und von Marktbedingungen abweichen.[242] Zu beachten ist jedoch der allgemeine Grundsatz der Wesentlichkeit, der sich in IAS 1.31 niedergeschlagen hat und auch für die Angaben nach IAS 24 gilt.[243] Wenn Informationen über Nähebeziehungen und Transaktionen unwesentlich sind, sie also keinen Einfluss auf die wirtschaftlichen Entscheidungen des Adressaten haben, die auf Basis des Abschlusses getroffen werden (IAS 1.7), müssen sie nicht angegeben werden (IAS 1.31).[244]

Ob ein Geschäftsvorfall zu marktüblichen Bedingungen zustande gekommen ist oder nicht, ist für die Angabepflicht nach IAS 24.18 irrelevant.[245] Dem IAS 24 geht es nicht darum, die Auswirkungen von Beziehungen zu *Related Partys* im Sinne einer „*at-arm's-length*"-Betrachtung offenzulegen. Die betreffenden Gesellschaften müssen nicht angeben, wie eine Transaktion unter fremden, unabhängigen Dritten stattgefunden hätte.[246] IAS 24 bezweckt mithin keine Bewertung der Geschäftsvorfälle mit nahestehenden Personen und Unternehmen, sondern lediglich ihre – wertneutrale – Offenlegung möglicher Auswirkungen von Nähebeziehungen (vgl. IAS 24.1).[247] Der Vorteil daran, dass alle Transaktionen mit

---

238 Verordnung (EG) Nr. 1606/2002 des Europäischen Parlaments und des Rates vom 19.07.2002 betreffend die Anwendung internationaler Rechnungslegungsstandards (ABl. EG Nr. L 243 v. 11.09.2002, S. 1).

239 Vgl. § 315e HGB; *J. Vetter*, ZHR 179 (2015), 273, 294.

240 *IDW*, WP-Hdb I, Kap. N. Rn. 1120.

241 Sofern letzterer freiwillig erstellt wird (§ 325 Abs. 2a HGB); zum Anwendungsbereich von IAS 24: *Hennrichs/Schubert*, in MüKoBilR, IAS 24 Rn. 22.

242 *Hennrichs/Schubert*, in MüKoBilR, IAS 24 Rn. 16; *Tröger*, AG 2015, 53, 56.

243 *Hennrichs/Schubert*, in MüKoBilR, IAS 24 Rn. 16.

244 *Enriques*, European Business Organization Law Review 16 (2015), 1, 30 verbindet mit dieser Ausnahme eine weitreichende Möglichkeit, Cash-Flows unerkannt zu tunneln; *Hennrichs/Schubert*, in MüKoBilR, IAS 24 Rn. 16.

245 Anders bei der handelsrechtlichen Bilanz, siehe oben § 7 D. III. 1. c.; *Niehus*, DB 2008, 2493, 2498; *Senger/Prengel*, in Beck'sches IFRS-Hdb, § 20 Rn. 49.

246 *Senger/Prengel*, in Beck'sches IFRS-Hdb, § 20 Rn. 5.

247 *Hennrichs/Schubert*, in MüKoBilR, IAS 24 Rn. 6 f.

Related Partys unabhängig von den zugrundeliegenden Bedingungen offenzulegen sind, besteht darin, dass Unternehmen und Abschlussprüfer nicht in schwierige Abgrenzungskonflikte gedrängt werden.[248] In diesem Punkt geht die Veröffentlichungspflicht nach IAS 24 weiter nach § 285 Nr. 21 HGB, sofern sich die Gesellschaft nicht freiwillig für die Offenlegung sämtlicher Geschäfte mit nahestehenden Personen und Unternehmen entscheidet. Eine detaillierte und abschließende[249] Definition der relevanten nahestehenden Personen und Unternehmen findet sich in IAS 24.9. An dieser Stelle kann auf die obigen Ausführungen zum IAS 24.9 verwiesen werden.[250] Einerseits ist der Kreis der nach IAS 24 anzugebenden Geschäfte also sehr weit, andererseits müssen aber im Anhang keine näheren Ausführungen zur Angemessenheit der Geschäfte mit *Related Partys* gemacht werden. Minderheitsaktionäre werden demnach auch bei IFRS-Jahresabschlüssen nicht in der Lage sein, die Auswirkungen von *Related Party Transactions* zu evaluieren. Folglich tragen die bilanziellen Publizitätspflichten kaum zur Kontrolle von *Related Party Transactions* bei.

IV. Auskunftsrecht der Aktionäre

Aktionären steht in der Hauptversammlung gemäß § 131 AktG ein Auskunftsrecht gegenüber dem Vorstand über Angelegenheiten der Gesellschaft zu. Dadurch soll dem Aktionär in Ergänzung der allgemeinen Publizitätsvorschriften der Gebrauch seiner mitgliedschaftlichen Rechte in der Aktiengesellschaft ermöglicht werden.[251] Der Aktionär kann sein Stimmrecht und seine mitgliedschaftlichen Rechte in der Hauptversammlung nur dann sinnvoll ausüben, wenn er eine hinreichende Informationsgrundlage hat.[252] Um missbräuchlichen Verwendungen vorzubeugen, beschränkt das Gesetz das Auskunftsrecht auf Informationen, die zur sachgemäßen Beurteilung der Tagesordnungsgegenstände erforderlich sind. Das Erforderlichkeitskriterium bemisst sich nach der objektiven Sicht eines vernünftigen Aktionärs, der die Gesellschaftsverhältnisse nur

---

248 *Hennrichs/Schubert*, in MüKoBilR, IAS 24 Rn. 99.

249 *IDW*, WP-Hdb I, Kap. N. Rn. 1111.

250 Siehe § 7 D. III. 1. b.

251 *Kubis*, in MüKo AktG, § 131 Rn. 1.

252 BayOblG, Beschl. v. 30.11.1995 – 3Z BR 161/93, NJW-RR 1996, 679, 680; *Decher*, in Großkomm AktG, § 131 AktG Rn. 5; *Koch*, in Hüffer, AktG, § 131 Rn. 1; Begr. RegE. AktG 1965 bei *Kropff*, S. 184.

aufgrund allgemein bekannter Tatsachen kennt und deshalb die Auskunft zur Beurteilung der Tagesordnung benötigt.[253]

Zur Beurteilung des Tagesordnungspunkts der Vorlage oder Feststellung des Jahresabschlusses, in dessen Anhang Angaben zu *Related Party Transactions* enthalten sein müssen (siehe oben § 7 D.), sind grundsätzlich alle nach §§ 264 ff. HGB in den Jahres- beziehungsweise Konzernabschluss nebst Anhang und Lagebericht aufzunehmenden Tatsachen relevant und daher auskunftspflichtig.[254] Zwar ist über einzelne Geschäfte in der Regel keine Auskunft zu erteilen, eine Ausnahme gilt aber für Eigengeschäfte der Organmitglieder.[255] Die Fragen, die zur Beurteilung des Tagesordnungspunkts zum Jahresabschluss erforderlich sind, sind gleichermaßen für den Tagesordnungspunkt zur alljährlichen Entlastung der Organe bedeutsam, da die Erörterung des Jahresabschlusses auch dem Aktionär eine Entscheidungsgrundlage über die Entlastung der Organmitglieder verschaffen soll.[256] Soweit der Vorstand aber den Jahresabschluss samt Anlage innerhalb der Hauptversammlung mündlich erläutert oder sie in schriftlicher Form allgemein zugänglich ausgelegt hat, ist die Beurteilungserheblichkeit in aller Regel abzulehnen.[257] Bei Verstößen gegen die Auskunftspflicht droht die Anfechtbarkeit des betroffenen Hauptversammlungsbeschlusses (vgl. §§ 243 Abs. 1, 4 AktG).[258] In der Praxis wird in nahezu jeder Anfechtungsklage (auch) die Verletzung des Auskunftsrechts gerügt.[259]

Aktionäre werden ihr Auskunftsrecht jedoch nur dann gewinnbringend einsetzen können, wenn zuvor potentiell anrüchige Transaktionen identifiziert werden konnten. Hieran scheitert es meist aufgrund sehr restriktiv gelebter Informationspolitik in Gesellschaften. Das Auskunftsrecht ist kaum mehr als ein „stumpfes Schwert".[260] Durch eine offensivere Informationspolitik im

253 BGH, Urt. v. 18.10.2004 – II ZR 250/02, AG 2005, 87, 88; OLG Stuttgart, Urt. v. 17.11.2010 – 20 U 2/10, AG 2011, 93, 97; *Liebscher*, in Henssler/Strohn, AktG, § 131 Rn. 6; *Siems*, in Spindler/Stilz, AktG, § 131 Rn. 28.

254 *Kersting*, in KK-AktG, § 131 Rn. 167; *Kubis*, in MüKo AktG, § 131 Rn. 49.

255 OLG Hamburg, Urt. v. 30.04.2004 – 11 U 98/04, NZG 2005, 218, 219; *Kersting*, in KK-AktG, § 131 Rn. 221.

256 *Kersting*, in KK-AktG, § 131 Rn. 207.

257 OLG Düsseldorf, Beschl. v. 17.07.1991 – 19 W 2/91, AG 1992, 34, 36; *Decher*, in Großkomm AktG, § 131 Rn. 37, 158; *Spindler*, in K. Schmidt/Lutter, AktG, § 131 Rn. 12.

258 Nach *Decher*, in Großkomm AktG, § 131 Rn. 50 ist die Rüge der Verletzung des Auskunftsrechts sogar der in der Praxis bei weitem bedeutsamste Anfechtungsgrund.

259 *Decher*, in Großkomm AktG, § 131 Rn. 380.

260 *Tröger*, AG 2015, 53, 58.

Vorfeld der Hauptversammlung ließen sich auch Konfliktsituationen zwischen Aktionären und der Verwaltung reduzieren. Zudem hätte die kontinuierliche Information der Aktionäre im Vorfeld der Hauptversammlung statt der schwerpunktmäßigen Information in der Hauptversammlung eine Verbesserung des Informationsniveaus zur Folge. Zugleich könnten langwierige Hauptversammlungen verhindert und die Zahl von Anfechtungsklagen reduziert werden.[261]

E. Haftung der Organmitglieder

I. Anspruchsvoraussetzungen und die Business Judgement Rule

Um die Einhaltung rechtlicher Vorgaben sicherzustellen, müssen etwaige Verstöße effektiv sanktioniert werden. Auf diese Weise wird den Normadressaten ein Anreiz für die ordnungsgemäße Rechtsbefolgung gegeben. Verletzen Organmitglieder ihre Sorgfalts- und Treuepflichten schuldhaft, statuieren § 93 Abs. 2 Satz 1 AktG für Vorstandsmitglieder[262] und § 116 Satz 1 AktG i. V. m § 93 Abs. 2 Satz 1 AktG für Aufsichtsratsmitglieder[263] eine Schadensersatzhaftung gegenüber der Gesellschaft.

Vorstandsmitglieder haben bei der Geschäftsführung die Sorgfalt eines ordentlichen und gewissenhaften Geschäftsleiters anzuwenden, § 93 Abs. 1 Satz 1 AktG. Gemäß § 93 Abs. 1 Satz 2 AktG verletzen sie ihre Sorgfaltspflicht nicht, wenn sie bei einer unternehmerischen Entscheidung vernünftigerweise annehmen durften, auf der Basis angemessener Information zum Wohle der Gesellschaft zu handeln (sogenannte *Business Judgement Rule*).[264] Mit dieser Bestimmung wird dem Vorstand ein Ermessenspielraum eingeräumt. Dieser „sichere Hafen“[265] des § 93 Abs. 1 Satz 2 AktG greift jedoch nur ein, wenn eine unternehmerische Entscheidung vorliegt. Unternehmerische Entscheidungen sind zukunftsbezogen; ihnen liegen Prognosen und nicht justitiable Beurteilungen zugrunde.[266] Den unternehmerischen Entscheidungen stehen rechtlich gebundene Entscheidungen gegenüber, die nicht unter die haftungstatbestandliche Freistellung fallen.

---

261 *Decher*, in Großkomm AktG, § 131 Rn. 60; *Siems*, in Spindler/Stilz, AktG, § 131 Rn. 8.

262 Ausführlich zu den Haftungsvoraussetzungen: *Fleischer*, in Spindler/Stilz, AktG, § 93 Rn. 176 ff.

263 Ausführlich zu den Haftungsvoraussetzungen: *Spindler*, in Spindler/Stilz, AktG, § 116 Rn. 124 ff.

264 *Fleischer*, in Spindler/Stilz, AktG, § 93 Rn. 59.

265 Vgl. Begr. RegE. zum UMAG, BT-Drucks. 15/5092, S. 1, l. Sp.

266 Begr. RegE. zum UMAG, BT-Drucks. 15/5092, S. 1, l. Sp; *Fleischer*, in Spindler/Stilz, AktG, § 93 Rn. 68.

Zu letzterer Gruppe gehören die organschaftlichen Treuepflichten: In ihrem Einzugsbereich haben die Vorstandsmitglieder kein Geschäftsleiterermessen.[267] Gewährt der Vorstand etwa nahen Familienangehörigen Vermögensgegenstände der Gesellschaft unter Wert, kann er sich daher von vornherein nicht auf die *Business Judgement Rule* berufen. Darüber hinaus setzt die Anwendbarkeit der *Business Judgement Rule* stillschweigend voraus, dass die Entscheidungsfindung frei von sachfremden Einflüssen und Interessenkonflikten erfolgt ist.[268] Nur bei Fehlen solcher Einflüsse kann von einem Handeln zum Wohle der Gesellschaft ausgegangen werden.[269] Befindet sich ein Vorstandsmitglied in einem Interessenkonflikt, ist er aufgrund seiner organschaftlichen Treuepflicht zur Offenlegung gegenüber dem Aufsichtsrat und seinen Vorstandskollegen verpflichtet (siehe oben § 7 D. I.). Nicht abschließend geklärt ist, wie sich die Befangenheit eines Vorstandsmitglieds auf die Anwendbarkeit der *Business Judgement Rule* für die Entscheidung der übrigen Vorstandskollegen auswirkt. Wurde die Interessenkollision pflichtgemäß offengelegt und hat das befangene Vorstandsmitglied nicht am Entscheidungsprozess mitgewirkt, wird nach überwiegender Auffassung davon ausgegangen, dass die Vorstandskollegen grundsätzlich im Genuss der *Business Judgement Rule* bleiben.[270] Nimmt das befangene Vorstandsmitglied an der Beratung und Abstimmung dennoch teil, sind die Vorstandskollegen verpflichtet, das zur Abstimmung stehende Geschäft besonders kritisch zu überprüfen.[271] Schwieriger zu beurteilen sind die Auswirkungen eines verschwiegenen Interessenkonflikts. Überwiegend wurde bislang angenommen, dass eine „Infizierung" der übrigen Vorstandsmitglieder stattfinde.[272] Eine vordringende Gegenansicht hält dagegen an der Anwendbarkeit der *Business Judgement Rule* für die anderen Vorstandsmitglieder fest. Hierfür spricht jedenfalls schon der Gesetzeswortlaut, der eindeutig an das individuelle Vorstandmitglied

267 *Fleischer*, in Spindler/Stilz, AktG, § 93 Rn. 67; *Koch*, in Hüffer, AktG, § 93 Rn. 16; *ders.*, ZGR 2006, 769, 781; *Langenbucher*, DStR 2005, 2083, 2085.

268 So die ganz h. M., Begr. RegE. zum UMAG, BT-Drucks. 15/5092, S. 11, l. Sp.; *Fleischer*, in Spindler/Stilz, AktG, § 93 Rn. 72; *Koch*, ZGR 2014, 697, 701 f.; *Paefgen*, AG 2004, 245, 252 ff.; *Spindler*, in MüKo AktG, § 93 Rn. 60.

269 *Koch*, ZGR 2014, 697, 701.

270 *Fleischer*, in Spindler/Stilz, AktG, § 93 Rn. 72a; *Löbbe/Fischbach*, AG 2014, 717, 725, 727 f.

271 *Fleischer*, in Spindler/Stilz, AktG, § 93 Rn. 72a; *Hölters*, in Hölters, AktG, § 93 Rn. 38; *Löbbe/Fischbach*, AG 2014, 717, 725, 727.

272 *Blasche*, AG 2010, 692, 694 ff.; *Mertens/Cahn*, in KK-AktG, § 93 Rn. 29; *Scholderer*, NZG 2012, 168, 175.

anknüpft.[273] Zudem wäre die *Business Judgement Rule* bei einer gegenteiligen Auslegung um ihren Sinn gebracht. Sie soll den Vorstandsmitgliedern bei unternehmerischen Entscheidungen einen „sicheren Hafen" gewähren, solange sie bestimmte prozedurale Regeln befolgen. Die Vorstandsmitglieder müssen daher darauf vertrauen dürfen, dass ihre haftungstatbestandliche Freistellung nicht aufgrund eines verborgen gebliebenen Interessenkonflikts eines Kollegen gefährdet ist.[274] Wenn die *Business Judgement Rule* aufgrund eines Interessenkonflikts nicht zur Anwendung gelangen sollte, bedeutet dies aber noch nicht, dass stets eine Sorgfaltspflichtverletzung gegeben ist. Vielmehr ist die Entscheidung im Haftungsprozess dann gerichtlich voll überprüfbar.[275]

Auch Aufsichtsratsmitglieder unterliegen Sorgfaltspflichten. Sie haben bei der Erfüllung ihrer Aufgaben die Sorgfalt eines ordentlichen und gewissenhaften Überwachers und Beraters anzuwenden.[276] Durch den Verweis des § 116 Satz 1 AktG auf § 93 Abs. 1 Satz 2 AktG gilt die *Business Judgement Rule* auch für unternehmerische Entscheidungen des Aufsichtsrats.[277] Dies betrifft insbesondere Zustimmungsvorbehalte gemäß § 111 Abs. 4 Satz 2 AktG (dazu später unter § 8 A. II.) sowie Entscheidungen nach §§ 89, 114, 115 AktG.[278] Die obigen Ausführungen gelten hier entsprechend.

II. Geltendmachung der Ersatzansprüche

Nach § 112 AktG obliegt dem Aufsichtsrat die gerichtliche und außergerichtliche Vertretung der Gesellschaft gegenüber Vorstandsmitgliedern. Die Geltendmachung von Ersatzansprüchen der Aktiengesellschaft gegen ihre Vorstandsmitglieder ist Teil der vergangenheitsbezogenen Kontroll- und Überwachungsaufgabe des Aufsichtsrats.[279] Kann der Aufsichtsrat nach Prüfung des Prozessrisikos von positiven Erfolgsaussichten einer Klage gegen das pflichtwidrig handelnde

---

273 *Koch*, in Hüffer, AktG, § 93 Rn. 26; *ders.*, ZGR 2014, 697, 709.

274 *Fleischer*, in Spindler/Stilz, AktG, § 93 Rn. 72b; *Koch*, ZGR 2014, 697, 709; *ders.*, in FS Säcker, S. 403, 405 ff.; *Spindler*, in MüKo AktG, § 93 Rn. 64.

275 *Koch*, ZGR 2014, 697, 721; *Scholderer*, NZG 2012, 168, 175; *Spindler*, in MüKo AktG, § 93 Rn. 40, 64; a. A. *Schäfer*, ZIP 2005, 1253, 1257; *Scholz*, AG 2015, 222, 227.

276 *Habersack*, in MüKo AktG, § 116 Rn. 16.

277 *Habersack*, in MüKo AktG, § 116 Rn. 39; *Hopt/Roth*, in Großkomm AktG, § 116 Rn. 105 ff.; *Koch*, in Hüffer, AktG, § 116 Rn. 5; *Mertens/Cahn*, in KK-AktG, § 116 Rn. 67; *Spindler*, in Spindler/Stilz, AktG, § 116 Rn. 43.

278 *Habersack*, in MüKo AktG, § 116 Rn. 41; *Spindler*, in Spindler/Stilz, AktG, § 116 Rn. 43.

279 *Bayer*, NJW 2000, 2609, 2613; *Fleischer*, in Spindler/Stilz, AktG, § 93 Rn. 291.

Vorstandsmitglied ausgehen, ist er nach der ARAG/Garmenbeck-Entscheidung des Bundesgerichtshofs grundsätzlich zur Anspruchsverfolgung verpflichtet.[280] Umgekehrt obliegt dem Vorstand der Aktiengesellschaft gemäß § 78 AktG die Geltendmachung von Ersatzansprüchen nach § 116 Satz 1 AktG i. V. m. § 93 Abs. 2 Satz 1 AktG gegen Aufsichtsratsmitglieder. Zur Geltendmachung dieser Schadensersatzansprüche ist der Vorstand ebenfalls verpflichtet.[281] Die ARAG/Garmenbeck-Entscheidung ist insoweit entsprechend anzuwenden.[282]

Die Aktionäre können die Ersatzansprüche der Gesellschaft aus § 93 Abs. 2 Satz 1 AktG (i. V. m. § 116 Satz 1 AktG) weder im eigenen Namen noch im Namen der Gesellschaft geltend machen.[283] Eine *actio pro socio* als allgemeine Institution kennt das deutsche Aktienrecht nicht. Die Ersatzansprüche gegen die Organmitglieder müssen gemäß § 147 Abs. 1 AktG geltend gemacht werden, wenn es die Hauptversammlung beschließt. Für den Minderheitsaktionär, der die erforderliche Stimmenmehrheit nicht auf sich vereint, ist die Norm jedoch praktisch ohne Bedeutung.[284] Ihm steht lediglich der Weg über das vorgeschaltete Klagezulassungsverfahren nach § 148 AktG offen. Danach kann eine Aktionärsminderheit Ersatzansprüche der Gesellschaft geltend machen, wenn das Gericht die Klage zulässt. Hierfür muss die antragsstellende Aktionärsminderheit ein Quorum von mindestens einem Prozent oder einen anteiligen Betrag von EUR 100.000 am Grundkapital erreichen. Ferner müssen die zusätzlichen Voraussetzungen des § 148 Abs. 1 Satz 2 AktG erfüllt sein.[285] So müssen etwa Tatsachen vorliegen, die den Verdacht unredlichen oder grob gesetzes- oder satzungswidrigen Verhaltens rechtfertigen (§ 148 Abs. 1 Satz 2 Nr. 3 AktG). Nicht zuletzt aufgrund dieser hohen Hürden ist das Klagezulassungsverfahren in der

---

280 BGH, Urt. v. 21.04.1997 – II 175/95 (ARAG/Garmenbeck), BGHZ 135, 244 = NJW 1997, 1926. Ausführlich zur Interpretation der ARAG/Garmenbeck-Entscheidung: *Casper*, ZHR 176 (2012), 617; *Götz*, NJW 1997, 3275; *Koch*, NZG 2014, 934.

281 *Habersack*, in MüKo AktG, § 116 Rn. 82; *Spindler*, in Spindler/Stilz, AktG, § 116 Rn. 140.

282 *Drygala*, in K. Schmidt/Lutter, AktG, § 116 Rn. 55; *Habersack*, in MüKo AktG, § 116 Rn. 8; *Henssler*, in Henssler/Strohn, AktG, § 116 Rn. 15.

283 *Fleischer*, in Spindler/Stilz, AktG, § 93 Rn. 292.

284 § 147 Abs. 1 AktG ist lediglich als Minderheiteninstrument grundsätzlich denkbar, wenn es um Ersatzansprüche gegen den (Mehrheits-)Aktionär geht, der in diesem Fall gemäß § 136 Abs. 1 Satz 1 3. Var. AktG von seinem Stimmrecht ausgeschlossen ist, *Koch*, in Hüffer, AktG, § 147 Rn. 4.

285 *Koch*, in Hüffer, AktG, § 148 Rn. 4.

Praxis nahezu bedeutungslos.[286] Ein weiterer Grund für die geringe Bedeutung der Norm ist das rational passive Verhalten der Minderheitsaktionäre – vor allem der institutionellen Anleger –, das insbesondere auf die Kostenregelung in § 148 Abs. 6 Satz 1 AktG zurückzuführen ist. Nach dieser hat der Antragssteller die Kosten des Klagezulassungsverfahrens zu tragen, soweit sein Antrag abgewiesen wird. Zwar enthält § 148 Abs. 6 Satz 5 AktG eine materiell-rechtliche Kostenzuweisung an die Gesellschaft. So wird aus Billigkeitsgründen der Aktionärsminderheit im Falle der ganzen oder teilweisen Klageabweisung ein Kostenerstattungsanspruch gegen die Gesellschaft zugesprochen, sofern die Zulassung nicht durch einen vorsätzlich oder grob fahrlässig unrichtigen Vortrag erwirkt wurde.[287] Hierfür müsste die Aktionärsminderheit aber erst das vorgeschaltete Klagezulassungsverfahren erfolgreich betrieben und Klage erhoben haben.[288] Dieses Kostenrisiko trägt die antragsstellende Aktionärsminderheit. Jedenfalls wird dadurch noch kein positiver Anreiz geschaffen, ohne diesen die Überwindung der rationalen Passivität der Minderheitsaktionäre größerer Gesellschaften kaum denkbar ist.[289] Auf der Gegenseite hat der klagende Aktionär lediglich die Aussicht, an dem Erfolg der Klage nur mittelbar und entsprechend seiner Beteiligungsquote zu partizipieren.[290] Wenig attraktiv und inzentiv ist zudem das Bewusstsein über die Tatsache, dass von der erfolgreichen Klage auch die übrigen passiven Aktionäre profitieren. Warten sie hingegen die Klageerhebung eines anderen Aktionärs ab, könnten sie selbst als sogenannte Trittbrettfahrer ohne Eingehen eines eigenen Kostenrisikos am Erfolg der Klage teilhaben. Es bestehen folglich Anreize zur strategischen Passivität.[291]

F. „Beißhemmungen“ in rechtstatsächlicher Hinsicht

Damit Schadensersatzansprüche gegen Organmitglieder die gewünschte Präventiv- und Disziplinierungswirkung entfalten können, muss über die theoretischen Grundlagen hinaus vor allem die praktische Verfolgung der Ansprüche

286 *Fleischer*, in Spindler/Stilz, AktG, § 93 Rn. 292; *Habersack*, Gutachten E zum 69. DJT, S. E 92 f.; *Lutter*, in FS U. H. Schneider, S. 763, 765 f.; *Peltzer*, in FS U. H. Schneider, S. 953, 954 ff.; *Schmolke*, ZGR 2011, 398, 402 ff.

287 *Koch*, in Hüffer, AktG, § 148 Rn. 23; *Mock*, in Spindler/Stilz, AktG, § 148 Rn. 167.

288 *Arnold*, in MüKo AktG, § 148 Rn. 98; *Schmolke*, ZGR 2011, 398, 408.

289 *Schmolke*, ZGR 2011, 398, 410. Ausführlich zur rationalen Apathie der Aktionäre sogleich unter § 11 A. V. 3.

290 *Habersack*, Gutachten E zum 69. DJT, S. E 92; *Schmolke*, ZGR 2011, 398, 406; vgl. auch *Altmeppen*, in MüKo AktG, § 317 Rn. 55.

291 *Schmolke*, ZGR 2011, 398, 410.

sichergestellt werden.[292] Dies ist nach geltender Rechtslage zweifelhaft. Im engen Zusammenhang mit Interessenkonflikten steht die Unabhängigkeit von Organmitgliedern. Vorstandsmitglieder sind zwar verpflichtet, dem Wohl der Gesellschaft gegenüber dem eigenen Nutzen oder dem Vorteil Dritter Vorrang zu gewähren. Abhängigkeitsverhältnisse der Vorstandsmitglieder mit der vertragsschließenden Partei können Interessenkollisionen auslösen, ihr Urteilsvermögen beeinflussen und sie zu pflichtwidrigem Handeln veranlassen. Entsprechend verhält es sich mit Aufsichtsratsmitgliedern. Die effektive Überwachung hängt nicht unerheblich von ihrer Unabhängigkeit ab.[293] Organmitglieder sind als unabhängig anzusehen, wenn sie in keiner geschäftlichen, familiären oder sonstigen Beziehung zur Gesellschaft, deren Organen oder einem Kontrollaktionär stehen.[294] Die persönliche Unabhängigkeit der Vorstands- und Aufsichtsratsmitglieder unter einander ist jedoch keine aktiengesetzlich normierte Voraussetzung für die Übernahme des Vorstands- oder Aufsichtsratsmandats.[295] In rechtstatsächlicher Hinsicht liegt das Problem darin, dass Vorstands- und Aufsichtsratsmitglieder oft eng zusammenarbeiten. Kollegiale, familiäre, berufliche oder persönliche Beziehungen unter den Organmitgliedern sind nicht selten anzutreffen.[296] Wie gesehen, können etwa besondere Beratungsverhältnisse zwischen dem Vorstand und Aufsichtsratsmitgliedern zu engen Beziehungen führen und die Ausübung der Überwachungstätigkeit des Aufsichtsrats beeinflussen.[297] Die Befangenheit von Organmitgliedern spielt nicht nur auf der Sekundärebene eine Rolle, wenn die Verfolgung von Ersatzansprüchen gegen pflichtwidrig handelnde Organmitglieder in Frage steht, sondern gleichermaßen auf der Primärebene, etwa wenn es um die Erteilung der von Gesetzes wegen erforderlichen Zustimmung zu einem Kredit nach § 89 AktG geht. Es ist daher nicht fernliegend, dass sich das betreffende Organmitglied nicht allein vom Unternehmensinteresse leiten lässt, sondern die Belange der nahestehenden Partei über das Unternehmensinteresse stellt. Dieses Problem wird dadurch verstärkt, dass das

292 *Habersack*, Gutachten E zum 69. DJT, S. E 92.

293 Vgl. OLG München, Urt. v. 06.08.2008 – 7 U 5628/07, AG 2009, 294, 295; *Bürgers/Schilha*, AG 2010, 221.

294 Empfehlung des DCGK Ziff. 5.4.2 Satz 2 für den Aufsichtsrat; vgl. *Spindler*, in MüKo AktG, § 93 Rn. 60.

295 *Spindler*, in Spindler/Stilz, AktG, § 100 Rn. 66.

296 Vgl. *Wiedemann*, Organverantwortung, S. 17.

297 BGH, Urt. v. 04.07.1994 – II ZR 197/93, NJW 1994, 2484, 2486; *Henssler*, in Henssler/Strohn, AktG, § 114 Rn. 1; kritisch aber *Cahn*, Der Konzern 2012, 501, 502.

deutsche Aktienrecht kein allgemeines Stimmverbot für Organmitglieder bei Vorliegen einer Interessen- und Pflichtenkollision kennt.[298]

Der Vorstand der Aktiengesellschaft, dem die Geltendmachung von Ersatzansprüchen gegen Aufsichtsratsmitglieder obliegt, hat auch deswegen ein besonderes Interesse daran, in der Gunst des Aufsichtsrats zu stehen, weil dieser die ausschließliche Personalkompetenz über den Vorstand innehat (§ 84 Abs. 1 Satz 1 AktG). Eine zurückliegende, erfolgreiche Kollaboration sowie das Interesse an einem künftigen harmonischen Miteinander können für „Beißhemmungen“ zwischen Vorstand und Aufsichtsrat sorgen.[299] Zudem könnte sich der Vorstand durch die Rüge und Verfolgung einer pflichtwidrigen Überwachungstätigkeit des Aufsichtsrats, die sich in der eigenen Amtszeit abgespielt hat, selbst belasten: Die pflichtwidrige Überwachung des Aufsichtsrats hat in der Regel ein pflichtwidriges Verhalten des Vorstands zum Gegenstand.[300] Entsprechend wird dem Aufsichtsrat der Anreiz fehlen, Ersatzansprüche gegen Vorstandsmitglieder nach § 93 Abs. 2 Satz 1 AktG zu verfolgen. Es besteht die Gefahr, eigene Versäumnisse in der Überwachung der Vorstandstätigkeit aufzudecken.[301]

G. Zusammenfassende Bewertung des Regulierungsbedarfs

Geschäfte von Organmitgliedern mit der eigenen Gesellschaft bergen die abstrakte Gefahr eines Amtsmissbrauchs, da unter dem Schein eines unauffälligen Austauschgeschäfts der Gesellschaft Vermögenswerte entzogen werden können. Diese Gefahr wird durch die Einschaltung nahestehender Personen der Organmitglieder oder Unternehmen, an denen Organmitglieder beteiligt sind, zusätzlich erhöht.[302] Das deutsche Aktienrecht verbietet Transaktionen mit Organmitgliedern und ihnen nahestehenden Personen und Unternehmen

---

298 Vgl. *Diekmann/Fleischmann*, AG 2013, 141, 149; *Kort*, in Großkomm AktG, § 77 Rn. 14; *Mertens/Cahn*, in KK-AktG, § 77 Rn. 38; *Spindler*, in MüKo AktG, § 77 Rn. 21.

299 *Baums*, ZHR 174 (2010), 593, 594; *Bieder*, NZG 2015, 1178, 1179; *Paefgen*, AG 2008, 761, 766; *Reichert*, in FS Hommelhoff, S. 907, 923; *Tröger*, ZHR 179 (2015), 453, 461; *Ulmer*, in FS Canaris, S. 451. Diese Konstellation wurde schon von *Peltzer*, WM 1981, 346, 348 f. plastisch als „Bisssperre“ bezeichnet.

300 *Habersack*, in MüKo AktG, § 116 Rn. 8; *Bayer*, NJW 2000, 2609, 2614 spricht von einem „Schweigekartell“.

301 Vgl. Begr. RegE. zum UMAG, BT-Drucks. 15/5092, S. 19 f.; *Bieder*, NZG 2015, 1178, 1179; *Habersack*, Gutachten E zum 69. DJT, S. E 92; *Klene*, GWR 2018, 210, 212; *Paefgen*, AG 2008, 761, 766; *K. Schmidt*, NZG 2005, 796, 798; *Schmolke*, ZGR 2011, 398, 401.

302 *Wiedemann*, Organverantwortung, S. 16.

bisher nicht. Dies wäre auch nicht sinnvoll, da der Abschluss bestimmter Verträge durchaus im Interesse der Gesellschaft liegen und für das Unternehmen sogar unersetzbar sein kann.[303] Aufsichtsratsmitglieder erhalten nicht selten durch geschäftliche Verbindungen im Rahmen von Beraterverträgen weiteres Wissen, das für ihre Organtätigkeit von Nutzen sein kann.[304] Solche positiven Synergieeffekte würden durch ein gesetzliches Verbot und weitreichende Inkompatibilitätsregelungen unterbunden.[305]

Zur Regulierung dieser Geschäfte fehlt zwar ein geschlossenes Gesamtkonzept. Das deutsche Aktienrecht kennt aber ein Bündel von Einzelinstrumenten, die zusammen für ein dichtes Kontrollnetz sorgen. Für die Kontrolle von *Related Party Transactions* nutzt das Aktienrecht die Existenz mehrerer Organe und schafft damit ein System von *Checks and Balances*,[306] das allerdings an einigen Stellen Defizite aufweist.[307] Es verwundert, dass nur für besondere Geschäfte mit Aufsichtsratsmitgliedern, namentlich Dienst-, Werk- und Kreditverträge, ein Zustimmungsvorbehalt des Aufsichtsrats statuiert wird. In den Regelungen der §§ 114, 115 AktG kommt zum Ausdruck, dass der Gesetzgeber die potentielle Anrüchigkeit von Eigengeschäften der Organmitglieder gesehen hat. Die Gefährdungslage unterscheidet sich bei anderen Individualverträgen wie Kauf-, Miet- oder Leasingverträge grundsätzlich nicht.[308] Immerhin werden die formalen Schranken in materieller Hinsicht durch die Treuepflicht der Organmitglieder flankiert, der eine Lückenfüllungsfunktion zukommt. Rechnungslegungsvorschriften sowie die Treuepflicht sorgen für gewisse Transparenz von *Related Party Transactions* mit Organmitgliedern. Die verhaltenssteuernde und präventive Wirkung, die von Transparenzpflichten grundsätzlich ausgeht, bleibt hierbei nahezu aus. Dies liegt zum einen daran, dass die bilanzrechtliche periodische Publizität naturgemäß lediglich für eine *Ex-post*-Transparenz im unbedeutenden Umfang sorgt. Zum anderen sind sowohl im HGB-Jahresabschluss als auch im IFRS-Jahresabschluss zusammenfassende Darstellungen möglich und in der Praxis durchaus üblich. Die Evaluation der Auswirkungen

---

303 *Wiedemann*, Organverantwortung, S. 16.

304 *Müller*, NZG 2002, 797, 802.

305 *Müller*, NZG 2002, 797, 802.

306 *J. Vetter*, ZHR 179 (2015), 273, 295; *Wiedemann*, Organverantwortung, S. 16.

307 Gegen Schutzlücken der Regelungen über Transaktionen mit Vorstands- und Aufsichtsratsmitgliedern: *Tarde*, Related Party Transactions, S. 102, 110.

308 *Wiedemann* geht sogar weiter und sieht bereits *de lege lata* sämtliche Transaktionen mit Aufsichtsratsmitglieder von den Regelungen der §§ 114, 115 AktG erfasst, *Wiedemann*, Organverantwortung, S. 19.

einzelner Transaktionen auf den Abschluss wird für die (Minderheits-)Aktionäre regelmäßig nicht möglich sein. Auch das Auskunftsrecht des Aktionärs nach § 131 AktG hilft ihm dabei nicht weiter: Aufgrund restriktiv gelebter Informationspolitik ist die Identifikation potentiell anrüchiger Transaktionen schon nicht möglich. Zwar wird aus der organschaftlichen Treuepflicht eine Pflicht zur *Ad-hoc*-Offenlegung von Interessenkonflikten abgeleitet. Die Offenlegung hat jedoch nur gegenüber dem Aufsichtsrat sowie bei Interessenkonflikten von Vorstandsmitgliedern zusätzlich gegenüber ihren Kollegen zu erfolgen. Die Aktionäre erhalten keine Kenntnis von den offengelegten Interessenkonflikten.

In rechtstatsächlicher Hinsicht leidet das Kontrollsystem an Mängeln in der effektiven Sanktionierung von Rechtsverstößen. Die Wirksamkeit eines Sanktionierungssystems steht und fällt mit der praktischen Durchsetzbarkeit der Ersatzansprüche. Hieran scheitert es jedoch in der Praxis: Schadensersatzansprüche gegen amtierende Organmitglieder werden durch das zuständige Organ nicht immer verfolgt. Abhängigkeitsverhältnisse zwischen den Organmitgliedern sowie die Befürchtung, eigene Versäumnisse aufzudecken, sind Grund dafür, dass zwischen Vorstand und Aufsichtsrat „Schweigekartelle" entstehen.[309] Die Anspruchsverfolgung bleibt rein theoretischer Natur.[310] Die Mängel der Anspruchsverfolgung können wegen der hohen Zulassungshürden und einem prohibitiv hohen Prozesskostenrisiko auch nicht durch das Klagezulassungsverfahren nach § 147 AktG für Aktionäre aufgewogen werden.

§ 8 Schutz vor Geschäften mit dem kontrollierenden Aktionär

Nachdem die Regelungsbedürftigkeit von Transaktionen mit Organmitgliedern aufgrund einer Analyse des Status quo des deutschen Aktienrechts beleuchtet wurde, sollen im folgenden Abschnitt Transaktionen der Gesellschaft mit kontrollierenden Aktionären behandelt werden. Das deutsche Aktienrecht begegnet den Gefahren, die von Transaktionen mit kontrollierenden Aktionären ausgehen, ebenfalls nicht mit einem geschlossenen System, sondern mit verschiedenen Einzelinstrumenten. Zu unterscheiden ist zwischen Regelungsinstituten, die für alle Aktionäre gelten sowie solchen Sondervorschriften, die nur im Verhältnis zu einem herrschenden Unternehmen im Sinne des Konzernrechts Anwendung finden. Regelungen, die *Related Party Transactions* in besonderen Situationen

309 *Bayer*, NJW 2000, 2609, 2614.
310 *Bayer*, NJW 2000, 2609, 2614; *Habersack*, Gutachten E zum 69. DJT, S. E 92.

betreffen und daher für die Untersuchung nicht prägend sind, sollen nur am Rande Beachtung finden.

A. Das aktienrechtliche Kompetenzgefüge

I. Kompetenzen der Hauptversammlung

Die Hauptversammlung ist von Geschäftsführungsmaßnahmen grundsätzlich ausgeschlossen.[311] Dies gilt auch für Transaktionen zwischen der Gesellschaft und einem kontrollierenden Aktionär. Weder wird die Entscheidungskompetenz auf die Hauptversammlung verlagert noch hat die Hauptversammlung grundsätzlich überhaupt eine tragende Rolle bei der Vermeidung von *Tunneling* durch *Related Party Transactions*.[312] Anders als der Aufsichtsrat, der imstande ist, gemäß § 111 Abs. 4 Satz 2 AktG Zustimmungsvorbehalte zu begründen, kann die Hauptversammlung den Abschluss eines Geschäfts nicht von sich aus von ihrer Zustimmung abhängig machen. Nach geltendem Recht besitzt die Hauptversammlung ausnahmsweise nur bei bestimmten Strukturveränderungen zwingende Beschlusskompetenzen. Hierzu gehören insbesondere Unternehmensverträge, Maßnahmen nach dem Umwandlungsgesetz, Satzungsänderungen und die Übertragung des gesamten Gesellschaftsvermögens nach § 179a AktG. Hinzu kommen die ungeschriebenen Holzmüller-/Gelatine-Kompetenzen, die erst bei Geschäften, die einen Schwellenwert in der Größenordnung von 80 % des Gesellschaftsvermögens überschreiten, bestehen.[313] Darüber hinaus ist der Vorstand gemäß § 119 Abs. 2 AktG berechtigt, eine Transaktion freiwillig zur Entscheidung der Hauptversammlung vorzulegen. Als tauglicher Beschlussgegenstand im Rahmen des § 119 Abs. 2 AktG kommt jede Frage der Geschäftsführung in Betracht,[314] damit auch grundsätzlich die Entscheidung über den Abschluss einer *Related Party Transaction*.

Selbst wenn die Hauptversammlung im Ausnahmefall bei Verträgen mit einem kontrollierenden Aktionär mitzuwirken hat, kennt das deutsche Aktienrecht kein Stimmverbot des an der Transaktion beteiligten Aktionärs. Nach § 136a AktG ist ein Aktionär von seinem Stimmrecht nur in den Fällen der

---

311 *J. Vetter*, ZHR 179 (2015), 273, 296.

312 *J. Vetter*, ZHR 179 (2015), 273, 296.

313 Vgl. BGH, Urt. v. 26.04.2004 – II ZR 155/02 (Gelatine), BGHZ 159, 30 Ls. 2 = AG 2004, 384; dazu und zu den quantitativen und qualitativen Schwellenwerten: *Arnold*, ZIP 2005, 1573; *Drinhausen*, in Hölters, AktG, § 119 Rn. 20; *Fleischer*, NJW 2004, 2335, 2337 ff.; *Hoffmann*, in Spindler/Stilz, AktG, § 119 Rn. 27.

314 *Hoffmann*, in Spindler/Stilz, AktG, § 119 Rn. 14.

eigenen Entlastung, der Befreiung von einer Verbindlichkeit oder der gerichtlichen oder außergerichtlichen Verfolgung eines Anspruchs ausgeschlossen.[315] Eine generelle Erweiterung auf andere Interessenkollisionen im Wege der Rechtsanalogie wird einhellig abgelehnt.[316]

II. Zustimmungsvorbehalte des Aufsichtsrats

Auch der Aufsichtsrat ist nach § 111 Abs. 4 Satz 1 AktG grundsätzlich von der Geschäftsführung ausgeschlossen. Sie ist allein dem Vorstand vorbehalten (§ 77 AktG). Nach § 111 Abs. 4 Satz 2 AktG besteht jedoch die Möglichkeit, bestimmte Geschäfte von der Zustimmung des Aufsichtsrats abhängig zu machen, vor allem auch solche mit Organmitgliedern oder kontrollierenden Aktionären.[317] Die Regelung ist als Pflicht ausgestaltet. Damit wollte der Gesetzgeber erreichen, dass der Aufsichtsrat bei wesentlichen Maßnahmen zwingend in die Willensbildung der Gesellschaft eingebunden und damit die präventive Überwachung und die Corporate Governance insgesamt verbessert wird.[318]

Welche Entscheidungen einem Zustimmungsvorbehalt unterworfen werden, unterliegt dem pflichtgemäßen Ermessen des Satzungsgebers oder des Aufsichtsrats.[319] Nach der Konzeption des § 111 Abs. 4 Satz 2 AktG handelt es sich um eine Auffangzuständigkeit des Aufsichtsrat.[320] Enthält die Satzung aber keinen Zustimmungskatalog, muss der Aufsichtsrat tätig werden.[321] Zustimmungsvorbehalte des Aufsichtsrats können in den Geschäftsordnungen desselbigen oder des Vorstands festgelegt werden.[322] Daneben ist allgemein anerkannt, dass der Aufsichtsrat einen Zustimmungsvorbehalt für ein bestimmtes Einzelgeschäft *ad hoc* durch Beschluss begründen kann, also außerhalb einer Regelung

---

315 *Liebscher*, in Henssler/Strohn, AktG, § 136 Rn. 13 ff.

316 Vgl. BGH, Urt. v. 20.01.1986 – II ZR 73/85, BGHZ 97, 28, 33 = NJW 1986, 2051, 2052; OLG Düsseldorf, Urt. v. 13.01.2006 – I-16 U 137/04, AG 2006, 202, 206; *Koch*, in Hüffer, AktG, § 136 Rn. 18; *Liebscher*, in Henssler/Strohn, AktG, § 136 Rn. 1.

317 Einzelheiten bei: *Fleischer*, BB 2013, 835; *Fonk*, ZGR 2006, 841, 866; *Seebach*, AG 2012, 70, 71.

318 Begr. RegE. zum TransPuG, BT-Drucks. 14/8769, S. 17, l. Sp.

319 *Henssler*, in Henssler/Strohn, AktG, § 111 Rn. 18; *Hopt/Roth*, in Großkomm AktG, § 111 Rn. 667; *Spindler*, in Spindler/Stilz, AktG, § 111 Rn. 64.

320 *Habersack*, in MüKo AktG, § 111 Rn. 103.

321 *Habersack*, in MüKo AktG, § 111 Rn. 103; *Koch*, in Hüffer, AktG, § 111 Rn. 38; *Spindler*, in Spindler/Stilz, AktG, § 111 Rn. 69.

322 *Habersack*, in MüKo AktG, § 111 Rn. 71; *Spindler*, in Spindler/Stilz, AktG, § 111 Rn. 71.

in Satzung oder Geschäftsordnung.[323] Ausnahmsweise kann sich das insoweit anzuerkennende Ermessen des Aufsichtsrats zur Begründung entsprechender Zustimmungsvorbehalte zu einer Pflicht verdichten und einen *Ad-hoc*-Beschluss erforderlich machen, wenn gesetzeswidriges Vorstandsverhalten anders nicht verhindert werden kann.[324] Der Vorstand darf das Geschäft vor Zustimmungserteilung nicht vornehmen. Wird die Zustimmung durch den Aufsichtsrat versagt, hat die Maßnahme zu unterbleiben.[325] Dies folgt aus der vom Gesetz bezweckten Präventivwirkung einer *Ex-ante*-Überwachung.[326] Wenn der Vorstand ohne vorherige Zustimmung oder trotz Zustimmungsverweigerung das Geschäft ausführt, handelt er pflichtwidrig. Missachtet der Vorstand den Zustimmungsvorbehalt des Aufsichtsrats schuldhaft, so ist er der Gesellschaft nach Maßgabe des § 93 Abs. 2 AktG zum Ersatz des daraus entstandenen Schadens verpflichtet.[327] Die verweigerte Zustimmung des Aufsichtsrats lässt die Vertretungsmacht des Vorstands im Außenverhältnis allerdings unberührt.[328]

Zustimmungsvorbehalte sind grundsätzlich ein effektives Mittel des Aufsichtsrats zur präventiven Einflussnahme auf Vorstandshandeln.[329] Bei dem Zustimmungsrecht handelt es sich zwar lediglich um ein Vetorecht;[330] ein Initiativrecht beziehungsweise eine Alleinentscheidungskompetenz für Geschäftsführungsmaßnahmen ist dem Aufsichtsrat damit nicht gegeben.[331] Im gewissen Maße kann er die Geschäftsbedingungen aber mitgestalten, indem er dem Vorstand bei Meinungsverschiedenheit zu verstehen gibt, bei welchen Konditionen er zur Erteilung seiner Zustimmung bereit wäre.[332] Zustimmungsvorbehalte sind

---

323 BGH, Urt. v. 15.11.1993 – II ZR 235/92, BGHZ 124, 111, 127 = NJW 1994, 520, 524; OLG Braunschweig, Beschl. v. 14.06.2012 – Ws 44/12, Ws 45/12, AG 2013, 47, 49 (Rn. 41); *Habersack*, in MüKo AktG, § 111 Rn. 115; *Henssler*, in Henssler/Strohn, AktG, § 111 AktG Rn. 20; *Koch*, in Hüffer, AktG, § 111 Rn. 17 f.; *Spindler*, in Spindler/Stilz, AktG, § 111 Rn. 67.

324 BGH, Urt. v. 15.11.1993 – II ZR 235/92, BGHZ 124, 111 = NJW 1994, 520, 524; *Götz*, ZGR 1990, 633, 639; *Habersack*, in MüKo AktG, § 111 Rn. 115; *E. Vetter*, in Marsch-Barner/Schäfer, Handbuch börsennotierte AG, Rn. 26.34.

325 *Henssler*, in Henssler/Strohn, AktG, § 111 Rn. 20; *Spindler*, in Spindler/Stilz, AktG, § 111 Rn. 75.

326 *Spindler*, in Spindler/Stilz, AktG, § 111 Rn. 75.

327 *Habersack*, in MüKo AktG, § 111 Rn. 129; *Spindler*, in MüKo AktG, § 82 Rn. 45.

328 *Habersack*, in MüKo AktG, § 111 Rn. 129; *Koch*, in Hüffer, AktG, § 82 Rn. 14; *Spindler*, in MüKo AktG, § 82 Rn. 45.

329 *Koch*, in Hüffer, AktG, § 111 Rn. 35.

330 *Habersack*, in MüKo AktG, § 111 Rn. 96; *Koch*, in Hüffer, AktG, § 111 Rn. 33.

331 *Henssler*, in Henssler/Strohn, AktG, § 111 Rn. 18.

332 *Götz*, NZG 2002, 599, 602.

geeignet, die Überwachungstätigkeit des Aufsichtsrats allgemein zu verbessern. Da der Aufsichtsrat in Fällen eines Zustimmungsvorbehalts bei der Entscheidung über eine Transaktion aktiv mitwirken muss, wird sein Verantwortungsbewusstsein geschärft.[333]

III. Zwischenfazit

Die Hauptversammlung spielt bei der Kontrolle von Transaktionen mit nahestehenden Personen und Unternehmen im Allgemeinen und mit kontrollierenden Aktionären im Besonderen grundsätzlich keine bedeutsame Rolle. Dies ist auf die gegenwärtige gesetzliche Ausgestaltung der Kompetenzverteilung zwischen den Organen der Aktiengesellschaft zurückzuführen, die grundsätzlich für eine Machtbalance in der Gesellschaft sorgt.[334] Dem Vorstand obliegt die Geschäftsführung (§ 77 Abs. 1 Satz 1 AktG), welche den Abschluss von Transaktionen mit dem kontrollierenden Aktionär umfasst. Hauptversammlung und Aufsichtsrat sind von der Geschäftsführung grundsätzlich ausgeschlossen. Der Aufsichtsrat kann aber gemäß § 111 Abs. 4 Satz 2 AktG unter Beachtung des Übermaßverbots[335] *Related Party Transactions* von seiner Zustimmung abhängig machen.

B. Aktienrechtliche Kapitalbindung und Verbot der Einlagenrückgewähr

I. Tatbestand und Rechtsfolge

Die in § 57 AktG geregelte strenge aktienrechtliche Kapitalbindung verbietet jede offene oder verdeckte Übertragung von Vermögen an Aktionäre.[336] Verboten ist jede finanzielle Leistung der Aktiengesellschaft an ihre Aktionäre, die aufgrund ihrer Mitgliedschaft (*causa societatis*) erfolgt, sofern sie nicht aufgrund einer speziellen gesetzlichen Regelung zugelassen ist, aus dem Bilanzgewinn erfolgt oder durch einen vollwertigen Gegenleistungsanspruch (§ 57 Abs. 1 Satz 3 2. Var. AktG) gegen den Aktionär gedeckt ist.[337] Eine Ausnahme gilt zudem für die Rückgewähr von Aktionärsdarlehen (§ 57 Abs. 1 Satz 4 AktG).

---

333 *Götz*, NZG 2002, 599, 602.

334 *Zientek*, Ungeschriebene Hauptversammlungskompetenzen, S. 50.

335 *Brouwer*, Zustimmungsvorbehalte, S. 121 f.; *Seebach*, AG 2012, 70, 71; *Spindler*, in Spindler/Stilz, AktG, § 111 Rn. 65.

336 *Bayer*, in MüKo AktG, § 57 Rn. 2; *Fleischer*, in K. Schmidt/Lutter, AktG, § 57 Rn. 11.

337 Vgl. BGH, Urt. v. 31.05.2011 – II ZR 141/09, BGHZ 190, 7, 12 (Rn. 15) = NZG 2011, 829, 831; BGH, Urt. v. 13.11.2007 – XI ZR 294/07, AG 2008, 120.

Davon abzugrenzen sind Geschäfte der Aktiengesellschaft mit ihren Aktionären, die zu marktüblichen Bedingungen zustande kommen (sogenannte neutrale Drittgeschäfte). Diese Geschäfte fallen nicht unter § 57 AktG, da die Leistungen aus dem Vermögen der Aktiengesellschaft an den Vertragspartner völlig losgelöst von dessen Stellung als Aktionär erbracht werden.[338] Marktübliche Drittgeschäfte zu verbieten, wäre in zweierlei Hinsicht nicht zweckmäßig: Einerseits ist es schon wirtschaftlich nicht vernünftig, einem Aktionär beispielsweise den Erwerb von Produkten von der „eigenen" Gesellschaft zu verbieten. Andererseits ist es auch nicht sinnvoll, die Gesellschaft zu zwingen, etwa benötigte Leistungen von einem Unternehmen erbringen zu lassen, welches keine Aktionärsstellung innehat.[339] Aber schon aufgrund der abstrakten Gefahr einer Ausbeutung der Gesellschaft ist dafür Sorge zu tragen, dass keine willkürlichen Vermögenszuwendungen zu Lasten der Gesellschaft und anderer Aktionäre vorgenommen werden. Entscheidend für die Einordnung als verbotene Vermögenszuwendung ist, ob ein objektives Missverhältnis zwischen Leistung und Gegenleistung besteht. Der Bundesgerichtshof stellt zur Beurteilung dieser Frage darauf ab, ob ein gewissenhaft nach kaufmännischen Grundsätzen handelnder Geschäftsleiter das betreffende Geschäft unter sonst gleichen Umständen zu gleichen Bedingungen auch mit einem Nichtgesellschafter abgeschlossen hätte. Dies entspricht der bereits erwähnten „*at-arm's-length*"-Betrachtung.[340] Da es sich bei § 57 AktG um eine gesetzlich gebundene Entscheidung handelt, finden die Regeln über das unternehmerische Ermessen nach § 93 Abs. 1 Satz 2 AktG keine Anwendung.[341] Die Rechtsprechung billigt den Beteiligten lediglich einen „gewissen unternehmerischen Handlungsspielraum"[342] zu.

Darüber hinaus darf der in § 57 Abs. 1 Satz 3 AktG vorgeschriebene Maßstab nicht außer Acht gelassen werden, der bei Austauschverträgen generell auf die Vollwertigkeit der Gegenleistung abstellt. Danach sind auch zu nichtmarktüblichen Bedingungen zustande gekommene Geschäfte zwischen einer Aktiengesellschaft und einem Aktionär zulässig, wenn nur die Leistung der Aktiengesellschaft durch einen vollwertigen Gegenleistungs- oder Rückgewähranspruch gegen den

338 BGH, Urt. v. 13.11.2007 – XI ZR 294/07, AG 2008, 120, 121.

339 *Bayer*, in MüKo AktG, § 57 Rn. 47.

340 Vgl. BGH, Urt. v. 13.11.1995 – II ZR 113/94, NJW 1996, 589, 590; BGH, Urt. v. 01.12.1986 – II ZR 306/85, NJW 1987, 1194, 1195. Dazu bereits oben § 7 C. I. 1. a.

341 *Drygala*, in KK-AktG, § 57 Rn. 56 f., 61.

342 Vgl. BGH, Urt. v. 13.11.1995 – II ZR 113/94, NJW 1996, 589; BGH, Urt. v. 01.12.1986 – II ZR 306/85, NJW 1987, 1194, 1195.

Aktionär gedeckt ist.[343] Mit dem Vollwertigkeitsgebot bringt der Gesetzgeber zum Ausdruck, dass eine rein bilanzielle Betrachtung entscheidend sein soll.[344] Das Deckungsgebot verlangt bei Austauschverträgen lediglich, dass Leistung und Gegenleistung einander auch nach echten Verkehrswerten entsprechen.[345] Zu unterschiedlichen Beurteilungen wird man indes wohl nur im Einzelfall gelangen, da der Angemessenheitsprüfung von Leistung und Gegenleistung ein Drittvergleich immanent ist.[346]

Dem Wortlaut des § 57 AktG nach sind lediglich Zuwendungen an Aktionäre verboten. Um eine Aushöhlung dieser Bestimmung durch Zwischenschaltung nahestehender Dritter zu vermeiden, ist dennoch allgemein anerkannt, dass in verschiedenen Konstellationen die Zuwendung an Dritte dem Aktionär zuzurechnen ist. Eine solche Zurechnung soll stattfinden, wenn der Aktionär durch die Zuwendung an den Dritten einen wirtschaftlichen Vorteil erlangt hat,[347] oder wenn er die Zuwendung an den Dritten veranlasst[348] hat. Darüber hinaus waren bislang den gesetzlichen Wertungen des § 89 Abs. 3 und 4 AktG entsprechend auch Zuwendungen an minderjährige Kinder, Ehegatten und Lebenspartner vom Verbot der Einlagenrückgewähr erfasst.[349] Nachdem der Bundesgerichtshof jüngst entschieden hat, dass allein ein solches Näheverhältnis bei verdeckten Sacheinlagen für eine Zurechnung nicht genügt,[350] wird man künftig auch für eine Zurechnung im Rahmen des § 57 AktG das Vorliegen weiterer Umstände für erforderlich halten müssen.[351] Leistungen an ein mit dem Aktionär verbundenes Unternehmen sind jedenfalls erfasst, wenn der Aktionär, der nicht herrschendes

343 *Bayer*, in MüKo AktG, § 57 Rn. 61; *Drygala*, in KK-AktG, § 57 Rn. 115; *Koch*, in Hüffer, AktG, § 57 Rn. 22.

344 *Bayer*, in MüKo AktG, § 57 Rn. 151; *Kiefner/Theusinger*, NZG 2008, 801, 804, 806.

345 *Bayer*, in MüKo AktG, § 57 Rn. 152; *Fleischer*, in K. Schmidt/Lutter, AktG, § 57 Rn. 43.

346 *Fleischer*, in K. Schmidt/Lutter, AktG, § 57 Rn. 44; *Kiefner/Theusinger*, NZG 2008, 801, 806; *Koch*, in Hüffer, AktG, § 57 Rn. 8, dem zufolge aber auch Unterschiede bestehen können, zum Beispiel im Streit um das Erfordernis subjektiver Merkmale.

347 BGH, Urt. v. 31.05.2011 – II ZR 141/09, BGHZ 190, 7, 22 (Rn. 42) = NZG 2011, 829, 833; *Bayer*, in MüKo AktG, § 57 Rn. 119; *Cahn/v. Spannenberg*, in Spindler/Stilz, AktG, § 57 Rn. 72; *Koch*, in Hüffer, AktG, § 57 Rn. 19.

348 BGH, Urt. v. 31.05.2011 – II ZR 141/09, BGHZ 190, 7, 23 (Rn. 44) = NZG 2011, 829, 834; *Bayer*, in MüKo AktG, § 57 Rn. 122; *Hüffer*, in *Koch*, AktG, § 57 Rn. 19.

349 So noch BGH, Urt. v. 28.09.1981 – II ZR 223/80, BGHZ 81, 365, 368 = NJW 1982, 386, 387 zur GmbH; *Bayer*, in MüKo AktG, 3. Aufl., § 57 Rn. 69; *Hüffer*, AktG, 10. Aufl., § 57 Rn. 15.

350 Zur GmbH: BGH, Urt. v. 12.04.2011 – II ZR 17/10, NZG 2011, 667, 668 (Rn. 15).

351 *Bayer*, in MüKo AktG, § 57 Rn. 123; *Koch*, in Hüffer, AktG, § 57 Rn. 19.

Unternehmen ist,[352] alle Anteile dieses Unternehmens hält und somit ein Fall der wirtschaftlichen Identität vorliegt.[353] Nicht abschließend geklärt ist, ob für eine Anwendbarkeit des § 57 AktG bereits ausreichend ist, dass ein Aktionär lediglich mehrheitlich am Empfängerunternehmen beteiligt ist. Aufgrund der einfachen Zugriffsmöglichkeit des Mehrheitsaktionärs auf die empfangene Leistung, ist mit der herrschenden Auffassung im Schrifttum eine Zurechnung anzunehmen.[354]

Ein Verstoß gegen § 57 Abs. 1 AktG löst den spezifisch aktienrechtlichen Rückgewähranspruch nach § 62 Abs. 1 Satz 1 AktG aus. Danach ist die entgegen § 57 Abs. 1, 3 AktG erhaltene Leistung vom Empfänger zurück zu gewähren. Zwar handelt es sich bei § 57 AktG um ein gesetzliches Verbot im Sinne des § 134 BGB.[355] Ein Verstoß gegen diese Norm führt aber nicht zur Nichtigkeit, weil § 62 AktG die Rechtsfolgen des Verstoßes als spezialgesetzliche Vorschrift anders regelt. Sowohl das Verpflichtungs- als auch das Erfüllungsgeschäft bleiben mithin wirksam.[356]

II. *Defizite in der Durchsetzung und Transparenz*

In rechtstatsächlicher Hinsicht ist auch hier problematisch, dass die Durchsetzung des Rückgewähranspruchs der Gesellschaft Aufgabe des Vorstands ist. Diesem wird aber regelmäßig eine eigene Pflichtwidrigkeit vorgeworfen werden können, die gegebenenfalls eine Schadensersatzhaftung aus § 93 Abs. 3 Nr. 1 AktG mit sich bringt.[357] Mit der Rückforderung der verbotswidrigen Vermögenszuwendung würde er in der Regel erst auf den Pflichtverstoß aufmerksam machen.

352 Das Verhältnis einer Gesellschaft zum herrschenden Unternehmen wird speziell in §§ 311 ff. AktG geregelt. Dazu sogleich unter § 8 F. II.

353 *Bayer*, in MüKo AktG, § 57 Rn. 124; *Canaris*, in FS Fischer, S. 31, 42 ff.; *Drygala* in KK-AktG, § 57 Rn. 124; *Geßler*, in FS Fischer, S. 131, 147; *Henze*, in Großkomm AktG, § 57 Rn. 92; *Koch*, in Hüffer, AktG, § 57 Rn. 19; *Michalski*, AG 1980, 261, 266.

354 *Drygala*, in KK-AktG, § 57 Rn. 124; *Fleischer*, in K. Schmidt/Lutter, AktG, § 57 Rn. 31; *Grigoleit/Rachlitz*, in Grigoleit, AktG, § 57 Rn. 32; *Michalski*, AG 1980, 261, 266 f.; sich anschließend LG München, Urt. v. 20.11.2033 – 5 HKO 16543/01, AG 2004, 159, 160; kritisch *Bayer*, in MüKo AktG, § 57 Rn. 126; *Hefermehl/Bungeroth*, in Geßler/Hefermehl/Eckardt/Kropff, § 57 Rn. 30 a. E.

355 *Bayer*, in MüKo AktG, § 57 Rn. 218; *ders./Scholz*, AG 2013, 426; *Lange*, in Henssler/Strohn, AktG, § 57 Rn. 1.

356 BGH, Urt. v. 12.03.2013 – II ZR 179/12, BGHZ 196, 312, 316 (Rn. 14 f.) = NJW 2013, 1742, 1743; OLG München, Urt. v. 10.05.2012 – 14 U 2175/11, NZG 2012, 706, 709; *Bayer*, in MüKo AktG, § 57 Rn. 230; *Koch*, in Hüffer, AktG, § 57 Rn. 32; *Lange*, in Henssler/Strohn, AktG, § 57 Rn. 19; a. A. *Bezzenberger*, Das Kapital der AG, S. 243.

357 Haftung der Aufsichtsratsmitglieder gemäß §§ 93 Abs. 3, 116 Satz 1 AktG.

Daher kann kaum davon ausgegangen werden, dass der Vorstand zur Geltendmachung des Rückgewähranspruchs gewillt ist.[358] Auch ist der einzelne Aktionär zur Durchsetzung des Rückgewähranspruchs nicht befugt, er ist nicht klageberechtigt.[359] Wie bereits erwähnt, kennt das deutsche Aktienrecht keine *actio pro socio* als allgemeine Institution.[360] Nur wenn der Aktionär selber Gläubiger der Gesellschaft ist, kann er den Rückgewähranspruch im eigenen Namen geltend machen (§ 62 Abs. 2 Satz 1 AktG, Fall der gesetzlichen Prozessstandschaft).[361] Für die Anspruchsbefugnis müssen aber weitere Voraussetzungen erfüllt sein: Unter anderem darf der Gläubiger von der Gesellschaft keine Befriedigung erlangen. Hierfür ist die objektive Illiquidität der Gesellschaft erforderlich, mithin muss ein Insolvenzgrund nach § 17 InsO vorliegen.[362] Diese Voraussetzung wird in der Regel nicht erfüllt sein.

Eine Schwäche des Kontrollinstruments liegt ferner darin, dass verbotene verdeckte Zuwendungen mangels Information häufig nicht sofort aufgedeckt werden. Allenfalls ist denkbar, dass Steuerbehörden im Rahmen einer steuerlichen Betriebsprüfung auf eine verdeckte Gewinnausschüttung aufmerksam werden, diese im Zusammenhang mit Steuernachforderungen beanstanden und so zum „Schutzpatron" der (Minderheits-)Aktionäre werden.[363] Darüber hinaus kann der Abschlussprüfer bei der Aufdeckung von verdeckter Einlagenrückgewähr eine Rolle spielen. Im Rahmen der Jahresabschlussprüfung hat er zu prüfen, ob die gesetzlichen Vorschriften eingehalten wurden. Die Prüfung muss in der Weise durchgeführt werden, dass wesentliche Unrichtigkeiten und Gesetzesverstöße erkannt werden können. Falls verbotswidrige Vermögenszuwendungen stattgefunden haben und der daraus folgende Rückgewähranspruch der Gesellschaft aus § 62 Abs. 1 Satz 1 AktG nicht aktiviert und in die Bilanz aufgenommen wurde, liegt eine Unrichtigkeit und damit ein Gesetzesverstoß im genannten Sinne vor. Werden verdeckte Gewinnausschüttungen innerhalb einer steuerlichen Betriebsprüfung aufgedeckt oder werden andere Sachverhalte

358 *Bayer*, in MüKo AktG, § 62 Rn. 118; *ders./Selentin*, NZG 2015, 7, 15; *Drygala*, in KK-AktG, § 62 Rn. 94; *Henze*, in Großkomm AktG, § 62 Rn. 54.

359 *Drygala*, in KK-AktG, § 62 Rn. 96; a. A. *Flume*, ZHR 144 (1980), 18, 32 f.

360 *Casper*, in Spindler/Stilz, AktG, Vorb. §§ 241 ff. Rn. 29; *Drygala*, in KK-AktG, § 62 Rn. 96; *Henze*, in Großkomm AktG, § 62 Rn. 55.

361 *Bayer*, in MüKo AktG, § 62 Rn. 85; *Drygala*, in KK-AktG, § 62 Rn. 101; *Hüffer*, in Koch, AktG, § 62 Rn. 15.

362 *Bayer*, in MüKo AktG, § 62 Rn. 95.

363 *Bezzenberger*, Das Kapital der AG, S. 283; *Fleischer*, BB 2014, 2691, 2696; *Temming*, RdA 2015, 280, 281.

dieser Art bekannt, muss der Abschlussprüfer diesen Hinweisen auf einen Verstoß gegen §§ 57, 62 AktG nachgehen.[364] Er ist aber nicht verpflichtet, breitflächig die Geschäfte der Gesellschaft mit ihren Aktionären auf ihre Angemessenheit zu überprüfen.[365] Einen gewissen Beitrag zur Transparenz schafft die Pflicht des Abschlussprüfers, über festgestellte Verstöße in seinem Prüfungsbericht zu berichten (§ 321 Abs. 1 Satz 3 HGB). Verstöße gegen §§ 57, 62 AktG stellen einen schwerwiegenden Verstoß der gesetzlichen Vertreter gegen das Gesetz dar, die gemäß § 321 Abs. 1 Satz 3 3. Var. AktG in den Prüfungsbericht Eingang finden.[366] Vom Prüfungsbericht erlangen allerdings nur der Vorstand und der Aufsichtsrat Kenntnis (§ 321 Abs. 5 HGB). Einzelne Ansprüche müssen im Anhang des Jahresabschlusses nur dann offen ausgewiesen werden, wenn sie von erheblichem Umfang sind.[367] Das Bestehen von Rückgewähransprüchen wird auch aus den Unterlagen, zu deren Einsicht die Aktionäre berechtigt sind (§ 175 Abs. 2 Satz 1 AktG), nicht zwangsläufig ersichtlich sein.[368] Wenn die Aktionäre keinen Anlass haben, das Vorliegen einer verdeckten Gewinnausschüttung zu vermuten, werden sie auch hier kaum von ihrem Auskunftsrecht nach § 131 AktG zur Aufdeckung der verbotswidrigen Vermögenszuwendungen Gebrauch machen. Wäre die verdeckte verbotswidrige Vermögenszuwendung hingegen bekannt, würden die drohende persönliche Haftung und die Öffentlichkeit Druck auf den Vorstand ausüben. Dies wiederum könnte dafür sorgen, dass einerseits bereits im Vorfeld Verstöße gegen das Verbot der Einlagenrückgewähr unterlassen und anderseits aufgedeckte Zuwiderhandlungen eher verfolgt werden.[369]

III. Zwischenfazit

Insgesamt fällt auf, dass die deutschen Kapitalerhaltungssätze verdeckte Leistungen an alle Aktionäre verbieten, unabhängig von der Beteiligungshöhe des Aktionärs sowie unabhängig von jeglichen Materialitätsschwellen. Da § 57 AktG neben offenen Leistungen auch verdeckte, und somit insbesondere Umsatzgeschäfte, erfasst, ist sie im Verhältnis zu Aktionären die zentrale Vorschrift zur

364 *Bayer*, in MüKo AktG, § 62 Rn. 121; *Hopt/Merkt*, in Baumbach/Hopt, HGB, § 317 Rn. 4.

365 *Adler/Düring/Schmaltz*, Rechnungslegung und Prüfung, § 317 HGB Rn. 38; *Bezzenberger*, Das Kapital der AG, S. 284.

366 *Bayer*, in MüKo AktG, § 62 Rn. 122.

367 *Drygala*, in KK-AktG, § 62 Rn. 98.

368 *Bayer*, in MüKo AktG, § 62 Rn. 122; *Henze*, in Großkomm AktG, § 62 Rn. 58.

369 *Bayer*, in MüKo AktG, § 62 Rn. 120.

Bewältigung des Problemkreises der *Related Party Transactions*. Auf diese Weise werden *Related Party Transactions* dogmatisch an den Kapitalschutz angebunden.[370] Dadurch, dass auch Leistungen an Dritte erfasst sind, die auf Veranlassung eines Aktionärs erfolgen oder die für den Aktionär wirtschaftlich vorteilhaft sind, werden Umgehungssachverhalte verhindert. Indes wird man bei Vermögenszuwendungen an Familienangehörige eines Aktionärs wohl nicht mehr pauschal eine Zurechnung annehmen dürfen, obwohl gerade die Einschaltung naher Familienangehöriger zur Verschleierung eines Verstoßes gegen die Kapitalerhaltungsgrundsätze geeignet ist. Zudem bestehen auch hier Defizite in der tatsächlichen Durchsetzung des Rückgewähranspruchs aus § 62 Abs. 1 Satz 1 AktG, der in den Kompetenzbereich des Vorstands fällt. Aktionäre sind zur Anspruchsdurchsetzung nicht berechtigt, obwohl sie an der Geltendmachung des Anspruchs und damit der Beseitigung der Ungleichbehandlung im Verhältnis zum begünstigten Aktionär besonders interessiert sind.[371]

C. Gleichbehandlungsgebot und mitgliedschaftliche Treuepflicht

Zu ähnlichen Ergebnissen wie unter Anwendung der Kapitalerhaltungsvorschriften gelangt man mittels eines Rückgriffs auf das in § 53a AktG geregelte Gleichbehandlungsgebot und die mitgliedschaftliche Treuepflicht der Aktionäre.[372] Verstößt eine *Related Party Transaction* gegen das Verbot der verdeckten Einlagenrückgewähr, liegt darin auch stets eine Verletzung des Gleichbehandlungsgebots des § 53a AktG.[373]

Relevant für den Umgang mit Interessenkonflikten, und somit im Besonderen für *Related Party Transactions* mit kontrollierenden Aktionären, ist ferner die mitgliedschaftliche Treuepflicht, die wie der Gleichbehandlungsgrundsatz prägender Grundsatz der Mitgliedschaft der Aktionäre ist. Treuepflichten sind sowohl zwischen der Aktiengesellschaft und ihren Aktionären als auch zwischen den Aktionären untereinander anerkannt.[374] Ausprägungen der mitgliedschaftlichen Treuepflicht sind auf der einen Seite Loyalitäts- und Unterlassungspflichten

---

370 *Koch*, in Hüffer, AktG, § 57 Rn. 6.

371 *Henze*, in Großkomm AktG, § 62 Rn. 55.

372 *Fleischer*, BB 2014, 2691, 2697.

373 *Bitter*, ZHR 168 (2004), 302, 310 f.; *Henze/Notz*, in Großkomm AktG, § 53a Rn. 137.

374 Grundlegend BGH, Urt. v. 01.02.1988 – II ZR 75/87; BGHZ 103, 184, 195 (Linotype) = NJW 1988, 1579, 1582 im Anschluss an *Lutter*, JZ 1976, S. 225 ff. und *Wiedemann*, in FS Barz, S. 561, 569; BGH, Urt. v. 22.06.1992 – II ZR 178/90, NJW 1992, 3167, 3171; BGH, Urt. v. 05.07.1999 – II 126/98, BGHZ 142, 167, 169 f. = DNotZ 1999, 836, 837.

gegenüber der Gesellschaft, die sich insbesondere in einem Verbot der Schädigung der Gesellschaft wiederspiegeln. Auf der anderen Seite haben Aktionäre aufgrund ihrer Treuepflicht auf die Interessen ihrer Mitgesellschafter Rücksicht zu nehmen und insbesondere willkürliche Schädigungen zu unterlassen.[375] Dabei gilt, dass mit steigender Einflussmöglichkeit des Aktionärs auf die Gesellschaft auch dessen Pflichtenstellung wächst.[376] Die Treuepflicht ist daher besonders bei *Related Party Transactions* des Mehrheitsaktionärs relevant, der aufgrund seiner Machtstellung erheblichen Einfluss auf die Geschicke der Gesellschaft ausüben kann.[377] Ihm ist untersagt, seinen Einfluss auszunutzen, um die Verwaltung zum Abschluss nachteiliger Rechtsgeschäfte zu veranlassen.[378] Ohne Belang ist hierfür, dass es sich bei dem Abschuss eines Rechtsgeschäfts um eine Geschäftsführungsangelegenheit handelt, von der der Mehrheitsaktionär grundsätzlich ausgeschlossen ist.[379] Folglich wird in Fällen verbotswidriger Vermögenszuwendungen nach § 57 AktG nicht nur zugleich ein Verstoß gegen den aktienrechtlichen Gleichbehandlungsgrundsatz,[380] sondern auch einer gegen die mitgliedschaftliche Treuepflicht vorliegen.[381] Verstößt ein Aktionär schuldhaft gegen seine Treuepflicht, haftet er gemäß § 280 Abs. 1 BGB i. V. m. seiner mitgliedschaftlichen Treuepflicht auf einen daraus entstandenen Schaden.[382] Der Ersatzanspruch steht in Anspruchskonkurrenz zum Rückgewähranspruch aus §§ 62 Abs. 1, 57 AktG.

D. Verbot vorsätzlicher Schädigung der Gesellschaft

Ein Aktionär, der vorsätzlich schädlichen Einfluss auf die Gesellschaft genommen hat, ist nach § 117 Abs. 1 AktG zum Schadensersatz verpflichtet. Das gesetzliche Schädigungsverbot in § 117 AktG gilt als Regel des Deliktsrechts zwar nicht

---

375 *Henze*, in FS Kellermann, S. 141, 147; *Lutter*, ZHR 153 (1989), 446, 452 ff.; *Maul*, in Beck'sches Hdb der AG, § 4 Rn. 82 ff.

376 BGH, Urt. v. 01.02.1988 – II ZR 75/87, BGHZ 103, 184, 195 (Linotype) = NJW 1988, 1579, 1582; *Lutter*, ZHR 153 (1989), 446, 452; *Maul*, in Beck'sches Hdb der AG, § 4 Rn. 82.

377 *Bungeroth*, in MüKo AktG, Vorb. § 53a Rn. 26; *Drygala*, in KK-AktG, § 53a Rn. 92.

378 Zu den Besonderheiten im Rahmen des faktischen Konzerns, siehe unter § 8 F. II.

379 Vgl. BGH, Urt. v. 05.06.1975 – II ZR 23/74, NJW 1976, 191.

380 *Henze/Notz*, in Großkomm AktG, § 53a Rn. 137.

381 *Lutter*, ZHR 153 (1989), 446, 464.

382 *Henze/Notz*, in Großkomm AktG, Anh. zu § 53a Rn. 145, 149, denen zufolge jedoch Schadensersatzansprüche auf vorsätzlich begangene Pflichtverletzungen begrenzt sein sollen. Ebenso *Bungeroth*, in MüKo AktG, Vorb. § 53 Rn. 46.

nur für Aktionäre, sondern für Jedermann, der Einfluss auf die Gesellschaft hat.[383] Der bestimmende Einfluss muss daher nicht gesellschaftsrechtlich vermittelt sein.[384] Typischerweise ist er aber auf den Anteilsbesitz eines Aktionärs zurückzuführen, namentlich auf denjenigen des Mehrheitsaktionärs.[385] Neben dem Ersatzanspruch der Gesellschaft aus § 117 Abs. 1 Satz 1 AktG ist in § 117 Abs. 1 Satz 2 AktG ein eigener Ersatzanspruch der Aktionäre geregelt. Ersatzfähig sind darüber jedoch nur individuelle Schäden der Aktionäre, die über die Schmälerung des Gesellschaftsvermögens hinausgehen. Ein individueller Schaden besteht jedenfalls nicht schon darin, dass einem oder mehreren Mitaktionären nicht derselbe – gesetzeswidrige – „Bonus" gezahlt wurde.[386] Bloße Reflexschäden können Aktionäre demnach nicht geltend machen.[387] Dieser Anspruch der Gesellschaft wird den nicht begünstigten Aktionären in der Regel auch deswegen nicht zur Herstellung der Gleichbehandlung verhelfen können, weil der Anspruch ein vorsätzliches Vorgehen voraussetzt, das indes nur schwierig nachzuweisen sein wird.[388]

Darüber hinaus begegnet man auch hier erheblichen Defiziten in der Durchsetzung des Anspruchs. Die Verfolgung von Ersatzansprüchen aus § 117 Abs. 1 AktG ist grundsätzlich Aufgabe des Vorstands (§ 78 Abs. 1 Satz 1 AktG). Falls es sich bei dem Anspruchsgegner um ein Vorstandsmitglied handelt, ist der Aufsichtsrat nach § 112 AktG zur Geltendmachung berufen. Tatbestandlich ist die Bestimmung der Verwaltungsmitglieder zu einer schädigenden Maßnahme erforderlich. Haben die Verwaltungsmitglieder dabei schuldhaft gehandelt, trifft auch sie eine gesamtschuldnerische Haftung (§ 117 Abs. 2 AktG).[389] Daher haben sie geringes Interesse, Ansprüche aus § 117 Abs. 1 AktG gegen schädigende Aktionäre zu verfolgen. Die Wirkung des § 117 AktG als Instrument zur Abwehr schädigenden Aktionärshandelns wird zurecht bezweifelt.[390]

---

383 BGH, Urt. v. 20.03.1995 – II ZR 205/94 (Girmes), BGHZ 129, 136, 162 = NJW 1995, 1739, 1746; *Bezzenberger*, Das Kapital der AG, S. 302 ff.; *Brüggemeier*, AG 1988, 93, 94 ff.; *Spindler*, in MüKo AktG, § 117 Rn. 10.

384 *Koch*, in Hüffer, AktG, § 117 Rn. 3; *Schall*, in Spindler/Stilz, AktG, § 117 Rn. 15; *Spindler*, in MüKo AktG, § 117 Rn. 16; *Thaeter/Guski*, AG 2007, 301, 304; *Witt*, in K. Schmidt/Lutter, AktG, § 117 Rn. 6.

385 *Spindler*, in MüKo AktG, § 117 Rn. 17.

386 *Henze*, in Großkomm AktG, § 62 Rn. 56.

387 *Koch*, in Hüffer, AktG, § 117 Rn. 9.

388 *Henze*, in Großkomm AktG, § 62 Rn. 56; *Thaeter/Guski*, AG 2007, 301, 304.

389 *Kropff*, in MüKo AktG, 2. Aufl., § 117 Rn. 19; *Thaeter/Guski*, AG 2007, 301, 304.

390 *Mertens*, in KK-AktG, 2. Aufl., § 117 Rn. 39; *Thaeter/Guski*, AG 2007, 301, 304.

E. Regelung von Related Party Transactions in Sondersituationen

I. Sachgründung und Sachkapitalerhöhung

Darüber hinaus sind im Aktiengesetz Instrumente zur Regelung von *Related Party Transactions* mit Aktionären vorhanden, die Sondersituationen regeln. Sie sind für die Kontrolle von Transaktionen mit dem Mehrheitsaktionär daher nicht prägend.[391] Zu diesen Sondervorschriften gehören insbesondere die Regelungen über die Gründung (§ 27 AktG) und Kapitalerhöhung mit Sacheinlagen (§ 183 f. AktG). Eine Sacheinlage liegt vor, wenn der Gründer statt einer Bareinlage Vermögensgegenstände in die Gesellschaft einbringt. Ihnen liegen Vereinbarungen korporativer Natur zugrunde, die mittels eines Verfügungsvertrags erfüllt werden.[392] Die Regelungen über Sacheinlagen im Rahmen der Gründung und späterer Kapitalerhöhungen schaffen ein strenges Kontrollsystem mit hinreichender Transparenz-, Kontroll- und Rechtsschutzdichte: Die Aktionäre werden im Grundsatz durch das Erfordernis einer Satzungsregelung und verschiedener Beschlüsse (§§ 27, 183, 194, 205 AktG) in die Entscheidung einbezogen; Publizität wird durch Festsetzungen in der Satzung beziehungsweise im Kapitalerhöhungsbeschluss geschaffen. Für Schutz vor Verwässerung der Beteiligung und der Vermögensinteressen der nicht an der Kapitalerhöhung beteiligten Aktionäre sorgt eine externe Wertdeckungsprüfung (§§ 33 Abs. 2 Nr. 4, 34, 183 Abs. 3, 194 Abs. 4 Satz 1, 205 Abs. 5 Satz 1 AktG) sowie zusätzliche Wertdeckungsprüfungen durch die Mitglieder der Verwaltungsorgane und durch das Registergericht (vgl. § 38 Abs. 2 Satz 2 AktG). Einer näheren Betrachtung dieser Regelungen bedarf es nicht. Die vorliegende Untersuchung soll sich vielmehr den problematischeren, missbrauchsanfälligeren Rechtsgeschäften mit *Related Partys* widmen.

II. Nachgründungsverträge

1. Anwendungsbereich des § 52 AktG

Für bestimmte Verträge der Aktiengesellschaft mit ihren Gründern oder mit mehr als 10 % des Grundkapitals an der Gesellschaft beteiligten Aktionären sieht § 52 AktG eine besondere Nachgründungskontrolle vor. Betroffen sind Verträge, durch die sich die Gesellschaft in den ersten zwei Jahren nach ihrer Gründung zum Erwerb von Vermögensgegenständen gegen eine Vergütung von mehr als

---

391 *J. Vetter*, ZHR 179 (2015), 273, 295.

392 *Koch*, in Hüffer, AktG, § 27 Rn. 4; *Noack*, NZG 2013, 281, 282.

10 % des Grundkapitals verpflichtet. Häufig kommen Nachgründungsverträge in Form von Kaufverträgen vor.[393] Zweck der Nachgründung ist es, die strengen Regelungen über die Sachgründung vor Umgehung zu schützen und somit letztlich die reale Kapitalaufbringung sicherzustellen.[394] Die Sicherstellung der realen Kapitalaufbringung droht dadurch umgangen zu werden, dass die Gründung durch Bareinlagen vollzogen wird, sich die Gründer aber schon im Zeitpunkt der Gründung oder gründungsnah den Erwerb von Vermögensgegenständen durch die Gesellschaft zusichern und diese sodann über den von ihnen abhängigen Vorstand[395] durchführen lassen.[396] Vom Anwendungsbereich sind gemäß § 52 Abs. 9 AktG insbesondere Verträge im laufenden Geschäft der Gesellschaft ausgenommen. Darunter sind insbesondere Tagesgeschäfte zu verstehen, bei denen es an der typischen Gefährdungslage fehlt.[397]

2. *Nachgründungsverfahren*

Die erfassten Nachgründungsverträge bedürfen zu ihrer Wirksamkeit zunächst der Zustimmung der Hauptversammlung und der Eintragung ins Handelsregister (§ 52 Abs. 1 Satz 1 AktG). Die Hauptversammlung muss den Vertrag nach der allgemeinen Regelung des § 133 Abs. 1 AktG mit einer einfachen Stimmmehrheit beschließen. Gemäß § 52 Abs. 5 AktG bedarf der Hauptversammlungsbeschluss zusätzlich einer Mehrheit, die mindestens drei Viertel des bei Beschlussfassung vertretenen Grundkapitals umfasst. Wenn der Vertrag im ersten Jahr nach Eintragung der Gesellschaft geschlossen wird, muss die zustimmende Mehrheit mindestens ein Viertel des gesamten Grundkapitals erreichen (§ 52 Abs. 5 Satz 2 AktG). Der vertragsschließende Aktionär ist an der Abstimmung nicht durch § 136 AktG gehindert.[398] Ein Minderheitsaktionär, der keine Sperrminorität besitzt, wird den Beschluss folglich nicht verhindern können. Dies ist in Anbetracht der Anfechtbarkeit des Beschlusses wegen Verfolgung

---

393 *Heidinger*, in Spindler/Stilz, AktG, § 52 Rn. 11.

394 *Heidinger*, in Spindler/Stilz, AktG, § 52 Rn. 5; *Koch*, in Hüffer, AktG, § 52 Rn. 1; *Pentz*, in MüKo AktG, § 52 Rn. 5.

395 BGH, Urt. v. 15.01.1990 – II ZR 164/88, BGHZ 110, 47, 55 = NJW 1990, 982, 983; *Koch*, in Hüffer, AktG, § 52 Rn. 1; *Pentz*, in MüKo AktG, § 52 Rn. 5.

396 *Heidinger*, in Spindler/Stilz, AktG, § 52 Rn. 5; *Pentz*, in MüKo AktG, § 52 Rn. 5.

397 *Heidinger*, in Spindler/Stilz, AktG, § 52 Rn. 19. Siehe auch § 17 B.

398 *Arnold*, in KK-AktG, § 52 Rn. 32; *Bayer*, in K. Schmidt/Lutter, AktG, § 52 Rn. 35; *Heidinger*, in Spindler/Stilz, AktG, § 52 Rn. 73; *Pentz*, in MüKo AktG, § 52 Rn. 35; *Priester*, in KK-AktG, § 52 Rn. 71.

eines Sondervorteils zum Schaden der Gesellschaft nach § 243 Abs. 2 AktG[399] sowie der weiteren Kontrollmechanismen hinnehmbar.

In § 52 Abs. 2 Satz AktG wird für die Wirksamkeit des Nachgründungsvertrags die Schriftform verlangt, soweit keine strengere Form, wie etwa die notarielle Beurkundung, vorgeschrieben ist. Außerdem muss die Transaktion den Aktionären gegenüber publik gemacht werden, indem der Vertrag in den Geschäftsräumen ausgelegt oder auf der Internetseite der Gesellschaft veröffentlicht wird. Der Vorstand hat den Vertrag in der Hauptversammlung zusammenhängend und mündlich zu erläutern (§ 52 Abs. 2 Satz 6 AktG). § 52 Abs. 3 Satz 1 AktG ordnet außerdem eine Prüfung des Vertrags vor Beschlussfassung der Hauptversammlung durch den Aufsichtsrat an, der darüber einen schriftlichen Bericht, den sogenannten Nachgründungsbericht, anfertigen muss. Das Fehlen des Nachgründungsberichts führt zur Anfechtbarkeit des Beschlusses.[400] Hinzu tritt die Pflicht zur Prüfung durch externe Gründungsprüfer (Nachgründungsprüfung) nach Maßgabe der Vorschriften über die Sachgründung (§ 52 Abs. 4 i. V. m. §§ 33 ff. AktG). Die Prüfung hat sich darauf zu erstrecken, ob der Wert des erworbenen Vermögensgegenstands dem Wert der Gegenleistung der Gesellschaft entspricht. Damit wird dafür gesorgt, dass eine Überbewertung und die damit einhergehende Schädigung der Gesellschaft verhindert werden und Transaktionen zu angemessenen Bedingungen abgeschlossen werden. Fehlt es an dieser externen Gründungsprüfung, ohne dass ein Ausnahmetatbestand (§ 52 Abs. 4 Satz 3 AktG, § 33a AktG) greift, ist der Hauptversammlungsbeschluss anfechtbar.[401] Ferner lehnt das Registergericht bei Fehlen des Nachgründungsberichts und des Prüfungsberichts der Gründungsprüfer die Eintragung des Vertrags ab.[402] Ein Nachgründungsvertrag, der eine überhöhte Gegenleistung der Gesellschaft vorsieht, hat gleichzeitig einen Verstoß gegen § 57 AktG zur Folge, der auch durch eine etwaige Eintragung ins Handelsregister nicht geheilt wird.[403]

---

399 *Arnold*, in KK-AktG, § 52 Rn. 32; *Heidinger*, in Spindler/Stilz, AktG, § 52 Rn. 73; *Pentz*, in MüKo AktG, § 52 Rn. 35.

400 *Arnold*, in KK-AktG, § 52 Rn. 27; *Diekmann*, ZIP 1996, 2149, 2152; *Koch*, in Hüffer, AktG, § 52 Rn. 14; *Pentz*, in MüKo AktG, § 52 Rn. 65 f.

401 *Arnold*, in KK-AktG, § 52 Rn. 27; *Pentz*, in MüKo AktG, § 52 Rn. 66; *Priester*, in Großkomm AktG, § 52 Rn. 64; für Nichtigkeit: *Diekmann*, ZIP 1996, 2149, 2152.

402 *Hüffer*, in Koch, AktG, § 52 Rn. 14; *Priester*, in Großkomm AktG, § 52 Rn. 64.

403 *Pentz*, in MüKo AktG, § 52 Rn. 66.

F. Spezielle Vorschriften im Verhältnis zum herrschenden Unternehmen

In der Praxis begegnen *Related Party Transactions* am häufigsten im Konzern. Sie unterfallen den besonderen Vorschriften des Konzernrechts, wenn es sich bei dem kontrahierenden Aktionär nicht um einen kontrollierenden Privatgesellschafter, sondern um ein herrschendes Unternehmen im Sinne der §§ 15 ff. AktG handelt. Nach ständiger Rechtsprechung ist ein Unternehmen in diesem Sinne jeder Gesellschafter, gleich welcher Rechtsform, der „eine wirtschaftliche Interessenbindung außerhalb der Gesellschaft hat“, die nach Art und Intensität die ernsthafte Besorgnis rechtfertigt, „der Aktionär könnte um ihretwillen seinen Einfluss zum Nachteil der Gesellschaft geltend machen“.[404] Das Vorhandensein von gesellschaftsfremden Interessen wirtschaftlicher Art wird bei einer maßgeblichen Beteiligung an einem anderen Unternehmen indiziert.[405] Von einer maßgeblichen Beteiligung an einem anderen Unternehmen geht der Bundesgerichtshof wiederum dann aus, wenn der Aktionär mit den ihm auf gesellschaftsrechtlicher Grundlage zur Verfügung stehenden Mitteln auf das Unternehmen bestimmend Einfluss nehmen kann.[406] Dieser abstrakte Konzernkonflikt ist bei einem Privatgesellschafter, dessen unternehmerische Interessen sich ausschließlich auf die Wahrnehmung seiner Beteiligung an einer Aktiengesellschaft beschränken, nicht gegeben. Ein großer Anteil der deutschen Aktiengesellschaften ist heute in einen Konzernverbund integriert, häufig in der Rolle der abhängigen Tochter- oder Enkelgesellschaft.[407]

I. Der Vertragskonzern

Der Vertragskonzern unterscheidet sich vom faktischen Konzern durch die gesetzlich anerkannte Leitungsmacht (§ 308 AktG) des herrschenden Unternehmens über das abhängige Unternehmen, die der Abschluss eines Beherrschungsvertrags (§§ 291 Abs. 1 Satz 1, 308 AktG) gewährt.[408] Unternehmensverträge

---

404 BGH, Urt. v. 13.10.1977 – II ZR 123/76 (VEBA/Gelsenberg), BGHZ 69, 334, 337 = NJW 1978, 104; OLG Düsseldorf, Beschl. v. 02.08.1994 – 19 W 1/93 AktE, AG 1995, 85, 86 (Rn. 49); *Bayer*, in MüKo AktG, § 15 Rn. 13; *Emmerich*, in Habersack/Emmerich, Aktien- und GmbH-Konzernrecht, § 52 Rn. 10; *Koch*, in Hüffer, AktG, § 52 Rn. 10; *Koppensteiner*, in KK-AktG, § 15 Rn. 20.

405 *Bayer*, in MüKo AktG, § 15 Rn. 22.

406 BGH, Urt. v. 18.06.2001 – II ZR 212/99 (MPL), BGHZ 148, 123, 125 ff. = NJW 2001, 2973, 2974.

407 *Hommelhoff*, Gutachten G zum 59. DJT, S. G 11.

408 *Koch*, in Hüffer, AktG, § 18 Rn. 3; *Schall*, in Spindler/Stilz, AktG, § 18 Rn. 2.

können zwar unabhängig von einem bereits bestehenden Beteiligungsverhältnis zwischen Ober- und Untergesellschaft geschlossen werden. Im Regelfall wird die Untergesellschaft aber bereits bei Abschluss des Unternehmensvertrags von der Obergesellschaft abhängig sein.[409] Den weiteren Ausführungen wird dieser Regelfall zugrunde gelegt. Von zentraler Bedeutung ist die aus der Leitungsmacht resultierende Berechtigung des herrschenden Unternehmens, dem Vorstand der abhängigen Gesellschaft Weisungen zu erteilen. Die Weisungen dürfen auch nachteiligen Charakters sein (§ 308 Abs. 1 Satz 2 AktG) (sogleich unter § 8 F. I. 2). Für die vorliegende Untersuchung interessieren vor allem nachteilige Leistungen der beherrschungsvertraglich gebundenen Tochter an das herrschende Mutterunternehmen. Da diese Leistungen mit den aktienrechtlichen Kapitalerhaltungsvorschriften nicht vereinbar wären, ordnet § 291 Abs. 3 AktG insoweit die Lockerung der aktienrechtlichen Vermögensbindung an.[410] Isolierte Gewinnabführungsverträge[411] sowie sonstige Unternehmensverträge bedürfen an dieser Stelle keiner besonderen Untersuchung, da sie anders als Beherrschungsverträge keine Leitungsmacht begründen.[412] In der Praxis begegnet man indes häufig sogenannten Organschaftsverträgen, die Gewinnabführungs- und Beherrschungsvertrag kombinieren.[413]

1. Konzerneingangsschutz

Einen Konzerneingangsschutz in Form eines Abwehrrechts der außenstehenden Aktionäre[414] kennt das Aktiengesetz zwar nicht, obwohl mit der gesetzlichen Anerkennung der Leitungsmacht gravierende Eingriffsmöglichkeiten des herrschenden Unternehmens verbunden sind. Für einen gewissen Schutz sorgen dennoch eine Reihe von Verfahrens- und Prüfungsvorschriften. Auf Seiten der abhängigen Gesellschaft ist zunächst das Erfordernis der Hauptversammlungszustimmung zum Unternehmensvertrag (§ 293 Abs. 1 AktG) zu nennen. Das herrschende Unternehmen als Aktionär unterliegt allerdings auch hier bei der

409 *Altmeppen*, in MüKo AktG, § 291 Rn. 18.

410 *Koch*, in Hüffer, AktG, § 291 Rn. 36.

411 Die zentralen Regelungen für faktische Konzerne (§§ 311, 317 AktG) finden Anwendung, arg. ex § 316 AktG; siehe *Koch*, in Hüffer, AktG, § 291 Rn. 27; *Mülbert*, in Großkomm AktG, § 291 Rn. 175.

412 *Altmeppen*, in MüKo AktG, § 291 Rn. 151; *Koch*, in Hüffer, AktG, § 18 Rn. 3.

413 *Koch*, in Hüffer, AktG, § 291 Rn. 24.

414 Gemeint sind alle Aktionäre mit Ausnahme des anderen Vertragsteils und derjenigen Aktionäre, die aufgrund rechtlich fundierter wirtschaftlicher Verknüpfung mit dem anderen Vertragsteil von der Leitungsmacht profitieren.

Beschlussfassung keinem Stimmverbot, sodass der Abschluss des Unternehmensvertrags *de facto* allein von seinem Willen abhängig sein dürfte. Auch auf Seiten des anderen Vertragsteils ist die Zustimmung der Hauptversammlung erforderlich, wenn es sich bei diesem um eine Aktiengesellschaft oder Kommanditgesellschaft auf Aktien handelt (§ 293 Abs. 2 AktG). Daneben müssen die Vorstände der beteiligten Gesellschaften vor der Beschlussfassung in der Hauptversammlung einen ausführlichen Bericht über den Unternehmensvertrag erstatten (§ 293a AktG). Nach § 293b AktG ist der Unternehmensvertrag ferner durch einen Vertragsprüfer, der vom Gericht ausgewählt und bestellt wird, zu prüfen (§ 293b AktG), der hierüber einen schriftlichen Bericht aufzustellen hat (§ 293e AktG). Schließlich müssen der Unternehmensvertrag sowie die Berichte der Vorstände und der Vertragsprüfer den Aktionären vor der Hauptversammlung zugänglich gemacht werden (§ 293f AktG).

Im Gegenzug für die weitreichenden Einflussmöglichkeiten des herrschenden Unternehmens gibt der Gesetzgeber den außenstehenden Aktionären zwei Institutionen zur Hand: Ihnen steht nach § 304 AktG ein Anspruch auf Zahlung eines angemessenen – festen oder variablen – Ausgleichs zu, der als Kompensation für die durch den Gewinnabführungs- oder den Beherrschungsvertrag verursachten Verluste dient.[415] Die in der Gesellschaft verbleibende Aktionärsminderheit wird auf diese Weise vor der wirtschaftlichen Aushöhlung ihrer Mitgliedschaft geschützt.[416] Ferner gewährt § 305 AktG einen Anspruch auf angemessene Abfindung, durch den der Herrschaftsverlust und ein von dem Ausgleichsanspruch nicht gedeckter Vermögensverlust entschädigt werden soll.[417] Damit kann der Aktionär von der Gesellschaft den Erwerb seiner Aktien verlangen und aus der Gesellschaft ausscheiden.[418] Bemerkenswert an dieser Stelle ist, dass die für die Wirksamkeit des Unternehmensvertrags erforderliche Zustimmung der Hauptversammlung des beherrschten Unternehmens nicht wegen unzulässiger Verfolgung von Sondervorteilen gemäß § 243 Abs. 2 AktG oder wegen Unangemessenheit des vertraglich vereinbarten Ausgleichs- oder Abfindungsanspruchs angefochten werden kann (§§ 304 Abs. 3 Satz 1, 305 Abs. 5 Satz 1 AktG).[419]

---

415 BGH, Beschl. v. 20.05.1997 – II ZB 9/96, BGHZ 135, 374, 379 = NJW 1997, 2242, 2243; *Koch*, in Hüffer, AktG, § 304 Rn. 1.

416 BVerfG, Beschl. v. 27.04.1999 – 1 BVR 1613-94 (DAT/Altana), NJW 1999, 3769, 3770.

417 Begr. RegE. AktG 1965 bei *Kropff*, S. 397.

418 BGH, Beschl. v. 04.03.1998 – I ZB 5-97, NJW 1998, 1866, 1867; *Koch*, in Hüffer, AktG, § 305 Rn. 1.

419 Begr. RegE. AktG 1965 bei *Kropff*, S. 395; *Emmerich*, in Emmerich/Habersack, Aktien- und GmbH-Konzernrecht, § 304 Rn. 80.

Dies ist darauf zurückzuführen, dass wegen der Unsicherheiten im Bereich der Unternehmensbewertung häufig Streit über die Höhe des angemessenen Ausgleichs- beziehungsweise Abfindungsanspruchs bestehen kann. Das Schicksal des Unternehmensvertrags wäre bei uneingeschränkter Anfechtungsmöglichkeit stets gefährdet.[420] Die Frage der Angemessenheit verlagert der Gesetzgeber daher in ein besonderes Verfahren der freiwilligen Gerichtsbarkeit, §§ 304 Abs. 3 Satz 3, 305 Abs. 5 Satz 2 AktG (sogenanntes Spruchverfahren), in dem auf Antrag ein angemessener Ausgleich beziehungsweise eine angemessene Abfindung durch Beschluss bestimmt wird.[421] Somit unterliegen beide Institutionen der vollen gerichtlichen Kontrolle. Mag die Effizienz und Flexibilität des Spruchverfahrens besonders wegen des langwierigen Verfahrens und Bewertungsschwierigkeiten[422] auch Kritik erfahren haben,[423] hat sich das Spruchverfahren doch als elementares Schutzinstitut der außenstehenden Aktionäre bewährt.[424]

2. *Konzernleitungskontrolle*

Durch den Beherrschungsvertrag wird die abhängige Gesellschaft der Leitung des herrschenden Unternehmens wegen § 308 Abs. 1 AktG selbst dann unterstellt, wenn der Vertrag keine ausdrückliche Regelung über das Weisungsrecht enthält.[425] Das herrschende Unternehmen ist berechtigt, dem Vorstand der abhängigen Gesellschaft Weisungen – insbesondere auch nachteilige – zu erteilen (§ 308 Abs. 1 AktG). Die Obergesellschaft muss die Belange der abhängigen Gesellschaft nicht beachten.[426] Den Vorstand der abhängigen Gesellschaft trifft umgekehrt eine Befolgungspflicht (§ 308 Abs. 2 AktG). Unter einem Nachteil versteht man jede Minderung oder konkrete Gefährdung der Vermögens- oder Ertragslage der Gesellschaft, soweit sie ihre Ursache in der Abhängigkeit hat.[427]

---

420 *Paulsen*, in MüKo AktG, § 304 Rn. 181.

421 *Koch*, in Hüffer, AktG, § 304 Rn. 22.

422 Ausführlich zur Komplexität der Unternehmensbewertung: *Emmerich*, in FS Stilz, S. 135 ff.

423 Zu den Schwächen des Spruchverfahrens: *Emmerich*, AG 2015, 627, 630.

424 *Habersack*, AG 2016, 691, 693; *J. Vetter*, in Fleischer/Koch/Kropff/Lutter, 50 Jahre AktG, S. 231, 242 f.

425 *Schubel*, in Frodermann/Jannott, Hdb Aktienrecht, Kap. 14 Rn. 185.

426 *Veil*, in Spindler/Stilz, AktG, § 308 Rn. 23.

427 Vgl. nur BGH, Urt. v. 01.03.2008 – II ZR 102/07 (MPS), BGHZ 179, 71, 76 f. (Rn. 9) = NZG 2009, 107, 108; *Habersack*, in Emmerich/Habersack, Aktien- und GmbH-Konzernrecht, § 311 Rn. 39; *Koch*, in Hüffer, AktG, § 311 Rn. 24; *Schubel*, in Frodermann/Jannott, Hdb Aktienrecht, Kap. 14 Rn. 85.

An letzterem fehlt es, wenn ein ordentlicher und gewissenhafter Geschäftsleiter (§ 93 Abs. 1 Satz 1 AktG), der sich ausschließlich an den Interessen seiner unabhängigen Gesellschaft orientiert, gleichermaßen gehandelt hätte.[428] Im bestehenden Vertragskonzern gibt es daher keinen Schutz vor einzelnen nachteiligen Transaktionen mit dem herrschenden Unternehmen in der Rolle der *Related Party*. Einschränkend verlangt § 308 Abs. 1 Satz 2 AktG lediglich, dass nachteilige Weisungen den Belangen des herrschenden Unternehmens oder den Belangen eines Unternehmens dienen muss, das mit dem herrschenden Unternehmen und der Gesellschaft konzernverbunden ist (Konzernschwestern oder Enkelgesellschaften)[429]. Das ist dann der Fall, wenn der Effekt der Weisung sich positiv auf die Vermögens- oder Ertragslage auswirkt.[430] In der Regel wird die nachteilige Weisung zugunsten des herrschenden Unternehmens beziehungsweise eines konzernverbundenen Unternehmens erteilt werden,[431] sodass eine rechtmäßige Weisung im Sinne des § 308 Abs. 1 Satz 1 AktG gegeben sein wird.

Als Ausgleich für die weitgehenden Eingriffsrechte, die Gewinnabführungs- und Beherrschungsverträge dem herrschenden Unternehmen eröffnen, trifft das herrschende Unternehmen zudem eine Verlustausgleichspflicht nach § 302 AktG.[432] Es hat jeden fiktiven Jahresfehlbetrag auszugleichen, soweit dieser nicht aus anderen Gewinnrücklagen ausgeglichen wird.[433] Damit ist der negative

---

428 *Habersack*, in Emmerich/Habersack, Aktien- und GmbH-Konzernrecht, § 311 Rn. 40; *Koch*, in Hüffer, AktG, § 308 Rn. 15, § 311 Rn. 25.

429 *Veil*, in Spindler/Stilz, AktG, § 308 Rn. 25.

430 *Emmerich*, in Emmerich/Habersack, Aktien- und GmbH-Konzernrecht, § 308 Rn. 49 f.; *Koch*, in Hüffer, AktG, § 308 Rn. 17; *Veil*, in Spindler/Stilz, AktG, § 308 Rn. 26.

431 *Veil*, in Spindler/Stilz, AktG, § 308 Rn. 27.

432 *Altmeppen*, in MüKo AktG, § 302 Rn. 11; *Koppensteiner*, in KK-AktG, § 302 Rn. 6; Begr. RegE. AktG 1965 bei *Kropff*, S. 391: „Wer die Geschicke der Gesellschaft bestimmen kann oder ihren ganzen Gewinn erhält, muß auch für Verluste einstehen." *Ulmer*, AG 1986, 123, 126. Nach anderer Ansicht liegt der Rechtsgrund in einem Ausgleich für die nach § 293 Abs. 3 AktG außer Kraft gesetzten Kapitalerhaltungsregeln, so BGH, Urt. v. 14.12.1987 – II ZR 170/87, BGHZ 103, 1, 10 = DNotZ 1988, 621, 624: „Denn die Verlustausgleichspflicht [...] tritt damit im Vertragskonzern an die Stelle der Kapitalerhaltungsvorschriften." Tendenziell ebenso: BGH, Urt. v. 20.02.1989 – II ZR 167/88, BGHZ 107, 7, 18 = NJW 1989, 1800, 1802; aus dem Schrifttum vgl. *Hirte*, in Großkomm AktG, 302 Rn. 4; *Koch*, in Hüffer, AktG, § 302 Rn. 3; *Paschos*, in Henssler/Strohn, AktG, § 302 Rn. 2; *Ulmer*, NJW 1986, 1579, 1584.

433 *Altmeppen*, in MüKo AktG, § 302 Rn. 17; *Koch*, in Hüffer, AktG, § 302 Rn. 9; *Paschos*, in Henssler/Strohn, AktG, § 302 Rn. 5.

Saldo gemeint, der fiktiv als Posten in der Gewinn- und Verlustrechnung auszuweisen wäre, wenn ihm nicht der Verlustausgleich nach § 302 AktG gegenüber stünde.[434] Der Anspruch steht der abhängigen Gesellschaft gegen das herrschende Unternehmen zu und ist darüber hinaus pauschal und verschuldensunabhängig. Auf diese Weise wird eine Einzelinsolvenz wegen Überschuldung der abhängigen Gesellschaft verhindert,[435] wenn das herrschende Unternehmen selbst liquide ist.

Verstoßen gesetzliche Vertreter des herrschenden Unternehmens bei Erteilung von Weisungen gegen ihre Sorgfaltspflichten bei der Erteilung von Weisungen, haften sie unter den Voraussetzungen des § 309 AktG der abhängigen Gesellschaft gegenüber auf Schadensersatz.[436] Daneben haften die Mitglieder des Vorstands und des Aufsichtsrats der abhängigen Gesellschaft als Gesamtschuldner, wenn sie unter Verletzung ihrer Pflichten gehandelt haben. §§ 309 Abs. 4 Satz 1, 310 Abs. 4 AktG ermächtigen die Aktionäre, den Ersatzanspruch der Gesellschaft geltend zu machen. Die Aktionäre können jedoch nur Leistung an die Gesellschaft fordern. Es handelt sich um einen Fall der gesetzlichen Prozessstandschaft.[437] Die praktische Bedeutung des Klagerechts der Aktionäre ist gleichwohl gering. Da nur Leistung an die Gesellschaft gefordert werden kann, ist der mit dem Erfolg der Klage verbundene Vorteil für den klagenden Aktionär vergleichsweise marginal. Entscheidend kommt hinzu, dass das Gesetz dem Aktionär das volle Kostenrisiko aufbürdet.[438] Auf das Klagerecht des Aktionärs soll näher im Rahmen der Verantwortlichkeit des herrschenden Unternehmens und seiner Organmitglieder im faktischen Konzern eingegangen werden, da dort die Durchsetzbarkeit von Schadensersatzansprüchen weit wichtiger ist als im Vertragskonzern.[439]

3. *Zwischenfazit*

Im Vertragskonzern werden die fundamentalen aktienrechtlichen Prinzipien der eigenverantwortlichen Leitung der Gesellschaft durch den Vorstand sowie der Vermögensbindung suspendiert. Die ausstehenden Aktionäre werden nicht durch Einzelausgleich der nachteiligen Transaktionen geschützt, sondern vor

434 *Habersack*, in Emmerich/Habersack, Aktien- und GmbH-Konzernrecht, § 302 Rn. 27.
435 *Altmeppen*, in MüKo AktG, § 302 Rn. 2; *Koppensteiner*, in KK-AktG, § 302 Rn. 16.
436 *Altmeppen*, in MüKo AktG, § 309 Rn. 75.
437 *Koch*, in Hüffer, AktG, § 309 Rn. 22; *Koppensteiner*, in KK-AktG, § 309 Rn. 44.
438 Begr. RegE. AktG 1965 bei *Kropff*, S. 405.
439 Siehe § 8 F. II. 2. b. bb.

allem durch die pauschale Ausgleichspflicht des herrschenden Unternehmens nach § 302 AktG. Hinzu treten Ausgleichs- und Abfindungsansprüche, deren Angemessenheit auf Antrag der außenstehenden Aktionäre im Spruchverfahren überprüft und gegebenenfalls angepasst werden kann. Die in §§ 291 ff. AktG getroffenen Vorkehrungen zum Schutze der Außenseiter schaffen ein dichtes Kontrollsystem, das für einen angemessenen Ausgleich der gegenüberstehenden Interessen sorgt und das auch von der Praxis angenommen worden ist.[440] Damit wird im Vertragskonzern hinreichend der *Tunneling*-Gefahr begegnet.

II. Der faktische Konzern

1. Einleitung

Kennzeichnend für den faktischen Konzern ist, dass kein Beherrschungsvertrag vorliegt und keine Eingliederung stattgefunden hat. Es besteht daher keine rechtlich abgesicherte Konzernleitungsmacht des herrschenden Unternehmens gegenüber der abhängigen Gesellschaft.[441] Der Vorstand der Untergesellschaft bleibt gemäß dem Grundsatz des § 76 AktG zur eigenverantwortlichen Leitung der Gesellschaft verpflichtet.[442] Er kann – muss aber nicht – sich unter den Voraussetzungen des § 311 AktG dem Willen des herrschenden Unternehmens unterwerfen.[443] Vielmehr sind faktische Konzerne durch einfache Abhängigkeitsverhältnisse gekennzeichnet. Der Abhängigkeitsbegriff bestimmt sich nach § 17 AktG. Danach genügt für eine Abhängigkeit zwischen zwei Unternehmen bereits die Möglichkeit unmittelbar oder mittelbar beherrschender Einflussnahme, die jedoch beständig, umfassend und gesellschaftsrechtlich vermittelt sein muss.[444] Der Einfluss muss also nicht tatsächlich ausgeübt werden.[445] Hält die Obergesellschaft eine Mehrheitsbeteiligung an der Untergesellschaft (§ 16 AktG), wird die Abhängigkeit gemäß § 17 Abs. 2 AktG vermutet.

Den Gefahren der faktischen Abhängigkeit für das abhängige Unternehmen und dessen Außenseiter begegnen die Regelungen in §§ 311 ff. AktG, ohne den Abschluss eines Unternehmensvertrags erforderlich zu machen. Von zentraler

---

440 *Decher*, ZHR 171 (2007), 126, 138; *Habersack*, AG 2016, 691, 693; *J. Vetter*, in Fleischer/Koch/Kropff/Lutter, 50 Jahre AktG, S. 231, 242.

441 *Bayer*, in MüKo AktG, § 18 Rn. 9.

442 *Bödeker*, in Henssler/Strohn, AktG, § 311 Rn. 1.

443 *Emmerich/Habersack*, Konzernrecht, § 24 Rn. 2, § 25 Rn. 40.

444 BGH, Urt. v. 15.12.2011 – I ZR 129/10 = AG 2012, 594, 595 (Rn. 16); BGH, Urt. v. 04.03.1974 – II ZR 89/72, BGHZ 62, 193, 201 = NJW 1974, 855, 857.

445 *Koch*, in Hüffer, AktG, § 17 Rn. 4.

Bedeutung sind die besonderen schadensersatzbewährten Verhaltenspflichten des herrschenden Unternehmens und seiner gesetzlichen Vertreter sowie der Organwalter der abhängigen Gesellschaft. Hierzu zählen insbesondere das Verbot der nachteiligen kompensationslosen Einflussnahme auf die abhängige Gesellschaft und die Pflicht zum Ausgleich nachteiliger Rechtsgeschäfte und Maßnahmen (§ 311 Abs. 1 AktG). Hinzu tritt der Abhängigkeitsbericht, welcher der Kontrolle der Beziehung zwischen Ober- und Untergesellschaft dient.

2. *Verbot kompensationsloser Nachteilszufügung und Verantwortlichkeit der Beteiligten*

a) Nachteilige Einflussnahme und Nachteilsausgleich

§ 311 AktG ist die zentrale Norm, die die abhängige Gesellschaft vor Ausnutzung der Herrschaftsmacht seitens des herrschenden Unternehmens schützt.[446] Nach § 311 Abs. 1 AktG darf das herrschende Unternehmen seinen Einfluss nicht dazu benutzen, die abhängige Gesellschaft dazu zu veranlassen, ein für sie nachteiliges Rechtsgeschäft oder eine nachteilige Maßnahme vorzunehmen, es sei denn, die Nachteile werden ausgeglichen. Die Norm verfolgt ein ambivalentes Ziel. Auf der einen Seite sollen die Gesellschaft, die außenstehenden Aktionäre und die Gesellschaftsgläubiger vor den Gefahren des Konzernkonflikts geschützt werden. Auf der anderen Seite sollen die unternehmerische Entfaltung und Koordination in einem Konzern gefördert werden, indem hinreichende Flexibilität und stabile Organisationsstrukturen gewährleistet werden.[447]

Voraussetzung für die Anwendung der Norm ist zunächst, dass es sich bei der Untergesellschaft um eine im Sinne des § 17 AktG abhängige Aktiengesellschaft handelt.[448] § 311 AktG setzt ferner voraus, dass das herrschende Unternehmen die Vornahme des Rechtsgeschäfts oder der Maßnahme veranlasst haben muss. Es genügt jede ursächliche Einflussnahme, sei es durch Ratschlag, Anregung, Erwartung eines bestimmten Verhaltens oder durch Weisung.[449] Ob ein Handeln der abhängigen Gesellschaft auf die Obergesellschaft zurückzuführen ist, kann indes nicht immer einfach nachgewiesen und überprüft werden.[450] Die

---

446 *Selzner*, ZIP 2015, 753, 757.

447 *Grigoleit*, in Grigoleit, AktG, § 311 Rn. 5.

448 *Müller*, in Spindler/Stilz, AktG, § 311 Rn. 3.

449 *Koch*, in Hüffer, AktG, § 311 Rn. 13; *Müller*, in Spindler/Stilz, AktG, § 311 Rn. 12; einschränkend *Koppensteiner*, in KK-AktG, § 311 Rn. 2 f.

450 *Hommelhoff*, Gutachten G zum 59. DJT, S. G 18; *Müller*, in Spindler/Stilz, AktG, Vorb. § 311 Rn. 15.

unternehmerischen Entscheidungen des Tochtervorstands gehen häufig auf vielfältige Formen der Zusammenarbeit und Planung mit dem herrschenden Unternehmen zurück. Daher gestaltet es sich oft schwierig, zwischen der autonomen Entscheidung des Tochtervorstands und der Veranlassung durch die Obergesellschaft zu unterscheiden.[451] In der Praxis sehen sich die Vorstandsmitglieder der abhängigen Gesellschafter oftmals einem faktischen Zwang ausgesetzt, die von der herrschenden Muttergesellschaft veranlassten Rechtsgeschäfte und sonstigen Maßnahmen in die eigene unternehmerische Verantwortung zu übernehmen.[452] Nicht selten besprechen Tochtervorstand und Konzernleitung komplexe Sachverhalte intensiv im Vorfeld und verständigen sich darüber, ob die Maßnahme unterbleiben oder als eigene Maßnahme des Tochtervorstands nicht in den Abhängigkeitsbericht aufgenommen werden soll.[453]

Anknüpfungspunkt für die Ausgleichspflicht im faktischen Konzern ist der nachteilige Charakter des veranlassten Rechtsgeschäfts oder der veranlassten Maßnahme. Hier gilt derselbe Nachteilsbegriff wie im Vertragskonzern.[454] Die genaue Ermittlung des nachteiligen Charakters erfolgt nach herrschender Auffassung anhand der steuerlichen Grundsätze über die verdeckte Gewinnausschüttung,[455] die auch im Rahmen der §§ 57, 62 AktG Anwendung finden. Ein nachteiliges Rechtsgeschäft im Sinne des § 311 AktG liegt daher vor, wenn bei *Ex-ante*-Betrachtung zwischen Leistung und Gegenleistung ein objektives Missverhältnis besteht.[456] Sofern für die von der Gesellschaft gebotene Leistung ein Marktpreis besteht, ist dieser der maßgebende Vergleichsmaßstab;[457]

---

451 *Altmeppen*, in MüKo AktG, Vorb. § 311 Rn. 24; *Hommelhoff*, ZHR 156 (1992), 295, 297.

452 Dies zeigen die Ergebnisse eines Gesprächs mit Aufsichtsratsmitgliedern, Unternehmensjuristen und Wirtschaftsprüfern, abgedruckt bei *Hommelhoff*, ZHR 156 (1992), 295, passim. Wenn auch diese Gespräche nicht im Sinne einer repräsentativen Befragung verstanden werden dürfen, liefern sie bemerkenswerte Ausschnitte aus der Rechtswirklichkeit.

453 *Hommelhoff*, ZHR 156 (1992), 295, 298. Zum Abhängigkeitsbericht sogleich unter § 8 F. II. 3.

454 Siehe § 8 F. I. 2.

455 BGH, Urt. v. 01.03.1999 – II ZR 312/97, BGHZ 141, 79, 84 ff. = NJW 1999, 1706, 1707 f.; *Altmeppen*, in MüKo AktG, § 311 Rn. 203 f.; *Koppensteiner*, in KK-AktG, § 311 Rn. 61; *Krieger*, in MünchHdb GesR IV, § 70 Rn. 85; *J. Vetter*, in K. Schmidt/Lutter, AktG, § 311 Rn. 49.

456 *Altmeppen*, in MüKo AktG, § 311 Rn. 172.

457 Ausführlich zu den Berechnungsverfahren bei fehlenden oder nicht ermittelbaren Marktpreisen: *Koppensteiner*, in KK-AktG, § 311 Rn. 65 ff.

im Falle eines vorliegenden Angebots eines Dritten ist auf dieses abzustellen.[458] Der Nachteil besteht in der Höhe der Differenz zwischen dem Marktpreis beziehungsweise dem vom Dritten angebotenen Preis und dem tatsächlich an die Gesellschaft gezahlten Preis.[459]

Die nachteilige Einflussnahme löst streng genommen nur eine Obliegenheit zum Nachteilsausgleich aus,[460] dessen Modalitäten in § 311 Abs. 2 AktG geregelt sind. Die abhängige Gesellschaft hat daher keinen durchsetzbaren Anspruch auf Ausgleichsgewährung.[461] Das herrschende Unternehmen hat etwaige Nachteile noch innerhalb des Geschäftsjahrs auszugleichen. Der Nachteilsausgleich muss entweder durch eine tatsächliche Kompensation innerhalb des Geschäftsjahrs durch Zuwendung eines entsprechenden Vorteils geschehen (§ 311 Abs. 2 Satz 1 1. Var. AktG), oder durch die Einräumung eines Rechtsanspruchs auf den zum Ausgleich bestimmten Vorteil (§ 311 Abs. 2 Satz 1 2. Var. AktG). Für letztere ist der Abschluss eines Vertrags zwischen der abhängigen Gesellschaft und dem herrschenden Unternehmen oder einem Dritten[462] noch innerhalb des Geschäftsjahrs erforderlich.[463] Er muss vorsehen, wann und durch welche Vorteile der Ausgleich erfolgen soll. Der Vertrag muss durch das herrschende Unternehmen aber nicht innerhalb des Geschäftsjahrs erfüllt werden;[464] der Fälligkeitstermin kann vielmehr hinausgeschoben werden, was unter Umständen durch eine angemessene Verzinsung abgegolten werden muss.[465]

---

458 *Habersack*, in Emmerich/Habersack, Aktien- und GmbH-Konzernrecht, § 311 Rn. 54; *Müller*, in Spindler/Stilz, AktG, § 311 Rn. 35.

459 *Habersack*, in Emmerich/Habersack, Aktien-und GmbH-Konzernrecht, § 311 AktG Rn. 55.

460 *Grigoleit*, in Grigoleit, AktG, § 311 Rn. 45: „Suspensivelement des dominanten Schädigungsverbots"; *Koppensteiner*, in KK-AktG, § 311 Rn. 154; nach a. A. handelt es sich um eine Pflicht des herrschenden Unternehmens, so *Habersack*, in Emmerich/Habersack, Aktien- und GmbH-Konzernrecht, § 311 Rn. 61; *Kropff*, in MüKo AktG, 2. Aufl., § 311 Rn. 263, 343; *Müller*, in Spindler/Stilz, AktG, § 311 Rn. 48; *J. Vetter*, in K. Schmidt/Lutter, AktG, § 311 Rn. 106.

461 *Müller*, in Spindler/Stilz, AktG, § 311 Rn. 49.

462 *Koppensteiner*, in KK-AktG, § 311 Rn. 129.

463 *Habersack*, in Emmerich/Habersack, Aktien- und GmbH-Konzernrecht, § 311 Rn. 72; *Koch*, in Hüffer, AktG, § 311 Rn. 46.

464 Ganz h. M., siehe BGH, Urt. v. 15.11.1993 – II ZR 235/92, BGHZ 124, 111, 119 = NJW 1994, 520, 522; *Altmeppen*, in MüKo AktG, § 311 Rn. 339; *Habersack*, in Emmerich/Habersack, Aktien- und GmbH-Konzernrecht, § 311 Rn. 75; *Koch*, in *Hüffer*, AktG, § 311 Rn. 38.

465 *Habersack*, in Emmerich/Habersack, Aktien- und GmbH-Konzernrecht, § 311 Rn. 73; *Koch*, in Hüffer, AktG, § 311 Rn. 47; *Koppensteiner*, in KK-AktG, § 311 Rn. 131.

Durch die Möglichkeit des gestreckten Nachteilsausgleichs wird zwar auf der einen Seite dem herrschenden Unternehmen ein hohes Maß an Flexibilität geboten. Auf der anderen Seite sind in gleichem Maße die Interessen der Gesellschaft und der Außenseiter gefährdet.[466] Die rechtspolitische Bewertung des gestreckten Nachteilsausgleichs fiel in der Vergangenheit daher insgesamt nicht positiv aus. In rechtlicher Hinsicht ist für die Höhe der Ausgleichsleistung der Zeitpunkt der Vorteilsgewährung maßgeblich, sodass auch alle Nachteile zu berücksichtigen sind, die durch die spätere Einräumung der Vorteile entstanden sind.[467] Rechtlich liegt in der Zulassung des gestreckten Nachteilsausgleichs folglich keine Benachteiligung der abhängigen Gesellschaft und ihrer Außenseiter vor.[468] Jedoch kann in tatsächlicher Hinsicht nicht ausgeschlossen werden, dass der Außenseiterschutz negativ beeinflusst wird. Der Vorstand der abhängigen Gesellschaft sieht sich einer schwächeren Verhandlungsposition gegenüber dem herrschenden Unternehmen ausgesetzt, da er wegen der Möglichkeit des Nachteilsausgleichs erst zum Ende des Geschäftsjahrs nicht von Anfang an drängen muss, dass das Geschäft zu angemessenen Geschäftsbedingungen zustande kommt.[469] Lässt er sich auf einen späteren Nachteilsausgleich ein, muss er diesem unter Umständen „hinterherlaufen".[470] Auch erschwert die zeitliche und sachliche Entkoppelung zwischen Benachteiligung und Ausgleich die Kontrolle durch Abschlussprüfer und Aufsichtsrat.[471]

Das Ausgleichsmodell findet seine Grenzen bei nicht quantifizierbaren – also bewertbaren – Nachteilen, da sie schon definitionsgemäß einem Ausgleich nicht zugänglich sind.[472] Dies ändert aber nichts an der Rechtswidrigkeit

---

466 *Grigoleit*, in Grigoleit, AktG, § 311 Rn. 7 f.; *Habersack*, in Emmerich/Habersack, Aktien- und GmbH-Konzernrecht, § 311 Rn. 7; *Hommelhoff*, Gutachten G zum 59. DJT, S. G 49; *Kropff*, in FS Kastner, S. 279, 290 ff.

467 *Altmeppen*, in MüKo AktG, § 311 Rn. 39; *Habersack*, in Emmerich/Habersack, Aktien- und GmbH-Konzernrecht, § 311 Rn. 68; *Koppensteiner*, in KK-AktG, § 311 Rn. 106 f.

468 *Altmeppen*, in MüKo AktG, § 311 Rn. 39.

469 *Grigoleit*, in Grigoleit, AktG, § 311 Rn. 7 f.; *Habersack*, in Emmerich/Habersack, Aktien- und GmbH-Konzernrecht, § 311 Rn. 7; *Hommelhoff*, Gutachten G zum 59. DJT, S. G 49; *Kropff*, in FS Kastner, S. 279, 290 ff.; *ders.*, in MüKo AktG, 2. Aufl., § 311 Rn. 42; a. A. *Altmeppen*, in MüKo AktG, § 311 Rn. 43, 269, dem zufolge der Vorstand der abhängigen Gesellschaft stets unverzüglich eine Bestimmung über einen angemessenen Ausgleich zutreffen habe.

470 *Hommelhoff*, Gutachten G zum 59. DJT, S. G 49.

471 *Kropff*, in MüKo AktG, 2. Aufl., § 311 Rn. 42; *Hommelhoff*, Gutachten G zum 59. DJT, S. G 49.

472 *Koch*, in Hüffer, AktG, § 311 Rn. 42; *Müller*, in Spindler/Stilz, AktG, § 311 Rn. 52.

der Einflussnahme.[473] Falls sich ein darauf beruhender Schaden der Gesellschaft ermitteln lässt, haftet das herrschende Unternehmen nach Maßgabe des § 317 Abs. 1 Satz 1 AktG auf Schadensersatz. Ist auch die Bestimmung des Schadens selbst unter Zuhilfenahme des § 287 ZPO nicht möglich, liegt ein Fall des sogenannten qualifiziert faktischen Konzerns vor.[474] Erfasst sind etwa Fälle, bei denen die Folgen nicht absehbar sind oder die Einflussnahme derart intensiv ist, dass einzelne Transaktionen nicht isoliert ausgeglichen werden können.[475] Einigkeit besteht jedenfalls darin, dass Gläubiger und Minderheitsaktionäre auch in Fällen qualifizierter Nachteilszufügung geschützt werden müssen, da sie sich nur im Vertragskonzern einer derart starken Konzernintegration ausgesetzt sehen müssen. Wie genau die Kompensation qualifizierter Nachteilszufügungen aussehen soll, wird nicht einhellig beantwortet,[476] bedarf aber an dieser Stelle keiner weiteren Vertiefung. In der Gerichtspraxis ist die qualifizierte Nachteilszufügung nahezu bedeutungslos geblieben.[477]

b) Haftung des herrschenden Unternehmens und seiner gesetzlichen Vertreter

aa) Tatbestandliche Voraussetzungen und Rechtsfolge

Das herrschende Unternehmen ist gemäß § 317 Abs. 1 Satz 1 AktG zum Schadensersatz verpflichtet, wenn es die abhängige Gesellschaft zu einem nachteiligen Rechtsgeschäft oder zu einer nachteiligen Maßnahme veranlasst, ohne den Nachteil nach § 311 AktG auszugleichen. Der Grund für das Ausbleiben des Ausgleichs ist ohne Belang; das herrschende Unternehmen haftet verschuldensunabhängig.[478] Somit enthält die Vorschrift eine Verschärfung gegenüber den allgemeinen Haftungstatbeständen. Bezweckt wird damit, dass kompensationslose

---

473 OLG Köln, Urt. v. 15.01.2009 – 18 U 205/07, AG 2009, 416, 419; *Koppensteiner*, in KK-AktG, § 311 Rn. 54, 89.

474 *Habersack*, in Emmerich/Habersack, Aktien- und GmbH-Konzernrecht, § 311 Rn. 43. Zutreffender ist die Bezeichnung „qualifizierte Nachteilszufügung", *J. Vetter*, in K. Schmidt/Lutter, AktG, §317 Rn. 47.

475 *J. Vetter*, in K. Schmidt/Lutter, AktG, § 317 Rn. 47.

476 Zum Meinungsstand: *Habersack*, in Emmerich/Habersack, Aktien- und GmbH-Konzernrecht, Anh. § 317; *J. Vetter*, in K. Schmidt/Lutter, AktG, § 317 Rn. 47.

477 *Altmeppen*, in MüKo AktG, § 317 Rn. 13, Anh. § 317 Rn. 9; *J. Vetter*, in K. Schmidt/Lutter, AktG, § 317 Rn. 50.

478 *Habersack*, in Emmerich/Habersack, Aktien- und GmbH-Konzernrecht, § 317 Rn. 5, 7; *Koch*, in Hüffer, AktG, § 311 Rn. 5; *Koppensteiner*, in KK-AktG, § 317 Rn. 11; a. A. *Altmeppen*, in MüKo AktG, § 317 Rn. 10.

nachteilige Einflussnahmen von vornherein unterlassen werden.[479] Die Ersatzpflicht des herrschenden Unternehmens tritt gemäß § 317 Abs. 2 AktG nicht ein, wenn ein ordentlicher und gewissenhafter Geschäftsführer einer unabhängigen Gesellschaft das Rechtsgeschäft oder die Maßnahme vorgenommen hätte. Da es für die Haftung nicht auf ein etwaiges Verschulden ankommt, handelt es sich bei dieser Regelung nicht um eine Exkulpationsvorschrift,[480] sondern um eine Beweislastregel: Das herrschende Unternehmen muss den nachteiligen Charakter des Rechtsgeschäfts widerlegen.[481] Schließlich muss der abhängigen Gesellschaft aus der kompensationslosen nachteiligen Veranlassung ein Schaden entstanden sein. Dabei kann der Schaden über den Nachteil hinausgehen, da dieser anders als der Nachteil aus einer *Ex-post*-Perspektive bestimmt wird.[482] Für den Fall, dass die tatsächliche Vermögenseinbuße aufgrund einer positiven Entwicklung hinter dem *ex ante* festgestellten Nachteil zurückbleiben sollte, bildet letzterer den zu ersetzenden Mindestschaden.[483] Dies unterstützt den Sanktionszweck der Norm. Sind die Voraussetzungen des Haftungstatbestands erfüllt, haftet das herrschende Unternehmen dem abhängigen Unternehmen gegenüber auf Schadensersatz nach Maßgabe der §§ 249 ff. BGB. Grundsätzlich ist das herrschende Unternehmen daher zur Naturalrestitution verpflichtet (§ 249 Abs. 1 AktG); das nachteilige Rechtsgeschäft muss rückgängig gemacht werden. Soweit dies nicht möglich sein sollte, richtet sich der Anspruch der abhängigen Gesellschaft auf Geldersatz (§ 251 Abs. 1 BGB).[484] Das abhängige Unternehmen kann aber vom herrschenden Unternehmen ebenso verlangen, rechtswidrige nachteilige Einflussnahmen für die Zukunft zu unterlassen.[485] Gemäß § 317 Abs. 1 Satz 2 AktG kann darüber hinaus eine eigene Ersatzberechtigung geschädigter Aktionäre gegeben sein. Das herrschende Unternehmen

479 *Habersack*, in Emmerich/Habersack, Aktien- und GmbH-Konzernrecht, § 317 Rn. 2.

480 *Habersack*, in Emmerich/Habersack, Aktien- und GmbH-Konzernrecht, § 317 Rn. 7 f.

481 *Habersack*, in Emmerich/Habersack, Aktien- und GmbH-Konzernrecht, § 317 Rn. 7 f.; *Müller*, in Spindler/Stilz, AktG, § 317 Rn. 14.

482 *Koch*, in Hüffer, AktG, § 317 Rn. 7.

483 *Habersack*, in Emmerich/Habersack, Aktien- und GmbH-Konzernrecht, § 317 Rn. 2, 15; *Müller*, in Spindler/Stilz, AktG, § 317 Rn. 10; a. A. *Altmeppen*, in MüKo AktG, § 317 Rn. 40.

484 *Altmeppen*, in MüKo AktG, § 317 Rn. 33; *Habersack*, in Emmerich/Habersack, Aktien- und GmbH-Konzernrecht, § 317 Rn. 15; *Koch*, in Hüffer, AktG, § 317 Rn. 9; *Koppensteiner*, in KK-AktG, § 317 Rn. 20.

485 *Habersack*, in Emmerich/Habersack, Aktien- und GmbH-Konzernrecht, § 317 Rn. 19; *Koch*, in Hüffer, AktG, § 317 Rn. 10.

macht sich auch gegenüber Aktionären ersatzpflichtig, soweit sie einen eigenen, nicht bloß auf der Minderung des Gesellschaftsvermögens beruhenden Schaden geltend machen können.[486] Nicht ersatzfähig sind also bloße Reflexschäden. Um einen solchen handelt es sich bei einem Kursverlust,[487] der etwa infolge einer Schädigung der Gesellschaft durch eine besonders nachteilige *Related Party Transaction* entstanden ist. Nach § 317 Abs. 3 AktG haften neben dem herrschenden Unternehmen zudem diejenigen gesetzlichen Vertreter des herrschenden Unternehmens als Gesamtschuldner, die das nachteilige Rechtsgeschäft veranlasst haben.[488] Unbeteiligte Vorstandsmitglieder trifft keine Haftung.[489]

bb) Geltendmachung des Anspruchs

Der Anspruch aus § 317 Abs. 1 Satz 1 AktG als solcher steht der abhängigen Gesellschaft zu, dessen Geltendmachung zunächst Aufgabe des Vorstands ist. Aufgrund der Verweisung in § 317 Abs. 4 AktG auf § 309 Abs. 4 Satz 1 AktG kann der Ersatzanspruch der Gesellschaft auch von den außenstehenden Aktionären geltend gemacht werden. Ein Individualklagerecht ist grundsätzlich sinnvoll, da bei einer starken Herrschaftsmacht der Obergesellschaft die für die Klageerzwingung (§ 147 AktG) erforderliche Mehrheit in der Regel nicht durch die außenstehenden Aktionäre erreicht werden würde.[490] Allerdings kann nur Leistung an die Gesellschaft verlangt werden (§ 309 Abs. 4 Satz 2 AktG). Der Anreiz zur Klageerhebung ist daher gering, da – abgesehen vom denkbaren Erpressungspotential – ein Erfolg der Klage dem einzelnen Aktionär nur mittelbar in Form der anteiligen Wertsteigerung seiner Beteiligung zugutekommt.[491] Um dem Missbrauch des Klagerechts vorzubeugen, hat der Gesetzgeber das Prozesskostenrisiko zwar dem klagenden Aktionär auferlegt,[492] zugleich aber einen weiteren Grund für die praktische Bedeutungslosigkeit des Individualklagerechts geschaffen. Indes ist die reale Durchsetzbarkeit der Haftungsansprüche aus § 317 Abs. 1 AktG für die Funktionsfähigkeit des Regelungssystems essentiell. Dies gilt

---

486 *Altmeppen*, in MüKo AktG, § 317 Rn. 81; *Müller*, in Spindler/Stilz, AktG, § 317 Rn. 6.
487 *Altmeppen*, in MüKo AktG, § 317 Rn. 82; *Habersack*, in Emmerich/Habersack, Aktien- und GmbH-Konzernrecht, § 317 Rn. 13a. Vgl. hierzu auch BGH, Urt. v. 04.03.1985 – II ZR 271/83, BGHZ 94, 55, 58 f. = NJW 1985, 1777, 1778.
488 *Koch*, in Hüffer, AktG, § 317 Rn. 13; *Koppensteiner*, in KK-AktG, § 317 Rn. 42; Begr. RegE. AktG 1965 bei *Kropff*, S. 419.
489 *Koch*, in Hüffer, AktG, § 317 Rn. 14; *Krieger*, in MünchHdb GesR IV, § 70 Rn. 135.
490 Begr. RegE. AktG 1965 bei *Kropff*, S. 405.
491 *Altmeppen*, in MüKo AktG, § 317 Rn. 55.
492 *Altmeppen*, in MüKo AktG, § 309 Rn. 129; Begr. RegE. AktG 1965 bei *Kropff*, S. 405.

umso mehr, als auch die sogleich zu untersuchenden restlichen Instrumentarien des faktischen Konzerns Schwächen aufweisen.[493]

cc) Verhältnis zu anderen Haftungsvorschriften

Die Veranlassung zu einem nachteiligen Rechtsgeschäft im Sinne der §§ 311, 317 AktG erfüllt außerdem häufig die tatbestandlichen Voraussetzungen des § 117 AktG. Bei uneingeschränkter Anwendbarkeit des § 117 AktG liefe allerdings die Möglichkeit des gestreckten Nachteilsausgleichs leer. Aus diesem Grund suspendiert § 311 Abs. 2 AktG die Haftung nach § 117 AktG. Findet ein Nachteilsausgleich während des Geschäftsjahrs allerdings nicht statt, liegen also die Voraussetzungen des § 317 AktG vor, lebt die allgemeine Haftung des herrschenden Unternehmens und seiner gesetzlichen Vertreter nach § 117 AktG wieder auf.[494] Bedeutend ist die Haftung aus § 117 AktG dann, wenn es um die Veranlassung durch einen Nutznießer der Einflussnahme, insbesondere durch sonstige Konzerngesellschaften geht, auf welche Vermögen der abhängigen Gesellschaft transferiert wird (§ 117 Abs. 3 AktG). Der Schutz der abhängigen Gesellschaft und der außenstehenden Aktionäre könnte auch unter Rückgriff auf die mitgliedschaftliche Treuepflicht des herrschenden Unternehmens als Mitglied der abhängigen Gesellschaft erreicht werden. Zu beachten ist aber, dass die §§ 311, 317 AktG eine gesetzliche Präzisierung der Treuepflicht darstellen. Daher ist im Anwendungsbereich des § 311 AktG ein Rückgriff auf die Haftung wegen Treuepflichtverletzungen ausgeschlossen.[495] Erst wenn dem Nachteilsausgleich nicht nachgekommen wird, tritt die Haftung wegen Treuepflichtverletzung[496] neben die Haftung des herrschenden Unternehmens nach § 317 AktG.[497]

c) Haftung der Organwalter der abhängigen Gesellschaft

Neben dem herrschenden Unternehmen und seiner gesetzlichen Vertreter haften die Vorstandsmitglieder des abhängigen Unternehmens gemäß § 318 Abs. 1

---

493 *Koppensteiner*, in KK-AktG, § 311 Rn. 47.

494 *Habersack*, in Emmerich/Habersack, Aktien- und GmbH-Konzernrecht, § 317 Rn. 34, 88.

495 So *Altmeppen*, in MüKo AktG, § 317 Rn. 119 f.; *Habersack*, in Emmerich/Habersack, Aktien- und GmbH-Konzernrecht, § 311 Rn. 89; *Koch*, in Hüffer, AktG, § 311 Rn. 52; a. A. für eine bloße Überlagerung der §§ 311 ff. AktG durch die mitgliedschaftliche Treuepflicht *Henze*, BB 1996, 489, 499; *Zöllner*, ZHR 162 (1998), 235 ff.; *Grigoleit*, in Grigoleit, AktG, § 311 Rn. 6, 57.

496 § 280 Abs. 1 BGB i. V. m. der mitgliedschaftlichen Treuepflicht.

497 *Habersack*, in Emmerich/Habersack, Aktien- und GmbH-Konzernrecht, § 311 Rn. 89.

Satz 1 AktG für die schuldhafte Verletzung der sich aus § 312 AktG ergebenden Berichtspflicht. In objektiver Hinsicht muss das herrschende Unternehmen nach § 317 Abs. 1 AktG haften. Ferner muss der Abhängigkeitsbericht entweder ganz fehlen oder zumindest unrichtig beziehungsweise unvollständig sein. Letzteres ist etwa der Fall, wenn nachteilige Rechtsgeschäfte nicht dokumentiert werden, nicht als nachteilig ausgewiesen sind oder wenn der fehlende Nachteilsausgleich verschwiegen wird.[498] In subjektiver Hinsicht müssen die Vorstandsmitglieder die Pflichtverletzung zu verschulden haben. Wie bei der allgemeinen Ersatzhaftung nach § 93 Abs. 2 Satz 1 AktG trägt jedes einzelne Vorstandsmitglied die Darlegungs- und Beweislast für fehlendes Verschulden (§ 318 Abs. 1 Satz 2 AktG).[499] Daneben machen sich auch die Mitglieder des Aufsichtsrats des abhängigen Unternehmens gemäß § 318 Abs. 2 AktG schadensersatzpflichtig, wenn das herrschende Unternehmen nach § 317 Abs. 1 AktG haftet und sie ihre Prüf- und Berichterstattungspflicht aus § 314 AktG schuldhaft verletzt haben. Auch § 318 Abs. 4 AktG ordnet die sinngemäße Anwendung des § 309 Abs. 4 AktG an, weshalb also den außenstehenden Aktionären ein Individualklagerecht zu steht.

Im Übrigen werden die allgemeinen Haftungsvorschriften nicht verdrängt. Vorstands- und Aufsichtsratsmitglieder des abhängigen Unternehmens können sich neben den Verantwortlichen aus § 317 AktG auch aus §§ 93 Abs. 2 Satz 1, 116 Satz 1 AktG schadenersatzpflichtig machen.[500] Der Tatbestand des § 93 Abs. 2, 116 Satz 1 AktG ist aber nicht erfüllt, wenn der Vorstand seiner Berichtspflicht nach § 312 AktG beziehungsweise der Aufsichtsrat seiner Prüfungs- und Berichterstattungspflicht nach § 314 AktG ordnungsgemäß nachkommt.[501] Relevant werden die allgemeinen Haftungstatbestände, wenn Vorstand und Aufsichtsrat nicht ihre Pflichten aus §§ 312, 314 AktG – insofern ist § 318 AktG lex specialis zu §§ 93, 116 AktG –, sondern sonstige Pflichten verletzen.[502] Die Ersatzpflicht nach §§ 93, 116 AktG unterliegt dabei nach herrschender Auffassung den konzernrechtlichen Spezialvorschriften der §§ 317 Abs. 1 Satz 2, 309 Abs. 3 und 4 AktG.[503]

---

498 *Koch*, in Hüffer, AktG, § 318 Rn. 3; *Müller*, in Spindler/Stilz, AktG, § 318 Rn. 6.
499 *Altmeppen*, in MüKo AktG, § 318 Rn. 11.
500 *Altmeppen*, in MüKo AktG, § 317 Rn. 116.
501 *Ulmer*, in FS Hüffer, S. 999, 1013 f.
502 *Habersack*, in Emmerich/Habersack, Aktien- und GmbH-Konzernrecht, § 318 Rn. 10.
503 *Altmeppen*, in MüKo AktG, § 318 Rn. 24 f.; *Habersack*, in Emmerich/Habersack, Aktien- und GmbH-Konzernrecht, § 318 Rn. 11; *Koch*, in Hüffer, AktG, § 318 Rn. 10; *Koppensteiner*, in KK-AktG, § 318 Rn. 11.

d) Verhältnis zur aktienrechtlichen Kapitalbindung

Wird die abhängige Gesellschaft zu einem nachteiligen Rechtsgeschäft oder zu einer nachteiligen Maßnahme durch das herrschende Unternehmen veranlasst, liegt eine nicht durch einen förmlichen Gewinnverwendungsbeschluss gedeckte und daher gegen § 57 AktG verstoßende Vermögensverlagerung vor. Dies gilt vor allem für die hier relevanten konzerninternen Umsatzgeschäfte zu sogenannten Konzernverrechnungspreisen.[504] Die uneingeschränkte Anwendbarkeit der Kapitalerhaltungsvorschriften würde jedoch die mit der Möglichkeit des gestreckten Nachteilsausgleichs verbundene Privilegierung im faktischen Konzern konterkarieren.[505] Aus diesem Grund werden die Regelungen der §§ 57, 60, 62 AktG durch die Vorschriften §§ 311 ff. AktG verdrängt.[506] Wenn der Nachteilsausgleich allerdings tatsächlich unterbleibt und auch kein Rechtsanspruch auf einen Vorteil im Sinne des § 311 Abs. 2 AktG gewährt wurde oder der Nachteil nicht ausgleichsfähig ist, finden die §§ 57, 60, 62 AktG neben den §§ 311, 317 AktG uneingeschränkt Anwendung.[507]

3. *Abhängigkeitsbericht*

a) Aufstellungspflicht und Berichtsinhalt

Ergänzt wird der Schutz im faktischen Konzern durch Berichts- sowie Prüfungspflichten der Organwalter und Abschlussprüfer der abhängigen Gesellschaft hinsichtlich der Beziehungen der Gesellschaft zu verbundenen Unternehmen. Der Vorstand der abhängigen Gesellschaft hat nach § 312 Abs. 1 AktG in den ersten drei Monaten des Geschäftsjahrs einen sogenannten Abhängigkeitsbericht zu erstellen, in dem alle Rechtsgeschäfte und sonstigen Maßnahmen, welche die Gesellschaft im vergangenen Geschäftsjahr mit dem herrschenden Unternehmen

---

504 Vgl. *Bayer*, in MüKo AktG, § 57 Rn. 136.

505 *Müller*, in Spindler/Stilz, AktG, § 311 Rn. 63.

506 BGH, Urt. v. 31.05.2011 – II ZR 141/09, BGHZ 190, 7, 24 (Rn. 48) = NZG 2011, 829, 834; BGH, Urt. v. 01.12.2008 – II ZR 102/07 (MPS), BGHZ 179, 71, 76 (Rn. 11) = NZG 2009, 107, 108; *Altmeppen*, in MüKo AktG, § 311 Rn. 458 f.; *Koch*, in Hüffer, AktG, § 311 Rn. 49; *Koppensteiner*, in KK-AktG, § 311 Rn. 161 f.; *Müller*, in Spindler/Stilz, AktG, § 311 Rn. 63; *J. Vetter*, in K. Schmidt/Lutter, AktG, § 311 Rn. 117.

507 BGH, Urt. v. 01.12.2008 – II ZR 102/07 (MPS), BGHZ 179, 71, 76 (Rn. 11) = NZG 2009, 107, 108; OLG Koblenz, Urt. v. 05.04.2007 – 6 U 342/04, AG 2007, 408, 409; OLG München, Urt. v. 15.12.2004 – 7 U5665/03, NZG 2005, 181, 183; OLG Frankfurt, Urt. v. 30.11.1995 – 6 U 192/91, AG 1996, 324, 327 (Rn. 90); *Koppensteiner*, in KK-AktG, § 317 Rn. 51.

getroffen oder unterlassen hat, aufzuführen sind. Auch sind alle vorgenommenen und unterlassenen Rechtsgeschäfte und sonstige Maßnahmen mit verbundenen Unternehmen des herrschenden Unternehmens oder mit einem Dritten auf Veranlassung oder im Interesser dieser Unternehmen anzugeben. Im Gegensatz zu § 311 AktG spielt es für die anzugebenden Rechtsgeschäfte, keine Rolle, ob sie auf eine Veranlassung des herrschenden Unternehmens zurückzuführen sind.[508] Ebenso wenig kommt es auf den nachteiligen Charakter des Rechtsgeschäfts an. Die inhaltlichen Anforderungen an den Abhängigkeitsbericht und sein Umfang werden in § 312 Abs. 1 Satz 2 bis 4 AktG geregelt. Nach § 312 Abs. 1 Satz 3 AktG sind bei Rechtsgeschäften Angaben zur Leistung und Gegenleistung zu machen. Diese müssen so detailliert sein, dass Abschlussprüfer und Aufsichtsrat auf Grundlage des Berichts die Angemessenheit des Leistungsaustausches bewerten können.[509] Hierzu gehören etwa hinsichtlich der eigenen Leistung der Gesellschaft Gegenstand, Art, Menge und Umfang, hinsichtlich der Gegenleistung Preis, etwaige Nachlässe, Abweichungen vom Listen- oder Marktpreis sowie Modalitäten der Erbringung, wie zum Beispiel Zahlungsziele.[510] Der weite Anwendungsbereich des § 312 AktG intendiert, ein möglichst vollständiges Bild über die Beziehungen der Gesellschaft zu verbundenen Unternehmen, insbesondere benachteiligungsverdächtigen Einflussnahmen, zu verschaffen.[511] Daher besteht die Pflicht zur Erstellung des Abhängigkeitsberichts auch losgelöst von Bagatellgrenzen[512] und davon, ob die Gesellschaft über außenstehende Aktionäre verfügt.[513] Durch ihn sollen die tatsächlichen Voraussetzungen geschaffen werden, um außenstehenden Aktionären und Gläubigern der Gesellschaft die Geltendmachung von Ersatzansprüchen gegen das herrschende Unternehmen wegen Verstoßes gegen das Verbot der kompensationslosen Nachteilszufügung (§ 317 Abs. 4 i. V. m. § 309 Abs. 4 AktG) zu ermöglichen.[514]

Der Abhängigkeitsbericht muss zudem gemäß § 312 Abs. 3 AktG eine Schlusserklärung des Vorstands umfassen, in welcher er zu erklären hat, ob die

508 *Koppensteiner*, in KK-AktG, § 312 Rn. 41.

509 *Altmeppen*, in MüKo AktG, § 312 Rn. 115.

510 *Habersack*, in Emmerich/Habersack, in Aktien- und GmbH-Konzernrecht, § 312 Rn. 37; *Koch*, in Hüffer, AktG, § 312 Rn. 27 f.

511 *Altmeppen*, in MüKo AktG, § 312 Rn. 3.

512 *Koppensteiner*, in KK-AktG, § 312 Rn. 69; Begr. RegE. AktG 1965 bei *Kropff*, S. 411.

513 *Altmeppen*, in MüKo AktG, § 312 Rn. 27; *Habersack*, in Emmerich/Habersack, Aktien- und GmbH-Konzernrecht, § 312 Rn. 6; *Koch*, in Hüffer, AktG, § 312 Rn. 2; *Koppensteiner*, in KK-AktG, § 312 Rn. 69; *Krieger*, in MünchHdb GesR IV, § 70 Rn. 97.

514 *Altmeppen*, in MüKo AktG, § 312 Rn. 5.

Gesellschaft nach den ihm im Zeitpunkt der Vornahme bekannten Umständen einen Nachteil erlitten und wie bejahendenfalls ein Nachteilsausgleich ausgesehen hat. Diese Schlusserklärung ist in den Lagebericht aufzunehmen. Damit erlangt sie Publizität (§ 312 Abs. 3 Satz 3 AktG, §§ 264 Abs. 1, 289 HGB), da der Lageplan der Hauptversammlung zur Einsicht vorgelegt wird (§ 175 Abs. AktG). Insgesamt soll die Pflicht zur Aufstellung eines Abhängigkeitsberichts zur Selbstkontrolle des Vorstands der abhängigen Gesellschaft anregen.[515] Er wird regelmäßig gemahnt, die Interessen der eigenen Gesellschaft unabhängig von denjenigen des herrschenden Unternehmens zu verfolgen und ihm gegenüber zu wahren. Überwiegend wird dem Abhängigkeitsbericht eine für die Praxis wichtige Vorfeldwirkung bescheinigt.[516]

b) Prüfung des Abhängigkeitsberichts

Anstelle der Veröffentlichung des Abhängigkeitsberichts sieht das Aktiengesetz eine Prüfungspflicht durch den Abschlussprüfer und durch den Aufsichtsrat der Gesellschaft nach den §§ 313, 314 AktG vor. Durch sie soll der Informations- und Präventionszweck des Abhängigkeitsberichts sichergestellt werden.[517] Die Einbindung des Aufsichtsrats und der Abschlussprüfer dient der wahrheitsgemäßen Berichterstattung.

aa) Durch den Abschlussprüfer, § 313 AktG

Um dem in § 311 AktG statuierten Verbot nachteiliger kompensationsloser Einflussnahme in der Praxis zur Geltung zu verhelfen, ist das Hinzutreten besonderer Kontrollinstrumente unerlässlich. Der Abhängigkeitsbericht trägt dazu mittelbar bei. Er allein ist als Kontrollinstrument aber ungenügend, da ihn der Vorstand der abhängigen Gesellschaft, um dessen Kontrolle es letztlich geht, selbst erstattet. Auch die sogleich näher zu erörternde Prüfung durch den Aufsichtsrat nach § 314 AktG liefert nicht zwingend die gewünschte Kontrolle. Das herrschende Unternehmen hat in der Regel aufgrund seiner Stimmenmehrheit in der Hauptversammlung einen großen Einfluss auf dessen Zusammensetzung; oft sind die Mitglieder des Aufsichtsrats Repräsentanten, nämlich gesetzliche Vertreter oder leitende Angestellte des herrschenden Unternehmens.[518] Deshalb ist nicht auszuschließen, dass der Aufsichtsrat unberechtigterweise die

515 *Fleischer*, BB 2014, 835; *Koch*, in Hüffer, AktG, § 312 Rn. 1.

516 *Hommelhoff*, ZHR 156 (1992), 295, 313.

517 *Koch*, in Hüffer, AktG, § 313 Rn. 1.

518 *Altmeppen*, in MüKo AktG, § 314 Rn. 3; Begr. RegE. AktG 1965 bei *Kropff*, S. 416.

Interessen der Obergesellschaft über die der eigenen Gesellschaft stellt.[519] Aus diesem Grund ist die Einschaltung des Abschlussprüfers der Gesellschaft, der eine unabhängige Vertrauensstellung genießt,[520] von besonderer Bedeutung. Gemäß § 313 Abs. 1 AktG ist der Abhängigkeitsbericht dem Abschlussprüfer vorzulegen, der diesen zusammen mit dem Jahresabschluss und dem Lagebericht zu prüfen hat. Der Gegenstand der Prüfung ergibt sich aus § 313 Abs. 1 Satz 2 Nr. 1 bis 3 AktG. Danach hat sich die Prüfung zunächst darauf zu erstrecken, ob die tatsächlichen Angaben des Abhängigkeitsberichts richtig sind. Festgestellt werden soll, ob die angegebenen Rechtsgeschäfte tatsächlich und zu den genannten Bedingungen geschlossen wurden.[521] Darüber hinaus hat der Abschlussprüfer die im Bericht aufgeführten Rechtsgeschäfte zu bewerten. Er hat zu prüfen, ob die Gegenleistung der Gesellschaft unangemessen hoch war. Bejahendenfalls hat er zu kontrollieren, ob der notwendige Nachteilsausgleich erfolgt ist.[522] Über das Ergebnis der Prüfung hat der Abschlussprüfer sodann einen schriftlichen Bericht zu erstellen (§ 313 Abs. 2 Satz 1 AktG). Unmittelbarer Empfänger des Berichts ist der Aufsichtsrat (§ 312 Abs. 2 Satz 3 Halbsatz 1 AktG). Er dient der Vorbereitung und Unterstützung der nach § 314 AktG durchzuführenden Prüfung des Abhängigkeitsberichts durch den Aufsichtsrat.[523] Der Hauptversammlung wird der Prüfungsbericht nicht vorgelegt.

Das Ergebnis der Prüfung hat der Abschlussprüfer in einem Bestätigungsvermerk zusammenzufassen. Sein Inhalt ergibt sich aus § 313 Abs. 3 AktG: Der Abschlussprüfer hat im Bestätigungsvermerk zu bestätigen, dass die tatsächlichen Angaben des Berichts richtig sind, dass bei den im Bericht ausgeführten Rechtsgeschäften die Leistung der Gesellschaft nicht unangemessen hoch war oder Nachteile ausgeglichen worden sind. Besondere Bedeutung erlangt der Bestätigungsvermerk für die Außenseiter. In dem Prüfungsbericht des Aufsichtsrats ist der Bestätigungsvermerk des Abschlussprüfers wörtlich wiederzugeben beziehungsweise dessen Versagung ausdrücklich mitzuteilen (§ 314 Abs. 2 Satz 3 AktG). Auf diese Weise werden die Außenseiter, denen der Prüfungsbericht der Abschlussprüfer nach § 313 AktG nicht offengelegt wird, zumindest über das Ergebnis der Prüfung des Abschlussprüfers informiert;[524]

---

519 *Kropff*, ZGR 1988, 558, 561.

520 Begr. RegE. AktG 1965 bei *Kropff*, S. 413; vgl. auch *Hommelhoff*, NZG 2015, 1329, 1333.

521 *Altmeppen*, in MüKo AktG, § 313 Rn. 33; *Koch*, in Hüffer, AktG, § 313 Rn. 5.

522 *Altmeppen*, in MüKo AktG, § 313 Rn. 40 ff.

523 *Altmeppen*, in MüKo AktG, § 313 Rn. 80; *Habersack*, in Emmerich/Habersack, Aktien- und GmbH-Konzernrecht, § 313 Rn. 25.

524 *Altmeppen*, in MüKo AktG, § 314 Rn. 26.

der Abhängigkeitsbericht erlangt mithin eine „eingeschränkte Publizität".[525] Wenn sich daraus ergibt, dass der Abschlussprüfer den Bestätigungsvermerk zum Abhängigkeitsbericht nach Maßgabe des § 313 Abs. 4 Satz 1 AktG eingeschränkt oder versagt hat, steht jedem Aktionär das Recht auf Sonderprüfung nach § 315 Satz 1 Nr. 1 AktG zu.[526]

In rechtstatsächlicher Hinsicht kann die Kontrolle gleichwohl aufgrund der „Auftragsabhängigkeit"[527] des Abschlussprüfers verfälscht werden. Ob der Abschlussprüfer weitere Prüfungsaufträge enthält, ist mittelbar vom Vertrauen des herrschenden Unternehmens abhängig, dessen Mitglieder im Aufsichtsrat über die Auftragserteilung entscheiden (§ 111 Abs. 2 Satz 3 AktG). Der Gesetzgeber versucht diesem Problem mit strengen Auswahlbestimmungen in den §§ 319, 319a HGB zu begegnen.[528] Trotz dieser bestehenden Bedenken wird die Prüfung durch den Abschlussprüfer als „unentbehrlicher Eckpfeiler"[529] des Außenseiterschutzes im faktischen Konzern gesehen.

bb) Durch den Aufsichtsrat, § 314 AktG

Der Vorstand hat den Abhängigkeitsbericht gemäß § 314 AktG unverzüglich nach dessen Aufstellung dem Aufsichtsrat vorzulegen. Auch die Einbeziehung der Aufsichtsratsmitglieder bezweckt eine richtige und vollständige Berichterstattung durch den Vorstand.[530] An einigen Rechtsgeschäften werden sie selbst mitgewirkt haben und daher aus eigenem Wissen deren Angemessenheit beurteilen können. Der Prüfungsumfang erfasst anders als bei der Prüfung des Abschlussprüfers allgemein die Vollständigkeit und Richtigkeit des Berichts.[531] Gemäß § 314 Abs. 2 Satz 1 AktG hat der Aufsichtsrat das Ergebnis seiner Prüfung der Hauptversammlung in seinem schriftlichen Bericht nach § 171 Abs. 2 AktG darzustellen. In diesem Bericht hat er auch zu dem Ergebnis der Prüfung des Abhängigkeitsberichts durch den Abschlussprüfer nach § 313 AktG Stellung zu nehmen (§ 314 Abs. 2 Satz 2 AktG). § 314 Abs. 3 AktG verlangt

---

525 *Rothley*, in Wachter, AktG, § 312 Rn. 2.

526 Zur Sonderprüfung sogleich unter § 8 F. II. 3. d.

527 Zur Problematik einer „Auftragsabhängigkeit" siehe die Diskussionsbeiträge von *Ellmendorff* und *Kropff* auf der Fachtagung „Wirtschaftsprüfung im neuen Aktienrecht", S. 127 ff., 131 ff.; vgl. ferner *Müller*, in Spindler/Stilz, AktG, § 313 Rn. 3.

528 *Altmeppen*, in MüKo AktG, § 313 Rn. 5.

529 *Müller*, in Spindler/Stilz, AktG, § 313 Rn. 3.

530 *Altmeppen*, in MüKo AktG, § 314 Rn. 3; vgl. Begr. RegE. AktG 1965 bei *Kropff*, S. 416.

531 *Altmeppen*, in MüKo AktG, § 314 Rn. 18; *Habersack*, in Emmerich/Habersack, Aktien- und GmbH-Konzernrecht, § 314 Rn. 12; *Koch*, in Hüffer, AktG, § 314 Rn. 4; *Koppensteiner*, in KK-AktG, § 314 Rn. 5; *Müller*, in Spindler/Stilz, AktG, § 314 Rn. 7.

schließlich eine Schlusserklärung des Aufsichtsrats. In dieser hat er zu erklären, ob nach dem abschließenden Ergebnis seiner Prüfung Einwendungen gegen die Schlusserklärung des Vorstands (§ 312 Abs. 3 AktG) zu erheben sind oder nicht. Wenn Einwendungen des Aufsichtsrats bestehen, die in der Schlusserklärung Niederschlag gefunden haben, kann ein außenstehender Aktionär Sonderprüfung nach § 315 Satz 1 Nr. 2 AktG beantragen. Bedenken des Aufsichtsrats, die sich allein in seiner Stellungnahme nach § 314 Abs. 2 Satz 2 AktG wiederfinden, sich jedoch nicht zu Einwendungen in der Schlusserklärung verdichtet haben, bilden keine hinreichende Grundlage für das Antragsrecht des Aktionärs nach § 315 Satz 1 Nr. 2 AktG.[532] Ein Aufsichtsrat, der vollständig oder überwiegend mit Repräsentanten des herrschenden Unternehmens besetzt ist, wird selten Ambitionen haben, Einwendungen gegen die Schlusserklärung des Vorstands in seiner Schlusserklärung zu erheben. In Zeiten der Solvenz der Gesellschaft ist daher kaum mit Sonderprüfungen nach § 315 Satz 1 Nr. 2 AktG und mit der Geltendmachung von Ersatzansprüchen durch die Außenseiter auf Grundlage des Prüfungsberichts des Aufsichtsrats zu rechnen.[533]

c) Eingeschränkte Publizität des Abhängigkeitsberichts

Während die Schlusserklärung des Vorstands als Bestandteil des Lageberichts, das Ergebnis der Prüfung des Aufsichtsrats sowie der Bestätigungsvermerk des Abschlussprüfers publik werden, wird der eigentliche Abhängigkeitsbericht selbst nicht veröffentlicht.[534] Vielmehr bleibt er vertraulich, weil er über sensible Konzerninterna informiert, bei deren Bekanntmachung die Gesellschaft gefährdet werden könnte.[535] Auch außenstehende Aktionäre und Gläubiger der Gesellschaft können zum Zwecke der Verfolgung von Ersatzansprüchen weder den Abhängigkeitsbericht herausverlangen noch ihn einsehen.[536] Gleiches gilt für das herrschende Unternehmen.[537] Allenfalls kann es durch etwaige Vertreter

---

532 *Altmeppen*, in MüKo AktG, § 315 Rn. 12.

533 *Altmeppen*, in MüKo AktG, § 314 Rn. 2.

534 *Altmeppen*, in MüKo AktG, § 312 Rn. 7 ff.; *Habersack*, in Emmerich/Habersack, Aktien- und GmbH-Konzernrecht, § 312 Rn. 4; *Koch*, in Hüffer, AktG, § 312 Rn. 38; *Krieger*, in MünchHdb GesR IV, § 70 Rn. 96; *Müller*, in Spindler/Stilz, AktG, § 312 Rn. 2; *J. Vetter*, in K. Schmidt/Lutter, AktG, § 312 Rn. 7.

535 *Altmeppen*, in MüKo AktG, § 312 Rn. 10; *Koch*, in Hüffer, AktG, § 312 Rn. 38; Begr. RegE. AktG 1965 bei *Kropff*, S. 411.

536 OLG Düsseldorf, Beschl. v. 11.04.1988 – 19 W 32/86, AG 1988, 275, 277 (Rn. 72); *Koch*, in Hüffer, AktG, § 312 Rn. 38; Begr. RegE. AktG 1965 bei *Kropff*, S. 411.

537 *J. Vetter*, in K. Schmidt/Lutter, AktG, § 312 Rn. 7; *Fleischer*, BB 2014, 835, 836.

im Aufsichtsrat der abhängigen Gesellschaft Kenntnis vom Inhalt des Berichts erlangen. Aufgrund des zwingenden Charakters der Regelung und des in § 23 Abs. 5 Satz 1 AktG normierten Grundsatzes der aktienrechtlichen Satzungsstrenge kann auch die Satzung der Gesellschaft keine Offenlegung des Abhängigkeitsberichts vorsehen.[538] Mit der Gewährleistung der Vertraulichkeit des Abhängigkeitsberichts wollte der Gesetzgeber sicherstellen, dass der Vorstand ungehemmt, möglichst wahrheitsgemäß und vollständig über die internen Vorgänge berichtet.[539] Ob dieser *de lege ferenda* offengelegt werden oder an dessen Vertraulichkeit festgehalten werden sollte, ist im Rahmen der Regulierungsoptionen (Kapitel 4) zu erläutern.[540]

d) Sonderprüfung

Da der Abhängigkeitsbericht nicht veröffentlicht wird, fehlen den Außenseitern die zur Geltendmachung der Ersatzansprüche aus §§ 317, 318 AktG erforderlichen Informationen. Wie gesehen, stößt auch das Auskunftsrecht der Aktionäre an seine Grenzen, da außenstehende Aktionäre zumeist keine Anhaltspunkte haben, die relevanten Fragen zu stellen.[541] Um den Aktionären das erforderliche Tatsachenmaterial zur Verfügung zu stellen, sieht der Gesetzgeber die Möglichkeit einer Sonderprüfung vor.[542] § 315 AktG enthält Tatbestände, bei deren Vorliegen Aktionäre die gerichtliche Bestellung eines Sonderprüfers beantragen können. Durch die Offenlegung des Sonderprüfungsberichts (§ 145 Abs. 6 Satz 3 AktG) kann Aktionären die Grundlage für ein Vorgehen nach §§ 317, 318 AktG geschaffen werden.[543] Die Tatbestände des § 315 AktG ergänzen die allgemeine Sonderprüfung nach §§ 142 ff. AktG.[544] Der Antrag auf Sonderprüfung nach § 315 Satz 1 AktG hat Erfolg, wenn der Abschlussprüfer den Bestätigungsvermerk zum Abhängigkeitsbericht eingeschränkt oder versagt hat (Nr. 1), der Aufsichtsrat der abhängigen Gesellschaft in seiner Schlusserklärung Einwendungen gegen die Schlusserklärung des Vorstands erhebt (Nr. 2) oder der Vorstand

538 *Altmeppen*, in MüKo AktG, § 312 Rn. 11; *Habersack*, in Emmerich/Habersack, Aktien- und GmbH-Konzernrecht, § 312 Rn. 4; *Koch*, in Hüffer, AktG, § 312 Rn. 38.

539 Begr. RegE. AktG 1965 bei *Kropff*, S. 411; *Habersack*, in FS Peltzer, S. 139, 144 f.

540 Dazu § 14 F.

541 *Koppensteiner*, in KK-AktG, § 312 Rn. 2.

542 Ausführlich *Noack*, WPg 1994, 225 ff.

543 BGH, Beschl. v. 17.03.1997 – II ZB 3/96, BGHZ 135, 107, 109 f. = NJW 1997, 1855; *Altmeppen*, in MüKo AktG, § 315 Rn. 1; *Koch*, in Hüffer, AktG, § 315 Rn. 1; *Koppensteiner*, in KK-AktG, § 312 Rn. 3.

544 *Altmeppen*, in MüKo AktG, § 315 Rn. 8 f.; *Müller*, in Spindler/Stilz, AktG, § 315 Rn. 3.

selbst erklärt hat, dass die Gesellschaft benachteiligt wurde, ohne dass ein Nachteilsausgleich erfolgt ist (Nr. 3). Alternativ genügt nach § 315 Satz 2 AktG das Vorliegen sonstiger Tatsachen, die einen Verdacht pflichtwidriger Nachteilszufügung rechtfertigen. In diesem Fall muss die Sonderprüfung von einer qualifizierten Minderheit beantragt werden: Die Antragsteller müssen mindestens 1 % des Grundkapitals oder einen Anteilsbesitz von EUR 100.000 auf sich vereinigen (§§ 315 Satz 2, 142 Abs. 2 AktG). Die Sonderprüfung hat in der Praxis jedoch kaum Bedeutung erlangt,[545] sodass ihr keine präventive Wirkung zugesprochen werden kann. Das Recht auf Sonderprüfung ist insbesondere dann bedeutungslos, wenn es keine außenstehenden Aktionäre gibt, die dieses Recht in Anspruch nehmen könnten.[546] Davon abgesehen, ist für eine Sonderprüfung erforderlich, dass Vorstand, Aufsichtsrat oder Abschlussprüfer ausdrücklich die Gesetzwidrigkeit der Beziehung der Gesellschaft zu verbundenen Unternehmen und des Abhängigkeitsberichts einräumen.[547] Dies ist in der Praxis kaum der Fall.

4. *Zwischenfazit*

Nach der Konzeption der §§ 311 ff. AktG werden die allgemeinen aktienrechtlichen Regelungen, namentlich das Schädigungsverbot, bestätigt und durch Berichts- und Prüfungspflichten sowie Schadensersatzansprüche verstärkt. Durch das grundsätzliche Verbot der nachteiligen Einflussnahme wird das Prinzip der dezentralen Konzernführung und Gewinnverfolgung im faktischen Konzern verfolgt,[548] welche für die Überlebensfähigkeit des abhängigen Unternehmens am Markt unerlässlich sind.[549] Die rechtliche Bindung an das dezentrale Gewinnziel ist auch aus Sicht der Außenseiter zu begrüßen, weil andernfalls sich Minderheitsaktionäre der abhängigen Gesellschaft nicht dauerhaft, wirtschaftlich sinnvoll an der Gesellschaft beteiligen und Gläubiger ihr Insolvenzrisiko nicht vernünftig einschätzen könnten.[550] Durch die Möglichkeit der zeitlichen Verlagerung des Nachteilsausgleichs wird wiederum dafür gesorgt, dass das ordnungspolitische Ziel des Konzernrechts, die unternehmerische Entfaltung und

---

545 *Koch*, in Hüffer, AktG, § 315 Rn. 1; *Müller*, in Spindler/Stilz, AktG, § 315 Rn. 1; *Noack*, WPg 1994, 225; *J. Vetter*, in Fleischer/Koch/Kropff/Lutter, 50 Jahre AktG, S. 231, 250.

546 *Götz*, AG 2000, 498, 499.

547 *Hoffmann-Becking*, Referat R zum 59. DJT, S. R 18 bezeichnet die Vorschrift des § 315 AktG als „totes Recht".

548 *Grigoleit*, in Grigoleit, AktG, § 15 Rn. 4, § 311 Rn. 3; *Habersack*, in Emmerich/Habersack, Aktien- und GmbH-Konzernrecht, § 311 Rn. 12.

549 *Grigoleit*, in Grigoleit, AktG, § 311 Rn. 7.

550 *Grigoleit*, in Grigoleit, AktG, § 311 Rn. 7.

Koordination im Rahmen von Konzernen durch flexible Organisationsstrukturen zu erleichtern, gefördert wird.[551]

Der Abhängigkeitsbericht spielt eine zentrale Rolle für den konzernrechtlichen Außenseiterschutz. Ihm wird eine gewisse Vorfeldwirkung zugesprochen.[552] Im Rahmen einer von *Hommellhoff* durchgeführten rechtstatsächlichen Umfrage bescheinigten die befragten Praktiker, dass die Ankündigung des Vorstands der abhängigen Gesellschaft, einen bestimmten Vorgang in den Abhängigkeitsbericht aufzunehmen, in der Praxis ein probates Druckmittel darstelle.[553] Die Dokumentation im Allgemeinen und die drohende eingeschränkte Publizität stärken die Stellung der Organe der Tochter gegenüber dem herrschenden Unternehmen, denen häufig an der Geheimhaltung dieser Rechtsgeschäfte und Maßnahmen gelegen ist. Nicht auszuschließen ist eine gesteigerte Hemmschwelle, die abhängige Gesellschaft zu schädigen, wenn Vorstand, Aufsichtsrat und Abschlussprüfer in nachprüfbarer Weise Rechenschaft über die von ihnen veranlassten Rechtsgeschäfte und Maßnahmen ablegen müssen.[554] Eine Schwäche des Schutzkonzepts der §§ 311 ff. AktG liegt in der Zuständigkeit des Vorstands. Dieser urteilt bei der Erstellung des Abhängigkeitsberichts in eigener Sache. Auch wenn die fehlerhafte Berichterstattung gemäß § 318 AktG schadensersatzbewährt ist, ist die Gefahr der fehlenden Objektivität des Vorstands bei Aufstellung des Abhängigkeitsberichts nicht von der Hand zu weisen. Das bereits genannte rechtstatsächliche Problem der Abhängigkeit von Organmitgliedern spitzt sich im faktischen Konzern weiter zu. Es wird auch hier besonders im Zusammenhang mit der Durchsetzung von Haftungsansprüchen deutlich. Die Geltendmachung der Ersatzansprüche gegen das herrschende Unternehmen obliegt grundsätzlich dem Vorstand der abhängigen Gesellschaft. Vorstandsmitglieder können aber einem persönlichen Interessenkonflikt unterliegen, da das herrschende Unternehmen als Aktionär – zumindest mittelbar – Einfluss auf die Besetzung des Vorstands in der abhängigen Gesellschaft hat. Auch hängt ihre Wiederwahl vom Willen des herrschenden Unternehmens ab, sodass sie sich Loyalitätspflichten ausgesetzt sehen könnten.[555] Aufgrund der tatsächlichen

551 *Grigoleit*, in Grigoleit, AktG, § 14 Rn. 5, § 311 Rn. 5; *Ulmer*, in FS Hüffer, S. 999, 1001.

552 *Hommelhoff*, Gutachten G zum 59. DJT, S. G 31; *ders.*, ZHR 156 (1992), 295, 301; *Müller*, in Spindler/Stilz, AktG, Vorb. § 311 Rn. 16.

553 *Hommelhoff*, ZHR 156 (1992), 295, 301.

554 *Altmeppen*, in MüKo AktG, Vorb. § 311 Rn. 29.

555 Vgl. auch *Altmeppen*, in MüKo AktG, Vorb. § 311 Rn. 26; *Hommelhoff*, Gutachten G zum 59. DJT, S. G 18; *Müller*, in Spindler/Stilz, AktG, § 311 Rn. 15; a. A. allerdings die Praktiker, Gespräch abgedruckt bei *Hommelhoff*, ZHR 156 (1992), 295, 301: Die

Machtverhältnisse ist die Geltendmachung der Schadensersatzsprüche gegen das herrschende Unternehmen daher von der Mitwirkung der außenstehenden Aktionäre und Gesellschaftsgläubiger abhängig.[556] Denen wiederum steht keine hinreichende Informationsbasis zur Verfügung. Dem Normzweck nach soll der Abhängigkeitsbericht zwar die tatsächlichen Voraussetzungen für die Durchsetzbarkeit der Ersatzansprüche schaffen. Dieser wird aber nur teilweise durch Offenlegung des Berichts des Aufsichtsrats, des Lageplans sowie des Bestätigungsvermerks erreicht.

Auch im Übrigen beruht das Schutzsystem des faktischen Konzerns auf dem Pflichtbewusstsein der Organe des abhängigen Unternehmens. Abgesehen von der Geltendmachung von Ansprüchen gegenüber dem herrschenden Unternehmen, spielt die Loyalitätsbindung des Vorstands gegenüber dem herrschenden Unternehmen bereits beim Umgang mit nachteiligen Veranlassungen des herrschenden Unternehmens sowie bei der Erstellung des Abhängigkeitsberichts eine Rolle. Auch die Repräsentanten des herrschenden Unternehmens im Aufsichtsrat der abhängigen Gesellschaft befinden sich in einem persönlichen Konflikt, wenn es um die Prüfung des Abhängigkeitsberichts geht.[557] Die Aufdeckung von Unrichtigkeiten des Berichts bringt häufig die Haftung der von ihnen repräsentierten herrschenden Gesellschaft nach § 317 AktG sowie die eigene Haftung mit sich.[558] Daher besteht kaum Hoffnung, dass der Aufsichtsrat auf solche haftungsbegründenden Tatbestände aufmerksam macht.[559] Im Ergebnis steht eine Totalrevision des Rechts des einfachen faktischen Konzerns dennoch außer Frage.[560] Vielmehr ist es denkbar, das Schutzniveau durch lediglich systemimmanente, punktuelle Korrekturen zu verbessern. Um die Untersuchung möglicher Korrekturansätze soll es im nachfolgenden Kapitel gehen.

G. Zusammenfassende Bewertung des Regulierungsbedarfs

In Deutschland sind weitüberwiegend Aktiengesellschaften anzutreffen, die über einen tonangebenden Kontrollaktionär verfügen. Der Konflikt, der bei

---

Drohung, widerspenstige Tochtervorstände nicht wieder zu bestellen, sei nur theoretischer Natur, da gute Vorstandsmitglieder rar und nicht beliebig austauschbar seien.

556 *Koppensteiner*, in KK-AktG, § 312 Rn. 2; Begr. RegE. AktG 1965 bei *Kropff*, S. 410.

557 *Altmeppen*, in MüKo AktG, Vorb. § 311 Rn. 27.

558 *Koppensteiner*, in KK-AktG, § 314 Rn. 6.

559 *Koppensteiner*, in KK-AktG, § 314 Rn. 6.

560 So auch *Habersack*, in Emmerich/Habersack, Aktien- und GmbH-Konzernrecht, § 311 Rn. 12; *J. Vetter*, in K. Schmidt/Lutter, AktG, § 311 Rn. 8.

Rechtsgeschäften der Gesellschaft mit solchen Aktionären entsteht, ist ein anderer als bei Rechtsgeschäften mit Organmitgliedern.[561] Dieser besteht nicht wie bei Organmitgliedern in der eigenen Person, sondern zwischen zwei Parteien, nämlich den Minderheitsaktionären sowie der Gesellschaft auf der einen Seite und dem Mehrheitsaktionär auf der anderen Seite. Das Problem ist evident: Es besteht die Gefahr, dass der Kontrollaktionär seine in der Regel aus dem Mehrheitsbesitz resultierende Macht zu Lasten seiner Gesellschaft und den Minderheitsaktionären ausnutzt und sich eigennützig Sondervorteile aus der Gesellschaft verschafft. Mit den Organmitgliedern existieren zwar grundsätzlich „Dritte", die bei Rechtsgeschäften mit Kontrollaktionären mitzuwirken und das Geschäft auf einen etwaigen Missbrauch zu überprüfen haben. Jedoch können die tatsächlichen Machtverhältnisse und die Tatsache, dass eine eigene Pflichtverletzung bei Tätigwerden der Organe aufgedeckt werden würde, die Wirksamkeit der Kontrolle hemmen.

Das deutsche Aktienrecht kennt auch zur Regulierung von Geschäften mit kontrollierenden Aktionären kein geschlossenes Gesamtkonzept. Auffallend ist, dass die Einzelinstrumente grundsätzlich einen nachgelagerten Schutzstandard bewirken.[562] Geschäfte mit Aktionären werden nicht von Anfang an einer Kontrolle unterworfen. Freilich schwebt über jeder *Related Party Transaction* die materiell-rechtliche Schranke des Schädigungsverbots. Der Grundsatz der Kapitalerhaltung und der Vermögensbindung in der Aktiengesellschaft (§ 57 AktG) binden *Related Party Transactions* mit Aktionären an den Kapitalschutz. Geschäfte mit Aktionären dürfen nur vorgenommen werden, wenn sie einem Drittvergleich standhalten. Im Vertragskonzern wird die aktienrechtliche Vermögensbindung wegen § 291 Abs. 3 AktG zwar suspendiert, im Gegenzug trifft das herrschende Unternehmen aber eine pauschale Verlustübernahmepflicht. Nur im Recht des faktischen Konzerns in § 311 erfährt das allgemeine Schädigungsverbot durch die Möglichkeit des zeitlich gestreckten Nachteilsausgleichs eine beträchtliche Relativierung.[563]

Die Einzelinstrumente weisen in tatsächlicher Hinsicht Schutzdefizite auf.[564] Eine der Hauptschwächen der Vorschriften zur Regulierung von Transaktionen mit dem Kontrollaktionär besteht in der fehlenden innergesellschaftlichen Transaktionspublizität. Verbotene Vermögenszuwendungen an Aktionäre

561 *Kumpan*, EU Vorgaben für related party transactions, S. 8.
562 *Temming*, RdA 2015, 280, 281.
563 *Grigoleit*, in Grigoleit, AktG, § 311 Rn. 5.
564 Vgl. *Bayer*, in MüKo AktG, § 62 Rn. 118; *Henze*, in Großkomm AktG § 62 Rn. 54.

bleiben oft im Verborgenen. Selbst wenn das Gesetz die Möglichkeit der Geltendmachung von Ersatzansprüchen durch die Außenseiter einräumt, ist diese nutzlos, wenn die Außenseiter keine Kenntnis von den anspruchsbegründenden Tatsachen haben.[565] Erst wenn beispielsweise ein neuer Vorstand bestellt wird und dieser die Verfehlungen des Vorgängers aufzuklären versucht, die Aktionärsmehrheit wechselt oder das Finanzamt verdeckte Gewinnausschüttungen steuerlich beanstandet, ist eine Aufdeckung unzulässiger Geschäfte denkbar.[566] Entsprechendes gilt für den faktischen Konzern, in dem zwar mit dem Abhängigkeitsbericht eine vollständige Dokumentation der Beziehungen zu verbundenen Unternehmen erfolgt, diese allerdings nur in einem sehr eingeschränkten Umfang offengelegt wird.

Auf ein präventives Verfahren vor unangemessenen Geschäften setzt lediglich das Nachgründungsrecht. Sein auf präventive Publizität, ein Zustimmungserfordernis und sachverständige Prüfung setzende Konzept könnte als Vorbild zum Ausbau der *Related-Party-Transactions*-Kontrolle dienen. Die aus der Mehrheitsmacht resultierenden Gefahren können gleichwohl nicht vollends rechtlich kontrolliert werden. Denn dies wäre allein auf Kosten der Vorteile, die solche Geschäfte mit sich bringen können, möglich.

565 *Bayer/Selentin*, NZG 2015, 7, 11.
566 *Bezzenberger*, Das Kapital der AG, S. 283.

Kapitel 4: Regulierungsoptionen für Related Party Transactions

§ 9 Einheitliches Related-Party-Transactions-Regime

Nachdem nun festgestellt wurde, dass es an einigen entscheidenden Stellen des deutschen Aktien(konzern)rechts Regelungs- oder Verbesserungsbedarf in der Kontrolle von *Related Party Transactions* gibt, stellt sich die Frage, wie solche Regelungen und Verbesserungen aussehen sollten. Mit Installierung eines *Related-Party-Transactions*-Regimes im Sinne eines geschlossenen Schutzsystems würde ein einheitlicher Maßstab geschaffen werden. Von einem solchen Regelungsregime wäre eine Präventivwirkung zu erwarten; die Gefahr unangemessener Transaktionen könnte von Anfang an reduziert werden. Der Ausbau der Kontrolle von *Related Party Transactions* würde damit die Corporate Governance deutscher Aktiengesellschaften beträchtlich verbessern. Der zugleich verbesserte Schutz der Anlage von Minderheitsaktionären würde – wie unter § 6 erläutert – die Attraktivität der Investitionen steigern. Die Gesellschaft, die infolgedessen mit höheren Ausgabebeträgen für ihre Aktien rechnen könnte, würde daher von einer Verbesserung der *Related-Party-Transactions*-Kontrolle ebenfalls profitieren.

Ferner gilt es zu untersuchen, welche Auswirkungen die vorgeschlagenen Regulierungsoptionen auf das deutsche Aktienrecht haben könnten und wie sie mit bestehenden Vorschriften in Einklang gebracht werden könnten. Freilich kann die Untersuchung nicht losgelöst von den gesetzgeberischen Entwicklungen auf europäischer Ebene erfolgen. Die reformierte Aktionärsrechterichtlinie enthält in ihrem Art. 9c Regelungen zur Harmonisierung von *Related Party Transactions*, die auf die Schaffung eines geschlossenen Regelungsregimes abzielen. Abhängig vom Erreichen einer Wesentlichkeitsschwelle sollen *Related Party Transactions* offengelegt und der zwingenden Zustimmung der Hauptversammlung oder des Aufsichtsrats unterworfen werden. Gegenüber dem Ausgangsvorschlag der Europäischen Kommission sieht die reformierte Aktionärsrechterichtlinie größere Gestaltungsräume für die Mitgliedstaaten vor. Der deutsche Gesetzgeber hat bis zum 10.06.2019 Zeit, die Vorgaben der reformierten Aktionärsrechterichtlinie in nationales Recht umzusetzen (Art. 2 ReformRL).

§ 10 Anwendungsbereich des Related-Party-Transactions-Regimes

A. Erfasste Related Partys

I. Notwendigkeit einer einheitlichen Definition der Related Party

Ausgangspunkt für die Installierung eines *Related-Party-Transactions*-Regimes sollte die Einführung eines einheitlichen Begriffs der nahestehenden Personen und Unternehmen sein. Im deutschen Recht existiert bislang keine übergreifende Definition; vielmehr haben die dargestellten einzelnen gesellschaftsrechtlichen Schutzinstrumente unterschiedlich weite persönliche Anwendungsbereiche. Teilweise ist der Kreis der einbezogenen Personen und Unternehmen im Gesetz niedergeschrieben, teilweise ergibt er sich durch Analogieschlüsse und Rechtsfortbildungen. Die Installierung eines möglichst geschlossenen Schutzkonzepts macht eine einheitliche Definition des persönlichen Anwendungsbereichs erforderlich. Der Kreis der nahestehenden Personen und Unternehmen muss unter Berücksichtigung von Sinn und Zweck des *Related-Party-Transactions*-Regimes eingegrenzt werden. Insbesondere sollten nur jene Parteien erfasst werden, bei denen ein unüberschaubares – und daher regulierungsbedürftiges – Einflusspotential auf die Gesellschaft besteht.

II. Reformierte Aktionärsrechterichtlinie: Rückgriff auf IAS 24.9

1. Mindest- oder Vollharmonisierung?

Im Rahmen der reformierten Aktionärsrechterichtlinie verzichtet der europäische Gesetzgeber auf eine selbstständige Definition der nahestehenden Personen und Unternehmen. Vielmehr wird für die Begriffsbestimmung in Art. 2 lit. h) AR-RL2017 auf die internationalen Rechnungslegungsvorschriften verwiesen, die gemäß der IAS-Verordnung[567] übernommen wurden. Damit wird auf die Definition der *Related Party* in IAS 24.9 Bezug genommen, welcher seinerseits weitere Verweise auf die Vorschriften der IAS und IFRS enthält. Ob die Richtlinie im Hinblick auf die *Related-Party*-Definition Mindest- oder Vollharmonisierung entfaltet, wird nicht einhellig beantwortet. Nach einer Ansicht steht dem deutschen Gesetzgeber kein Ermessen zu; er könne lediglich zwischen einem Verweis auf IAS 24.9 oder einer wörtlichen Übernahme der Regelung in

567 Verordnung (EG) Nr. 1606/2002 des Europäischen Parlaments vom 19.06.2002 betreffend die Anwendung internationaler Rechnungslegungsstandards (ABl. EG Nr. L 243 v. 11.09.2002, S. 1).

das Aktiengesetz entscheiden.[568] Nach gegenteiliger Ansicht soll der deutsche Gesetzgeber auch weiter gehende Regelungen vorsehen können, da weder aus Wortlaut, Systematik oder Telos der Regelung auf Vollharmonisierung geschlossen werden könne.[569] Für eine Mindestharmonisierung könnte zum einen der Gesamtkontext des Art. 9c AR-RL2017 sprechen, der für die Mitgliedstaaten weite Gestaltungsräume vorsieht und nur einen Mindeststandard für die Kontrolle von *Related Party Transactions* schaffen möchte. Zum anderen könnte die Regelung in Art. 3 AR-RL2017 auf eine Minderharmonisierung hindeuten, wonach die Mitgliedstaaten nicht daran gehindert sind, weitere Verpflichtungen für Gesellschaften einzuführen, um die Ausübung der Aktionärsrechte zu erleichtern.[570] Dies schließt dennoch nicht aus, dass einzelne Regelungen vollharmonisierende Wirkung entfalten.[571] Anders als bei anderen Regelungen lässt sich dem Wortlaut des Art. 2 lit. h) AR-RL2017 insofern kein Ermessensspielraum der nationalen Gesetzgeber entnehmen. Daher sprechen gute Gründe für eine Vollharmonisierung. Wollte man für eine mindestharmonisierende Vorschrift plädieren, ist freilich zu beachten, dass der deutsche Gesetzgeber im Rahmen der Umsetzung lediglich strengere oder weitere Regelungen zum Schutze der Gesellschaft und ihrer (Minderheits-)Aktionäre treffen dürfte.[572]

2. Zulässigkeit einer dynamischen Verweisung

Fraglich ist ferner, ob der deutsche Gesetzgeber im Rahmen der Umsetzung der Richtlinienbestimmungen in nationales Recht eine bloße Verweisung auf IAS 24.9 vorsehen dürfte. Dem könnten verfassungsrechtliche Bedenken entgegenstehen. In verfassungsrechtlicher Hinsicht sind sogenannte statische Verweisungen unbedenklich. Diese liegen vor, wenn der Gesetzgeber auf Vorschriften eines anderen Normgebers in der bei Erlass seines Gesetzesbeschlusses geltenden Fassung verweist.[573] Dagegen sind Verweisungen des Gesetzgebers auf Vorschriften eines anderen Normgebers in ihrer jeweiligen geltenden Fassung (sogenannte dynamische Verweisung) nicht uneingeschränkt zulässig, sondern müssen mit den Grundsätzen der Rechtsstaatlichkeit, des Demokratieprinzips

568 *Bungert/Wansleben*, DB 2017, 1190, 1194.

569 *Veil*, NZG 2017, 521, 522 (Fn. 17).

570 Allgemein zur Aktionärsrechterichtlinie: *Kalss/Klampf*, in Dauses/Ludwigs, Handbuch des EU-Wirtschaftsrechts, Rn. 389.

571 Vgl. *Remien*, in Schulze/Zuleeg/Kadelbach, EuropaR, § 14 Rn. 42.

572 Vgl. *Remien*, in Schulze/Zuleeg/Kadelbach, EuropaR, § 14 Rn. 42.

573 BVerfG, Beschl. v. 25.02.1988 – 2 BvL 26/84, BVerfGE 78, 32, 35 f.; *Sachs*, in Sachs, GG, Art. 20 Rn. 123a.

und der Bundesstaatlichkeit im Einklang stehen.[574] Das Gebot der Rechtssicherheit, das eine Ausprägung des Rechtsstaatsprinzips ist, erfordert insbesondere, dass Normen inhaltlich hinreichend klar gefasst sein müssen.[575] Erst die gebotene Rechtsklarheit ermöglicht dem Rechtsanwender, den Inhalt der ihn betreffenden Rechtsnorm sicher zu ermitteln. Daher muss bei dynamischen Verweisungen insbesondere der Verweisungsgegenstand im Wesentlichen inhaltlich feststehen und hinreichend bestimmt sein.[576] Art. 2 lit. h) AR-RL2017 bestimmt zwar nicht ausdrücklich, dass zur Definition der *Related Party* die Regelung in IAS 24.9 in seiner jeweils geltenden Fassung heranzuziehen ist. Jedoch ergibt sich dies mittelbar aus Art. 2 der IAS-VO, dem zufolge die IAS einschließlich späterer Änderungen in die Gemeinschaft übernommen werden. Würde der deutsche Gesetzgeber im Rahmen der Umsetzung sich für eine solche dynamische Verweisung statt einer wörtlichen Übernahme der Definition ins Aktiengesetz entscheiden, müsste er ausdrücklich auf IAS 24.9 verweisen. Andernfalls wäre dem rechtsstaatlichen Prinzip der Rechtsklarheit nicht Genüge getan. Eine Formulierung wie in Art. 2 lit. h) AR-RL2017, nach der die relevanten *Related Party* nach „internationalen Rechnungslegungsstandards, die gemäß der Verordnung (EG) Nr. 1606/2002 des Europäischen Parlaments und des Rates [IAS-VO] übernommen wurden", zu bestimmen sind, lässt für den Rechtsanwender nicht in der gebotenen Klarheit erkennen, welche Regelung im Einzelnen Anwendung finden soll. Denn nach Art. 2 IAS-VO bezeichnen die internationalen Rechnungslegungsstandards allgemein die IAS, die IFRS sowie damit verbundene Auslegungen. Neben 25 IAS existieren 15 IFRS und einige SIC[577]- und IFRIC[578]-Interpretationen. Aus welcher dieser Regelungen sich die Definition entnehmen lassen soll, wäre für den Rechtsanwender nicht ohne Weiteres ersichtlich. Ein ausdrücklicher Verweis auf IAS 24.9 dagegen wäre hinreichend klar bestimmt und würde daher den verfassungsrechtlichen Prinzipien entsprechen. Bei der Definition der *Related Party* würde es sich ferner um die Umsetzung einer EU-Vorgabe handeln, bei der dem nationalen Gesetzgeber nach der hier vertretenen Auffassung aufgrund des vollharmonisierenden Charakters ohnehin kein

574 BVerfG, Beschl. v. 25.02.1988 – 2 BvL 26/84, BVerfGE 78, 32, 35 f.; *Grzeszick*, in Maunz/Dürig, GG, Art. 20 Rn. 54 f.; vgl. auch *v. Coelln*, in Maunz/Schmidt-Bleibtreu/Klein/Bethge, BVerfGG, § 17a Rn. 167; *Sachs*, in Sachs, GG, Art. 20 Rn. 123a.

575 *Grzeszick*, in Maunz/Dürig, GG, Art. 20 Rn. 53.

576 *v. Coelln*, in Maunz/Schmidt-Bleibtreu/Klein/Bethge, BVerfGG, § 17a Rn. 167; *Grzeszick*, in Maunz/Dürig, GG, Art. 20 Rn. 55.

577 Standard Interpretations Committee.

578 International Financial Reporting Interpretations Committee.

Ermessen zusteht (siehe § 10 II. 1.).[579] Folglich dürfte der deutsche Gesetzgeber für die Definition der *Related Party* eine dynamische Verweisung auf IAS 24.9 vorsehen. Ob dies rechtspolitisch wünschenswert ist, soll im Folgenden untersucht werden.

III. Rechtspolitische Bewertung

1. Grundsätzliche Stärken und Schwächen einer Verweisung auf IAS 24.9

Der Vorteil einer Verweisung auf IAS 24.9 zur Bestimmung der unter das Regelungsregime fallenden *Related Partys* könnte darin gesehen werden, dass der Rechtsanwender mit dem Umgang der Norm – mehr oder weniger – vertraut ist. Dem ersten Anschein nach würde dem Rechtsanwender damit ermöglicht werden, den persönlichen Anwendungsbereich des Regelungsregimes einfach zu ermitteln.[580]

Die Verweisung auf IAS 24.9 dehnt den Anwendungsbereich der *Related-Party*-Definition jedoch sehr weit aus und schießt teilweise über die Regelungszwecke des *Related-Party-Transactions*-Regimes hinaus.[581] Im Laufe des europäischen Gesetzgebungsverfahrens ist die Definition bereits auf viel Kritik gestoßen.[582] Besonderes Unbehagen lösen Umfang und Komplexität der Regelung aus.[583] Die zahlreichen Verweisungen auf andere IAS- und IFRS-Vorschriften verstärken die Unübersichtlichkeit der Norm zusätzlich. Es werden Konstellationen erfasst, bei denen das Einflusspotential der *Related Party* überschaubar und die Regulierungsbedürftigkeit daher zweifelhaft ist. Um die wirtschaftlichen Aktivitäten einer Gesellschaft nicht durch ein zu strenges Regelungsregime gänzlich zu lähmen, ist eine Beschränkung des Anwendungsbereichs auf einen angemessenen Umfang unerlässlich. Verwendet man uneingeschränkt die Definition der *Related Party* in IAS 24.9, werden Gesellschaften gezwungen sein, umfangreiche Compliance-Maßnahmen einzuführen. Ohne ein spezielles Compliance-System werden sie ständig Gefahr laufen, *Related Party Transactions* nicht zu erkennen

579 Vgl. *Kau*, in BeckVergabeR, GWB, § 106 Rn. 9.

580 *Bungert/de Raet*, Der Konzern 2015, 289, 292; *Tarde*, ZGR 2017, 360, 373.

581 Zur Definition der Related Party nach IAS 24.9 siehe § 7 D. III. 1. b.

582 Siehe nur *Bayer/Selentin*, NZG 2015, 7, 10; *Bungert/de Raet*, Der Konzern 2015, 289, 292; *Bungert/Wansleben*, DB 2017, 1190, 1194; *Lutter*, EuZW 2014, 687 f.; *Selzner*, ZIP 2015, 753, 761.

583 Zur reformierten Aktionärsrechterichtlinie: *Bayer/Selentin*, NZG 2015, 7, 10; *DAI*, Position zur Änderung der Aktionärsrechterichtlinie, S. 41; *Lutter*, EuZW 2014, 687 f.; *J. Vetter*, ZHR 179 (2015), 273, 319 f.; *Wiersch*, NZG 2014, 1131, 1135.

und gegen das Regelungsregime zu verstoßen. Es könnte beispielsweise erforderlich werden, mögliche *Related Partys* in einer Liste festzuhalten,[584] oder sogar einen „*Related-Party-Transactions*-Beauftragten"[585] zu installieren, der bei allen größeren Transaktionen überprüft, ob es sich um Geschäfte mit *Related Partys* handelt.

Dass Geschäfte mit Vorstands- und Aufsichtsratsmitgliedern erfasst werden, ist einleuchtend, bilden sie doch den Grundtatbestand der *Related Party Transactions*. Die Organmitglieder tragen die Verantwortung für Planung, Leitung und Kontrolle der Gesellschaft. Dieses Einflusspotential birgt bei Eigengeschäften der Organmitglieder stets die Gefahr von Interessenkonflikten, die nicht hinreichend reguliert sind. Darüber hinaus ist die Einbeziehung von Organmitgliedern der Muttergesellschaft sinnvoll, da sie die Mehrheitsmacht der Muttergesellschaft durch Vertretung und Kontrolle ausüben.[586] Diese Organmitglieder können bei Eigengeschäften mit der Tochter ebenfalls einem Interessenkonflikt unterliegen und ihr Einflusspotential zum Nachteil der (Minderheits-)Aktionäre der betreffenden Tochtergesellschaft ausnutzen. Dies entspricht der Regelung in IAS 24.9 lit. a) iii). Nicht empfehlenswert ist dagegen die Einbeziehung anderer Schlüsselpositionen im Management der Gesellschaft.[587] Je nach Verantwortungsbereich können auch leitende Angestellte eine solche Position innehaben.[588] Die Kontrolle dieser Personen obliegt bereits dem Vorstand sowie dem Aufsichtsrat; die Aufnahme in das Regelungsregime ist nicht notwendig und führt zur Überregulierung.[589]

Ferner ist es notwendig, im Sinne von IAS 24.9 lit. a) i) Aktionäre zu erfassen, die die Gesellschaft beherrschen (Kontrollaktionäre). Schließlich sind sie aufgrund ihrer Kontrollmacht in der Lage, ihre eigenen Interessen gegenüber den Interessen der Minderheit und der Gesellschaft durchzusetzen. Sie bilden neben Geschäften mit Organmitgliedern den zweiten Strang des Grundtatbestands der *Related Party Transactions*. Problematisch ist die genaue Bestimmung des Kontrollaktionärs. Für den Begriff der Beherrschung verweist IAS 24.9 Unterabs. 5 auf IFRS 10, der einen unübersichtlichen Katalog an Beherrschungskonstellationen

---

584 *DAI*, Position zur Änderung der Aktionärsrechterichtlinie, S. 42.

585 *Lutter*, EuZW 2014, 687, 688.

586 So auch *Klene*, S. 108.

587 *Lutter*, EuZW 2014, 687, 687 f.; *J. Vetter*, ZHR 179 (2015), 273, 319.

588 *Hennrichs/Schubert*, in MüKoBilR, IAS 24 Rn. 57.

589 Im Ergebnis auch *Klene*, S. 108, der darauf hinweist, dass die Verwendung unbestimmter Rechtsbegriffe der Rechtssicherheit abträglich ist.

enthält. Würde für das *Related-Party-Transactions*-Regime daran festgehalten werden, wäre für den Rechtsanwender der relevante Kreis der Kontrollaktionäre schwer zu überblicken. Eine rechtspolitische Empfehlung für die Definition des Kontrollaktionärs findet sich sogleich unter § 10 A. IV. Für die Kontrolle von Transaktionen mit dem Kontrollaktionär ist freilich erforderlich, dass seine Identität bekannt ist. Die Identifizierung des Kontrollaktionärs ist in der Rechtspraxis seit der Novellierung des § 10 AktG mit der Aktienrechtsnovelle 2016[590] grundsätzlich sichergestellt.[591] Inhaberaktien, bei denen früher die Identifikation des Aktionärs nicht ermittelt werden konnte, wenn keine Verwahrung durch eine zugelassene Verwahrstelle erfolgte, dürfen nur noch ausgestellt werden, wenn die Gesellschaft entweder börsennotiert ist (§ 10 Abs. 1 Satz 2 Nr. 1 AktG) oder den Anspruch auf Einzelverbriefung ausschließt und die Sammelurkunde bei einer zugelassenen Verwahrstelle hinterlegt (§ 10 Abs. 1 Satz 2 Nr. 2 AktG).[592] Bei börsennotierten Gesellschaften kann die Identität eines Aktionärs ab 3 % der Stimmrechte anhand der Beteiligungspublizität des § 21 Abs. 1 Satz 1 WpHG ermittelt werden. Ist die Gesellschaft nicht börsennotiert und existiert keine Sammelurkunde und -verwahrung, dürfen nur noch Namensaktien ausgegeben werden, die nach § 67 Abs. 1 Satz 1 AktG unter Angabe des Namens und anderer Daten des Aktionärs in das Aktienregister der Gesellschaft eingetragen werden.[593]

2. *Lediglich maßgeblicher Einfluss*

Kritisch zu beurteilen ist die Definition in IAS 24.9 auch insoweit, als dass sie auch natürliche Personen und Unternehmen, die lediglich maßgeblichen Einfluss auf die Gesellschaft haben, einbezieht.[594] Bei Letzteren handelt es sich um assoziierte Unternehmen im Sinne des IAS 24.9 lit. b) ii). Bei Transaktionen mit diesen Personen kann nicht zwingend die für *Related Party Transactions* typische – und vor allem regulierungsbedürftige – Gefährdungslage angenommen

---

590 Gesetz zur Änderung des Aktiengesetzes (Aktienrechtsnovelle 2016) v. 22.12.2015, BGBl. I Nr. 55, S. 2565.

591 Freilich ist der Bestandschutz für Aktiengesellschaften zu beachten, deren Satzung vor dem Tag des Inkrafttretens des Änderungsgesetzes bereits durch notarielle Beurkundung festgestellt wurde und deren Aktien auf den Inhaber lauten (Art. 2 der Aktienrechtsnovelle 2016).

592 *Stöber*, DStR 2016, 611, 612 f. Näher dazu: *Ihrig/Wandt*, BB 2016, 6, 7.

593 *Stöber*, DStR 2016, 611, 612.

594 *Wiersch*, NZG 2014, 1131, 1135; a. A. *Klene*, S. 111 f.

werden.[595] Gesellschafter, deren Anteilsbesitz keine Beherrschung der Gesellschaft sicherstellt, werden ihre Interessen gegenüber der Gesellschaft und der Minderheitsgesellschafter schwer durchsetzen können. Die Beherrschungsschwelle bietet grundsätzlich eine gut handhabbare Eingrenzung des persönlichen Anwendungsbereichs. Der Kategorie des maßgeblichen Einflusses würde zwar eine Auffangfunktion zukommen.[596] Abgesehen von der Vermutung des maßgeblichen Einflusses bei einem Stimmrechtsanteil von 20 % oder mehr, kommen aber viele andere Umstände in Betracht, die einen solchen Einfluss begründen können.[597] Die genaue Grenzziehung im Einzelfall ist daher schwierig und einer rechtssicheren Anwendung der Norm abträglich. Vor dem Hintergrund, dass der Anwendungsbereich des Regelungsregimes auf Personen und Unternehmen mit erheblichem, unübersehbaren Einflusspotential begrenzt werden sollte, empfiehlt sich eine unter der Beherrschungsschwelle liegende Einflussmöglichkeit auf die Gesellschaft für die Qualifikation als *Related Party* nicht.

3. *Familienangehörige*

Um Umgehungen durch Einschaltung nahestehender Dritter zu verhindern, ist der Einbeziehung naher Familienangehöriger in den persönlichen Anwendungsbereich des Regelungsregimes grundsätzlich zuzustimmen. Dies entspricht auch dem Rechtsgedanken der §§ 89 Abs. 2, 3, 115 Abs. 2 AktG, die bei Geschäften mit Ehegatten, Lebenspartnern oder minderjährigen Kindern eine Umgehung fürchten.[598] Die Beschränkung auf lediglich minderjährige Kinder ist sinnvoll, da bei diesen im Gegensatz zu volljährigen Kindern im Regelfall eine Abhängigkeit vom Elternteil besteht, die zu eigenen Gunsten ausgenutzt werden kann. Indem IAS 24.9 als nahe Familienangehörige neben Ehegatten, Lebenspartnern und Kindern auch Kinder des Ehegatten beziehungsweise Lebenspartners sowie sämtliche sonstige „abhängige Angehörige dieser Personen oder des Ehegatten oder Lebenspartners dieser Person“[599] definiert, geht sie jedoch weit über das erforderliche Maß hinaus.[600] Nicht abschließend geklärt

595 *J. Vetter*, ZHR 179 (2015), 273, 320.

596 *Poelzig*, in MüKo HGB, § 285 Rn. 353.

597 *Klene*, S. 110.

598 Vgl. *Fleischer*, in Spindler/Stilz, AktG, § 89 Rn. 19; *Habersack*, in MüKo AktG, § 115 Rn. 11; Begr. RegE. AktG 1965 bei *Kropff*, S. 114; *Spindler*, in MüKo AktG, § 89 Rn. 27.

599 IAS 24.9 Unterabs. 2 Satz 3 lit. c).

600 *Kleiner/Mayer*, EuZW 2018, 314, 320; a. A. *Bayer/J. Schmidt*, BB 2014, 1219, 1221 (Fn. 45) halten die Verweisung auf IAS 24.9 für „sinnvoll“.

ist, wann diese entfernteren abhängigen Personen erfasst werden sollen.[601] Auch unabhängig von der Beantwortung dieser Frage ist zweifelhaft, ob ein solch weiter und komplexer Anwendungsbereich mit Blick auf den Regelungszweck des *Related-Party-Transactions*-Regimes erforderlich ist. Bei der Beurteilung der Zweckdienlichkeit der Verweisung auf IAS 24.9 darf der Kontext der Norm nicht außer Acht gelassen werden. Für die ohnehin nur *ex post* wirkenden – und wenig eingriffsintensiven – Veröffentlichungspflichten im Rahmen der Regelberichterstattung mag ein weiter Anwendungsbereich nützlich sein.[602] Dies kann jedoch nicht für die *Ex-ante*-Betrachtung von *Related Party Transactions* angenommen werden, die das Regelungsregime bezweckt.[603]

4. *Tochtergesellschaften*

Über das Regelungsziel hinaus schießt außerdem die Definition in IAS 24.9, als dass sie auch Tochtergesellschaften erfasst, die im 100 %-Besitz der Gesellschaft sind oder die die Gesellschaft bei einem darunter liegenden Anteilsbesitz beherrscht (Tochter- und Enkelgesellschaften).[604] Diese *Downstream*-Transaktionen sind zwar auch verdächtig, nicht zu marktüblichen Bedingungen zustande gekommen zu sein. Gefährdet sind allerdings nicht die Interessen der Minderheitsaktionäre der betreffenden Muttergesellschaft, sondern allenfalls die Interessen der außenstehenden Aktionäre der abhängigen Gesellschaft.[605] Dies gilt auch bei Transaktionen, die mangels einer angemessenen Gegenleistung seitens der Tochtergesellschaft für die betreffende Muttergesellschaft nachteilig sind. Eine solche Transaktion hätte nur zur Folge, dass sich der Unternehmenswert der Tochter erhöht; der durchgerechnete Wert der Aktien der Minderheitsaktionäre der Mutter verändert sich dagegen nicht.[606] Die Ausnahme für Transaktionen mit 100 %-Konzerngesellschaften ermöglicht ferner eine effiziente zentralisierte Konzernführung und kann für die betroffene Gesellschaft

601 Dazu *Poelzig*, in MüKo HGB, § 285 Rn. 357 m. w. N.

602 *Senger/Prengel*, in Beck'sches IFRS-Hdb, § 20 Rn. 1 ff.

603 Zum Kommissionsvorschlag: *Lutter*, EuZW 2014, 687, 688; *Seibt*, BDI/FBD, Erforderliche Harmonisierung oder unnötiger Systembruch?, S. 10; zu den Kompromissvorschlägen der Ratspräsidentschaften: *Bayer/Selentin*, NZG 2015, 7, 9; *Selzner*, ZIP 2015, 753, 761; zur reformierten Aktionärsrechterichtlinie: *Bungert/de Raet*, Der Konzern 2015, 289, 292; *Bungert/Wansleben*, DB 2017, 1190, 1194; *Tarde*, ZGR 2017, 360, 374.

604 So auch *J. Vetter*, ZHR 179 (2015), 273, 320; *Wiersch*, NZG 2014, 1131, 1135; ähnlich *Klene*, S. 106.

605 *Wiersch*, NZG 2014, 1131, 1135.

606 *Wiersch*, NZG 2014, 1131, 1135; *Zetzsche*, NZG 2014, 1121, 1127.

erhebliche Erleichterungen mit sich bringen. Diese sind wegen des grundsätzlich fehlenden Risikos einer Vermögensverschiebung zulasten der Minderheitsaktionäre berechtigt und geboten, um die betreffende Gesellschaft nicht unnötig zu belasten.[607]

Die Herausnahme von 100 %-Tochtergesellschaften wäre zumindest im Ergebnis mit der reformierten Aktionärsrechterichtlinie vereinbar. In Art. 9c Abs. 6 lit. a) AR-RL2017 sieht der Unionsgesetzgeber eine optionale Bereichsausnahme für Transaktionen mit Tochtergesellschaften vor, wenn die Gesellschaft im Besitz sämtlicher Anteile der Tochtergesellschaft ist oder keine andere *Related Party* an der Tochtergesellschaft beteiligt ist oder im nationalen Recht Vorschriften zum angemessenen Schutz der Interessen der Gesellschaft, der Tochtergesellschaft und ihrer Aktionäre, die nicht *Related Party* sind, existieren. Welche Gesellschaften genau unter diese Bereichsausnahme fallen, ergibt sich nicht aus der Richtlinie. Der Wortlaut der Regelung könnte darauf schließen lassen, dass nur unmittelbare Tochtergesellschaften von ihr erfasst sind. Zur Klärung dieser Frage liegt ein Rückgriff auf die Definition des Begriffs der Tochtergesellschaften in der Bilanzrichtlinie[608] nahe.[609] Nach Art. 2 Nr. 10 der Bilanzrichtlinie handelt es sich bei einem Tochterunternehmen um ein von einer Muttergesellschaft kontrolliertes Unternehmen, einschließlich der mittelbar kontrollierten Tochterunternehmen einer Muttergesellschaft. Legt man auch der reformierten Aktionärsrechterichtlinie diese Definition zu Grunde, erfasst die Bereichsausnahme folglich Transaktionen der Gesellschaft mit ihren Tochter- sowie Enkelgesellschaften. Die Befreiung von Transaktionen mit anderen Tochtergesellschaften, an denen keine 100 %-Beteiligung besteht, ist insbesondere möglich, wenn das nationale Recht einen angemessenen Schutz der betroffenen Interessen gewährleistet, Art. 9c Abs. 6 lit. a) 3. Var. AR-RL2017. Darunter dürften Transaktionen mit abhängigen Tochtergesellschaften im faktischen Konzern subsumiert werden können, da die §§ 311 ff. AktG Vorschriften zum Schutze der Minderheitsaktionäre abhängiger Gesellschaften enthalten.[610] Zwar können

607 *Tröger*, AG 2015, 53, 62; *Wiersch*, NZG 2014, 1131, 1135. Siehe bereits unter § 5.

608 Richtlinie 2013/34/EU des Europäischen Parlaments und des Rates vom 26.06.2013 über den Jahresabschluss, den konsolidierten Abschluss und damit verbundene Berichte von Unternehmen bestimmter Rechtsformen und zur Änderung der Richtlinie 2006/43/EG des Europäischen Parlaments und des Rates und zur Aufhebung der Richtlinien 78/660/EWG und 83/349/EWG des Rates (ABl. EU Nr. L 182 v. 29.06.2013, S. 19).

609 *Veil*, NZG 2017, 521, 528.

610 A. A. *Spindler/Stilz*, NZG 2017, 169, 170.

Bedenken im Hinblick auf die eingeschränkte Publizität des Abhängigkeitsberichts bestehen.[611] Dem stehen jedoch das Verbot kompensationsloser Nachteilszufügungen und korrespondierende Schadensersatzansprüche der abhängigen Gesellschaft nach §§ 317, 318 AktG gegenüber. Die Richtlinie verlangt nur einen angemessenen, nicht absoluten Schutz. Teilweise geht der durch das Recht des faktischen Konzerns gewährte Schutz sogar weiter: Die §§ 311 ff. AktG schützen nicht nur vor nachteiligen, kompensationslosen Rechtsgeschäften, sondern auch vor sonstigen Maßnahmen. Das Richtlinienregime ist dagegen transaktionsbezogen.[612] Angesichts dieses differenzierten Schutz- und Ausgleichssystems im Recht der faktischen Konzerne kann der deutsche Gesetzgeber Transaktionen der herrschenden Konzernmutter mit Tochter- und Enkelgesellschaften unabhängig von einer 100 %-Beteiligung aus dem Anwendungsbereich des Art. 9c AR-RL2017 nehmen. Mit dieser Bereichsausnahme wird dasselbe Ergebnis erzielt, wie durch die hier vorgeschlagene Herausnahme der Tochtergesellschaften von der *Related Party*-Definition.

Im Hinblick auf den Zweck des Regelungsregimes, der vordergründig im Schutz der Minderheitsaktionäre besteht, sollten ferner Gesellschaften, zwischen denen ein Beherrschungs- und Gewinnabführungsvertrag besteht, nicht als nahestehende Unternehmen definiert werden. Die Vorschriften über den Vertragskonzern nach §§ 291 ff. AktG sichern die Interessen der unternehmensvertraglich beherrschten Aktiengesellschaft sowie ihrer Minderheitsaktionäre im angemessenen Maß. Der pauschale Verlustausgleich nach § 302 AktG gewährleistet den Bestand der Gesellschaft; außenstehende Aktionäre haben Ausgleichs- und Abfindungsansprüche (§§ 304, 305 AktG). Da das *Related-Party-Transactions*-Regime den Vertragskonzern aus den Angeln heben würde und aufgrund fehlender – oder jedenfalls durch spezielle Schutzvorschriften geminderter – Risikolage kein Bedürfnis hierfür besteht, sind unternehmensvertraglich verbundene Unternehmen nicht als *Related Party* zu qualifizieren.[613] Dies gilt sowohl für Transaktionen mit der Obergesellschaft als auch mit der Untergesellschaft.

---

611 *Spindler/Stilz*, AG 2017, 169, 170.

612 *Selzner*, ZIP 2015, 753, 760; *Tröger*, AG 2015, 53, 64. Näher zum Transaktionsbegriff sogleich unter § 10 B. I.

613 Vgl. *Bungert/Wansleben*, DB 2017, 1190, 1196; vgl. auch *Jung*, WM 2014, 2351, 2356.

IV. Rechtspolitische Empfehlung für die Definition des Kontrollaktionärs

Als einer der beiden Hauptanwendungsfälle sind Kontrollaktionäre als *Related Party* zu definieren. Um dem Kontrollbegriff eine gewisse Kontur zu verleihen, ist zu untersuchen, ob sich andere Beherrschungsbegriffe im Aktienrecht als „Blaupause" heranziehen lassen. In Betracht kommen verschiedene Anknüpfungspunkte, etwa der Kontrollbegriff in § 29 Abs. 2 WpÜG, der konzernrechtliche Beherrschungsbegriff (§§ 16–18 AktG) oder die Bestimmungen des Rechnungslegungsrechts (§ 290 HGB).

Zunächst erscheint eine Anknüpfung an die Regelung des § 29 Abs. 2 AktG WpÜG erwägenswert, der ausdrücklich den Begriff der Kontrolle verwendet. Dort wird Kontrolle als Halten von mindestens 30 % der Stimmrechte definiert. Eine solche generalisierende und typisierende Betrachtung hat zwar stets den Vorteil, die Norm rechtssicher anwenden zu können.[614] Jedoch können starre Grenzen den unterschiedlichen Verhältnissen einzelner Gesellschaften nicht hinreichend Rechnung tragen. Für Pflicht- und Übernahmeangebote mag die Anknüpfung an eine starre 30 %-Grenze sinnvoll sein. Für die wirksame *Related-Party-Transactions*-Kontrolle kommt es aber auf das tatsächliche Einflusspotential der *Related Party* auf die Geschäftsführung an, das auch unterhalb der 30 %-Grenze denkbar ist, etwa wenn gesicherte Präsenzmehrheiten in der Hauptversammlung bei einer geringeren Grenze erreicht werden.[615] Umgekehrt kann nicht zwingend von einem regulierungsbedürftigen Einflusspotential der *Related Party* ausgegangen werden, wenn der Aktionär selbst oberhalb des Schwellenwertes des § 29 Abs. 2 WpÜG aufgrund regelmäßig hoher Hauptversammlungspräsenz keine Stimmenmehrheit erreicht und sonst keine einflussbegründenden Umstände hinzutreten.

Denkbar ist des Weiteren die Heranziehung des konzernrechtlichen Beherrschungsbegriffs (§§ 16–18 AktG).[616] Dies erscheint mit Blick auf den Zweck des Konzernrechts, der wie bei dem *Related-Party-Transactions*-Regime im Schutz der Gesellschaft und der Minderheitsaktionäre liegt, grundsätzlich nicht abwegig. Wie bei der Verweisung des IAS 24.9 Unterabs. 5 auf IFRS 10 stünde man

---

614 So die Motivation für § 29 WpÜG, siehe insbesondere BT-Drucks. 14/7034, S. 53, l. Sp.; *Süßmann*, in Angerer/Geibel/Süßmann, WpÜG, § 29 Rn. 16 ff.

615 So zum Unabhängigkeitsbegriff des Kodex: *Klein*, AG 2012, 805, 806; *Paschos/Goslar*, NZG 2012, 1361, 1363; *Stephanblome*, NZG 2013, 445, 448.

616 So zum Unabhängigkeitsbegriff des DCGK: *Paschos/Goslar*, NZG 2012, 1361, 1363; *Ringleb/Kremer/Lutter/v. Werder*, NZG 2012, 1082, 1088 (Ziff. 5.4.2 Abs. 1 Satz 1 und 2 Rn. 1041d).

damit jedoch vor der Herausforderung einer sehr komplexen Definition. Der Abhängigkeitsbegriff selbst ist im Aktiengesetz nicht definiert. Rechtsprechung und Literatur haben vielmehr einen umfassenden Abhängigkeitstatbestand geschaffen. Nach wie vor bestehen Unsicherheiten über die für die Abhängigkeit erforderliche Intensität eines gesellschaftsrechtlich vermittelten Einflusses.[617]

Zuletzt kommen die Bestimmungen des Rechnungslegungsrechts, die Regelung in § 290 Abs. 1, 2 HGB, zur Konturierung des Kontrollbegriffs in Betracht. Die Regelung in § 290 HGB ist auf die Konzernbilanzrichtlinie[618] zurückzuführen, auf die bereits die EU-Kommissionsempfehlung 2005[619] Bezug nahm. Somit würden zugleich internationale Standards übernommen.[620] Auch im Aktienrecht wird an verschiedenen Stellen zur Definition des Mutterunternehmens auf § 290 Abs. 1, 2 HGB verwiesen. Erfasst werden danach Aktionäre, die auf das Unternehmen unmittelbar oder mittelbar beherrschenden Einfluss ausüben können (§ 290 Abs. 1 Satz 1 HGB). Die Norm ist originär auf das Verhältnis zweier Unternehmen zugeschnitten. Ist der Kontrollaktionär eine natürliche Person, ließen sich die Ausführungen – gegebenenfalls unter Berücksichtigung sachlich notwendiger Änderungen – entsprechend übertragen. Bei Vorliegen der in § 290 Abs. 3 HGB bestimmten Kontrollelemente wird ein beherrschender Einfluss unwiderleglich vermutet. Ein solcher beherrschender Einfluss ist insbesondere gegeben, wenn der Aktionär die Mehrheit der Stimmrechte der Gesellschaft innehat (vgl. § 290 Abs. 2 Nr. 1 HGB) oder wenn ihm das Recht zusteht, die Mehrheit der Vorstands- und Aufsichtsratsmitglieder, die die Finanz- und Geschäftspolitik bestimmen, zu bestellen oder abzuberufen (vgl. §290 Abs. 2 Nr. 2 HGB). Aber auch die wichtigen Fälle faktischer Abhängigkeitsverhältnisse aufgrund von Stimmrechtsanteilen von unter 50 % sind von § 290 Abs. 1 HGB erfasst, wenn der Aktionär eine gesicherte Präsenzmehrheit in der Hauptversammlung besitzt.[621] Lediglich § 290 Abs. 2 Nr. 3 HGB, nach dem beherrschender Einfluss dann angenommen werden kann, wenn dem Mutterunternehmen das Recht zusteht, die Finanz- und Geschäftspolitik aufgrund eines mit einem anderen Unternehmen geschlossenen Beherrschungsvertrags oder aufgrund

617 *Bayer*, in MüKo AktG, § 17 Rn. 14, 24.

618 Art. 1 Abs. 1 der Siebenten Richtlinie 83/349/EWG des Rates vom 13.06.1983 aufgrund von Art. 54 lit. g) des Vertrages über den konsolidierten Abschluss (ABl. EG Nr. L 193 v. 18.07.1983, S. 1–17), aufgehoben durch die Bilanzrichtlinie (Richtlinie 2013/34/EU).

619 Anhang II Nr. 1 lit. d) der EU-Kommissionsempfehlung 2005.

620 Vgl. *Florstedt*, ZIP 2013, 337, 340.

621 *Busse v. Colbe*, in MüKo HGB, § 290 Rn. 23; *Stephanblome*, NZG 2013, 445, 449.

einer Satzungsbestimmung zu bestimmen, eignet sich nicht für die hier relevante Definition der *Related Party*. Erstere Variante erfordert schon keine Gesellschafterstellung des Mutterunternehmens.[622] Eine Qualifikation als *Related Party*, losgelöst von einer Aktionärsstellung (oder Organstellung) sowie sonstiger Verbindung zu einem Aktionär (oder einem Organmitglied), geht indes zu weit. Die Einflussnahme muss gesellschaftsrechtlich vermittelt werden. Auch die zweite Variante eignet sich nicht für das Regulierungsregime. Denn aufgrund der in § 23 Abs. 5 AktG geregelten Satzungsstrenge werden Satzungsbestimmungen, die beherrschenden Einfluss sichern, praktisch nur für die Gesellschaften mit beschränkter Haftung relevant sein, die nicht Untersuchungsgegenstand der vorliegenden Arbeit sind. Schließlich empfiehlt es sich auch nicht, § 290 Abs. 2 Nr. 4 HGB der Definition des Kontrollaktionärs zu Grunde zu legen. § 290 Abs. 2 Nr. 4 HGB enthält anders als die anderen Nummern keine formalrechtliche Auslegung des Begriffs des beherrschenden Einflusses, sondern setzt eine wirtschaftliche Betrachtung voraus.[623] Bei der Konsolidierungspflicht in § 290 Abs. 1, Abs. 2 Nr. 4 HGB geht es allein um die wirtschaftliche Verbindung einer Zweckgesellschaft zu einem Mutterunternehmen, ohne dass eine Beteiligung der „Mutter" an der Zweckgesellschaft erforderlich wäre.[624] Nach dem oben Gesagten fehlt damit die gesellschaftsrechtlich vermittelte Einflussnahme.

Mit § 290 Abs. 1, 2 Nr. 1 und 2 HGB würde für die Definition des Kontrollaktionärs eine Regelung herangezogen werden, die insbesondere im Gegensatz zu § 17 AktG geeignet ist, klare Konturen zu schaffen. Sie ist für den Rechtsanwender leichter zu begreifen und aus diesem Grund dem konzernrechtlichen Beherrschungsbegriff vorzuziehen.[625]

V. Zwischenfazit

Der sehr weitgehende Katalog in IAS 24.9 passt für die Zwecke des *Related-Party-Transactions*-Regimes nicht und geht weit über das regulierungsbedürftige Maß hinaus. Sinnvoll und ausreichend erscheint, als *Related Party* lediglich natürliche Personen zu definieren, die Organmitglieder der betreffenden Gesellschaft oder eines Mutterunternehmens (§ 290 Abs. 1, 2 HGB) sind, die die Gesellschaft im

---

622 *Busse v. Colbe*, in MüKo HGB, § 290 Rn. 42.

623 BT-Drucks. 16/12407, S. 89, r. Sp.

624 BT-Drucks. 16/12407, S. 89, l. Sp.

625 So für die Auslegung des Kontrollbegriffs des DCGK: *Hüffer*, ZIP 2006, 637, 642; *M. Roth*, WM 2012, 1985, 1986 (Fn. 46); *Stephanblome*, NZG 2013, 445, 449.

Sinne des § 290 Abs. 1, 2 Nr. 1 und 2 HGB kontrollierend beherrschen oder nahe Familienangehörige dieser Personen sind. Zum Kreis der nahestehenden Unternehmen sollten lediglich im Sinne der §§ 290 Abs. 1, 2 Nr. 1 und 2 HGB unmittelbar oder mittelbar kontrollierend beherrschende Unternehmen, Unternehmen, an denen eine der genannten natürlichen Personen beherrschend beteiligt ist oder in denen sie eine Organposition bekleidet, zählen.

Doch ist auch nicht zu verkennen, dass eine solche Definition höhere Anforderungen an die Qualifikation als *Related Party* stellen würde, als dies durch IAS 24.9 geschieht. Damit würde dem persönlichen Anwendungsbereich des Regelungsregimes nach Art. 9c AR-RL2017 engere Grenzen gezogen und der Schutz der Gesellschaft und der Aktionäre verkürzt werden. Selbst wenn man von einer mindestharmonisierenden Verweisungsregelung ausgehen wollte, wäre es daher eine dem deutschen Gesetzgeber nicht mögliche, wenn auch rechtspolitisch wünschenswerte Definition der nahestehenden Personen und Unternehmen.

B. Erfasste Transaktionen

I. Definition

Für ein geschlossenes *Related-Party-Transactions*-Regime ist ferner erforderlich, den Kreis der kontrollbedürftigen Transaktionen festzulegen. Weder der Ausgangsvorschlag der Europäischen Kommission noch die reformierte Aktionärsrechterichtlinie, die in ihrem Art. 2 andere Begriffsbestimmungen enthält, sehen eine Definition des Transaktionsbegriffs vor. Der Transaktionsbegriff wird allem Anschein nach vorausgesetzt.[626] Im Schrifttum wird vorgeschlagen, auf die Definition des Geschäftsvorfalls im Sinne des IAS 24.9 zurückzugreifen. Dies wäre in Anbetracht dessen, dass für die Definition der *Related Party* bereits auf IAS 24.9 verwiesen wird, naheliegend und konsequent.[627] Als Geschäftsvorfall wird definiert „eine Übertragung von Ressourcen, Dienstleistungen oder Verpflichtungen zwischen einem berichtenden Unternehmen und einem nahestehenden Unternehmen/einer nahestehenden Person, unabhängig davon, ob dafür ein Entgelt in Rechnung gestellt wird“, IAS 24.9 Unterabs. 2. Als Beispiel nennt IAS 24.21 unter anderem den Kauf und Verkauf von Gütern, Grundstücken oder anderen

626 *Tarde*, ZGR 2017, 360, 364; *J. Vetter*, ZHR 179 (2015), 273, 284.

627 *Bungert/de Raet*, Der Konzern 2015, 289, 292; *Lanfermann/Maul*, BB 2014, 1283, 1287; *Seibt*, BDI/FBD, Erforderliche Harmonisierung oder unnötiger Systembruch?, S. 8; *J. Vetter*, ZHR 179 (2015), 273, 284 ff.; *Wiersch*, NZG 2014, 1131, 1133; *Zetzsche*, NZG 2014, 1121, 1128.

Vermögenswerten, den Bezug oder Empfang von Dienstleistungen, den Transfer im Rahmen von Finanzierungsvereinbarungen und die Gewährung von Bürgschaften. Für eine Anlehnung an den Begriff des Geschäftsvorfalls im Rahmen der reformierten Aktionärsrechterichtlinie spricht auch, dass in der englischen Terminologie des IAS 24.9 von „*Related Party Transactions*" die Rede ist.

Fraglich ist in diesem Zusammenhang, ob auch organisationsrechtliche Maßnahmen unter den Transaktionsbegriff fallen, insbesondere der Abschluss von Beherrschungs- und Gewinnabführungsverträgen, umwandlungsrechtliche Maßnahmen oder Kapitalerhöhungen mit Bezugsrechtsausschluss. So erfüllt auch die mit dem Abschluss von Unternehmensverträgen in der Regel einhergehende Verpflichtung der Gesellschaft, ihren gesamten Gewinn an das herrschende Unternehmen abzuführen, die maßgebliche Definition des Geschäftsvorfalls. Derartige Maßnahmen wären damit regelmäßig vom Transaktionsbegriff erfasst.[628] Die Durchführung solcher Strukturmaßnahmen birgt in der Regel eine *Tunneling*-Gefahr, weshalb insbesondere die Schutzbedürftigkeit von Minderheitsaktionären nicht von der Hand gewiesen werden kann. Dennoch sprechen gute Gründe gegen eine Einbeziehung organisationsrechtlicher Maßnahmen in den sachlichen Anwendungsbereich. Für wesentliche Strukturveränderungen in der Gesellschaft ist nach dem deutschen Recht bereits regelmäßig die Zustimmung der Hauptversammlung vorgeschrieben. So ist für den Abschluss von Gewinn- und Beherrschungsverträgen, umwandlungsrechtliche Maßnahmen und Kapitalerhöhungen eine qualifizierte Zustimmung seitens der Hauptversammlung vorgeschrieben und Regelungen zugunsten der außenstehenden Aktionäre vorgesehen. Für Strukturmaßnahmen sieht das deutsche Gesellschaftsrecht auch im Übrigen eine Bandbreite an Regelungen vor, die Missbräuchen entgegensteuern. Transparenz- und Schutzdefizite, die eine Regulierung erforderlich machen, bestehen daher nicht. Die Schutzinstrumente zugunsten der Gesellschaft und der (Minderheits-)Aktionäre würden ohne Not dupliziert werden.[629] Um eine Friktion mit dem geltenden Schutzstandard zu vermeiden, sollte das Regelungsregime in sachlicher Hinsicht nur Rechtsgeschäfte erfassen, nicht aber korporative Maßnahmen.

Eine Beschränkung des sachlichen Anwendungsbereichs des *Related-Party-Transactions*-Regime dürfte auch mit der reformierten Aktionärsrechterichtlinie vereinbar sein. So ist in Art. 9c Abs. 2 AR-RL2017 wörtlich von „*conclusion*

---

628 *Seibt*, BDI/FBD, Erforderliche Harmonisierung oder unnötiger Systembruch?, S. 9; *Tröger*, AG 2015, 53, 63; *J. Vetter*, ZHR 179 (2015), 273, 285.

629 So auch *Tarde*, ZGR 2017, 360, 365.

of the transaction" und in Art. 9c Abs. 6 lit. a) AR-RL2017 von „*transactions entered into*" die Rede. Dies zeigt deutlich, dass der europäische Gesetzgeber Rechtsgeschäfte im Sinn gehabt haben muss, nicht aber gesellschaftsrechtliche Strukturmaßnahmen.[630] Wie der Beispielkatalog in IAS 24.21 zeigt, zielt auch die Definition der *Related Party Transaction* in IAS 24.9 auf einzelne bilanzierungsfähige Geschäftsvorfälle ab, die sich unmittelbar auf die Vermögens- und Ertragslage auswirken; Unternehmensverträge führen dagegen zur Änderung des organisationsrechtlichen Zustands der Gesellschaft.[631] Jedenfalls über die Einbeziehung von Unternehmensverträgen in dieser Form wird sich der europäische Gesetzgeber nicht zwingend bewusst gewesen sein, da sie eine Besonderheit des deutschen Aktiengesetzes darstellen. Die Herausnahme von organisationsrechtlichen Maßnahmen insgesamt und eine sachliche Beschränkung des *Related-Party-Transactions*-Regime auf Rechtsgeschäfte dürften somit mit der reformierten Aktionärsrechterichtlinie im Einklang stehen.[632]

Wenn man korporative Akte nicht bereits aufgrund der Begrifflichkeiten aus dem Anwendungsbereich des Regelungsregimes der reformierten Aktionärsrechterichtlinie herausnehmen möchte, bleibt dem nationalen Gesetzgeber die Möglichkeit, von der optionalen Bereichsausnahme nach Art. 9c Abs. 6 lit. b) AR-RL2017 Gebrauch zu machen.[633] Danach können die Mitgliedstaaten klar definierte Transaktionsarten von den Anforderungen des Regelungsregimes ausnehmen, für die nach dem jeweiligen nationalen Recht bereits die Zustimmung der Hauptversammlung erforderlich ist, sofern die angemessene Behandlung aller Aktionäre und die Interessen der Gesellschaft und der Aktionäre, die nicht *Related Party* sind, ausdrücklich geregelt und angemessen geschützt sind. Nach dem oben Gesagten ist sowohl das Erfordernis einer Hauptversammlungszustimmung bei wesentlichen Strukturveränderungen, als auch

630 Vgl. *J. Vetter*, ZHR 179 (2015), 273, 286 ff.

631 *J. Vetter*, ZHR 179 (2015), 273, 283. Anders ist dies freilich bei Spaltungen und Verschmelzungen nach dem UmwG zu beurteilen, da durch die Maßnahme – wenn auch im Wege der Gesamtrechtsnachfolge – Vermögen oder Vermögensteile übertragen werden.

632 *Veil*, NZG 2017, 521, 522 (Fn. 18); *J. Vetter*, ZHR 179 (2015), 273, 287; im Ergebnis auch *Seibt*, DBI/FDB, Erforderliche Harmonisierung oder unnötiger Systembruch?, S. 9; zweifelnd, *Tarde*, Related Party Transactions, S. 212. Nach *Mülbert* soll es sich bei solchen Strukturmaßnahmen schon um keine wesentliche Transaktion im Sinne des Art. 9c AR-RL2017 handeln, für die das sekundäre Unionsrecht eine zwingende Hauptversammlungszuständigkeit vorsieht, siehe *Mülbert*, ZHR 179 (2015), 645, 656.

633 So im Ergebnis auch *Tarde*, Related Party Transactions, S. 227.

eines angemessenen Schutzes der Interessen der Gesellschaft und der nicht transaktionsbeteiligten Aktionäre erfüllt. Teilweise beruhen die Schutzvorschriften ihrerseits auf europäischen Richtlinien, wie etwa die umwandlungsrechtlichen Vorschriften, die auf die sogenannte dritte[634], sechste[635] und zehnte[636] gesellschaftsrechtliche Richtlinie zurückzuführen sind.[637] Damit könnte der Gesetzgeber von der Bereichsausnahme in Art. 9c Abs. 6 lit. b) AR-RL2017 für Strukturmaßnahmen Gebrauch machen.

II. Transaktionen der Tochtergesellschaft

Von der Definition der *Related Party* sollten wie gezeigt neben dem unmittelbar herrschenden Unternehmen auch mittelbar herrschende Unternehmen (die Großmutter der betreffenden Gesellschaft) sowie Gesellschaften erfasst werden, an denen eine der nahe stehenden natürlichen Personen herrschend beteiligt ist oder in denen sie eine Organposition bekleidet. Auf diese Weise werden Umgehungskonstellationen durch die Einschaltung einer anderen Gesellschaft erfasst. Spiegelbildlich ist zur Vermeidung von Umgehungen erforderlich, nicht nur Transaktionen der betreffenden Gesellschaft selbst mit ihren *Related Partys*, sondern auch Transaktionen zwischen den *Related Partys* der Gesellschaft und ihrer Tochtergesellschaft zu erfassen.[638] Aus der Sicht der Gesellschaft und ihrer (Minderheits-)Aktionäre sind unangemessene Rechtsgeschäfte der Tochtergesellschaft, an denen sie mittelbar beteiligt sind, ebenso gefährlich wie Transaktionen der eigenen Gesellschaft. Es besteht die Gefahr, dass durch Transaktionen zwischen einer *Related Party* der betreffenden (Mutter-)Gesellschaft und einer

---

634 Richtlinie 2011/35/EU des Europäischen Parlaments und des Rates v. 05.04.2011 über die Verschmelzung von Aktiengesellschaften (ABl. EU NR. L 110 v. 29.04.2011, S. 1 – Verschmelzungsrichtlinie).

635 Sechste Richtlinie 82/891/EWG des Rates v. 17.12.1982 gemäß Art. 54 Abs. 3 lit. g) des Vertrages betreffend die Spaltung von Aktiengesellschaften (ABl. EG Nr. L 378 v. 31.12.1982, S. 47 – Spaltungsrichtlinie).

636 Richtlinie 2005/56/EG des Europäischen Parlaments und des Rates v. 26.10.2005 über die Verschmelzung von Kapitalgesellschaften aus verschiedenen Mitgliedstaaten (ABl. EU Nr. L 310 v. 25.11.2005, S. 1 – Richtlinie über grenzüberschreitende Verschmelzungen).

637 Die genannten Richtlinien werden durch die neue Gesellschaftsrechts-Richtlinie (Richtlinie 2017/1132/EU des Europäischen Parlaments und des Rates vom 14.06.2017 über bestimmte Aspekte des Gesellschaftsrechts, ABl. EU Nr. L 169 v. 30.06.2017, S. 46) konsolidiert und zusammengefasst.

638 So auch *Klene*, S. 113; vgl. auch *Thoma*, Eigengeschäfte, S. 289.

Tochtergesellschaft letzterer in missbräuchlicher Weise Vermögenswerte entzogen werden. Dadurch könnte auch der durchgerechnete Anteilswert der (Minderheits-)Aktionäre der Muttergesellschaft beeinträchtigt werden.

C. Anwendung auf geschlossene Aktiengesellschaften

Fraglich ist, ob das *Related-Party-Transactions*-Regime nur auf börsennotierte Gesellschaften Anwendung finden sollte oder ob sich die Erstreckung der Regelungen auch auf nicht-börsennotierte Gesellschaften empfiehlt. Der Anwendungsbereich der Aktionärsrechterichtlinie bleibt auch in der reformierten Fassung auf Gesellschaften, deren Aktien zum Handel an einem in einem Mitgliedstaat gelegenen oder dort betriebenen geregelten Markt zugelassen sind, beschränkt, Art. 1 Abs. 1 AR-RL2017.[639] In Deutschland ist damit der regulierte Markt im Sinne der §§ 32 ff. BörsG gemeint, nicht jedoch der Freiverkehr.[640]

Dem nationalen Gesetzgeber steht es indes frei, in den Anwendungsbereich der Norm auch nicht-börsennotierte Gesellschaften zu beziehen.[641] Ob dies rechtspolitisch wünschenswert ist, hängt nicht zuletzt davon ab, ob die mit den Regelungen einhergehenden Vorteile die drohenden Belastungen für die Gesellschaft überwiegen. Bereits die Ermittlung der erfassten *Related Partys* könnte die Installierungen des oben[642] erwähnten „*Related-Party*-Beauftragten" oder eines aufwendigen Compliance-Systems erforderlich machen. Zusätzliche Kontrollelemente sind naturgemäß mit zusätzlichem Verwaltungsaufwand und Kosten verbunden, die kleinere, geschlossene Gesellschaften besonders hart treffen könnten.[643] Größere Gesellschaften verfügen in der Regel über bessere interne Strukturen. Jedoch bestehen die angesprochenen Interessenkonflikte und die Gefahr des *Tunnelings* gleichermaßen bei börsen- und nicht-börsennotierten Gesellschaften.[644] Gerade in geschlossenen Gesellschaften ist der Anteilsbesitz

639 So auch in den Kompromissvorschlägen des Rates und des Europäischen Parlaments. Nur in dem Vorschlag des Rechtsausschusses des Europäischen Parlaments (Dok. A8-0158/2015, v. 12.05.2015) war vorgesehen, dass der Anwendungsbereich der Aktionärsrechterichtlinie auch auf große Unternehmen und große Gruppen im Sinne der Bilanzrichtlinie (Richtlinie 2013/34/EU) ausgeweitet werden sollte. Dieser Gedanke wurde allerdings schnell aufgegeben. Dazu *Bungert/de Raet*, Der Konzern 2015, 28, 291 f.

640 *BDI/FBD*, Erforderliche Harmonisierung oder unnötiger Systemumbruch?, S. 8.

641 Vgl. *J. Vetter*, ZHR 179 (2015), 273, 324.

642 Siehe § 10 A. III. 1.

643 So auch *Tarde*, ZGR 2017, 360, 386.

644 *Klass*, ZHR 171 (2007), 146, 152 f.; *Klene*, GWR 2018, 210, 213; *ders.*, S. 185 f.

noch stärker konzentriert. Die Lage spitzt sich in geschlossenen Gesellschaften mit einem kontrollierenden Aktionär, der die klare Mehrheit der Aktien auf sich konzentriert, daher zu, da die Missbrauchsgefahr hier aufgrund der einseitigen Machtverteilung besonders groß ist.[645] Das Interesse der Minderheitsaktionäre an einem wirksamen Schutz vor dem Rentenstreben kontrollierender Aktionäre besteht umso mehr, als dass die praktischen Desinvestitionsmöglichkeiten in geschlossenen Gesellschaften eingeschränkt sind, da es keinen liquiden Sekundärmarkt für Gesellschaftsanteile gibt.[646] Folglich wäre es nicht sachgerecht, den Minderheitsgesellschaftern geschlossener Gesellschaften den Schutz vor nachteiligen *Related Party Transactions* zu verweigern.[647] Eine übermäßige Belastung der Gesellschaften sollte durch einen möglichst genau bestimmten engen Kreis von *Related Partys* und erfassten Transaktionen verhindert werden. Würden nur börsennotierte Aktiengesellschaften erfasst werden, könnte das Regelungsregime in Konzernsachverhalten leicht umgangen werden. Herrschende Aktionäre könnten zunächst die Geschäftsleitung der börsennotierten Muttergesellschaft veranlassen, Vermögenswerte, an denen sie interessiert sind, auf eine hundertprozentige Tochtergesellschaft zu transferieren. Sodann müsste nur noch die Geschäftsleitung der Tochtergesellschaft, die sich nicht selten den Wünschen des herrschenden Aktionärs der Mutter – und damit dem Machtzentrum des Konzerns – beugen wird, überzeugt werden, den Vermögenswert auf den herrschenden Aktionär zu übertragen. Bei der Tochtergesellschaft handelt es sich regelmäßig um eine nicht-börsennotierte Gesellschaft, für die das Regelungsregime nicht gelten würde. Durch die Einbeziehung auch nicht-börsennotierter (Tochter-)Gesellschaften würde eine Umgehung verhindert werden. Unverhältnismäßig hohen Belastungen für geschlossene, kleine Gesellschaften sollte erforderlichenfalls durch Ausnahme- und Erleichterungstatbestände im Rahmen des jeweiligen Schutzinstruments entgegengewirkt werden.[648]

§ 11 Zustimmungserfordernis der Hauptversammlung

Am intensivsten könnten (Minderheits-)Aktionäre bei dem Abschluss von Rechtsgeschäften mit nahestehenden Personen und Unternehmen einbezogen

645 Ähnlich *Klene*, S. 185.

646 *Bachmann/Eidenmüller/Engert/Fleischer/Schön*, Rechtsregeln für die geschlossene Kapitalgesellschaft, S. 29; *Tröger*, AG 2015, 53, 61.

647 Einschränkend auf gruppenabhängige Gesellschaften: *Hommelhoff*, KSzW 2014, 63, 66; a. A. *Teichmann*, AG 2013, 184, 188; *Veil*, NZG 2017, 521, 524.

648 Dazu sogleich unter § 12 C. IV. d.

werden, wenn ein zwingender Zustimmungsvorbehalt der Hauptversammlung implementiert werden würde. Beachtet man, dass die Aktionäre einer Gesellschaft die Kapitalgeber und damit die „Eigentümer" der Gesellschaft[649] sind, erscheint ihre Einbindung bei gewichtigen Transaktionen mit nahestehenden Personen und Unternehmen nicht fernliegend.

A. Reformierte Aktionärsrechterichtlinie

I. Ausgangsvorschlag der Europäischen Kommission

1. Werthürden und Auffangtatbestand

Anlass zur Diskussion einer zwingenden Einbindung der Hauptsammlung in Form eines Zustimmungsvorbehalts für *Related Party Transactions* gab der Ausgangsvorschlag der Europäischen Kommission zur Änderung der Aktionärsrechterichtlinie, der vor allem in Deutschland ein negatives Echo hervorgerufen hat. Der Kommissionsvorschlag beinhaltet differenzierte Regelungen zur Transparenz, zur Wert- und Angemessenheitskontrolle und zur Entscheidungskompetenz für *Related Party Transactions.* Dabei folgt er einem zweistufigen, vom Wert und von der Bedeutung der Transaktion abhängigen Schutzkonzept zugunsten der Aktionäre. Auf der ersten Stufe sollen Gesellschaften Geschäfte mit nahestehenden Personen und Unternehmen, die mehr als 1 % ihres Vermögens betreffen, zum Zeitpunkt ihres Abschlusses öffentlich bekanntmachen und dieser Bekanntmachung einen Bericht eines unabhängigen Dritten über die Marktüblichkeit sowie Fairness und Vernünftigkeit beifügen (sogenannte *Fairness Opinion*, Art. 9c Abs. 1 Satz 1 AR-RL-KOM). Auf der zweiten Stufe sollen Transaktionen mit nahestehenden Personen und Unternehmen, die mehr als 5 % des Vermögens des Unternehmens betreffen oder erhebliche Auswirkungen auf den Gewinn oder den Umsatz der Gesellschaft haben können, zusätzlich[650] den Aktionären im Rahmen einer Hauptversammlung zur Abstimmung vorgelegt werden (Art. 9c Abs. 2 Satz 1 AR-RL-KOM). Wonach sich die Werthürden von 1 % beziehungsweise 5 % bemessen, was die Kommission insbesondere unter dem Vermögensbegriff versteht und was der maßgebliche Zeitpunkt der Bestimmung ist, ist unklar. Richtig dürfte sein, für eine Konturierung des

---

649 Vgl. *Bayer*, NJW 2000, 2609, 2619.

650 Zum Verhältnis der Regelungen in Art. 9c Abs. 1 und Abs. 2 AR-RL-KOM: *J. Vetter*, ZHR 179 (2015), 273, 288.

Begriffs einen Blick auf die Vorbildnorm der FCA LR 11 zu werfen.[651] Danach ist das Verhältnis des Vertragswerts der Transaktion zum bilanziellen Aktivvermögen des Unternehmens (im Sinne des *gross asset test*) maßgeblich.[652] Das Zustimmungserfordernis wird außerdem ausgelöst, wenn die als Auffangtatbestand dienende Wesentlichkeitsschwelle[653] überschritten wird. Dies ist bei einer Transaktion der Fall, die erhebliche Auswirkungen auf den Gewinn oder Umsatz haben kann. Auch dieses Merkmal wird weder im Kommissionsvorschlag noch in den Begleitdokumenten der Europäischen Kommission näher konkretisiert. Im Schrifttum wird vorgeschlagen, zur Konkretisierung an einen Schwellenwert von 10 % für Ertrag und Umsatz anzuknüpfen.[654] Da die Europäische Kommission bereits in der ersten Alternative des Art. 9c Abs. 2 Unterabs. 1 AR-RL-KOM an die 5 %-Werthürde anknüpft, wird sie indes im nachfolgenden Auffangtatbestand – wenn überhaupt – eine gemischt quantitativ-qualitative Auslegung im Sinn gehabt haben dürfen.

2. *Beschlusserfordernis und Stimmverbot*

Ist die 5 %-Wertgrenze überschritten oder greift der Auffangtatbestand, ist die Transaktion den Aktionären im Rahmen einer Hauptversammlung zur Abstimmung vorzulegen (Art. 9c Abs. 2 AR-RL-KOM). Der Aktionär, der an der betreffenden Transaktion beteiligt ist, unterliegt einem Stimmverbot (Art. 9c Abs. 2 Unterabs. 1 Satz 2 AR-RL-KOM). Damit verfolgt die Europäische Kommission das *Majority-of-the-Minority*-Konzept, das seinen Ursprung im *Delaware General Corporation Law* hat.[655] Allerdings trifft das Stimmverbot ausweislich des Wortlauts der Norm nur den an der Transaktion selbst „beteiligten" Aktionär. Aktionäre, deren nahestehenden Personen und Unternehmen Transaktionsbeteiligte sind, sind nicht von der Abstimmung ausgeschlossen.

---

651 Genauer FCA LR 11.1.10 i. V. m. FCA LR 10 Annex 1G, 2R (1) und (2) – sogenannte *class tests*.

652 *Lanfermann/Maul*, BB 2014, 1283, 1287; *Seibt*, DB 2014, 1910, 1914 (Fn. 44); *ders.*, DBI/FBD, Erforderliche Harmonisierung oder unnötiger Systembruch?, S. 11. Näher zum *gross asset test* sogleich unter § 12 C. I. 2.

653 *Seibt*, BDI/FBD, Erforderliche Harmonisierung oder unnötiger Systembruch?, S. 13.

654 *Zetzsche*, NZG 2014, 1121, 1128.

655 *Seibt*, BDI/FBD, Erforderliche Harmonisierung oder unnötiger Systembruch?, S. 15.

II. Änderungsvorschlag des Rats der Europäischen Union

Nach mehreren Vorschlägen der italienischen und lettischen Ratspräsidentschaften[656] hat der Rat der Europäischen Union im März 2015 einen Text zur Vorbereitung auf den informellen Trilog veröffentlicht.[657] Der Kompromissvorschlag des Rats sieht für die Mitgliedstaaten allgemein einen größeren Gestaltungsspielraum vor. Zu den prägnantesten Änderungen gehört die Streichung der starren Schwellenwerte. Es wird ein Wesentlichkeitskriterium („*material transactions*") eingeführt, dessen Konkretisierung den Mitgliedstaaten überlassen wird. Von herausragender Bedeutung sind ferner die Modifikationen hinsichtlich des Zustimmungserfordernisses der Hauptversammlung. Nach dem Kompromissvorschlag des Rats ist die *Related Party Transaction* nicht mehr zwingend von der Zustimmung der Hauptversammlung abhängig. Stattdessen können die Mitgliedstaaten die Entscheidungskompetenz auf das Aufsichts- beziehungsweise Verwaltungsorgan übertragen (Art. 9c Abs. 2 Satz 1 AR-RL-Rat), in Deutschland also auf den Aufsichtsrat.

III. Änderungsvorschlag des Europäischen Parlaments

Der Rechtsausschuss des Europäischen Parlaments hat im Frühjahr 2015 auf Basis der Kompromissvorschläge der italienischen und lettischen Ratspräsidentschaften sowie einer Stellungnahme des Wirtschaftsausschusses des Europäischen Parlaments selbst einen Änderungsvorschlag vorgelegt.[658] Das Europäische Parlament hat den Vorschlag des Rechtsausschusses am 07./08.07.2015 im Plenum in erster Lesung behandelt und einen von diesem abweichenden Kompromisstext zur Vorbereitung auf den informellen Trilog beschlossen.[659] Wie der Kompromissvorschlag des Rats gewährt er den Mitgliedstaaten bei der späteren

656 Unter italienischer Ratspräsidentschaft: Presidency Compromise Text, Dok. 13758/14 v. 10.11.2014 sowie Presidency Compromise Text, Dok. 15647/14 v. 05.12.2014. Unter lettischer Ratspräsidentschaft: Presidency Compromise Text, Dok. 5215/15 v. 14.01.2015.

657 Council of the European Union, Proposal for a Directive of the European Parliament and of the Council amending Directive 2007/36/EC as regards the encouragement of long-term shareholder engagement and Directive 2013/34/EU as regards certain elements of the corporate governance statement, Preparation of an informal trilogue, Dok. 7315/15 v. 20.03.2015 (AR-RL-Rat).

658 Bericht des Rechtsausschusses des Europäischen Parlaments, Dok. A8-0158/2015 v. 12.05.2015 (AR-RL-JURI).

659 Änderungen des Europäischen Parlaments zu dem Vorschlag der Europäischen Kommission, Dok. P8_TA-PROV(2015)0257 v. 08.07.2015 (AR-RL-EP).

Umsetzung der Richtlinie einen größeren Gestaltungsspielraum. Auch nach dem Änderungsvorschlag des Europäischen Parlaments ist für die Anwendung der Regelungen nicht mehr das Überschreiten unterschiedlicher starrer Schwellenwerte maßgeblich, sondern das Vorliegen einer wesentlichen Transaktion. Unterschiede gegenüber der Ratsfassung sind bei dieser Regelung nur marginal und bestehen lediglich im Detail. Auch hier soll die Definition des Wesentlichkeitskriteriums den Mitgliedstaaten obliegen. Ebenso rückt der Vorschlag des Europäischen Parlaments vom zwingenden Zustimmungserfordernis der Hauptversammlung ab und überträgt stattdessen den Mitgliedstaaten die Entscheidung, ob wesentliche Transaktionen von der Hauptversammlung oder vom Verwaltungs- beziehungsweise Aufsichtsorgan des Unternehmens genehmigt werden müssen (Art. 9c Abs. 2 AR-RL-EP).

IV. Einigung im Trilogverfahren – reformierte Aktionärsrechterichtlinie

Nach jahrelangem Prozess durch die europäischen Institutionen haben sich der Rat der Europäischen Union, das Europäische Parlament und die Europäische Kommission auf einen Kompromiss zur Änderung der Aktionärsrechterichtlinie in einem informellen Trilogverfahren geeinigt.[660] Gegenüber dem Kommissionsvorschlag enthält auch die reformierte Aktionärsrechterichtlinie wesentliche Entschärfungen und einen weiteren Gestaltungsspielraum der nationalen Gesetzgeber. Insbesondere haben sich in der reformierten Aktionärsrechterichtlinie die Vorschläge des Rats und des Europäischen Parlaments, an die Überschreitung einer Wesentlichkeitsschwelle statt starrer Schwellenwerte anzuknüpfen, durchgesetzt (Art. 9c Abs. 1 AR-RL2017). Kernelement der Schutzvorschriften ist das in Art. 9c Abs. 4 AR-RL2017 vorgesehene zwingende Zustimmungserfordernis für wesentliche Transaktionen, zur Wahl der nationalen Gesetzgeber entweder der Hauptversammlung oder des Verwaltungs- oder Aufsichtsorgans der Gesellschaft. Das Abstimmungsverfahren muss so ausgestaltet werden, dass die *Related Party* ihre Position nicht ausnutzen kann und die Interessen der Gesellschaft und der Aktionäre, die weder ein nahestehendes Unternehmen noch eine nahestehende Person sind, angemessen geschützt sind. Mit letzteren sind Aktionäre gemeint, die nicht an der Transaktion als *Related Party* beteiligt sind. Damit entspricht die Regelung den Kompromissvorschlägen des Rats und des Europäischen Parlaments. Daran anknüpfend sieht die reformierte Aktionärsrechterichtlinie vor, dass transaktionsbeteiligte Aktionäre oder Mitglieder des Aufsichts- oder Verwaltungsorgans grundsätzlich

---

660 Siehe oben § 1.

einem Stimmverbot unterliegen. Eine Ausnahme vom Stimmverbot des Aktionärs sollen die Mitgliedstaaten aber dann vorsehen können, wenn das nationale Recht mittels angemessener Schutzmechanismen dafür sorgt, dass sich der transaktionsbeteiligte Aktionär gegen die Mehrheit der übrigen Aktionäre im Abstimmungsverfahren nicht durchsetzen kann (Art. 9c Abs. 4 Unterabs. 3, 4 AR-RL2017).

V. Bewertung

Die Hauptversammlung, die bei Leitung und Kontrolle der Gesellschaft grundsätzlich nicht mitwirkt, stellt eine „neutrale" Instanz dar. Daher scheint ein Zustimmungserfordernis der Hauptversammlung prinzipiell geeignet, Interessenkonflikte, die den *Related Party Transactions* immanent sind, wirksam zu regulieren. Ergänzt um einen Stimmrechtsausschuss des transaktionsbeteiligten Aktionärs, könnte das Instrument sowohl bei Eigengeschäften von Organmitgliedern als auch bei Transaktionen des Kontrollaktionärs sinnvoll eingesetzt werden.[661] Allgemein gelten Abstimmungen als geeignet, den Willen einer Gruppe gegenüber dem Willen der einzelnen Mitglieder zu ermitteln. Das Ergebnis der Abstimmung entspricht in der Regel dem Interesse der Gruppe als Gesamtheit; die Entscheidung der Anteilsinhaber über die Transaktion würde damit eine „demokratische" Legitimierung des Geschäfts bewirken.[662]

Bestätigt wird dieser Gedanke durch die Regelungen im deutschen Aktienrecht, die für bestimmte gewichtige Maßnahmen die Zustimmung der Hauptversammlung verlangen. In diese Richtung weist namentlich die Regelung des § 52 AktG im Nachgründungsrecht, der zur Wirksamkeit eines Nachgründungsvertrags die Zustimmung der Hauptversammlung vorschreibt. Der Zweck der Nachgründungsregelungen liegt nicht allein in der Sicherstellung der realen Kapitalaufbringung, sondern auch im Schutz der nicht transaktionsbeteiligten Aktionäre. Durch den Schutz der Gesellschaft vor unangemessenen Nachgründungsverträgen sollen mittelbar auch die Interessen der Aktionäre geschützt

---

661 Vgl. *Kumpan*, EU Vorgaben für related party transactions, S. 27 f., 34, der an dem Erfordernis der Hauptversammlungszustimmung – gegebenenfalls ergänzt um ein Stimmverbot des an der Transaktion beteiligten Mehrheitsaktionärs – für Fälle außerhalb des Konzernrechts und für Geschäfte mit Aufsichtsratsmitgliedern festhalten möchte. Vgl. auch *Goshen*, California Law Review 91 (2003), 393, 399 f.; *Langenbucher*, in FS Müller-Graff, S. 312, 314.

662 *Goshen*, California Law Review 91 (2003), 393, 399 f.

werden.[663] Dies ergibt sich insbesondere aus der Verweisung in § 53 Satz 1 AktG auf § 50 Satz 1 AktG, nach dem die Gesellschaft auf Ersatzansprüche nur verzichten darf, wenn die Hauptversammlung zugestimmt und nicht eine Minderheit Widerspruch erhoben hat.[664] Der Gesetzgeber geht augenscheinlich davon aus, dass optimaler Schutz vor unangemessenen Austauschgeschäften durch Einbindung der Hauptversammlung erreicht werden kann. Die Implementierung eines zwingenden Zustimmungsvorbehalts der Hauptversammlung zur Kontrolle von *Related Party Transactions* lässt sich jedoch nicht rechtfertigen, wenn die damit verbundenen Nachteile für die Gesellschaft außer Verhältnis zum verfolgten Zweck stehen und das Ziel auf eine andere, weniger eingriffsintensive Art und Weise erreicht werden kann.

Die Bewertung des Vorschlags einer zwingenden Hauptversammlungszustimmung hat unter Berücksichtigung mehrerer Faktoren zu erfolgen. Von besonderer Bedeutung sind die Auswirkungen auf das deutsche Aktien- und Aktienkonzernrecht. Zu untersuchen gilt der Vorschlag ferner im Hinblick auf die Vereinbarkeit mit dem Grundsatz der Organadäquanz, die Praktikabilität einer Hauptversammlungszustimmung und die Aktionärsdemokratie.

1. *Auswirkungen auf das deutsche Aktien(konzern-)Recht*

a) Aktienrechtliches Kompetenzgefüge

Eine zwingende Zustimmung der Hauptversammlung zu *Related Party Transactions* hätte erhebliche Auswirkungen auf das deutsche Aktienrecht, insbesondere auch in konzernrechtlicher Hinsicht. Der Vorschlag steht in einem grundlegenden Widerspruch zur Kompetenzverteilung zwischen Vorstand, Aufsichtsrat und Hauptversammlung.[665] Die Entscheidung über Geschäftsführungsmaßnahmen obliegt dem Vorstand, welcher vom Aufsichtsrat überwacht wird. Die Hauptversammlung spielt bei der Geschäftsführung der Gesellschaft keine Rolle. Beschlusskompetenz besitzt sie nur in besonderen Ausnahmefällen, etwa in Holzmüller-/Gelatine-Konstellationen.[666] Die hier in Frage stehenden *Related Party Transactions* gehen in der Regel weder mit einer faktischen Satzungsänderung einher noch haben sie die Mediatisierung von Mitgliedschaftsrechten zur

---

663 *Heidinger*, in Spindler/Stilz, AktG, § 52 Rn. 6; *Pentz*, in MüKo AktG, § 52 Rn. 5; vgl. auch BGH, Urt. v. 15.01.1990 – II ZR 164/88, BGHZ 110, 47, 55 = NJW 1990, 982, 983.

664 *Pentz*, in MüKo AktG, § 52 Rn. 5.

665 So auch *DAV-HRA*, NZG 2015, 54, 64; *Fleischer*, BB 2014, 2691, 2698.

666 Siehe oben § 8 A. I.

Folge, die für eine Holzmüller-/Gelatine-Kompetenz von Bedeutung sein könnten.[667] Allein die Beeinträchtigung des Vermögenswertes des Geschäftsanteils der Aktionäre löst noch keine ungeschriebene Hauptversammlungskompetenz nach den Holzmüller-/Gelatine-Grundsätzen aus. Angesichts dieser im deutschen Recht existierenden Bezugsgrößen, müsste sich die die Zustimmungspflicht der Hauptversammlung auslösende Wesentlichkeitsschwelle an diesen Bezugsgrößen orientieren. Bei Festlegung vergleichsweise niedriger Schwellen für *Related Party Transactions* entstünde ein Systembruch. Jedoch wäre der verbesserten Kontrolle von *Related Party Transactions* auch nicht geholfen, verlangte man eine (annähernd) gleich hohe Wesentlichkeitsschwelle. Solche Rechtsgeschäfte sind in der Praxis die Ausnahme. Der Bezug auf die Holzmüller-/Gelatine-Fälle geht allerdings fehl, wenn es um Transaktionen zwischen der Gesellschaft und kontrollierenden Aktionären, also um Konflikte zwischen Mehrheits- und Minderheitsaktionären geht. Die Holzmüller-/Gelatine-Doktrin betrifft nämlich vertikale Konflikte zwischen der Verwaltung und der Hauptversammlung.[668] Dennoch würden damit entgegen der allgemeinen Tendenz Hauptversammlungskompetenzen durch das Postulat eines Zustimmungserfordernisses bei *Related Party Transactions* erheblich ausgeweitet werden.[669] Durch die Verlagerung der Kontrolle des Vorstands auf die Hauptversammlung würde zugleich der Aufsichtsrat in seiner Funktion als „geborenes" Überwachungsorgan im dualistischen Corporate-Governance-Modell geschwächt werden.[670] Die in der reformierten Aktionärsrechterichtlinie vorgesehene Option des Zustimmungserfordernisses des Aufsichtsorgans wird folglich auch dualistisch verfassten Gesellschaften gerecht.

b) Machtverschiebung zugunsten der Zufallsminderheit

Ungeachtet der schwierigen Vereinbarkeit einer etwaigen Hauptversammlungskompetenz mit dem aktienrechtlichen Kompetenzgefüge, wären darüber hinaus die Auswirkungen des Stimmverbots des an der Transaktion beteiligten Kontrollaktionärs erheblich. Auf der einen Seite wäre der Ausschluss des Stimmrechts des betroffenen Aktionärs konsequent, um eine unbefangene Kontrolle

---

667 Vgl. auch *Renner*, AG 2015, 513, 522.

668 Hierzu *Tröger*, Corporate Groups, S. 29 f., abrufbar unter: http://ssrn.com/abstract=2500101 (Stand 31.08.2018).

669 Siehe etwa BGH, Urt. v. 23.06.1997 – II ZR 132/93 (Siemens/Nold), BGHZ 136, 133 ff. = AG 1997, 465; BGH, Urt. v. 26.04.2004 – II ZR 155/02 (Gelatine), BGHZ 159, 30 ff., 44 f. = AG 2004, 384 f., 388.

670 *Bremer*, NZG 2014, 415; *Fleischer*, BB 2014, 2691, 2699; *Selzner*, ZIP 2015, 753, 758 f.

der Transaktion durch die Hauptversammlung zu gewährleisten.[671] Für die Kontrolle von *Related Party Transactions* mit Kontrollaktionären und ihm nahestehenden Personen und Unternehmen wäre nämlich nichts gewonnen, wenn der Kontrollaktionär seinen Willen gegen die Minderheitsaktionäre in der Hauptversammlung aufgrund seiner Stimmmacht durchsetzen könnte. Das Interesse des beteiligten Kontrollaktionärs wird nicht immer mit dem Unternehmensinteresse und dem Interesse der übrigen Aktionäre identisch sein.[672] Auf der anderen Seite würde eine solche Erweiterung des Stimmverbots über die Regelung des § 136 AktG hinaus der deutschen Rechtstradition widersprechen und wäre zudem mit der deutschen Aktionärsstruktur kaum vereinbar.[673] Vor der Reform des Aktienrechts 1937 war ein Aktionär bei der Beschlussfassung über die Vornahme eines eigenen Rechtsgeschäfts mit der Gesellschaft von der Abstimmung ausgeschlossen.[674] Der deutsche Gesetzgeber hat dieses weite Stimmverbot allerdings aufgegeben. Er erachtete es als unangemessen, dem Aktionär mit dem weit größten Anteilsbesitz keinen Einfluss auf die Abstimmung und somit auf das Schicksal der Transaktion zuzusprechen.[675] Die Minderheitsaktionäre sah er durch das Anfechtungsrecht hinreichend geschützt.[676] Zudem handelt es sich bei deutschen Aktiengesellschaften regelmäßig um solche, die über einen beherrschenden Kontrollaktionär verfügen. Folge eines umfassenden Stimmverbots wäre mithin, dass die übrigen Aktionäre – also eine „Zufallsminderheit“ – über die Transaktion entscheiden würden.[677] Dieser Aktionärsminderheit würde eine Beschlusskompetenz zugebilligt werden, die schon der Aktionärsmehrheit nicht zusteht. Dies erscheint auch im Hinblick auf das grundrechtlich geschützte Anteilseigentum (Art. 14 Abs. 1 GG), das neben der mitgliedschaftlichen Stellung auch vermögenrechtliche Interessen schützt,[678] bedenklich. Außerdem ist auch nicht gewährleistet, dass die Minderheitsaktionäre bei der Beschlussfassung neutral abstimmen und vor allem allein im Interesse der Gesellschaft

---

671 Vgl. *Kalss*, in Kalss/Schauer, Die Reform des Österreichischen Kapitalgesellschaftsrechts, 16. ÖJT, S. 392.

672 *Bungert/de Raet*, Der Konzern 2015, 289, 296.

673 *Wiersch*, NZG 2014, 1131, 1136.

674 Siehe § 252 Abs. 3 Satz 2 HGB 1897.

675 *Schlegelberger/Quassowski*, AktG 1937, § 114 Rn. 17.

676 Amtl. Begr. zu §§ 113, 114 AktG bei *Klausing*, Aktien-Gesetz, S. 101.

677 *Kalss*, ZHR 171 (2007), 146, 181 f.; vgl. auch *Assmann*, AG 2015, 597, 609; *BDA/BDI/DIHK*, Gemeinsame Stellungnahme, S. 18 f.; *Klene*, S. 222; *Seibt*, DB 2014, 1910, 1915.

678 *Papier*, in Maunz/Dürig, GG, Art. 14 Rn. 195.

entscheiden.[679] Selbst bei dem wohlwollendsten Minderheitsaktionär ist es denkbar, dass er aus eigennützigen Motiven gegen eine Transaktion stimmt, die sowohl dem Interesse des Unternehmens als auch demjenigen des an der Transaktion beteiligten Mehrheitsaktionärs entspricht.[680] Die Aktionäre sind aufgrund des Grundsatzes der Abstimmungsfreiheit auch im Übrigen nicht verpflichtet, der Transaktion zuzustimmen.[681] Es steht ihnen grundsätzlich frei, ihre Zustimmung ohne sachlichen Grund zu verweigern;[682] sie sind anders als die Organmitglieder nicht in erster Linie dem Unternehmensinteresse verpflichtet.[683] Nur ausnahmsweise ist den Aktionären aufgrund ihrer mitgliedschaftlichen Treuepflicht[684] nicht erlaubt, aus eigennützigen Gründen Beschlüsse zu verhindern, die im Interesse der Gesellschaft oder der übrigen Mitaktionäre erforderlich sind.[685] Indes kann nicht bei allen *Related Party Transactions* angenommen werden, dass sie für den Fortbestand der Gesellschaft notwendig sind und deswegen nicht von den übrigen Aktionären verhindert werden dürfen.[686]

Ferner würde dieser „Zufallsminderheit“ ein Machtzuwachs zugesprochen werden, für den keine sachliche Rechtfertigung ersichtlich ist und der die Gefahr eines Erpressungspotentials in sich birgt.[687] Die Minderheitsaktionäre könnten verlangen, am Gewinn der Transaktion beteiligt zu werden und drohen, andernfalls die Transaktion zu blockieren. Ist die Forderung der Minderheitsaktionäre so hoch, dass dem Mehrheitsaktionär selbst kein nennenswerter Gewinn mehr bleiben würde, könnten daran auch für das Unternehmen wertschöpfende Transaktionen scheitern. Gleichermaßen ist die Situation, wenn sich die Forderungen der Minderheitsaktionäre zwar noch im Rahmen des Vernünftigen halten, der

---

679 *J. Vetter*, ZHR 179 (2015), 273, 306; ähnlich *Langenbucher*, in FS Müller-Graff, S. 312, 315.

680 *Goshen*, California Law Review 91 (2003), 393, 400; *Langenbucher*, in FS Müller-Graff, S. 312, 315.

681 Vgl. *Lange*, in Henssler/Strohn, AktG, § 53a Rn. 10.

682 *BDA/BDI/DIHK*, Gemeinsame Stellungnahme, S. 18.

683 *BDA/BDI/DIHK*, Gemeinsame Stellungnahme, S. 18.

684 Zur Treubindung der „Zufallsmehrheit“: *Koch*, in Hüffer, AktG, § 53a Rn. 21.

685 Vgl. BGH, Urt. v. 20.03.1995 – II ZR 205/94 (Girmes), BGHZ 129, 136, 152 = NJW 1995, 1739, 1743: Im Falle der Sanierungsbedürftigkeit der Gesellschaft verbiete es die Treuepflicht, eine sinnvolle und mehrheitlich angestrebte Sanierung aus eigennützigen Gründen zu verhindern; vgl. auch *Bungeroth*, in MüKo AktG, Vorb. § 53a Rn. 27; *Lange*, in Henssler/Strohn, AktG, § 53a Rn. 10; *Laubert*, in Hölters, AktG, § 53a Rn. 17.

686 Ähnlich *J. Vetter*, ZHR 173 (2015), 273, 306.

687 *Kalss*, ZHR 171 (2007), 146, 182; *dies.*, in Kalss/Schauer, Die Reform des Österreichischen Kapitalgesellschaftsrechts, 16. ÖJT, S. 392.

Mehrheitsaktionär sich aber aus strategischen Gründen – wie etwa der Gefahr des Reputationsverlustes – gezwungen sieht, diese Forderungen abzulehnen.[688] Allein die abstrakte Gefahr, die von *Related Party Transactions* mit dem Kontrollaktionär ausgehen mag, rechtfertigt den immensen Machtzuwachs jedenfalls noch nicht.

c) Auswirkungen im Vertragskonzern

Ein zwingendes Erfordernis einer Hauptversammlungszustimmung im Sinne des Kommissionsvorschlags würde sich ferner beträchtlich auf das Recht des Vertragskonzerns auswirken, falls anders als hier vertreten davon ausgegangen wird, dass der Abschluss von Beherrschungs- und Gewinnabführungsverträgen vom Transaktionsbegriff erfasst ist. Zwar ist schon *de lege lata* für den Abschluss eines Beherrschungs- und Gewinnabführungsvertrags nach § 293 Abs. 1 AktG ein Hauptversammlungsbeschluss erforderlich. Handelt es sich auch bei der Obergesellschaft um eine Aktiengesellschaft, muss auch ihre Hauptversammlung über den Abschluss des Unternehmensvertrags beschließen (§ 293 Abs. 2 AktG). Auswirkungen hätte eine Regelung im Sinne des Kommissionsvorschlags aber im Hinblick auf das Stimmrecht des betroffenen herrschenden Aktionärs. Würde dieser einem Stimmverbot unterliegen, würde die Entscheidungsgewalt über derartige Beherrschungsinstrumente allein bei den außenstehenden Aktionären liegen.[689] Abfindungs- und Ausgleichsansprüche wären im Ergebnis nur von Verhandlungen zwischen Minderheitsaktionären und dem Hauptaktionär abhängig, statt in dem nach dem Gesetz vorgesehen geordneten Verfahren ermittelt zu werden.[690] Solche Verhandlungen wären in der Praxis mit Schwierigkeiten verbunden. Zum einen wären sie bei börsennotierten Gesellschaften schon kaum durchführbar. Minderheitsaktionäre, bei denen es sich häufig auch um institutionelle Anleger handelt, haben keinen gemeinsamen Vertreter. Ihre Interessen stimmen ferner nicht zwangsläufig überein. Sie können zwar Dienste von Stimmrechtsberatern in Anspruch nehmen, diese gewährleisten jedoch keine gemeinsame Interessenausübung für die Minderheitsaktionäre. Zum anderen bestünde die Gefahr, dass auf diesem Weg berechtigte Interessen des Unternehmens und anderer Stakeholder nicht berücksichtigt würden und das Ergebnis der Verhandlung nicht fair und angemessen wäre.[691]

---

688 *Goshen*, California Law Review 91 (2003), 393, 492.
689 *J. Vetter*, ZHR 179 (2015), 273, 285.
690 *J. Vetter*, ZHR 179 (2015), 273, 287.
691 *J. Vetter*, ZHR 179 (2015), 273, 287.

d) Auswirkungen im faktischen Konzern

Im faktischen Konzern sind Transaktionen einer abhängigen Aktiengesellschaft mit der Obergesellschaft vom Regelungsregime erfasst, wenn also mit der Wendung „nahestehendes Unternehmen" die Konzernmutter als herrschendes Unternehmen gemeint ist. Damit sind dieselben Geschäfte erfasst, die Gegenstand des Abhängigkeitsberichts nach § 312 AktG sind. Auch das deutsche Aktienkonzernrecht geht davon aus, dass die Kontrolle der Rechtsgeschäfte und Maßnahmen mit einem herrschenden Unternehmen dem Aufsichtsrat und dem Abschlussprüfer obliegt (§§ 313, 314 AktG), nicht aber der Hauptversammlung. Die Leitung der faktisch abhängigen Gesellschaft ist Aufgabe des Tochtervorstands. Der Vorstand darf sich im Rahmen seines unternehmerischen Ermessens auf nachteilige Geschäfte mit dem herrschenden Unternehmen einlassen.[692] Jedoch muss er vorher sorgfältig geprüft und sich davon überzeugt haben, dass das herrschende Unternehmen willens und in der Lage sein wird, den Nachteil auszugleichen.[693] Die mit dem gestreckten Nachteilsausgleich verbundene Privilegierung des herrschenden Unternehmens wäre mit der zwingenden Einschaltung der Hauptversammlung faktisch nicht mehr möglich. Der Frage, ob das System des gestreckten Nachteilsausgleichs zugunsten einer wirksamen *Related-Party-Transactions*-Kontrolle aufgegeben werden sollte, ist an anderer Stelle nachzugehen.[694]

2. Mangelnde Praktikabilität und die Aktionärsdemokratie

Darüber hinaus bestehen Bedenken im Hinblick auf die Praktikabilität eines zwingenden Zustimmungsvorbehalts der Hauptversammlung sowie die Aktionärsdemokratie. Die Entscheidungsverlagerung auf die Hauptversammlung wäre in jedem Fall mit erheblichen Transaktionsverzögerungen verbunden.[695] Die Zustimmung der Hauptversammlung müsste vor Transaktionsabschluss eingeholt werden.[696] Die Gesellschaft hat in diesem Fall zwei Handlungsalternativen. Zum einen könnte sie den Abschluss einer Transaktion bis zur nächsten ordentlichen Hauptversammlung aufschieben. Da die ordentlichen

---

692 *Altmeppen*, in MüKo AktG, § 311 Rn. 457.

693 *J. Vetter*, in K. Schmidt/Lutter, AktG, § 311 Rn. 114.

694 Siehe unter § 13 C.

695 *Bayer/Selentin*, NZG 2015, 7, 8; *BRAK*, Stellungnahme, S. 8; *DAV-HRA*, NZG 2015, 54, 65; *Drygala*, AG 2013, 198, 208 f.; *Fleischer*, BB 2014, 2691, 2699; *Hommelhoff*, KSzW 2014, 63, 67; *J. Vetter*, ZHR 179 (2015), 273, 304.

696 *J. Vetter*, ZHR 179 (2015), 273, 304.

Hauptversammlungen in der Regel nur einmal im Jahr stattfinden,[697] kommt diese Alternative freilich nur für Transaktionen in Betracht, bei denen ein Aufschub und eine langfristige Planung nicht abträglich sind. Zum anderen bleibt der Gesellschaft insbesondere für unaufschiebbare oder unvorhergesehene Transaktionen die Abhaltung einer außerordentlichen Hauptversammlung. Die Planung, Einberufung und Abhaltung von Hauptversammlungen ist mit finanziellem und zeitlichem Aufwand verbunden; eine außerordentliche Hauptversammlung erhöht die Transaktionskosten zusätzlich.[698] Gerade bei großen börsennotierten Gesellschaften können sich die Kosten für die Abhaltung einer außerordentlichen Hauptversammlung auf Millionenhöhe belaufen.[699] Die Einberufung der Hauptversammlung einer börsennotierten Gesellschaft ist nicht selten auch mit logistischen Schwierigkeiten verbunden. Die Buchung großer Veranstaltungssäle, die für Hauptversammlungen großer Gesellschaften notwendig sind, bedarf einer gewissen Vorlaufzeit, die nicht selten Jahre beträgt.[700] Die Einbindung der Hauptversammlungen in die Entscheidung über *Related Party Transactions* würde demnach die Unternehmenspraxis erheblich erschweren und Transaktionen beträchtlich verzögern.[701] Wirtschaftlich wichtige „*windows of opportunity*"[702] könnten Unternehmen kaum mehr nutzen, wertschöpfende Transaktionen könnten unterbleiben.[703] In der Literatur wird vorgeschlagen, dieses Problem dadurch zu lösen, dass ein vereinfachtes Verfahren mit kürzeren Fristen zur Einberufung der Hauptversammlung eingeführt wird.[704] Wegen des

---

697 *Drinhausen*, in Hölters, AktG, § 175 Rn. 3; *Hennrichs/Pöschke*, in MüKo AktG, § 175 Rn. 1.

698 *Bayer/Selentin*, NZG 2015, 7, 8.

699 *BRAK*, Stellungnahme, S. 8; *DAI*, Position zur Änderung der Aktionärsrechterichtlinie, S. 37.

700 *J. Vetter*, ZHR 179 (2015), 273, 304.

701 So auch *Bayer/Selentin*, NZG 2015, 7, 8.

702 *DAI*, Position zur Änderung der Aktionärsrechterichtlinie, S. 37; *Fleischer*, BB 2014, 2691, 2699.

703 Prägnant der BGH, Urt. v. 26.04.2004 – II ZR 155/02 (Gelatine), BGHZ 159, 30, 44 = AG 2004, 384, 388: „In einer global vernetzten Wirtschaftsordnung, in der es darauf ankommt, sich bietende Chancen umgehend zu nutzen oder aufkommenden Gefahren sogleich zu begegnen, wäre eine zu enge Bindung an jeweils einzuholende Entschließungen der nicht ständig präsenten, sondern regelmäßig nur mit erheblichem Aufwand an Zeit und Kosten einzuberufenden Hauptversammlung gänzlich unpraktikabel und hätte eine Lähmung der Gesellschaft zur Folge."

704 *Kumpan*, EU Vorgaben für related party transactions, S. 28 f. Allgemein für eine Fristverkürzung für alle Beschlussgegenstände: *Kubis*, in MüKo AktG, § 123 Rn. 2.

„Mehrs" an Schutz für die (Minderheits-)Aktionäre sei ein „Weniger" an verfahrensrechtlichen Schutzmaßnahmen hinnehmbar. Dagegen spricht jedoch, dass eine kürzere Zeit für die Vorbereitung auf die Hauptversammlung das Problem eher verstärken würde. Ohnehin mag schon bezweifelt werden, ob die Aktionäre die zur sachgemäßen Beurteilung der Transaktion notwendigen Fähigkeiten und Kenntnisse mitbringen (dazu unter § 11 A. 3.). Würde man die Einberufungsfrist, die eine hinreichende Vorbereitung der Aktionäre bezweckt,[705] auch noch verkürzen, wäre noch weniger mit einer vernünftigen und sachgemäßen Entscheidungsfindung zu rechnen.

Die Transaktion droht darüber hinaus aus einem weiteren Grund verzögert oder blockiert zu werden: Die Etablierung eines Hauptversammlungsbeschlusses öffnet im Nachgang der Hauptversammlung sogenannten „räuberischen Aktionären" Tür und Tor, missbräuchlich von ihrem Anfechtungsrecht Gebrauch zu machen.[706] Die benachteiligten Aktionäre werden gerade bei *Related Party Transactions* mit einem Mehrheitsaktionär versucht sein, ihre Nachteile durch den „Abkauf" der Anfechtungsklage zu kompensieren.[707] Zur Anfechtung ist nach § 245 Nr. 1 AktG bereits jeder zur Hauptversammlung erschienene Aktionär befugt. Bis zur rechtskräftigen Entscheidung des Gerichts bliebe die Wirksamkeit des Beschlusses im Ungewissen.[708] Selbst wenn man wie in den Holzmüller-/Gelatine-Fällen davon ausginge, dass der fehlende oder unwirksame Beschluss die Transaktion nicht förmlich blockiert, der Vorstand die Transaktion im Außenverhältnis also wirksam durchführen konnte, entstünde durch die Einbindung der Hauptversammlung die Gefahr, „Berufskläger" zu animieren.[709] Die Erhebung unbegründeter Anfechtungsklagen verleiht der Minderheit zeitweilig

---

705 Begr. RegE. AktG 1965 bei *Kropff*, S. 172; *Kubis*, in MüKo AktG, § 123 Rn. 1; *Rieckers*, in Spindler/Stilz, AktG, § 123 Rn. 1.

706 *Bayer/Selentin*, NZG 2015, 7, 9; *BDA/BDI/DIHK*, Gemeinsame Stellungnahme, S. 19; *DAI*, Position zur Änderung der Aktionärsrechterichtlinie, S. 39; *DAV-HRA*, NZG 2015, 54, 65; *Drygala*, AG 2013, 198, 208; *Seibt*, BDI/FBD, Erforderliche Harmonisierung oder unnötiger Systembruch?, S. 24.

707 So auch *Klene*, S. 221.

708 *Drygala*, AG 2013, 198, 209; *J. Vetter*, ZHR 179 (2015), 273, 289; von einer Blockadewirkung ausgehend: *DAI*, Position zur Änderung der Aktionärsrechterichtlinie, S. 39. Zur Durchführungspflicht des Vorstands nach § 83 Abs. 2 AktG: *Ehmann*, in Grigoleit, AktG, § 243 Rn. 34; *Hüffer/Schäfer*, in MüKo AktG, § 243 Rn. 131; *Würthwein*, in Spindler/Stilz, AktG, § 243 Rn. 51.

709 *DAI*, Position zur Änderung der Aktionärsrechterichtlinie, S. 39; *J. Vetter*, ZHR 179 (2015), 273, 305.

die Herrschaft über die Mehrheit.[710] Im Ergebnis kann ein Aktionär selbst dann, wenn er bei der Hauptversammlungsabstimmung mit seinem Stimmrecht nicht die Ablehnung der Transaktion erreichen konnte, mit wenig Aufwand die Transaktion blockieren. Das in § 246a AktG vorgesehene Freigabeverfahren, das dem Missbrauch der Anfechtungsklage begegnen möchte,[711] schafft an dieser Stelle keine Abhilfe. Es ist nämlich auf bestimmte im Gesetz genannte eintragungspflichtige Maßnahmen beschränkt.[712] Auf die zum Teil in der Wissenschaft geforderte allgemeine Reform des Beschlussmängelrechts soll in dieser Arbeit aber nicht näher eingegangen werden.[713]

3. *Die Eignung der Hauptversammlung im Lichte der Organadäquanz*

Eine andere Frage ist, ob die Hauptversammlung als Organ geeignet ist, über *Related Party Transactions* sachgerecht zu entscheiden, oder ob sich andere Organe hierfür besser eignen. Nach dem Grundsatz des Organadäquanz sollen Entscheidungen in der Gesellschaft nur dasjenige Organ treffen, das nach seiner Zusammensetzung, Funktion und Verfahrensweise am besten dazu geeignet ist. Der Begriff der Organadäquanz ist ursprünglich vom Bundesverfassungsgericht für das Staatsorganisationsrecht entwickelt worden.[714] Nachdem *Fleischer* die Übertragung dieses Grundsatzes in das Aktienrecht vorgeschlagen hatte,[715] hat er sich als Maßstab zur Kompetenzabgrenzung der Organe einer Aktiengesellschaft bewährt.[716] Neben der Hauptversammlung kommt für die Entscheidung über *Related Party Transactions* auch der Aufsichtsrat in Betracht, der auch in den Kompromissvorschlägen des Rats und des Europäischen Parlaments sowie

---

710 *Bayer*, NJW 2000, 2609, 2614.

711 *Hüffer/Schäfer*, in MüKo AktG, § 146a Rn. 2.

712 *Hüffer/Schäfer*, in MüKo AktG, § 146a Rn. 3.

713 Eine Reform fordern etwa *Hüffer/Schäfer*, in MüKo AktG, § 241 Rn. 4a, § 246a Rn. 3; *Kumpan*, EU Vorgaben für related party transactions, S. 29; eine Erweiterung des Freigabeverfahrens empfehlen *BDA/BDI/DIHK*, Gemeinsame Stellungnahme, S. 17.

714 BVerfG v. 18.12.1984 – 2 BvE 13/83, BVerfGE 68, 1, 86 f. = NJW 1985, 603, 605; BVerfG, Urt. v. 14.07.1998 – 1 BvR 1640/97, BVerfGE 98, 218, 251 f. = NJW 1998, 2515, 2520.

715 *Fleischer*, in Fleischer/Kalss/Vogt, Konvergenzen und Divergenzen, S. 81, 90; *ders.*, BB 2014, 2691, 2699.

716 *Fleischer*, BB 2014, 2691, 2699; *Renner*, AG 2015, 513, 516; vgl. auch *Koch*, in Hüffer, AktG, § 76 Rn. 2.

in der reformierten Aktionärsrechterichtlinie als alternatives Organ angeführt wird.[717]

Bei den *Related Party Transactions* handelt es sich nicht selten um äußerst komplexe unternehmerische Vorgänge. Um eine sachgerechte Beurteilung vornehmen und damit eine informierte Entscheidung treffen zu können, müssten den Aktionären zumindest die zur Bewertung der Transaktion erforderlichen Eckdaten bekannt sein.[718] Abgesehen von der Frage, ob und in welchem Umfang eine Veröffentlichung der Transaktion sinnvoll ist oder ob Gründe der Vertraulichkeit der Transaktion gegen eine Offenlegung sprechen, ist schon zu bezweifeln, dass ein durchschnittlicher (Minderheits-)Aktionär willens und in der Lage ist, diese Informationen im Hinblick auf die Angemessenheit und Vernünftigkeit des Geschäfts sachgerecht auszuwerten.[719] Aktionäre sind keinen speziellen Kompetenzanforderungen unterworfen.[720] Bei institutionellen Investoren, die häufig Minderheitsaktionäre der großen Publikumsgesellschaften sind und die die reformierte Aktionärsrechterichtlinie eigentlich im Blick hat,[721] kommt verstärkend hinzu, dass sie oftmals rational apathisch sind.[722] Da sie an vielen verschiedenen Gesellschaften nur Beteiligungen geringeren Umfangs halten, lohnt sich meist aktives Engagement auf Unternehmensebene nicht. Auch profitieren Manager von Investment- und Pensionsfonds nicht davon, wenn sie die Effizienz großer Publikumsgesellschaften durch die Übernahme von Überwachungsaktivitäten zu steigern versuchen.[723] Denn ihre breitgefächerten Aktien überschneiden sich häufig mit den vielfältigen Portfolien der Konkurrenz.[724] Durch aktive Überwachungsbestrebungen, insbesondere durch intensive Vorbereitung auf die Stimmrechtsausübung in den einzelnen Hauptversammlungen, würden sie im Zweifel Wettbewerbsnachteile erleiden: Sie tragen die vollen Kosten ihres Engagements, während die Konkurrenz diese Kosten durch rational

717 Zur Einbeziehung des Aufsichtsrats in die *Related-Party-Transaction*-Kontrolle siehe sogleich unter § 13.

718 *Drygala*, AG 2013, 198, 209; *Enriques*, European Business Organization Law Review 16 (2015), 1, 17.

719 *Bayer/Selentin*, NZG 2015, 7, 8 f.; *Drygala*, AG 2013, 198, 209; *Fleischer*, BB 2014, 2691, 2699; *Langenbucher*, in FS Müller-Graff, S. 312, 314 f.; *Selzner*, ZIP 2015, 753, 758; *J. Vetter*, ZHR 179 (2015), 273, 305 f.

720 *J. Vetter*, ZHR 179 (2015), 753, 758.

721 Erwägungsgrund Nr. 9 und Nr. 15 ReformRL.

722 *Fleischer*, BB 2014, 2691, 2699; *Selzner*, ZIP 2015, 753, 758.

723 *Tröger*, AG 2015, 53, 68.

724 *Tröger*, AG 2015, 53, 68.

passives Verhalten unter gleichzeitigem Profit an den Bemühungen des anderen einspart.[725] Das Problem des fehlenden Sachverstands institutioneller Investoren wird auch nicht durch die Einschaltung professioneller Stimmrechtsberater behoben. Stimmrechtsberater geben Empfehlungen zur Stimmabgabe nach einem standardisierten Verfahren ab.[726] Auch bei ihnen ist zweifelhaft, ob sie über spezifische Fähigkeiten und Kenntnisse verfügen, die zur Beurteilung der maßgeblichen, unter Umständen komplexen Transaktionen erforderlich sind.[727]

Die Überlegungen decken sich allgemein mit den Erfahrungen der Vergangenheit. Dass anders als bis zum Anfang des 20. Jahrhunderts die Hauptversammlung nicht mehr die zentrale Stellung in der Gesellschaft innehat, ist eine bewusste Entscheidung des Gesetzgebers und ist auf negative Erfahrungen zurückzuführen.[728] Die Hauptversammlung ist inhomogen und zufällig zusammengesetzt. Zu Geschäftsführungsaufgaben weist sie – jedenfalls in großen Aktiengesellschaften – eine Ferne auf und ist aufgrund ihrer gesamten Struktur nicht das geeignete Organ für die Leitung der Aktiengesellschaft.[729] Die Verlagerung der Entscheidungskompetenz auf die Hauptversammlung ist daher mit vielen Nachteilen verbunden, die im Rahmen einer Gesamtabwägung gegenüber den möglichen Vorteilen im Sinne einer verbesserten Kontrolle überwiegen. Daher ist nicht zu empfehlen, für eine verbesserte Kontrolle von *Related Party Transactions* die Zustimmung der Hauptversammlung zu verlangen.[730]

---

725 Allgemein zum fehlenden „*business case*" für vermehrtes Monitoring durch institutionelle Investoren und zum Problem der Trittbrettfahrer: *Fleischer*, ZGR 2011, 155, 164 ff.; *Gilson/Gordin*, Columbia Law Review 113 (2013), 863, 880 ff.

726 Kritisch auch *Fleischer*, BB 2014, 2691, 2699.

727 *Fleischer*, BB 2014, 2691, 2699; *Tröger*, AG 2015, 53, 69; *J. Vetter*, ZHR 179 (2015), 273, 307.

728 *DAI*, Position zur Änderung der Aktionärsrechterichtlinie, S. 33.

729 BGH, Urt. v. 26.04.2004 – II ZR 155/02 (Gelatine), BGHZ 159, 30, 43 f. = AG 2004, 384, 388.

730 So auch *Bayer/Selentin*, NZG 2015, 7, 8; *BDA/BDI/DIHK*, Gemeinsame Stellungnahme, S. 18 f.; *Bremer*, NZG 2014, 415; *DAV-HRA*, NZG 2015, 54, 64 f.; *Drygala*, AG 2013, 198, 208 ff.; *Fleischer*, BB 2014, 2691, 2698 ff.; *Hommelhoff*, KSzW 2014, 63, 67; *Jung*, WM 2014, 2351, 2354; *Lanfermann/Maul*, BB 2014, 1283, 1287 f.; *Langenbucher*, in FS Müller-Graff, S. 312, 314 ff.; *U. H. Schneider*, EuZW 2014, 641, 641 f.; *Seibt*, BDI/FBD, Erforderliche Harmonisierung oder unnötiger Systembruch?, S. 20 ff.; *Verse/Wiersch*, EuZW 2014, 375, 380; *J. Vetter*, ZHR 179 (2015), 273, 304 ff.; *Wiersch*, NZG 2014, 1131, 1137.

4. *Nichtbörsennotierte Aktiengesellschaften*

Fraglich ist, ob die obigen Ausführungen zur Eignung der Hauptversammlung und Praktikabilität auch uneingeschränkt für geschlossene, kleinere Aktiengesellschaften gelten, die eine überschaubare Anzahl von Gesellschaftern haben[731] und personalistisch[732] geprägt sind. Aufgrund des kleinen Personenkreises ist der mit der Einberufung und Durchführung der Hauptversammlung verbundene zeitliche, finanzielle sowie organisatorische Aufwand im Verhältnis zu Hauptversammlungen großer börsennotierter Aktiengesellschaften überschaubar. Auch bei eiligen Transaktionen kann in der Regel ein Hauptversammlungsbeschluss in kürzester Zeit gefasst werden. In personalistisch geprägten Gesellschaften ist der Aktionär nicht nur Kapitalgeber; seine Rolle als Eigentümer der Gesellschaft steht noch mehr im Vordergrund. Jedoch kann diese Frage abschließend nur unter Berücksichtigung des Grundsatzes der Organadäquanz, der die Eignung mehrerer Organe in Verhältnis zu einander setzt, beantwortet werden. Folglich geht es nicht allein um die Frage, ob die Aktionäre kleiner Aktiengesellschaften über den notwendigen Sachverstand zur Beurteilung der Angemessenheit einzelner Transaktionen verfügen, sondern vielmehr darum, ob nicht ein anderes Organ - namentlich der Aufsichtsrat - im Verhältnis zur Hauptversammlung fachlich besser für die Kontrolle geeignet ist. Hierauf ist nach Analyse der Eignung des Aufsichtsrats zurückzukommen.[733]

B. Gerichtliche Kontrolle statt Stimmverbot und Anfechtungsrecht?

Die Verlagerung der Entscheidungskompetenz auf die Hauptversammlung ist, wie dargestellt, kritisch zu beurteilen, insbesondere wenn damit ein Stimmverbot des betroffenen Kontrollaktionärs einhergeht und die Entscheidungsgewalt damit bei der „Zufallsminderheit“ liegt. Weitere Probleme bereitet ferner das Beschlussmängelrecht. Grundsätzlich steht jedem in der Hauptversammlung erschienenen Aktionär das Anfechtungsrecht zu. Dieses wird nicht selten bei Transaktionen der Gesellschaft mit einem beherrschenden Aktionär missbräuchlich eingesetzt, um selbst von der Transaktion zu profitieren. Zumindest diesen zwei Kritikpunkten könnte dadurch begegnet werden, dass die Transaktion nach dem Muster des Spruchverfahrens nachträglich einer gerichtlichen Kontrolle unterworfen wird.[734]

---

731 Zum Begriff der kleinen Aktiengesellschaft: *Kindler*, NJW 1994, 3041, 3042 f.

732 *Böcker*, RNotZ 2002, 130, 140.

733 Siehe unter § 12 C. IV. 3. d.

734 *Kalss*, ZHR 171 (2007), 146, 182 ff.

I. Verfahren

Im Umwandlungsrecht haben die Aktionäre der übertragenden Rechtsträger das Recht, das Umtauschverhältnis ihrer Anteile im Spruchverfahren überprüfen zu lassen und gegebenenfalls einen Ausgleich durch bare Zuzahlung zu verlangen.[735] In der Literatur wird vorgeschlagen, in Anlehnung an dieses Verfahren auch für *Related Party Transactions* eine nachträgliche gerichtliche Kontrolle auf Initiative der Minderheit vorzusehen.[736] Entbehrlich soll die gerichtliche Nachprüfung nur dann sein, wenn der zustimmende Hauptversammlungsbeschluss auch bei Stimmenthaltung des an der Transaktion beteiligten Aktionärs zustande gekommen wäre, die Transaktion also vom Willen der „Mehrheit der Minderheit" getragen wird.[737] Im Umwandlungsrecht ist der Gedanke verankert, dass eine Maßnahme auch bei unangemessenen Bedingungen Bestandskraft hat.[738] Übertragen auf *Related Party Transactions* würde das bedeuten, dass durch das gerichtliche Verfahren die Transaktion nicht etwa vernichtet werden würde, sondern lediglich die unangemessenen Vertragsbedingungen zugunsten der Gesellschaft berichtigt würden. Während im Umwandlungsrecht der Anspruch auf bare Zuzahlung des Anteilsinhabers der übertragenden Rechtsträger – soweit er besteht – durch das Gericht festgesetzt wird, könnte bei einer gerichtlichen Kontrolle von *Related Party Transactions* eine Ausgleichsleistung in Höhe der Differenz zwischen dem Marktwert des Transaktionsgegenstands und der tatsächlich an die Gesellschaft zugeflossenen Gegenleistung bestimmt werden. Der Anspruch auf Ausgleichsleistung stünde freilich der Gesellschaft zu, den der Aktionär lediglich im eigenen Namen auf Leistung an die Gesellschaft geltend machen würde. Folglich handelt es sich in erster Linie nicht um die Nachbildung des Spruchverfahrens, sondern letztlich um die Sicherung der Geltendmachung von (Ersatz-)Ansprüchen zugunsten der Gesellschaft durch die Aktionäre.[739]

---

735 §§ 15, 34, 122h, 122i, 176–181, 184, 186, 196, 212 UmwG; siehe § 1 Nr. 4 SpruchG.

736 *Kalss*, ZHR 171 (2007), 146, 182 ff.; *dies.*, in Kalss/Schauer, Die Reform des Österreichischen Kapitalgesellschaftsrechts, 16. ÖJT, S. 393.

737 *Kalss*, ZHR 171 (2007), 146, 182; *dies.*, in Kalss/Schauer, Die Reform des Österreichischen Kapitalgesellschaftsrechts, 16. ÖJT, S. 393.

738 *Heidinger*, in Henssler/Strohn, UmwG, § 20 Rn. 63; *Stratz*, in Schmitt/Hörtnagl/Stratz, UmwG, § 14 Rn. 29; vgl. auch § 16 Abs. 2 Satz 2 UmwG, Registersperre nur bei Unwirksamkeitsklage.

739 *Kalss*, ZHR 171 (2007), 146, 185; *dies.*, in Kalss/Schauer, Die Reform des Österreichischen Kapitalgesellschaftsrechts,16. ÖJT, S. 395 ff.

Die Möglichkeit, die unangemessene Bemessung des Umtauschverhältnisses im Spruchverfahren geltend zu machen, dient in erster Linie der Kompensation für die Beschränkung des Klagerechts des Aktionärs bei Bewertungsrügen.[740] Diesem Gedanken folgend, könnte das Recht der Aktionäre zur Anfechtung des Zustimmungsbeschlusses über eine *Related Party Transaction* ausgeschlossen werden. Jedenfalls könnte geregelt werden, dass die Anfechtungsklage nicht darauf gestützt werden kann, dass das Geschäft nicht zu angemessenen Bedingungen zustande gekommen ist. Damit würden die mit der Anfechtbarkeit des Zustimmungsbeschlusses resultierenden Probleme beseitigt und für Transaktionssicherheit gesorgt werden.

II. Anwendungsbereich des Verfahrens und Antragsberechtigung

Da das gerichtliche Kontrollverfahren mit Kosten verbunden ist, besteht grundsätzlich ein Interesse daran, den Anwendungsbereich sowie den Kreis der Antragsberechtigten hinreichend klar abzustecken. Zunächst wäre es sinnvoll, die gerichtliche Nachprüfung auf alle *Related Party Transactions* zu erstrecken, über die die Hauptversammlung zu befinden hat, also sowohl auf Transaktionen mit einem kontrollierenden Aktionär als auch mit einem Organmitglied sowie sonstigen nahestehenden Personen und Unternehmen.[741]

Nicht eindeutig aus dem von *Kalss* vorgeschlagenen Schutzinstrumentarium geht hervor, wer das Verfahren der gerichtlichen Kontrolle einleiten darf, wer also antragsberechtigt ist.[742] Das Antragsrecht eines jeden einzelnen Aktionärs würde zumindest der Antragsberechtigung im Spruchverfahren entsprechen.[743] Denkbar wäre aber auch, die Einleitung des Verfahrens von dem Erreichen eines bestimmten Quorums abhängig zu machen. Ein Normvorbild findet sich beispielsweise in § 148 AktG, der einer qualifizierten Aktionärsminderheit die Geltendmachung von Ersatzansprüchen der Gesellschaft im Wege der gesetzlichen Prozessstandschaft ermöglicht.[744] Durch das in § 148 AktG vorgesehene Quorum sollen missbräuchliche Klageerhebungen verhindert werden. Da hier die gerichtliche Kontrolle gerade an die Stelle der Anfechtungsmöglichkeit treten soll, stellt sich das Problem räuberischer Aktionäre nicht. Daher rechtfertigt die vorangehende Überlegung die Einführung eines Quorums nicht. Zu denken ist

---

740 Vgl. nur §§ 14 Abs. 2, 122h Abs. 1, 195 Abs. 2 UmwG; *Bayer*, NJW 2000, 2609.

741 *Kalss*, ZHR 171 (2007), 146, 183.

742 *Kalss*, ZHR 171 (2007), 146, 182 spricht insofern nur von „Initiative der Minderheit".

743 Vgl. § 3 Satz 1 Nr. 3 SpruchG.

744 *Herrler*, in Grigoleit, AktG, § 148 Rn. 1. Siehe oben § 7 E. II.

allenfalls daran, die Antragsberechtigung davon abhängig zu machen, dass der das Verfahren initiierende Aktionär gegen den Beschluss über die *Related Party Transaction* gestimmt hat und Widerspruch zur Niederschrift erklärt hat.[745] Das Erfordernis der Widerspruchseinlegung findet sich im Aktiengesetz an mehreren Stellen.[746] Derjenige, der in der Hauptversammlung schweigt, soll von seinem Anfechtungsrecht später nicht mehr Gebrauch machen können. Nicht empfehlenswert ist, die Antragsberechtigung von einer Stimmabgabe gegen den Beschluss abhängig zu machen. Denn dies würde für den Aktionär bedeuten, dass er in der Hauptversammlung auch dann gegen die Transaktion stimmen muss, obwohl er sie dem Grunde nach befürwortet.[747] Auf diese Weise könnte unter Umständen ein Zustimmungsbeschluss zu einer für die Gesellschaft wichtigen Transaktion gefährdet werden. An dem Erfordernis der Widerspruchserklärung zur Niederschrift könnte dennoch festgehalten werden, weil auch die Stimmabgabe für den Beschluss nicht den Widerspruch hindert.[748]

III. Bewertung

Wenn man an dem zwingenden Erfordernis einer Hauptversammlungszustimmung zu *Related Party Transactions* festhalten wollte, wäre die vorgeschlagene gerichtliche Nachprüfung in der Tat ein Instrumentarium, durch das Defizite der Hauptversammlungszuständigkeit teilweise aufgewogen werden könnten. Das bei Bewertungsstreitigkeiten im Umwandlungsrecht Anwendung findende Spruchverfahren bietet jedoch nur im entferntesten Sinne ein Muster für ein mögliches gerichtliches Verfahren. Nicht zuletzt aufgrund der Tatsache, dass es im Spruchverfahren um Zuzahlungen und Barabfindungen der Aktionäre – bei *Related Party Transactions* hingegen um Ausgleichsansprüche der Gesellschaft – geht, wären viele Modifikationen erforderlich. Zudem fällt das rechtspolitische Urteil über das Spruchverfahren zumindest in der Detailanalyse nicht immer positiv aus.[749] Im Vordergrund der Kritik steht insbesondere die

---

745 So auch im Rahmen des § 34 UmwG, der den Anteilsinhabern der übertragenden Gesellschaft das Recht gibt, im Spruchverfahren die Barabfindung (§ 29 UmwG) zu überprüfen. Siehe hierzu *Gehling*, in Semler/Stengel, UmwG, § 15 Rn. 3a.

746 Zum Beispiel §§ 132 Abs. 2 Satz 2, 245 Nr. 1 AktG.

747 Entsprechende Überlegungen zu § 15 UmwG bei *Junker*, in Henssler/Strohn, UmwG, § 15 Rn. 5; vgl. auch Begr. RegE. zum UmwBerG, BR-Drucks. 75/94, S. 88.

748 Vgl. zum Erfordernis der Widerspruchserklärung im Rahmen der Beschlussanfechtung *Koch*, in Hüffer, AktG, § 245 Rn. 13.

749 *Koch*, in Hüffer, SpruchG, § 1 Rn. 4; ausführlich zu Reformvorschlägen: *Noack*, Spruchverfahren, passim; *Puszkajler/Sekera-Terplan*, NZG 2015, 1055, 1059 ff.

lange Verfahrensdauer im Spruchverfahren.[750] Bei Rügen eines unangemessenen Umtauschverhältnisses oder einer unangemessenen Abfindung der Aktionäre mag eine lange Verfahrensdauer hinnehmbar sein. Dies kann jedoch nicht auch für *Related Party Transactions* angenommen werden, deren Auswirkungen auf die Gesellschaft von wesentlicher Bedeutung sein können und daher ein schnelles gerichtliches Rechtsschutzverfahren erforderlich machen.

Bedenklich ist allgemein, dass eine solche gerichtliche Nachprüfung letztlich dazu führt, dass Aktionäre Ausgleichs- und Ersatzansprüche der Gesellschaft gegen die *Related Party* im eigenen Namen auf Leistung an die Gesellschaft geltend machen könnten. Es würde eine *actio pro socio* als Individualrecht geschaffen werden, obwohl dafür im Aktienrecht nach fast einhelliger Ansicht kein Raum ist.[751] Die Verfolgung von Ansprüchen der Gesellschaft obliegt in erster Linie dem Vorstand, wenn nicht ausnahmsweise gemäß § 112 AktG der Aufsichtsrat die Gesellschaft zu vertreten hat. Folglich würde ein weiterer Eingriff in das aktienrechtliche Kompetenzgefüge erfolgen. Auch wenn bei der vorgeschlagenen Ausgestaltung der gerichtlichen Nachprüfung nicht der Bestand der Transaktion gefährdet werden würde, bliebe die einer Aktionärsklage immanente Gefahr missbräuchlichen Einsatzes. Insgesamt empfiehlt sich daher eine gerichtliche Nachprüfung von *Related Party Transactions* zur Kompensation des Ausschusses des Anfechtungsrechts nicht. Durch eine gerichtliche Nachprüfung würden zudem nicht alle Defizite und Schwierigkeiten beseitigt werden, die eine Entscheidungsverlagerung auf die Hauptversammlung bei *Related Party Transactions* mit sich brächte. Insbesondere bliebe der Zeit- und Kostenaufwand, der mit der Einberufung einer ordentlichen oder außerordentlichen Hauptversammlung großer Aktiengesellschaften verbunden ist, bestehen. Die Nachteile eines solchen Regelungsinstruments würden auch bei nachträglicher gerichtlicher Kontrolle überwiegen.

§ 12 Zustimmungserfordernis des Aufsichtsrats

Im deutschen Aktienrecht ist der Aufsichtsrat bislang bei Rechtsgeschäften mit Vorstandsmitgliedern (§ 112 AktG) oder bei besonderen Verträgen mit Aufsichtsratsmitgliedern (§§ 114, 115 AktG) zur Mitwirkung berufen (siehe § 7

---

750 *Koch*, in Hüffer, SpruchG, § 1 Rn. 3 f. Nach *Lorenz*, AG 2012, 284, 286 beträgt die durchschnittliche Verfahrensdauer sieben Jahre.

751 *G. Bezzenberger/T. Bezzenberger*, in Großkomm AktG, § 148 Rn. 8; *Casper*, in Spindler/Stilz, AktG, Vorb. §§ 241 ff. Rn. 29; *Koch*, in Hüffer, AktG, § 148 Rn. 2; *K. Schmidt*, Gesellschaftsrecht, § 21 IV 6, S. 643; a. A. *Bühring-Uhle/Nelle*, AG 1989, 41, 52 ff.

B.). In anderen Fällen, insbesondere bei Transaktionen mit kontrollierenden Aktionären, ist die Zustimmung des Aufsichtsrats nur erforderlich, wenn die Satzung,[752] die Geschäftsordnung des Aufsichtsrats oder eine von ihm erlassene Geschäftsordnung des Vorstands[753] einen Zustimmungsvorbehalt zugunsten des Aufsichtsrats vorsieht, oder der Aufsichtsrat diesen *ad hoc* begründet. Daher liegt die Untersuchung nahe, ob zur verbesserten Kontrolle von *Related Party Transactions* ein zwingendes Zustimmungserfordernis des Aufsichtsrats gesetzlich verankert werden sollte. Fraglich ist insbesondere, ob der Aufsichtsrat im Lichte des Grundsatzes der Organadäquanz für diese Kontrollaufgabe fachlich besser geeignet ist als die Hauptversammlung. Ob dies der Fall ist, und wie bejahendenfalls seine Mitwirkung ausgestaltet werden könnte, gilt es im Folgenden zu untersuchen.

A. Der Aufsichtsrat als adäquates Organ

Die Verlagerung der Entscheidungskompetenz für *Related Party Transactions* auf den Aufsichtsrat hat den Vorteil, dass damit der Rolle des Aufsichtsrats als geborenem Kontrollorgan im dualistischen Verwaltungssystem Rechnung getragen werden würde.[754] Neben der Überwachung der Geschäftsführung *ex post* gehört auch die mitunternehmerische Überwachung *ex ante* zu seinen organschaftlichen Aufgaben, die einzelne Mitsprache- und Mitentscheidungsbefugnisse umfasst.[755] Der mit Einberufung und Durchführung einer ordentlichen oder außerordentlichen Aufsichtsratssitzung verbundene Zeit- und Kostenaufwand ist insbesondere bei großen Aktiengesellschaften um einiges geringer als bei der Hauptversammlung.[756] Die Beschlussfassung im Aufsichtsrat ist allgemein einfacher als in der Hauptversammlung. Gemäß § 110 Abs. 3 Satz 1 AktG muss der Aufsichtsrat vier Sitzungen im Jahr abhalten. Der Mindestturnus gilt grundsätzlich auch für nichtbörsennotierte Gesellschaften.[757] Im Gegensatz dazu findet die ordentliche Hauptversammlung einer Aktiengesellschaft in der Regel

752 *Habersack*, in MüKo AktG, § 111 Rn. 104.

753 *Habersack*, in MüKo AktG, § 111 Rn. 105.

754 So auch *Bayer/Selentin*, NZG 2015, 7, 8; *Fleischer*, BB 2014, 2691, 2699; *Seibt*, BDI/FBD, Erforderliche Harmonisierung oder unnötiger Systembruch?, S. 24; *Selzner*, ZIP 2015, 753, 761; *Temming*, RdA 2015, 280, 284; *J. Vetter*, ZHR 179 (2015), 273, 308; *Wiersch*, NZG 2014, 1131, 1137; im Grundsatz auch *Tröger*, AG 2015, 53, 69 ff.

755 *Habersack*, in MüKo AktG, § 111 Rn. 13; *Temming*, RdA 2015, 280, 284.

756 *Veil*, NZG 2017, 521, 526.

757 Der Aufsichtsrat kann jedoch mit einfacher Mehrheit beschließen, nur eine Sitzung im Kalenderhalbjahr abzuhalten (§ 110 Abs. 3 Satz 2 AktG).

nur einmal jährlich statt.[758] Auch ist die gesetzlich vorgesehene Einberufungsfrist einer Aufsichtsratssitzung kürzer als bei der Hauptversammlung: Während § 123 Abs. 1 Satz 1 AktG für die Hauptversammlung eine Einberufungsfrist von mindestens dreißig Tagen vorsieht, beträgt sie für Aufsichtsratssitzungen gerade einmal zwei Wochen (§ 110 Abs. 1 Satz 2 AktG). Zudem ist im Aufsichtsrat aufgrund des wesentlich kleineren Personenkreises naturgemäß eine flexiblere Willensbildung möglich.[759] Verstärkt wird diese Flexibilität durch die in § 107 Abs. 3 Satz 1 AktG eröffnete Möglichkeit von Ausschussbildungen. Es ist somit nicht in demselben Maß wie bei einer Hauptversammlungszustimmung zu befürchten, dass durch die Einbeziehung des Aufsichtsrats in die Kontrolle von *Related Party Transactions* die Transaktionsgeschwindigkeit erheblich leiden wird. Ferner weist der Aufsichtsrat im Gegensatz zur Hauptversammlung keine ständig wechselnde Zusammensetzung auf, sodass auch eine langfristige Perspektive des Unternehmensinteresses vorhanden ist.[760] Da Aufsichtsratsbeschlüsse nicht analog §§ 243 ff. AktG angefochten werden können,[761] sind anders als bei Hauptversammlungsbeschlüssen auch keine „Berufskläger" zu befürchten.

Als gewichtiges Argument gegen die Einbeziehung der Aktionäre wurde oben ins Feld geführt, dass sie in der Regel über kein professionelles Wissen verfügen und daher nicht in der Lage sind, die Angemessenheit der Transaktionen zu beurteilen. Zwar verlangt das Gesetz auch bei Aufsichtsratsmitgliedern nicht, dass sie besondere Qualifikationen und Sachkunde aufweisen.[762] Lediglich für Aufsichtsratsmitglieder in externen Kapitalverwaltungsgesellschaften und Kredit- und Finanzdienstleistungsinstituten sowie gemischten und nicht-gemischten Finanzholding-Gesellschaften wird in Spezialgesetzen verlangt, dass sie die erforderliche Sachkunde zur Wahrnehmung ihrer Überwachungstätigkeit besitzen (§ 18 Abs. 4 KAGB, § 25d Abs. 1 Satz 1 KWG). Typischerweise

---

758 *Koch*, in Hüffer, AktG, § 118 Rn. 6.

759 So auch *Spindler/Stilz*, AG 2017, 169, 171.

760 *Renner*, AG 2015, 513, 519.

761 BGH, Urt. v. 17.05.1993 – II ZR 89/92, BGHZ, 122, 342, 347 f. = NJW 1993, 2307, 2309; *Habersack*, in MüKo AktG, § 108 Rn. 81; *Koch*, in Hüffer, AktG, § 108 Rn. 28; *Spindler*, in Spindler/Stilz, AktG, § 108 Rn. 77.

762 *Habersack*, in MüKo AktG, § 100 Rn. 5; *Hoffmann-Becking*, in MünchHdb GesR IV, § 30 Rn. 4; *Hopt/Roth*, in Großkomm AktG, § 100 Rn. 20; *Koch*, in Hüffer, AktG, § 100 Rn. 2; *Semler*, in FS K. Schmidt, S. 1489, 1490; *Spindler*, in Spindler/Stilz, AktG, § 100 Rn. 61; a. A. *Wardenbach*, Interessenkonflikte und mangelnde Sachkunde, S. 262 ff.: Inkompatibilität analog §§ 100, 105, 250 AktG, wenn das Aufsichtsratsmitglied Mindestkenntnisse nicht besitzt.

sind Aufsichtsratsmitglieder im Allgemeinen aber als fachlich kompetent anzusehen und können gemessen am Grundsatz der Organadäquanz die zur Verfügung stehenden Informationen sachlich besser auswerten als die Aktionäre.[763] Auch wenn keine „Eingangsprüfung“ der Aufsichtsratskandidaten hinsichtlich ihrer Amtseignung stattfindet, treffen sie bei der Ausübung des Amts doch eine Einstandspflicht für die eigene Befähigung. Sie müssen diejenigen Mindestkenntnisse und -fähigkeiten besitzen oder sich gegebenenfalls aneignen, die zur Bewältigung ihrer Kontrollaufgaben und zur Beurteilung der anfallenden Geschäftsvorgänge erforderlich sind.[764] Namentlich müssen sie wirtschaftliche Zusammenhänge und Geschäftsvorfälle, die für die Gesellschaft wesentlich sind, sachgerecht und eigenständig beurteilen können.[765] Dies folgt bereits aus der allgemeinen Sorgfalts- und Treuepflicht der Aufsichtsratsmitglieder.[766] Fehlen die erforderlichen Mindestqualifikationen, kann sich das betreffende Aufsichtsratsmitglied unter den weiteren Voraussetzungen der §§ 116 Satz 1, 93 Abs. 2 Satz 1 AktG schadensersatzpflichtig machen oder nach § 103 Abs. 3 Satz 1 AktG aus wichtigem Grund abberufen werden.[767]

Auch nach geltendem Recht genügt der Aufsichtsrat seiner Überwachungsaufgabe nicht bereits dadurch, dass er sich lediglich rechtzeitig über die vom Vorstand geplanten oder getroffenen Maßnahmen informiert. Er muss darüber hinaus bei Entscheidungen und Maßnahmen, welche die Ertragsaussichten der Gesellschaft voraussichtlich grundlegend ändern werden, eingebunden werden.[768] Die Implementierung eines Zustimmungsvorbehalts zugunsten des Aufsichtsrats bei *Related Party Transactions* wäre daher nicht systemfremd, sondern würde sich harmonisch in das geltende Recht einfügen.

B. Vorschlag auf europäischer Ebene

Aufgrund massiver Kritik am Regulierungsvorhaben, insbesondere auch von deutscher Seite, wurde auf europäischer Ebene von dem Kommissionsvorschlag einer zwingenden Hauptversammlungszustimmung abgerückt. Die reformierte

---

763 *Bayer/Selentin*, NZG 2015, 7, 10; *Fleischer*, BB 2014, 2691, 2699; *Temming*, RdA 2015, 280, 284.

764 BGH, Urt. v. 15.11.1982 – II ZR 27/82, BGHZ 85, 293, 295 f. = NJW 1983, 991; *Merkt*, ZHR 179 (2015), 601, 617; *Mertens*, in KK-AktG, 1. Aufl., § 111 Rn. 25; *Spindler*, in Spindler/Stilz, AktG, § 100 Rn. 39.

765 *Merkt*, ZHR 179 (2015), 601, 617.

766 *Spindler*, in Spindler/Stilz, AktG, § 100 Rn. 39.

767 *Habersack*, in MüKo AktG, § 100 Rn. 13.

768 Begr. RegE. zum TransPuG, BT-Drucks. 14/8769, S. 17, l. Sp.

Aktionärsrechterichtlinie eröffnet den Mitgliedstaaten nun die Wahl, wesentliche *Related Party Transactions* dem Zustimmungsvorbehalt der Hauptversammlung oder aber des Verwaltungs- oder Aufsichtsorgans der Gesellschaft zu unterwerfen (Art. 9c Abs. 4 AR-RL2017).[769] Dabei haben die nationalen Gesetzgeber das Zustimmungsverfahren so zu gestalten, dass die *Related Party* ihre Position nicht ausnutzen kann und die Interessen der Gesellschaft und der Aktionäre, die nicht als *Related Party* transaktionsbeteiligt sind, angemessen geschützt sind (Art. 9c Abs. 4 Unterabs. 1 Halbsatz 2 AR-RL2017). Optional können die Mitgliedstaaten vorsehen, dass nach erfolgter Zustimmung des Verwaltungs- oder Aufsichtsorgans zusätzlich die Hauptversammlung über die Transaktion abzustimmen hat (Art. 9c Abs. 4 Unterabs. 2 AR-RL2017).

C. Ausgestaltung des Aufsichtsratsvorbehalts

Bei der Ausgestaltung des Aufsichtsratsvorbehalts müssen mehrere Punkte beachtet werden. Zunächst darf durch die Implementierung eines zwingenden Zustimmungsvorbehalts die Rolle des Aufsichtsrats im aktienrechtlichen Kompetenzgefüge nicht völlig verkehrt werden. Der Zustimmungsvorbehalt ist nicht als Initiativrecht, sondern entsprechend seines Leitbildes als Überwachungsorgan lediglich als Mitentscheidungskompetenz zu verstehen. Der Aufsichtsrat darf nicht entgegen § 111 Abs. 4 Satz 1 AktG faktisches Geschäftsführungsorgan werden. Richtiger Ansatzpunkt zur Beibehaltung der grundsätzlichen Funktionstrennung zwischen den Verwaltungsorganen ist der konkrete Anwendungsbereich des Zustimmungsvorbehalts. Er muss auf der einen Seite weit genug sein, um Transaktionen, die den Verdacht der Ausplünderung der Gesellschaft begründen, zu erfassen. Auf der anderen Seite darf er nicht schon Geschäfte geringen Umfangs einbeziehen, weil dann der Aufsichtsrat zu stark in das Tagesgeschäft einbezogen und im selben Umfang in die Leitungssouveränität des Vorstands eingegriffen wäre.[770] Der Vorstand ist das alleinige, eigenverantwortlich geschäftsführende Organ der Gesellschaft.[771] Es könnte sich daher anbieten, nur Geschäfte mit nahestehenden Personen und Unternehmen dem Zustimmungsvorbehalt des Aufsichtsrats zu unterstellen, die die Schwelle der

769 So auch schon in den Änderungsvorschlägen des Rates der Europäischen Union (Art. 9c Abs. 2 AR-RL-Rat) und des Europäischen Parlaments (Art. 9c Abs. 2 AR-RL-EP), siehe oben § 11 A. II., III.

770 *Bungert/de Raet*, Der Konzern 2015, 289, 293; *Veil*, NZG 2017, 521, 526.

771 Allgemein zu den Gestaltungsgrenzen für Zustimmungsvorbehalte des Aufsichtsrats: *Fleischer*, BB 2013, 835; *Koch*, in Hüffer, AktG, § 111 Rn. 40 ff.

Wesentlichkeit erreichen. Anknüpfungspunkt für die Installierung eines Zustimmungsvorbehalts des Aufsichtsrats zu Transaktionen mit nahestehenden Personen und Unternehmen könnten dabei die §§ 111 Abs. 4 Satz 1, 2 AktG sein, die die Kompetenzen des Aufsichtsrats in Geschäftsführungsangelegenheiten von den Befugnissen des Vorstands abgrenzen und mit deren Umgang die Praxis vertraut ist. Da große, börsennotierte Aktiengesellschaften in der Regel größere Aufsichtsräte als geschlossene, kleine Aktiengesellschaften haben, muss bei der Ausgestaltung eines Zustimmungsvorbehalts des Aufsichtsrats auch untersucht werden, ob zwischen diesen Gesellschaften zu differenzieren ist.[772]

I. Wesentliche Transaktionen

1. Konkretisierung der Wesentlichkeitsschwelle

a) Anhaltspunkte im geltenden Recht

Das Wesentlichkeitskriterium ist dem deutschen Gesellschaftsrecht nicht fremd. So sind etwa im Anhang des Konzern-/Jahresabschlusses gemäß §§ 285 Nr. 21, 314 Abs. 1 Nr. 13 HGB Angaben zu Geschäften mit nahestehenden Personen und Unternehmen zu machen, die zu marktunüblichen Bedingungen zustande gekommen sind und wesentlich sind. Wann ein Geschäft wesentlich ist, sagt das Gesetz indes nicht. Im Rahmen der Rechnungslegungsvorschriften bezieht sich die Wesentlichkeit nach einhelliger Ansicht auf die Auswirkungen der Transaktion auf die derzeitige und künftige Finanzlage der Gesellschaft.[773] Allerdings existiert keine starre quantitative Wertgrenze für die Wesentlichkeit.[774] Vielmehr soll auf die konkreten Umstände des jeweiligen Einzelfalls abgestellt und dabei Geschäftswert und -zeitraum sowie Grad der Marktunüblichkeit berücksichtigt werden.[775]

In eine ähnliche Richtung gehen die Erwägungen zur Konkretisierung des Zustimmungsvorbehalts des Aufsichtsrats nach § 111 Abs. 4 Satz 2 AktG. Schon der Reformgesetzgeber des Transparenz- und Publizitätsgesetzes führte zur Begründung der Einführung eines obligatorischen Zustimmungsvorbehalts des Aufsichtsrats in § 111 Abs. 4 Satz 2 AktG an, dass „Entscheidungen oder

772 Dazu sogleich unter § 12 C. IV. 3. d.

773 Begr. RegE. zum BilMoG, BT-Drucks. 16/10067, S. 72, l. Sp.; *Grottel*, BeckBilKomm, HGB, § 285 Rn. 65; *Poelzig*, in MüKo HGB, § 285 Rn. 367; *Rimmelspacher/Fey*, WPg 2010, 180, 186; für eine 10 %-Schwelle *Niehus*, DStR 2008, 2280, 2282.

774 *Poelzig*, in MüKo HGB, § 285 Rn. 367; *Rimmelspacher/Fey*, WPg 2010, 180, 186.

775 *Poelzig*, in MüKo HGB, § 285 Rn. 367; *Rimmelspacher/Fey*, WPg 2010, 180, 186.

Maßnahmen, die nach den Planungen oder Erwartungen die Ertragsaussichten der Gesellschaft oder ihre Risikoexposition grundlegend verändern und damit von existentieller Bedeutung für das Schicksal der Gesellschaft sind, [...] vom Votum beider Organe, des Vorstands und des Aufsichtsrats, getragen sein [müssen].“[776] An diese Formulierung anknüpfend nimmt das Schrifttum ganz überwiegend eine Zustimmungsvorbehaltspflicht nach § 111 Abs. 4 Satz 2 AktG für Geschäfte mit grundlegender Bedeutung an,[777] wenngleich damit nicht gemeint ist, dass sämtliche Geschäfte mit grundlegender Bedeutung einem Zustimmungsvorbehalt unterworfen sein müssen.[778] Hierzu zählen insbesondere Geschäfte, die eine grundlegende Änderung der Vermögens-, Finanz- oder Ertragslage der Gesellschaft zur Folge haben.[779] Diese Konkretisierung entspricht den Vorgaben der Ziff. 3.3 Satz 1 DCGK. Alle drei Kriterien sind dem bilanzrechtlichen Einblicksgebot des § 264 Abs. 2 HGB entnommen, die der Gesetzgeber gleichranging und -wertig nebeneinander sieht.[780] Die Auswirkungen auf Vermögens-, Finanz- oder Ertragslage im Einzelfall genau abzustecken, ist nicht einfach. Die Vermögenslage ergibt sich im Wesentlichen aus der Bilanz und drückt aus, wie „reich“ oder „arm“ die Gesellschaft ist. Maßgeblich ist also der Saldo zwischen den Vermögensposten und den Schulden der Gesellschaft.[781] Beispielsweise

776 Begr. RegE. zum TransPuG, BT-Drucks. 14/8769, S. 17, l. Sp.

777 *Drygala*, in K. Schmidt/Lutter, AktG, § 111 Rn. 59; *Götz*, NZG 2002, 599, 602 f.; *Grigoleit/Tomasic*, in Grigoleit, AktG, § 111 Rn. 44; *Grooterhorst*, NZG 2011, 921, 922; *Habersack*, in MüKo AktG, § 111 Rn. 107; *Koch*, in Hüffer, AktG, § 111 Rn. 42; *Lange*, DStR 2003, 376, 380; *Spindler*, in Spindler/Stilz, AktG, § 111 Rn. 64.

778 *Grigoleit/Tomasic*, in Grigoleit, AktG, § 111 Rn. 45; *Habersack*, in MüKo AktG, § 111 Rn. 109; *Hopt/Roth*, in Großkomm AktG, § 111 Rn. 605 ff.; *Mertens/Cahn*, in KK-AktG, § 111 Rn. 105; a. A. *Götz*, NZG 2002, 599, 602 f.; *Lange*, DStR 2003, 376, 380.

779 *Drygala*, in K. Schmidt/Lutter, AktG, § 111 Rn. 59; *Spindler*, in Spindler/Stilz, AktG, § 111 Rn. 64; vgl. auch Begr. RegE. zum TransPuG, BT-Drucks. 14/8769, S. 17, l. Sp. Eingehend zur Bedeutung der Gesetzesbegründung für die Gesetzesauslegung aus der Sicht des Bundesjustizministeriums *Seibert*, in Fleischer, Mysterium „Gesetzesmaterialien“, S. 111, 113 ff.

780 *Ruppelt*, in BeckOK HGB, § 264 Rn. 43 f.; zur Definition der Vermögenslage: *Merkt*, in Baumbach/Hopt, HGB, § 264 Rn. 13; *Ruppelt*, in BeckOK HGB, § 264 Rn. 45 ff.; zur Finanzlage: *Ruppelt*, in BeckOK HGB, § 264 Rn. 49 ff.; *Merkt*, in Baumbach/Hopt, HGB, § 264 Rn. 14; zur Ertragslage *Ruppelt*, in BeckOK HGB, § 264 Rn. 54 ff.; *Merkt*, in Baumbach/Hopt, HGB, § 264 Rn. 15.

781 *Ruppelt*, in BeckOK HGB, § 264 Rn. 45; *Winkeljohann/Schellhorn*, in BeckBilKomm, HGB, § 264 Rn. 37.

können der Erwerb oder die Veräußerung von Vermögensteilen sowie die Belastung von Grundbesitz einen Einfluss auf die Vermögenslage haben.[782] Die Finanzlage lässt sich aus der Bilanz oder aus der Gewinn- und Verlustrechnung ableiten.[783] Sie soll darüber informieren, wie liquide die Gesellschaft ist und darauf aufbauend, ob und in welchem Maß damit gerechnet werden kann, dass die Gesellschaft künftig ihren Verpflichtungen nachkommen wird.[784] Typische Praxisbeispiele sind die Aufnahme und Vergabe von Darlehen und die Übernahme von Bürgschaften.[785] Die Ertragslage lässt sich aus der periodenbezogenen Gewinn- und Verlustrechnung und regelmäßig aus dazu gehörenden Angaben im Anhang ermitteln.[786] Sie informiert über die Höhe und Zusammensetzung des Erfolgs (Jahresüberschuss beziehungsweise Jahresfehlbetrag des abgelaufenen Geschäftsjahrs).[787] Einen gewissen Aufschluss über die künftige Ertragslage ermöglicht der Lagebericht. Eine Veränderung der Ertragslage können beispielsweise der Verkauf profitabler Unternehmensteile oder bedeutsame langfristige Investitionen zur Folge haben.[788]

Zu weit ginge es allerdings, für die Wesentlichkeit eine existentielle Bedeutung der Transaktion für das Schicksal der Gesellschaft zu verlangen, wie es sich aus der Gesetzesbegründung des Reformgesetzgebers des Transparenz- und Publizitätsgesetzes ergibt.[789] Legt man den Wortsinn des Ausdrucks „existentiell" zu Grunde, wäre eine Transaktion nur dann wesentlich, wenn sie die Existenz der Gesellschaft bedrohte. Indes wird es viele Geschäfte geben, die eine grundlegende Veränderung der Ertrags-, Vermögens- und Finanzlage bewirken, nicht aber die Gesellschaft in ihrem Bestand gefährden.[790] Es ist kein Grund ersichtlich, diese Geschäfte von Anfang an aus dem Anwendungsbereich des Zustimmungsvorbehalts des Aufsichtsrats herauszunehmen.

---

782 *Johannsen-Roth*, in Wilsing, DCGK, Ziff. 3.3 Rn. 10.

783 *Ruppelt*, in BeckOK HGB, § 264 Rn. 51.

784 *Ruppelt*, in BeckOK HGB, § 264 Rn. 49; *Winkeljohann/Schellhorn*, in BeckBilKomm, HGB, § 264 Rn. 37.

785 *Johannsen-Roth*, in Wilsing, DCGK, Ziff. 3.3 Rn. 11.

786 *Reiner*, in MüKo HGB, § 264 Rn. 81.

787 *Merkt*, in Baumbach/Hopt, HGB, § 264 Rn. 16; *Reiner*, in MüKo HGB, § 264 Rn. 81.

788 *Johannsen-Roth*, in Wilsing, DCGK, Ziff. 3.3 Rn. 12; *Lutter*, in Kremer/Bachmann/Lutter/v. Werder, DCGK, Ziff. 3.3 Rn. 521.

789 Begr. RegE. zum TransPuG, BT-Drucks. 14/8769, S. 17, l. Sp.

790 Vgl. zum Zustimmungsvorbehalt nach § 111 Abs. 4 Satz 2 AktG: *Brouwer*, Zustimmungsvorbehalte, S. 94 ff.; *Götz*, NZG 2002, 599, 602 f.; *Habersack*, in MüKo AktG, § 111 Rn. 109; *Koch*, in Hüffer, AktG, § 111 Rn. 45; *Lieder*, DB 2004, 2251, 2252; strenger *Lange*, DStR 2003, 376, 377.

b) Gemischt quantitativ-qualitativer Wesentlichkeitsbegriff

aa) Bezugsgrößen

Für die weitere Konkretisierung des Kreises zustimmungsbedürftiger *Related Party Transactions* sollten geeignete Bezugspunkte festgelegt werden, die die Ermittlung wesentlicher Transaktionen erleichtern. Die in § 111 Abs. 4 Satz 2 AktG normierte Pflicht zur Aufstellung eines Zustimmungskatalogs soll die Effizienz der präventiven Überwachung durch den Aufsichtsrat steigern.[791] Dieser Funktionszusammenhang ist bei der Festlegung der Bezugspunkte der Wesentlichkeitsschwelle für kontrollbedürftige *Related Party Transactions* zu berücksichtigen.[792] Die zu wählenden Bezugsgrößen müssen daher einen Bezug zur Überwachungsaufgabe des Aufsichtsrats aufweisen. Dabei sollte sich die für *Related Party Transactions* festzulegende Wesentlichkeitsschwelle an den Grenzen orientieren, die für Zustimmungsvorbehalte zugunsten des Aufsichtsrats nach § 111 Abs. 4 Satz 2 AktG gelten,[793] und insbesondere die Grenze zustimmungsvorbehaltspflichtiger Geschäfte nicht unterschreiten. Auf diese Weise wird gewährleistet, dass die Leitungsautonomie des Vorstands unberührt bleibt.

In Betracht kommt die Anknüpfung an betriebswirtschaftliche Kennzahlen. Zu denken ist insbesondere an die schon in dem ursprünglichen Kommissionsvorschlag enthaltene Bezugsgröße des bilanziellen Aktivvermögens.[794] Im Schrifttum findet man zudem Vorschläge, an alternative Bezugsgrößen wie Eigenkapital, Gewinn oder Umsatz anzuknüpfen.[795] All diese Bezugsgrößen korrespondieren mit der Überwachungsaufgabe des Aufsichtsrats und sind daher im Grundsatz zur Konkretisierung der Wesentlichkeitsschwelle geeignet.[796] Wird als Bezugsgröße ein Bilanzposten festgelegt, empfiehlt es sich, bei der Ermittlung auf den Zeitpunkt des letzten geprüften Jahresabschlusses abzustellen. Wenn bei einer kleinen Aktiengesellschaft im Sinne des § 276 Abs. 1 HGB eine Prüfung des Jahresabschlusses durch den Abschlussprüfer aufgrund der

791 *Hambloch-Gesinn/Gesinn*, in Hölters, AktG, § 111 Rn. 72.

792 *Fleischer*, BB 2013, 835, 839.

793 *Bungert/de Raet*, Der Konzern 2015, 289, 293.

794 *Lanfermann/Maul*, BB 2014, 1283, 1287; *Seibt*, DB 2014, 1910, 1914 (Fn. 44). Dies entspricht der Bilanzsumme im Sinne des § 267 Abs. 4a HGB.

795 So schon zur Ausgestaltung des Zustimmungsvorbehalts gemäß § 111 Abs. 4 Satz 2 AktG: *Fleischer*, BB 2013, 835, 842; *Habersack*, in MüKo AktG, § 111 Rn. 110; *Johannsen-Roth*, in Wilsing, DCGK, Ziff. 3.3 Rn. 14; zur reformierten Aktionärsrechterichtlinie *Tarde*, ZGR 2017, 360, 374.

796 *Fleischer*, BB 2013, 835, 842.

Ausnahmeregelung in § 316 Abs. 1 Satz 1 HGB nicht erfolgt ist, sollte der Zeitpunkt der Feststellung des Jahresabschlusses entscheidend sein. Zudem ist es empfehlenswert, eine Regelung zur Bewertung von Dauerschuldverhältnissen, wie etwa Miet- oder Leasingverträge, vorzusehen. In Betracht kommt, den Wert von Dauerschuldverhältnissen durch Summierung der Gegenleistung bis zur ersten möglichen beziehungsweise geplanten Kündigung zu berechnen.[797]

bb) Wertgrenzen

Um eine einfache und rechtsichere Anwendbarkeit der Regelungen zu ermöglichen und die Erfassung lediglich gewichtiger *Related Party Transactions* sicherzustellen, sollte der Gesetzgeber – anders als bislang im Rahmen des § 111 Abs. 4 Satz 2 AktG – für *Related Party Transactions* zusätzlich eine quantitative Wertgrenze festlegen,[798] bei deren Überschreiten das Erreichen der Wesentlichkeitsschwelle widerleglich vermutet wird. Die Einführung quantitativer Kriterien ist zwar nicht immer problemlos. So kann es sich schwierig gestalten, den Anforderungen einer Vielzahl individueller Unternehmen im Einzelfall gerecht zu werden.[799] Jedoch birgt ein zu abstraktes und konturenloses Wesentlichkeitskriterium die Gefahr, dass die zuständigen, möglicherweise im Interessenkonflikt stehenden Entscheidungsträger zu Lasten der Kontrolle von *Related Party Transactions* von ihrem weiteren Ermessensspielraum Gebrauch machen. Mit der Unterwerfung einer Transaktion unter den Zustimmungsvorbehalt des Aufsichtsrats ist nämlich das Eingeständnis verbunden, die Gesellschaft würde sich auf Transaktionen einlassen, durch die ihr typischerweise Vermögenswerte entzogen werden. Denn Geschäfte der Gesellschaft mit *Related Partys* können nicht die Regelvermutung für sich beanspruchen, zu marktüblichen Bedingungen zustande gekommen zu sein.[800] Daher ist die Festlegung von quantitativen Wertgrenzen, bei deren Überschreiten die Wesentlichkeit widerleglich vermutet wird, empfehlenswert.

---

797 So beispielsweise im Rahmen der Nachgründung: *Arnold*, in KK-AktG, § 52 Rn. 20; *Bayer*, in K. Schmidt/Lutter, AktG, § 52 Rn. 25; *Heidinger*, in Spindler/Stilz, AktG, § 52 Rn. 40; *Pentz*, in MüKo AktG, § 52 Rn. 22; *Priester*, in Großkomm AktG, § 52 Rn. 52; *C. Schmidt/Seipp*, ZIP 2000, 2089, 2092 ff.; siehe auch *Seibt*, BDI/FBD, Erforderliche Harmonisierung oder unnötiger Systemumbruch?, S. 11.

798 So auch *Enriques*, European Business Organization Law Review 16 (2015), 1, 28.

799 Vgl. auch *Drygala*, in K. Schmidt/Lutter, AktG, § 111 Rn. 59; *Koch*, in Hüffer, AktG, § 111 Rn. 42.

800 *Enriques*, European Business Organization Law Review 16 (2015), 1, 28; *Temming*, RdA 2015, 280. Siehe oben § 1.

Welche konkrete Wertgrenze sinnvoll ist, hängt von der jeweiligen Bezugsgröße ab. Die von der Kommission vorgeschlagene 5 %-Schwelle erscheint beim Umsatz der Gesellschaft als Anknüpfungspunkt ungeeignet. Bei den großen börsennotierten Aktiengesellschaften werden Transaktionen selten ein solches Volumen erreichen. Entsprechendes gilt für das bilanzielle Aktivvermögen als Bezugsgröße. Veranschaulicht werden soll dies anhand der Zahlen von zwei deutschen börsennotierten Aktiengesellschaften – der Daimler AG sowie der Bayer AG. Machte man die Zustimmungspflicht vom Überschreiten von 5 % des bilanziellen Aktivvermögens abhängig, würde sich für die Bayer AG mit Bruttovermögenswerten in Höhe von EUR 59.092 Mio.[801] ergeben, dass Transaktionen mit einem Volumen von EUR 2.954,6 Mio. (entsprechen 5 % der Bilanzsumme) der Zustimmung des Aufsichtsrats bedürfen. Für die Daimler AG, die Bruttovermögenswerte in Höhe von EUR 107.310 Mio.[802] aufweist, ist die maßgebliche Schwelle bei Transaktionen mit einem Bruttovermögenswert ab EUR 5.365,5 Mio. erreicht. Bei einer Anknüpfung an die jeweiligen Umsatzerlöse ergibt sich Folgendes: Bei der Bayer AG, mit einem Umsatz von EUR 14.730 Mio.,[803] würden Transaktionen mit einem Volumen von EUR 736,5 Mio. die Zustimmungspflicht des Aufsichtsrats auslösen. Bei der Daimler AG, mit einem Umsatz von EUR 112.685 Mio.,[804] wäre die Wesentlichkeitsschwelle bei Transaktionen mit einem Volumen von EUR 5.634,25 Mio. erreicht. Die Beispiele zeigen, dass eine Wertgrenze von 5 % für die Bezugsgrößen des bilanziellen Aktivvermögens sowie des Umsatzes zu hoch ist.[805] Das *Related-Party-Transactions*-Regime wäre von Anfang an „totes Recht". Eher vertretbar erscheint die Schwelle von 5 % für die Bezugsgrößen Gewinn und Grundkapital der Aktiengesellschaft. Unter dem Gewinn der Gesellschaft ist der Jahresüberschuss des vergangenen Geschäftsjahrs zu verstehen.[806] Legte man als Bezugsgröße das Grundkapital fest, ist es

801 Die Bruttovermögenswerte stammen aus dem Geschäftsbericht 2017 der Bayer AG (Darstellung A.2.3.2/1 – Vermögens- und Finanzlage), abrufbar unter: https://www.investor.bayer.de/berichte/geschaeftsberichte/uebersicht/ (Stand 31.08.2018).

802 Die Bruttovermögenswerte stammen aus dem Geschäftsbericht 2017 der Daimler AG (Darstellung B.35 – Bilanzstruktur), abrufbar unter: https://www.daimler.com/investoren/berichte/geschaeftsberichte/ (Stand 31.08.2018).

803 Umsatzerlöse der Bayer AG, dargestellt im Geschäftsbericht 2017 (Darstellung A.2.3.1/1 – Ertragslage).

804 Umsatzerlöse der Daimler AG, dargestellt im Jahresabschluss 2017 (Darstellung B – Gewinn- und Verlustrechnung).

805 A. A. *Lanfermann/Maul*, BB 2014, 1283, 1287, die die von der Kommission genannten Schwellen als zu niedrig kritisieren.

806 So auch *Zetzsche*, NZG 2014, 1121, 1128; vgl. auch *J. Vetter*, ZHR 179 (2015), 273, 319.

durchaus denkbar, noch höhere Schwellenwerte zu wählen. Dies zeigt ein Blick in das Nachgründungsrecht, das an eine Vergütung in Höhe von mindestens[807] 10 % des Grundkapitals anknüpft. Deutlich wird zugleich, dass insofern auch der Gesetzgeber davon ausgeht, dass eine besondere Kontrolle von *Related Party Transactions* nicht etwa erst bei Größenordnungen von Holzmüller-/Gelatine-Fällen erforderlich ist.[808] Im Schrifttum wird darüber hinaus vorgeschlagen, die Zustimmungspflicht des Aufsichtsrats vom Erreichen einer Schwelle von 1 % einer Bezugsgröße abhängig zu machen.[809] Nach den obigen Rechenbeispielen erscheint bei einer Anknüpfung an Umsatz und das bilanzielle Aktivvermögen eine Wertgrenze von 1 % jedenfalls besser geeignet. Anempfohlen ist daher – abhängig von der jeweiligen Bezugsgröße – eine Wertgrenze in der Bandbreite von 1 %–5 %.

Um das *Related-Party-Transactions*-System nicht ausschließlich vom Erreichen einer quantitativen Wesentlichkeitsschwelle abhängig zu machen, sollte dem quantitativen Kriterium die Bedeutung einer widerleglichen Vermutung zukommen. Werden die quantitativen Schwellen nicht erreicht, können Transaktionen dennoch im Einzelfall unter Berücksichtigung der individuellen Verhältnisse der Gesellschaft als wesentlich eingestuft werden. Eine solche qualitative Betrachtung ist insbesondere dann relevant, wenn die erforderlichen Vergleichswerte nicht hinreichend sicher festgestellt werden können. Denkbar sind etwa Konstellationen, in denen das finanzielle Volumen und das wirtschaftliche Ausmaß der Transaktion wegen möglicher Folgeinvestitionen nicht aussagekräftig sind.[810] Diesem rein qualitativen Ansatz würde eine Auffangfunktion zukommen.

Zusammenfassend lässt sich festhalten, dass auch mit Installierung des *Related-Party-Transactions*-Regimes nicht für sämtliche Geschäfte mit grundlegender Bedeutung ein Zustimmungsvorbehalt installiert werden müsste. Dem Aufsichtsrat verbleibt nach wie vor ein Ermessensspielraum. Allein für wesentliche Transaktionen mit nahestehenden Personen und Unternehmen empfiehlt es, von Gesetzes wegen einen zwingenden Zustimmungsvorbehalt zugunsten des Aufsichtsrats anzuordnen. Die aus § 111 Abs. 4 Satz 2 AktG folgende Zustimmungspflicht als Teil der Kontrollaufgabe des Aufsichtsrats könnte damit

---

807 Die Regelung des § 52 Abs. 1 AktG ist richtlinienkonform auszulegen, *Pentz*, in MüKo AktG, § 52 Rn. 21.

808 Ähnlich *Temming*, RdA 2015, 280, 283.

809 So bereits zur Konkretisierung des § 111 Abs. 4 AktG: *Fleischer*, BB 2013, 835, 842; *J. Vetter*, ZHR 179 (2015), 273, 319.

810 Vgl. *Habersack*, in MüKo AktG, § 111 Rn. 110.

systemwahrend konkretisiert und fortentwickelt werden.[811] Der Vorteil der Anknüpfung und Erweiterung der bestehenden Regelungen des § 111 Abs. 4 Satz 2 AktG wäre, dass dadurch ein kompliziertes Nebeneinander eines gänzlich neuen und separaten Regelungsapparats und der vorhandenen Normen vermieden werden würde.[812] Um eine Überladung der Vorschrift zu vermeiden, könnte eine entsprechende Regelung, angelehnt an § 111 Abs. 4 AktG, in einem neuen Absatz 4a aufgenommen werden. Alternativ bietet es sich an, das gesamte *Related-Party-Transactions*-System – einschließlich der Definition der Wesentlichkeit, der nahestehenden Personen und Unternehmen sowie der noch zu erläuternden weiteren Schutzinstrumente – in einem neuen § 111a AktG zu regeln. Systematisch würde das *Related-Party-Transactions*-Regime auf diese Weise im Abschnitt des Aktiengesetzes zum Aufsichtsrat geregelt werden, der bereits in §§ 112–116 AktG Regelungen für besondere Arten von *Related Party Transactions* enthält. Damit würde der zentralen Bedeutung der Aufsichtsratszustimmung in der Kontrolle von *Related Party Transactions* Rechnung getragen werden.

c) Die Wesentlichkeitsschwelle in der reformierten Aktionärsrechterichtlinie

Die reformierte Aktionärsrechterichtlinie knüpft das Zustimmungserfordernis an die Wesentlichkeit des Geschäfts an (Art. 9c Abs. 4 AR-RL2017). Die Mitgliedstaaten haben bei der Konkretisierung zu berücksichtigen, welche Bedeutung die Information über die Transaktion auf die wirtschaftliche Entscheidung der Aktionäre haben könnte und welche Risiken die Transaktion für die Gesellschaft und ihre Aktionäre, die keine nahestehenden Personen und Unternehmen sind, mit sich bringt (Art. 9c Abs. 1 Unterabs. 1 AR-RL2017). Bei der Definition müssen die nationalen Gesetzgeber eine oder mehrere quantitative Kennzahlen festlegen, wahlweise der Art der Transaktion und der Stellung der nahestehenden Person, also gänzlich losgelöst von quantitativen Kriterien, Rechnung tragen (Art. 9c Abs. 1 AR-RL2017).[813] Dass Mitgliedstaaten bei der Festlegung

---

811 So auch *Spindler/Seidel*, AG 2017, 169, 171; *J. Vetter*, ZHR 179 (2015), 273, 308. Zustimmend: *Klene*, S. 225.

812 Vgl. auch *Klene*, S. 182.

813 Die deutsche Übersetzung ist vermutlich fehlerhaft. In der englischen Sprachfassung der reformierten Aktionärsrechterichtlinie wird von einem Alternativverhältnis ausgegangen („*When defining material transactions Member States shall set one or more quantitative ratios […]* ***or*** *take into account the nature of transaction and the position of the related party.*“). Da der Kompromiss im Trilog zwischen Rat, Parlament und Kommission in englischer Sprache verhandelt wurde und beispielsweise auch die

der Wesentlichkeitsschwelle den Einfluss der Information über die Transaktion auf die wirtschaftliche Entscheidung der Aktionäre berücksichtigen müssen, zeigt, dass der europäische Gesetzgeber tendenziell von nicht allzu hohen Schwellenwerten ausgeht. Denn die Märkte reagieren erfahrungsgemäß sensibel auf derartige Informationen.[814] Folglich würde sich sowohl die vorgeschlagene Begrenzung der Zustimmungspflicht auf wesentliche Transaktionen an sich, als auch die vorgeschlagene Konkretisierung der Wesentlichkeit im Rahmen der von Art. 9c Abs. 1 AR-RL2017 gesetzten Grenzen der Ausgestaltung halten. Aus den oben genannten Gründen ist die Hinzuziehung quantitativer Wertgrenzen dringend zu empfehlen.

2. *Orientierung an den britischen Class Tests?*

Als Vorbild für den Ausgangsvorschlag der Europäischen Kommission dienten unverkennbar die britischen *Listing Rules*, die in *Chapter* 11 Sonderregelungen für *Related Party Transactions* vorsehen.[815] Die Regelungen enthalten für *Public Limited Companys* mit *Premium Listing* ein von der Größe des Geschäfts abhängiges abgestuftes Schutzsystem.[816] Die *Listing Rules* operieren hierfür mit vier Kennzahlen, die das betreffende Geschäft prozentual in Beziehung zu verschiedenen Größen der Gesellschaft setzen. Kleinsttransaktionen, bei denen keine der Kennzahlen die Schwelle von 0,25 % erreichen, werden aus dem Regelungsregime ausgenommen (FCA LR 11.1.6 R i. V. m. FCA LR 11 Annex 1). Für kleine Transaktionen, bei denen eine der Kennzahlen die Schwelle von 0,25 % überschreitet, aber keine Kennzahl die Schwelle von 5 % erreicht, gelten besondere Publizitätspflichten (FCA LR 11.1.10 R). Erreicht eine der Kennzahlen die 5 %-Schwelle, handelt es sich um eine große Transaktion, für die unter anderem die Zustimmung der Aktionäre einzuholen ist (FCA LR 11.1.7 R). Die maßgeblichen Kennzahlen werden anhand sogenannter *Class Tests* nach FCA LR 10 Annex 1 berechnet.[817] Bei dem *gross asset test* (*Class Test* 1) ist der Quotient aus den Bruttovermögenswerten der Transaktion und den Bruttovermögenswerten

---

französische Sprachfassung der englischen entspricht, ist davon auszugehen, dass die englische Version die maßgebliche ist.

814 *Jung*, WM 2014, 2351.

815 *Fleischer*, BB 2014, 2691, 2697. Grundsätzlich von den britischen *Class Tests* überzeugt: *Veil*, NZG 2017, 521, 525.

816 Ausführlich *Klene*, S. 12 ff.

817 Näher *Horton/Weston*, in Wallis, A practitioner's guide to the FCA listing regime 2014/2015, S. 327, 366 ff.; *Pearce/Kirkby*, in Blair/Walker/Willey, Financial Markets and Exchange Law, S. 173, 184 f.

der Gesellschaft[818] maßgeblich. Der *profits test* (*Class Test* 2) stellt auf das Verhältnis zwischen dem Gewinn aus der Transaktion und dem Gewinn der Gesellschaft ab. Bei dem *consideration test* (*Class Test* 3) geht es um das Verhältnis zwischen dem Wert der Gegenleistung und dem Marktpreis der Aktien. Falls es sich bei der Transaktion um einen Unternehmenskauf handelt, wird nach dem *gross capital test* (*Class Test* 4) das Bruttokapital des zu erwerbenden Unternehmens durch das Bruttokapital der Gesellschaft dividiert.[819]

Für die Ermittlung der unter das Regelungsregime fallenden wesentlichen *Related Party Transactions* könnte daran gedacht werden, ein an die *Class Tests* angelehntes Berechnungsverfahren einzuführen.[820] Wie die Anwendung eines solchen Berechnungsverfahrens aussehen könnte, soll im Folgenden exemplarisch für die Daimler AG und die Bayer AG dargestellt werden. Bei Anwendung des *Class Test* 1 ergibt sich für die Daimler AG[821] wie oben, dass Transaktionen mit einem Bruttovermögenswert ab EUR 5.365,5 Mio. (entsprechen 5 % der Kennzahl) der Zustimmung des Aufsichtsrats bedürften. Bei der Bayer AG[822] würde die Zustimmungspflicht bei Transaktionen mit einem Volumen von EUR 2.954,6 Mio. ausgelöst werden. Wendet man dagegen *Class Test* 3 an, der auf das Verhältnis des Wertes der Gegenleistung und des Marktpreises der Aktien setzt, ergibt sich für die Daimler AG (Marktpreis der Aktien EUR 59.590,09 Mio.),[823] dass für Transaktionen ab EUR 2.979,50 Mio. die Aufsichtsratszustimmung erforderlich wäre. Bei der Bayer AG (Marktpreis der Aktien EUR 74.958,37 Mio.)[824] läge die Grenze bei EUR 3.747,9 Mio.[825] Dass bei der Anwendung des *Class Test* 3 bei der Daimler AG bereits kleinvolumigere Transaktionen unter die Zustimmungsvorbehaltspflicht fallen würden als bei Anwendung des *Class Test* 1, ist auf eine geringere Marktkapitalisierung zurückzuführen. Eine geringe Marktkapitalisierung kann verschiedene Gründe haben. Denkbar sind etwa Mängel in der Corporate Governance der Gesellschaft. Bei

818 Gemeint ist das bilanzielle Aktivvermögen der Gesellschaft.

819 *Veil*, NZG 2017, 521, 524 (Fn. 48).

820 So *Tarde*, ZGR 2017, 260, 375; *Veil*, NZG 2017, 521, 525.

821 Bruttovermögenswerte in Höhe von EUR 107.310 Mio.

822 Bruttovermögenswerte in Höhe von EUR 59.092 Mio.

823 Stand 31.08.2018.

824 Stand 31.08.2018.

825 Der Marktpreis der Aktien errechnet sich aus dem Produkt der Anzahl der Anteile der Gesellschaft und des Aktienkurses abzüglich der von der Gesellschaft gehaltenen eigenen Anteile. Informationen über die Marktkapitalisierung sind abrufbar unter: https://www.finanzen.net/index/DAX/Marktkapitalisierung (Stand 31.08.2018).

diesen Gesellschaften kann es sinnvoll sein, den Aufsichtsrat schon bei geringem Transaktionsvolumen einzubinden und das Geschäft damit einer besonderen Kontrolle zu unterwerfen.[826]

Die *Class Tests* ermöglichen eine einfache Berechnung von relevanten Kennzahlen. Der Vorteil eines derartigen Systems ist, dass bereits das Überschreiten einer Kennzahl ausreichend ist, um das Regelungsregime zur Anwendung gelangen zu lassen. Dadurch könnten sachgerechte Ergebnisse erzielt und insbesondere Unstimmigkeiten ausbalanciert werden, die aufgrund der individuellen Verhältnisse der Gesellschaften bei Anwendung quantitativer Kriterien entstehen könnten. So würde es weniger ins Gewicht fallen, dass bei umsatzstarken Gesellschaften ein Transaktionsvolumen von 5 % des Umsatzes so gut wie nie erreicht werden würde, wenn dafür die anderen Kennzahlen geeignet wären, den Anwendungsbereich des Regelungsregimes zu eröffnen. Bei positivem Ausgang eines der *Class Tests* könnte eine widerlegliche Vermutung der Wesentlichkeit einer Transaktion angenommen werden. Bei negativem Ausgang könnte dennoch von einer wesentlichen Transaktion ausgegangen werden, wenn bei Berücksichtigung aller Umstände und der individuellen Verhältnisse der Gesellschaft eine grundlegende Veränderung der Vermögens-, Finanz- oder Ertragslage gegeben ist.

Alternativ könnte daran gedacht werden, noch weiter von der konkreten Konzeption der *Class Tests* abzurücken und lediglich die dahinterstehende Grundidee zu rekurrieren. Der Gesetzgeber müsste sich nicht auf eine der unter § 12 C. I. 1. b. aa. genannten Bezugsgrößen zur Feststellung der Wesentlichkeit festlegen. Vielmehr könnte eine wesentliche Transaktion bereits dann angenommen werden, wenn nur eine der Bezugsgrößen die maßgebliche Wertgrenze überschreitet. Die Zustimmungspflicht des Aufsichtsrats könnte also davon abhängig gemacht werden, dass die Transaktion eine Größe von 1 %–5 % des bilanziellen Aktivvermögens, des Eigenkapitals, des Umsatzes *oder* des Gewinns erreicht.

3. *Keine Ersetzung durch Hauptversammlungsbeschluss*

Da es sich bei dem zwingenden Zustimmungserfordernis des Aufsichtsrats nach der vorgeschlagenen Konzeption lediglich um eine gesetzliche Konkretisierung der §§ 111 Abs. 1, 4 Satz 2 AktG handelt, ist fraglich, ob auch die weiteren Regelungen des § 111 Abs. 4 AktG uneingeschränkt Anwendung finden sollten. Relevant ist insbesondere die in Satz 3 bis 5 verankerte Möglichkeit,

826 Vgl. *Veil*, NZG 2017, 521, 525 zu Offenlegungspflichten.

die verweigerte Aufsichtsratszustimmung auf Verlangen des Vorstands durch den Zustimmungsbeschluss der Hauptversammlung zu ersetzen. Bedenklich erscheint dies vor allem bei Transaktionen mit dem Kontrollaktionär, insbesondere in Konzernsachverhalten. Das Mutterunternehmen könnte bei Anwendung des § 111 Abs. 4 Satz 3 AktG regelmäßig den Zustimmungsbeschluss mit der erforderlichen Mehrheit von drei Vierteln der abgegebenen Stimmen (§ 111 Abs. 4 Satz 4 AktG) in der Hauptversammlung des Tochterunternehmens fassen, da es keinem Stimmverbot unterliegen würde. Das Zustimmungserfordernis des Aufsichtsrats wäre wertlos. Andererseits ist zu bedenken, dass der Aufsichtsrat seine Zustimmung meist nur dann verweigern wird, wenn er die Transaktion für nicht angemessen hält. Aus Sicht der Gesellschaft sowie der (Minderheits-)Aktionäre wird es sich folglich um Fälle berechtigter Zustimmungsverweigerung handeln. Mithin könnten sich (Minderheits-)Aktionäre grundsätzlich per Anfechtungsklage gegen den Beschluss zur Wehr setzen, sodass am Ende ein sachgerechtes Ergebnis erzielt werden könnte. Dies wäre jedoch zum einen mit zeitlicher Verzögerung verbunden. Zum anderen gäbe es die „korrigierende" Wirkung der Anfechtungsklage nicht, wenn die Gesellschaft keine Minderheitsaktionäre hätte. Erfolgte die gesetzliche Verankerung des *Related-Party-Transactions*-Regimes wie vorgeschlagen als neuer Absatz 4a oder neuer § 111a AktG, könnten die genannten Probleme vermieden werden, da § 111 Abs. 4 Satz 3 bis 5 AktG mangels systematischem Zusammenhangs nicht zur Anwendung gelangen würden.

II. Keine Anwendung auf Transaktionen der Tochtergesellschaft

Wie oben erläutert, sollten vom Transaktionsbegriff grundsätzlich auch Transaktionen der Tochtergesellschaft mit *Related Partys* der Muttergesellschaft erfasst werden, da die *Tunneling*-Gefahr aus Sicht der Muttergesellschaft sowie ihrer (Minderheits-)Aktionäre gleichermaßen besteht. Jedoch kann dies nicht für die Zustimmungsvorbehaltspflicht des Aufsichtsrats gelten. Im Konzern verlieren untergeordnete Gesellschaften nicht ihre rechtliche Selbstständigkeit. Für die Zustimmung zu einem Rechtsgeschäft der Tochtergesellschaft können daher nur die Organe der Tochtergesellschaft zuständig sein, nicht aber die Organe der Muttergesellschaft. Dies steht auf einer Linie mit der reformierten Aktionärsrechterichtlinie, die für Transaktionen der Tochtergesellschaften in Art. 9c Abs. 7 AR-RL2017 keine Zustimmungspflicht, sondern lediglich erweiterte Publizitätspflichten vorsieht (dazu sogleich unter § 14 C. VI.).

III. Das Problem der Unabhängigkeit im Aufsichtsrat

Trotz der genannten Vorzüge der Einbindung des Aufsichtsrats statt der Hauptversammlung ist das Regelungsmodell auch mit Schwächen verbunden. Eng mit den hier relevanten Interessenkonflikten ist die Diskussion um die Unabhängigkeit der Aufsichtsratsmitglieder verknüpft.[827] Das Aktienrecht kennt keine Regelung, nach der alle oder auch nur die Mehrheit der Aufsichtsratsmitglieder unabhängig sein müssen.[828] Im Gegenteil zeigen beispielsweise die Differenzierungen des Mitbestimmungsgesetzes zwischen Arbeitnehmer- und Anteilseignervertretern, dass Aufsichtsratsmitglieder eine Gruppe repräsentieren und deren Interessen im Aufsichtsrat vertreten können. Dies darf allerdings nicht darüber hinwegtäuschen, dass Aufsichtsratsmitglieder bei der Wahrnehmung ihrer Organtätigkeit allein dem Unternehmensinteresse verpflichtet sind und hierbei nicht an Weisungen gebunden werden können.[829] Die Unabhängigkeit der Aufsichtsratsmitglieder ist ein vom Gesetzgeber offen gelassenes,[830] im Schrifttum stark diskutiertes Thema,[831] das für die aktuelle Corporate-Governance-Diskussion von beachtlicher Bedeutung ist.

1. Keine gesetzlichen Vorgaben zur Unabhängigkeit

Das Aktiengesetz enthält keine Begriffsbestimmung zur Unabhängigkeit. Es sieht lediglich für einige Sonderfälle Unvereinbarkeitsregeln vor, die sich auf abstrakte Gefährdungslagen beziehen. Zu diesen Regelungen zählen beispielsweise die Unvereinbarkeit der Zugehörigkeit zum Vorstand und zum Aufsichtsrat (§ 105 Abs. 1 AktG) und die Hinderungsgründe in § 100 Abs. 2 AktG, also die Beschränkung von Mehrfachmandaten (§ 100 Abs. 2 Satz 1 Nr. 1 AktG), die Aufsichtsratsmitgliedschaft entgegen dem Organisationsgefälle (§ 100 Abs. 2 Satz 1 Nr. 2 AktG), das Verbot der Überkreuzverflechtungen (§ 100 Abs. 2 Satz 1

---

827 *Diekmann/Fleischmann*, AG 2013, 141, 143 f.

828 *Hoffmann-Becking*, NZG 2014, 801 ff.; *Kremer/v. Werder*, AG 2013, 340 ff.; *Kumpan*, Der Interessenkonflikt, S. 201 ff.; *Scholderer*, NZG 2012, 168 ff.; Übersicht bei *M. Roth*, ZHR 175 (2011), 605 ff.

829 Ständige Rechtsprechung, siehe nur BGH, Urt. v. 28.11.1988 – II ZR 57/88, BGHZ 106, 54, 65 = NJW 1989, 979, 981; *Habersack*, in MüKo AktG, § 116 Rn. 11, 46; *Peltzer*, in FS Semler, S. 261, 262; *Scholderer*, NZG 2012, 168; *Spindler*, in Spindler/Stilz, AktG, § 116 Rn. 8.

830 Begr. RegE. zum BilMoG, BT-Drucks. 16/10067, S. 101 f.

831 Übersicht bei *Hoffmann-Becking*, NZG 2014, 801; *Kremer/v. Werder*, AG 2013, 340; *Kumpan*, Der Interessenkonflikt, S. 201 ff.; *M. Roth*, ZHR 175 (2011), 605; *Scholderer*, NZG 2012, 168.

Nr. 3 AktG) sowie das Gebot des *Cooling-offs* (§ 100 Abs. 2 Satz 1 Nr. 4 AktG). Auch die oben behandelten Zustimmungsvorbehalte des Aufsichtsrats bei Beratungs- und Kreditverträgen mit Aufsichtsratsmitgliedern (§§ 114, 115 AktG) behandeln Fälle, denen die abstrakte Gefahr eines Interessenkonflikts immanent sind.

Lediglich in der alten Fassung des § 100 Abs. 5 AktG[832] wurde die Unabhängigkeit eines Aufsichtsratsmitglieds angesprochen. Dieser verlangte für kapitalmarktorientierte Gesellschaften im Sinne des § 264d HGB, dass ein unabhängiges Mitglied des Aufsichtsrats über Sachverstand auf den Gebieten der Rechnungslegung oder Abschlussprüfung verfügt. Wann dieser Finanzexperte unabhängig sein sollte, hatte der Gesetzgeber bewusst offen gelassen[833] und war in der Literatur stark umstritten. Während einige auf die – sogleich noch zu erörternde – Empfehlung der Europäischen Kommission von 2005[834] und die Regelung in Ziff. 5.4.2 Satz 2 DCGK abstellten, waren nach der herrschenden Auffassung Repräsentanten des Mehrheitsaktionärs im Aufsichtsrat nicht schon per se als abhängig zu sehen. Unter Hinweis auf die traditionellen Wertungen des deutschen Konzernrechts, die dem herrschenden Unternehmen eine „Durchbesetzung" der Anteilseignerbank gestatten, sollte ein unabhängiger Finanzexperte auch ein Konzernvertreter sein können, solange nicht durch „weitere Umstände die abstrakte Gefahr [begründet war], dass sie sich bei der Wahrnehmung des Mandats nicht am Unternehmensinteresse orientieren."[835]

---

832 § 100 Abs. 5 AktG geändert durch Art. 5 Nr. 1 des Gesetzes zur Umsetzung der prüfungsbezogenen Regelungen der Richtlinie 2014/56/EU sowie zur Ausführung der entsprechenden Vorgaben der Verordnung (EU) Nr. 537/2014 im Hinblick auf die Abschlussprüfung bei Unternehmen von öffentlichem Interesse (Abschlussprüfungsreformgesetz) v. 10.05.2016, BGBl. I Nr. 23, S. 1142.

833 Vgl. Begr. RegE. zum BilMoG, BT-Drucks. 16/10067, S. 101 f. Dazu auch *Jaspers*, AG 2009, 607, 608.

834 Empfehlung 2005/162/EG der Kommission vom 15.02.2005 zu den Aufgaben von nicht geschäftsführenden Direktoren/Aufsichtsratsmitgliedern börsennotierter Gesellschaften sowie zu den Ausschüssen des Verwaltungs-/Aufsichtsrats (ABl. EU Nr. L 52 v. 25.02.2005 – EU-Kommissionsempfehlung 2005), S. 51, 56 f., Nr. 13 sowie Anhang II.

835 *Diekmann/Bidmon*, NZG 2009, 1087, 1090; *Koch*, in Hüffer, AktG, § 100 Rn. 24; siehe auch *Mertens/Cahn*, in KK-AktG, § 100 Rn. 67; ähnlich *Gesell*, ZGR 2011, 361, 385 f.; dagegen mit berechtigtem Einwand: *Bayer/Selentin*, NZG 2015, 7, 13.

2. *Empfehlungen der Europäischen Kommission von 2005*

Teilweise wurde auch zur Konkretisierung des Unabhängigkeitsbegriffs im Rahmen des § 100 Abs. 5 AktG a. F. auf die EU-Kommissionsempfehlung von 2005[836] zurückgegriffen. Nach der EU-Kommissionsempfehlung ist Unabhängigkeit durch „die Abwesenheit jeglicher signifikanter Interessenkonflikte"[837] gekennzeichnet. In Ziff. 13.1 wird weiter ausgeführt, dass es an der Unabhängigkeit fehle, wenn das Mitglied in einer geschäftlichen, familiären oder sonstigen Beziehung zu der Gesellschaft, ihrem Mehrheitsaktionär oder deren Geschäftsführung stehe.[838] Empfehlungen der Europäischen Kommission sind jedoch nicht verbindlich (Art. 288 Unterabs. 5 AEUV). Sie kann allenfalls bei der Auslegung nationalen Umsetzungsrechts oder verbindlicher gemeinschaftsrechtlicher Vorschriften herangezogen[839] und im Rahmen einer Einzelprüfung als leitender Gesichtspunkt betrachtet werden.[840]

3. *Deutscher Corporate Governance Kodex*

Nach Streichung des unabhängigen Finanzexperten in § 100 Abs. 5 AktG[841] enthält *de lege lata* nur noch Ziff. 5.4.2 Satz 2 DCGK eine Negativdefinition der Unabhängigkeit von Aufsichtsratsmitgliedern. Danach ist ein Aufsichtsratsmitglied „insbesondere dann als nicht unabhängig anzusehen, wenn es in einer persönlichen oder geschäftlichen Beziehung zu einer Gesellschaft, deren Organen, einem kontrollierenden Aktionär oder einem mit diesem verbundenen Unternehmen steht, die einen wesentlichen und nicht nur vorübergehenden Interessenkonflikt begründen kann." Der Kodex empfiehlt, eine angemessene Anzahl unabhängiger Aufsichtsratsmitglieder zu bestellen (Ziff. 5.4.2 Satz 1 DCGK). Sinn und Zweck der Empfehlung ist die allgemeine Verbesserung der Überwachungstätigkeit des Aufsichtsrats und die Stärkung der Ausrichtung der

836 Dazu näher *Lutter/Bayer/J. Schmidt*, Europäisches Unternehmens- und Kapitalmarktrecht, § 13 Rn. 7 m. w. N.

837 Erwägungsgrund Nr. 7 der EU-Kommissionsempfehlung 2005, S. 52.

838 Ziff. 13.1 der EU-Kommissionsempfehlung 2005, S. 57.

839 *Bayer/Selentin*, NZG 2015, 7, 13; *Scholderer*, NZG 2012, 168, 169; *Spindler*, in Spindler/Stilz, AktG, § 100 Rn. 54; *ders./Seidel*, AG 2017, 169, 172. *Bürgers/Schilah*, AG 2010, 221, 228 gehen von einer „quasi-normativen Wirkung der EU-Empfehlung" aus, m. w. N. in Fn. 62.

840 *Grigoleit/Tomasic*, in Grigoleit, AktG, § 100 Rn. 13; *Gruber*, NZG 2008, 12, 13; *Kropff*, in FS K. Schmidt, S. 1023, 1025 f.; *Lanfermann/Röhricht*, BB 2009, 887, 888.

841 Art. 5 Nr. 1 des Abschlussprüfungsreformgesetzes v. 10.05.2016, BGBl. I Nr. 23, S. 1142.

Entscheidungsfindung allein am Unternehmensinteresse.[842] Da der DCGK, der von einer Kommission externer Experten geschaffen worden ist, keine Gesetzesqualität besitzt, ist er für die Aktiengesellschaft nicht verbindlich.[843]

4. *Die Bedeutung der Unabhängigkeit für das Related-Party-Transactions-Regime*

Für eine effektive Kontrolle von *Related Party Transactions* durch den Aufsichtsrat spielt die Unabhängigkeit der Aufsichtsratsmitglieder als Entscheidungsträger gegenüber der vertragsschließenden *Related Party* eine wichtige Rolle. Von besonderer Relevanz ist die Abhängigkeit der Aufsichtsratsmitglieder vom Kontrollaktionär. In Konzernen ist es üblich, in mitbestimmten Gesellschaften die Anteilseignerbank und in nichtmitbestimmten Gesellschaften den gesamten Aufsichtsrat mit Repräsentanten der Muttergesellschaft, beispielsweise mit eigenen Organmitgliedern oder Arbeitnehmern der Mutter, zu besetzen.[844] Auch außerhalb von Konzernen ist der Aufsichtsrat in der Regel mit Repräsentanten des Kontrollaktionärs besetzt. Die Repräsentanten des Kontrollaktionärs sind aufgrund ihrer besonderen Beziehung zum kontrollierenden Aktionär als abhängige Aufsichtsratsmitglieder einzustufen.[845] Da für eine Beschlussfassung im Aufsichtsrat grundsätzlich die einfache Stimmenmehrheit genügt und die Aufsichtsratsmitglieder nur im Falle eines eigenen Rechtsgeschäfts mit der Gesellschaft analog § 34 BGB einem Stimmverbot unterliegen, besteht die Sorge, dass der Kontrollaktionär das Zustimmungsverfahren maßgeblich beeinflusst. Daraus resultiert die Gefahr des Richtens in eigener Sache und damit von Interessenkonflikten.[846] Durch die Möglichkeit der Konzernmutter, den Aufsichtsrat der Konzerntochter zumindest teilweise mit eigenen Vertretern zu besetzen, wird das Erfordernis der Aufsichtsratszustimmung zum stumpfen Schwert.[847] Die Einordnung der Repräsentanten des Kontrollaktionärs als abhängige

842 *Stephanblome*, NZG 2013, 445; *Wilsing*, in Wilsing, DCGK, Ziff. 5.4.2 Rn. 6; vgl. auch *Kremer*, in Kremer/Bachmann/Lutter/v. Werder, DCGK, Ziff. 5.4.2 Rn. 1369.

843 *Goette*, in MüKo AktG, § 161 Rn. 1.

844 *Bayer/Selentin*, NZG 2015, 7, 13; *Drygala*, AG 2013, 198, 200; *Habersack*, in Emmerich/Habersack, Aktien- und GmbH-Konzernrecht, § 311 Rn. 28. Zum Aspekt der unternehmerischen Mitbestimmung sogleich.

845 Vgl. Ziff. 5.4.2. Satz 1, 2 DCGK; *Krieger*, in MünchHdb GesR IV, § 70 Rn. 39; *Stephanblome*, NZG 2013, 445, 448.

846 *G. Roth/Wörle*, ZGR 2004, 565, 610 ff.; *Spindler/Stilz*, AG 2017, 169, 172.

847 *Spindler/Seidel*, AG 2017, 169, 173.

Aufsichtsratsmitglieder liegt mit den Unabhängigkeitsdefinitionen der Empfehlung der EU-Kommissionsempfehlung 2005 sowie des DCGK auf einer Linie.

Wie eingangs thematisiert, spielen in der Praxis auch häufig Abhängigkeitsverhältnisse der Aufsichtsratsmitglieder von der Geschäftsleitung eine Rolle. Auch persönliche oder geschäftliche Beziehungen zu Vorstandsmitgliedern erfüllen die dargestellten Abhängigkeitsdefinitionen. Relevant wäre dieses Abhängigkeitsverhältnis bei der Abstimmung über eine Transaktion, bei der ein Vorstandsmitglied der Gesellschaft als Vertragspartei gegenübersteht. Freilich hat die Abhängigkeit eines Aufsichtsrats von der Geschäftsleitung eine andere Qualität: In diesem Falle wäre eine unbeeinflusste Entscheidungsfindung im Aufsichtsrat nur dann gefährdet, wenn zumindest die Mehrheit der Aufsichtsratsmitglieder von ein und demselben vertragsschließenden Vorstandsmitglied abhängig wäre. Gerade in größeren Aktiengesellschaften mit größeren Vorständen und Aufsichtsräten wird das nicht dem praktischen Regelfall entsprechen. Anders verhält es sich dagegen bei einem Kontrollaktionär, der seine Interessen durch seine Repräsentanten im Aufsichtsrat vertreten lässt. Auf einem anderen Blatt stehen die unter § 7 angesprochenen Abhängigkeitsverhältnisse zu Vorstandsmitgliedern, die auf einer engen Zusammenarbeit oder engen Beratungsbeziehung beruhen. Diese rechtstatsächlichen Schwierigkeiten resultieren aus dem aktienrechtlichen Kompetenzgefüge und sind im gewissen Umfang ein Preis, der für eine funktionierende Corporate Governance gezahlt werden muss.[848] Aus diesem Grund soll im Weiteren der Umgang mit der Abhängigkeit der Aufsichtsratsmitglieder vom Kontrollaktionär im Fokus stehen. Nur von Aufsichtsratsmitgliedern, die vom kontrollierenden Aktionär unabhängig sind, kann erwartet werden, dass sie in Wahrnehmung ihrer Kontrollaufgabe uneingeschränkt im Interesse des Unternehmens handeln[849] und damit für eine unbefangene, effektive Kontrolle von *Related Party Transactions* sorgen.

IV. Lösungsansätze

1. Zwingende Aufsichtsratsbesetzung mit Unabhängigkeitserfordernis

Die Ausrichtung der Entscheidungen der Aufsichtsratsmitglieder ausschließlich am Wohl des Unternehmens kann nach dem oben Gesagten nur gewährleistet werden, wenn sichergestellt ist, dass das Abstimmungsergebnis im Aufsichtsrat ohne, oder zumindest nur unter untergeordnetem, Einfluss des Kontrollaktionärs

---

848 Siehe bereits § 7 B. II. 3.

849 *Hommelhoff*, ZIP 2013, 1645, 1646; *Kremer/v. Werder*, AG 2013, 340, 341.

zustande kommt. Dies könnte durch eine gesetzliche Regelung erreicht werden, nach der die Aufsichtsratsbesetzung mit der erforderlichen Anzahl unabhängiger Mitglieder zu erfolgen hat. Dabei dürfte sich dieses Unabhängigkeitserfordernis nicht nur auf faktische Konzerne beschränken, da die Gefahr der Abhängigkeit der Aufsichtsratsmitglieder vom Mehrheitsaktionär keine konzernspezifische Gefahr ist. Auch bei einem kontrollierenden Gesellschafter, der Privataktionär und kein Unternehmen im Sinne der §§ 15 ff. AktG ist, besteht die Gefahr, dass er mittelbar durch seine Repräsentanten bestimmenden Einfluss auf den Entscheidungsprozess im Aufsichtsrat nimmt.[850] Da ein Aufsichtsratsbeschluss grundsätzlich mit einfacher Mehrheit zustande kommt,[851] wäre eine Regelung ausreichend, nach der mindestens 50 % der Mitglieder im Aufsichtsrat vom kontrollierenden Aktionär unabhängig sei müssen.[852]

Gegen eine Pflicht zur vollständigen oder auch nur mehrheitlichen Besetzung des Aufsichtsrats mit unabhängigen Mitgliedern spricht jedoch zum einen, dass dies mit den traditionellen Wertungen des deutschen (Konzern-)Rechts nicht vereinbar wäre. Zum anderen wäre damit ein massiver Eingriff in die Privatautonomie der Aktiengesellschaft verbunden, der nicht zuletzt im Hinblick auf die grundgesetzlich gewährleistete Eigentumsfreiheit (Art. 14 GG) kaum zu rechtfertigen ist.[853] Die eigentumsrechtliche Position des Aktionärs ist umso bedeutender, je höher der auf ihn fallende Anteilsbesitz ist.[854] Traditionell hatte der Aufsichtsrat die Funktion eines Aktionärsausschusses, was die grundsätzliche Offenheit des Aktiengesetzes gegenüber Repräsentanten des (Kontroll-) Aktionärs im Aufsichtsrat erklärt.[855] Es entspricht ferner dem Leitbild des Konzernrechts, dass das herrschende Unternehmen auf den Aufsichtsrat des Tochterunternehmens Einfluss nehmen kann. Insbesondere übt es die Personalhoheit über die Verwaltungsorgane aus und verfügt über die Möglichkeit, wesentliche

850 A. A. *Spindler/Seidel*, AG 2017, 169, 173.

851 *Spindler*, in Spindler/Stilz, AktG, § 108 Rn. 22.

852 Ähnlich *Spindler/Seidel*, AG 2017, 169, 173.

853 *Spindler/Seidel*, AG 2017, 169, 174; a. A. *Tröger*, AG 2015, 53, 70, der keine verfassungsrechtlichen Bedenken hat, da der beherrschende Aktionär nach wie vor „seine" Vertreter benennen könne und lediglich aus dem Pool der Kandidaten diejenigen auszuscheiden hätten, die in einem Näheverhältnis zu ihm stehen.

854 Angedeutet im Mitbestimmungsurteil des BVerfG, Urt. v. 01.03.1979 - 1 BvR 532, 533/77, 1 BvR 419/78, 1 BvL 21/78, BVerfGE 50, 290 ff. = NJW 1979, 699 f.; *Kremer/v. Werder*, AG 2013, 340, 343; a. A. *Stumpf*, NJW 2003, 9, 11. Näher dazu unter § 12 IV. 3. c. bb.

855 *Habersack*, in MüKo AktG, § 100 Rn. 78.

Maßnahmen der Geschäftsführung der Tochter an seine Zustimmung zu binden.[856] Die tendenziell konzernoffene Ausrichtung des Aktienrechts wird durch die gesetzliche Konzernausnahme in § 100 Abs. 2 Satz 1 AktG bestätigt.[857] Die zwingende Besetzung des Aufsichtsrats mit unabhängigen Mitgliedern hätte in einem mitbestimmten Aufsichtsrat zur Folge, dass eine weitere Fraktionierung stattfindet, durch die die Kräfteverhältnisse zulasten der Anteilseignerbank verschoben werden würden.[858] Hinzu kommt, dass die vom kontrollierenden Aktionär abhängigen Aufsichtsratsmitglieder nicht per se als Aufsichtsratsmitglieder „zweiter Klasse" behandelt werden dürfen.[859] Auch sie leisten mit ihren persönlichen Fähigkeiten, ihrem Unternehmenswissen und ihrer Branchenerfahrung im gleichen Maß einen Beitrag zu einer effektiven Kontrolle der Gesellschaft.[860] Teilweise wird für die gesetzliche Fixierung einer zumindest mehrheitlichen Besetzung des Aufsichtsrats mit unabhängigen Mitgliedern angeführt, dass sie dem praktischen Regelfall entspreche. Selbst in paritätisch mitbestimmten Gesellschaften würden bereits unabhängige Aufsichtsratsmitglieder bestellt werden.[861] Einer Studie zufolge sind heute ein Fünftel aller Aufsichtsratsmitglieder der DAX 30-Unternehmen vom kontrollierenden Aktionär unabhängig.[862] Im Sinne einer guten Corporate Governance ist es zwar erfreulich, dass in den Aufsichtsräten deutscher Aktiengesellschaften bereits heute unabhängige Mitglieder im Amt sind. Die angeführte Studie darf allerdings nicht darüber hinweg täuschen, dass die deutschen Aufsichtsratsausschüsse europaweit den geringsten Anteil an unabhängigen Mitgliedern aufweisen.[863] Auf einem anderen Blatt steht

---

856 OLG Düsseldorf, Urt. v. 22.11.2012 – I-6 U 18/12, NZG 2013, 178, 180 f.; vgl. auch LG Hannover, Urt. v. 17.03.2010 – 23 O 124/09, ZIP 2010, 833, 83; *Habersack*, in MüKo AktG, § 100 Rn. 78; *ders.*, NZG 2004, 1, 5; *Hoffmann-Becking*, NZG 2014, 801, 806 f.; *Krieger*, in MünchHdb GesR IV, § 80 Rn. 39.

857 *Habersack*, in MüKo AktG, § 100 Rn. 78.

858 Vgl. *Bayer*, NZG 2013, 1, 12; *Bürgers/Schilha*, AG 2010, 221, 228; *Habersack*, in MüKo AktG, § 100 Rn. 68; *Kropff*, in FS K. Schmidt, S. 1023, 1028; *E. Vetter*, ZGR 2010, 751, 783 f.

859 *Kremer*, in Kremer/Bachmann/Lutter/v. Werder, DCGK, Ziff. 5.4.2 Rn. 1368; *ders./v. Werder*, AG 2013, 340, 343.

860 *Kremer*, in Kremer/Bachmann/Lutter/v. Werder, DCGK, Ziff. 5.4.2 Rn. 1368.

861 *Rhiel*, S. 198.

862 *Rhiel*, S. 198 mit Hinweis in Fn. 39 auf *M. Roth*, ZHR 175 (2011), 605, 622 und die Studie von *Heidrick&Struggles*, European Corporate Governance Report, S. 42, abrufbar unter: https://www.essere-associes.com/media/2011-HeidrickStruggles-Challenging-board-performance.pdf (Stand 31.08.2018).

863 *Heidrick&Struggles*, European Corporate Governance Report, S. 42.

außerdem die Frage, ob die Unabhängigkeit als zwingendes gesetzliches Gebot ausgestaltet werden sollte. Dies würde die Organisationsautonomie der Gesellschaft erheblichen einschränken. Vielmehr sind andere, weniger einschneidende Methoden denkbar, die den Einfluss des kontrollierenden Aktionärs auf den Entscheidungsprozess im Aufsichtsrat unterbinden oder jedenfalls eindämmen und so eine effiziente *Related-Party-Transactions*-Kontrolle ermöglichen. Diese sollen im Folgenden erläutert werden.

2. Stimmverbot im Lichte der unternehmerischen Mitbestimmung

Ohne viel Aufwand ließen sich Interessenkonflikte im Zustimmungsverfahren des Aufsichtsrats außerdem durch die Installierung von Stimmverboten „beteiligter" Aufsichtsratsmitglieder vermeiden. Ist das Aufsichtsratsmitglied selbst unmittelbar Vertragspartner der Gesellschaft, folgt der Ausschluss seines Stimmrechts bereits aus einer analogen Anwendung des § 34 BGB.[864] Darüber hinaus könnte eine „Beteiligung" des Aufsichtsratsmitglieds an der Transaktion angenommen werden, wenn es sich aufgrund eines Näheverhältnisses zum Vertragspartner der Gesellschaft einem Interessengegensatz ausgesetzt sieht. Ein solches Näheverhältnis ist anzunehmen, wenn sich das Aufsichtsratsmitglied in einer persönlichen oder geschäftlichen Abhängigkeit zum Kontrollaktionär oder zur Geschäftsleitung befindet. Ein derart weitreichendes Stimmverbot kennt das geltende deutsche Aktienrecht nicht.[865]

Für die Einführung eines harten Stimmverbots für Aufsichtsratsmitglieder, die den Kontrollaktionär repräsentieren, könnte zwar sprechen, dass ein entscheidender Einfluss des Kontrollaktionärs auf den Zustimmungsprozess nur unterbunden werden kann, wenn die Stimmen der unabhängigen Mitglieder allein die erforderliche Beschlussmehrheit erreichen können.[866] Entscheidend gegen ein hartes Stimmverbot werden im Schrifttum jedoch die praktischen Konsequenzen für Aktiengesellschaften angeführt, die über einen paritätisch mitbestimmten Aufsichtsrat verfügen. Die in den Aufsichtsrat einer mitbestimmten Aktiengesellschaft zu wählenden Arbeitnehmervertreter werden regelmäßig als

864 BGH, Urt. v. 02.04.2007 - II ZR 325/05, NZG 2007, 516, 517; *Bungert/de Raet*, Der Konzern 2015, 289, 296; *Bungert/Wansleben*, DB 2017, 1190; *Habersack*, in MüKo AktG, § 108 Rn. 29; *Mertens/Cahn*, in KK-AktG, § 108 Rn. 65; *Veil*, NZG 2017, 521, 527.

865 *Habersack*, in MüKo AktG, § 108 Rn. 29; *Spindler/Seidel*, AG 2017, 169, 172; *Tomasic*, in Grigoleit, AktG, § 108 Rn. 29.

866 Vgl. *Tröger*, NZG 2015, 53, 70.

unabhängig anzusehen sein.[867] Würden die vom Mehrheitsaktionär abhängigen Anteilseignervertreter einem Stimmverbot unterliegen, läge die Entscheidung über die *Related Party Transaction* bei den Arbeitnehmervertretern.[868] Es wird bezweifelt, dass die Arbeitnehmervertreter die geeigneten Kontrolleure von *Related Party Transactions* und damit die geeigneten Beschützer der Interessen der (Minderheits-)Aktionäre sind.[869] An dieser Stelle soll zwar nicht die allgemeine Diskussion über die Daseinsberechtigung der unternehmerischen Mitbestimmung aufgenommen werden. Bedenkenswert ist jedoch die von den Anteilseignervertretern abweichende Arbeitsweise der Arbeitnehmervertreter. Für gewöhnlich liegt ihr Fokus auf der Wahrung der Arbeitnehmerbelange.[870] Ihnen fehle deswegen der nötige Anreiz für eine intensive Überwachung, wenn es um Themen geht, die die Arbeitnehmerbelange nicht berühren.[871] Jedoch überzeugt es auch an dieser Stelle nicht, Arbeitnehmervertreter pauschal als Aufsichtsratsmitglieder „zweiter Klasse" zu behandeln.[872] Genau wie den Anteilseignervertretern obliegt ihnen die Kontrolle der Gesellschaft. Der Gesetzgeber sieht die Arbeitnehmervertreter als gleichwertige Mitglieder des Aufsichtsrats an; sie haben dieselben Rechte und Pflichten wie die Anteilseignervertreter und haben grundsätzlich dieselben Sorgfaltsanforderungen zu erfüllen.[873] Entscheidendes Argument gegen ein hartes Stimmverbot ist vielmehr, dass ein solches mit dem verfassungsrechtlich garantierten Einfluss der Anteilseigner konfligieren würde.[874] Eine eigene Mehrheit, und damit die im Mitbestimmungsurteil des Bundesverfassungsgerichts geforderte Letztentscheidungsmacht der

---

867 Vgl. Anhang II Nr. 1 lit. b) der EU-Kommissionsempfehlung 2005. Die Unabhängigkeit der Arbeitnehmervertreter annehmend: *Drygala*, in K. Schmidt/Lutter, AktG, § 100 Rn. 51; *Spindler/Seidel*, AG 2017, 169, 175; *Stephanblome*, NZG 2013, 445, 450. Näher zur Unabhängigkeit der Arbeitnehmervertreter sogleich unter § 12 IV. 3. c. aa.

868 *Bungert/de Raet*, Der Konzern 2015, 289, 296; *Kumpan*, EU Vorgaben für related party transactions, S. 33; *Spindler/Seidel*, AG 2017, 169, 172; *Tröger*, AG 2015, 53, 70; *J. Vetter*, ZHR 173 (2015), 273, 308.

869 So auch *J. Vetter*, ZHR 179 (2015), 273, 308 f.

870 *J. Vetter*, ZHR 179 (2015), 273, 309.

871 *Kumpan*, EU Vorgaben für related party transactions, S. 33; *Tarde*, Related Party Transactions, S. 218.

872 So aber im Ergebnis *J. Vetter*, ZHR 179 (2015), 273, 309.

873 *Gach*, in MüKo AktG, § 7 MitbestG Rn. 28; *Hoffmann-Becking*, in FS Hommelhoff, S. 422, 444 ff.; *Koch*, in Hüffer, AktG, § 116 Rn. 2; *Spindler*, in Spindler/Stilz, AktG, § 116 Rn. 94.

874 *Spindler/Seidel*, AG 2017, 169, 173.

Anteilseignervertreter,[875] würde in der Regel nicht gewährleistet sein, da es im Konzern typischerweise keine oder jedenfalls nur wenige vom Mehrheitsaktionär unabhängige Anteilseignervertreter gibt.[876]

Im Schrifttum begegnet man ferner dem Vorschlag, die abhängigen Anteilseignervertreter einem „weichen" Stimmverbot zu unterwerfen. Abhängige Anteilseignervertreter sollten nicht per se von ihrem Stimmrecht ausgeschlossen werden, sondern nur dann, wenn „weitere Umstände die abstrakte Gefahr begründen, dass sie sich bei der Wahrnehmung des Mandats nicht am Unternehmensinteresse orientieren."[877] Diese Formulierung ist jedoch wenig konkret und formelhaft. Es ließe sich nicht rechtssicher beurteilen, ob das Aufsichtsratsmitglied vom Stimmrecht ausgeschlossen ist. Dies ist deswegen problematisch, weil die Stimmabgabe eines vom Stimmrecht ausgeschlossenen Aufsichtsratsmitglieds nichtig ist.[878] Beruht der Beschluss auf dieser Stimme, schlägt sich die Nichtigkeit der einzelnen Stimmabgabe auf die Beschlussfassung durch. Der Beschluss ist insgesamt fehlerhaft und damit nichtig.[879] Als Folgefrage würde sich anschließen, welche Auswirkungen ein nichtiger Aufsichtsratsbeschluss auf die betreffende *Related Party Transaction* hat. Im Interesse der Rechtssicherheit ist ein solcher auf dem Einzelfall beruhender Stimmrechtsausschluss daher abzulehnen. Insgesamt ist die Ausweitung des Stimmverbots der Aufsichtsratsmitglieder nicht zu empfehlen.[880]

3. Übertragung der Entscheidung auf einen Ausschuss

Um das zwingende Zustimmungserfordernis des Aufsichtsrats effektiv auszugestalten, kommt ferner in Betracht, die Entscheidung über die *Related Party*

---

875 BVerfG, Urt. v. 01.03.1979 – 1 BvR 532, 533/77, 1 BvR 419/78, 1 BvL 21/78, BVerfGE 50, 290, 350 = NJW 1979, 699, 705.

876 *J. Vetter*, ZHR 179 (2015), 273, 308.

877 *Selzner*, ZIP 2015, 753, 761; so bereits zur Definition des unabhängigen Mitglieds im Sinne des § 100 Abs. 5 AktG a. F., siehe oben § 12 C. III. 1.

878 BGH, Urt. v. 02.04.2007 – II ZR 325/05, AG 2007, 484, 485 (Rn. 13); *Habersack*, in MüKo AktG, § 108 Rn. 93; *Spindler*, in Spindler/Stilz, AktG, § 108 Rn. 35; *Tomasic*, in Grigoleit, AktG, § 107 Rn. 22.

879 *Habersack*, in MüKo AktG, § 108 Rn. 73 f.; *Spindler*, in Spindler/Stilz, AktG, § 108 Rn. 69 f.

880 Im Ergebnis auch *Spindler/Seidel*, AG 2017, 169, 172 f.; *Tarde*, Related Party Transactions, S. 219.

Transaction von Gesetzes wegen einem Aufsichtsratsausschuss (*Related-Party*-Ausschuss) zuzuweisen.[881]

a) Zwangsausschuss

Die Einrichtung von Aufsichtsratsausschüssen liegt in der Organisationsautonomie des Aufsichtsrats (§ 107 Abs. 3 Abs. 1 AktG).[882] Daher ist der Aufsichtsrat grundsätzlich zur Bestellung von Ausschüssen nicht verpflichtet. Dennoch wird das Selbstorganisationsrecht des Aufsichtsrats dadurch begrenzt, dass er stets für seine Handlungsfähigkeit und die sachgerechte Erfüllung seiner organschaftlichen Aufgaben sorgen muss. Auch die Entscheidung über die Einrichtung eines Ausschusses muss am Unternehmensinteresse ausgerichtet werden. Das Organisationsermessen kann sich im Einzelfall zu einer Organisationspflicht verdichten,[883] wenn auf andere Weise eine effektive Aufgabenwahrnehmung nicht gewährleistet werden kann. Ziff. 5.3.1 Satz 1 DCGK empfiehlt, unter Berücksichtigung der spezifischen Gegebenheiten des Unternehmens und der Mitgliederanzahl fachlich qualifizierte Ausschüsse zu bilden. Dahinter steht der Gedanke der Effizienzsteigerung:[884] Durch die Verlagerung der Aufsichtsratsarbeit auf Ausschüsse, deren Mitglieder besondere Sachkunde aufweisen, kann die Aufsichtsratsarbeit schneller, intensiver und flexibler erledigt werden.[885] Der Ausschuss ist kein selbstständiges Organ, sondern lediglich eine Untergliederung des Aufsichtsrats.[886] Das Handeln eines Ausschusses ist stets dem Aufsichtsrat zuzurechnen.[887] Das Plenum wird also nicht von seinen Pflichten frei; ihm obliegt vielmehr die Überwachung der Ausschusstätigkeit.[888]

---

881 So auch *Kumpan*, EU Vorgaben für related party transactions, S. 33 f.; *Spindler/Seidel*, AG 2017, 169, 174 ff.; *Tarde*, ZGR 2017, 360, 380 f.; *J. Vetter*, ZHR 179 (2015), 273, 309.

882 BGH, Urt. v. 25.02.1982 – II ZR 123/81, BGHZ 83, 106, 114 ff. = NJW 1982, 1525, 1527; *Habersack*, in MüKo AktG, § 107 Rn. 93; *Hopt/Roth*, in Großkomm AktG, § 107 Rn. 228; *Koch*, in Hüffer, AktG, § 107 Rn. 18; *Mertens/Cahn*, in KK-AktG, § 107 Rn. 96.

883 *Habersack*, in MüKo AktG, § 107 Rn. 93; *Hopt/Roth*, in Großkomm AktG, § 107 Rn. 262; *Krieger*, ZGR 1985, 338, 361 f.; *Rellermeyer*, Aufsichtsratsausschüsse, S. 14.

884 *Henssler*, in Henssler/Strohn, AktG, § 107 Rn. 22; *Spindler*, in Spindler/Stilz, AktG, § 107 Rn. 81.

885 *Kremer*, in Kremer/Bachmann/Lutter/v. Werder, DCGK, Ziff. 5.3.1 Rn. 1276; *Spindler*, in Spindler/Stilz, AktG, § 107 Rn. 81; *E. Vetter*, ZGR 2010, 751, 754.

886 *Habersack*, in MüKo AktG, § 107 Rn. 93.

887 *Habersack*, in MüKo AktG, § 107 Rn. 93.

888 OLG Hamburg, Urt. v. 29.09.1995 – 11 U 20/95, AG 1996, 84; *Götz*, NZG 2002, 599, 601; *Habersack*, in MüKo AktG, § 107 Rn. 165; *Hopt/Roth*, in Großkomm AktG, § 107

Fraglich ist, ob eine gesetzliche Regelung zur zwingenden Ausschussbildung möglich und sinnvoll oder aufgrund ihrer Systemfremdheit abzulehnen ist. Zunächst widerspricht die Installierung eines Zwangsausschusses nicht dem Grundsatz, dass sich der Ausschuss nur mit Angelegenheiten befassen darf, die von einer Aufsichtsratskompetenz abgeleitet wird.[889] Denn bei einer solchen gesetzlichen Regelung würde es sich lediglich um eine Konkretisierung der Aufsichtsratskompetenz handeln. Des Weiteren sind Ausnahmen von der grundsätzlichen Organisationsautonomie dem Aufsichtsrat nicht fremd. So schreibt § 27 Abs. 3 MitbestG für Gesellschaften, die dem Mitbestimmungsgesetz unterfallen, die zwingende Bildung eines Vermittlungsausschusses für den Fall vor, dass bei der Bestellung oder Abberufung von Vorstandsmitgliedern im ersten Wahlgang die qualifizierte Mehrheit nicht erreicht wird (vgl. § 31 Abs. 3 Satz 1 MitbestG).[890] Ähnlich wie bei dem zwingenden Vermittlungsausschuss geht es bei der Zustimmung zu *Related Party Transactions* darum, ein angemessenes Kräftegleichgewicht im Aufsichtsrat herzustellen.[891] Somit ist ein Zwangsausschuss, der über *Related Party Transactions* entscheidet, nicht wegen einer etwaigen Systemfremdheit abzulehnen.

Veil führt gegen die Installierung eines Zwangsausschusses an, dass das deutsche Recht aufgrund der Ausgestaltung der Rechtsstellung der Aufsichtsratsmitglieder die Interessen der Gesellschaft und ihrer Aktionäre bereits angemessen schütze.[892] Er erkennt zwar, dass Aufsichtsratsmitglieder bei enger Beziehung zum Kontrollaktionär einem Interessenwiderstreit unterliegen können. Nach *Veil* genüge aber, dass die Aufsichtsratsmitglieder von Gesetzes wegen allein dem Unternehmensinteresse verpflichtet seien und weisungsunabhängig zu handeln haben. Außerdem profitierten die Aufsichtsratsmitglieder im Falle eines Interessenkonflikts nicht von der *Business Judgement Rule* (§§ 116 Satz 1, 93 Abs. 1 Satz 2 AktG), sodass die Mitglieder aufgrund des Haftungsrisikos nach §§ 116 Satz 1, 93 Abs. 2 Satz 1 AktG ihr Amt mit besonderer Sorgfalt ausüben würden.[893]

Rn. 296, 435, 449 f.; *Koch*, in Hüffer, AktG, § 107 Rn. 33; *Mertens/Cahn*, in KK-AktG, § 107 Rn. 142; *E. Vetter*, in Marsch-Barner, Handbuch börsennotierte AG, Rn. 28.25.

889 *Habersack*, in MüKo AktG, § 107 Rn. 100.

890 *Habersack*, in MüKo AktG, § 107 Rn. 122; *Ulmer/Habersack*, in Ulmer/Habersack/Henssler, MitbestG, § 27 Rn. 21.

891 *Spindler/Seidel*, AG 2017, 169, 174.

892 *Veil*, NZG 2017, 521, 527. Auch *Klene*, S. 229 geht davon aus, dass die generellen Anforderungen an die Aufsichtsratsmitglieder für einen ausreichenden Schutz sorgen, allerdings ohne dabei auf eine mögliche Kompetenzzuweisung an einen Ausschuss einzugehen.

893 *Veil*, NZG 2017, 521, 527.

Aus diesem Grund bestehe kein Bedürfnis für einen *Related-Party*-Ausschuss. Dem ist jedoch entgegen zu halten, dass die Ausgestaltung der Rechtsstellung der Aufsichtsratsmitglieder aufgrund der Defizite in der Verfolgung von Ersatzansprüchen noch keinen hinreichenden Schutz für die Interessen der Gesellschaft und ihrer Aktionäre bietet.[894] Folglich sollte der Gesetzgeber zur Schließung der Schutzlücken bei der Kontrolle von *Related Party Transactions* im Aktienrecht eine zwingende Zuständigkeit des *Related-Party*-Ausschusses vorsehen.[895]

b) Kompetenzen und Arbeitsweise des Related-Party-Ausschusses

Wie sich ausdrücklich aus § 107 Abs. 3 Satz 1 AktG ergibt, können zu den Aufgaben eines Aufsichtsratsausschusses die Vorbereitung von Verhandlungen und Beschlüssen des Aufsichtsrats (vorbereitender Ausschuss) oder die Überwachung der Ausführung von Aufsichtsratsbeschlüssen (überwachender Ausschuss) zählen.[896] Darüber hinaus können Aufsichtsausausschüsse auch mit eigener Beschlusskompetenz ausgestattet werden (erledigender Ausschuss), sodass sie Entscheidungen anstelle des Plenums eigenverantwortlich treffen können.[897] Dies ergibt sich aus einem Umkehrschluss zu § 107 Abs. 3 Satz 4 AktG.[898] Die Grenzen der Delegation auf erledigende Ausschüsse sind erreicht, wenn es um eine Angelegenheit geht, die nicht zum Kompetenzkreis des Aufsichtsrats gehört,[899] oder die nach § 107 Abs. 3 Satz 4 AktG oder nach allgemeinen Grundsätzen zwingend dem Plenum vorbehalten ist.[900] Im Rahmen des § 111 Abs. 4 Satz 2 AktG ist nur die Begründung von Zustimmungsvorbehalten zwingend dem Plenum vorbehalten; die Entscheidung des Aufsichtsrats über die Zustimmung selbst kann dagegen auf einen Ausschuss delegiert werden.[901] Ein allgemeines Delegationsverbot für wesentliche Entscheidungen des Gesamtaufsichtsrats

---

894 Siehe § 7 E. und F.

895 So auch *Spindler/Seidel*, AG 2017, 169, 174 f.; *Temming*, RdA 2015, 280, 284.

896 *Henssler*, in Henssler/Strohn, AktG, § 107 Rn. 22; *Lutter/Krieger/Verse*, Rechte und Pflichten des Aufsichtsrats, § 11 Rn. 743.

897 *Beuthien*, NZG 2010, 333; *Lutter/Krieger/Verse*, Rechte und Pflichten des Aufsichtsrats, § 11 Rn. 742; *Spindler*, in Spindler/Stilz, AktG, § 107 Rn. 90.

898 *Spindler*, in Spindler/Stilz, AktG, § 107 Rn. 90.

899 *Drygala*, in K. Schmidt/Lutter, AktG, § 107 Rn. 41; *Spindler/Seidel*, AG 2017, 169, 174.

900 *Habersack*, in MüKo AktG, § 107 Rn. 100.

901 *Habersack*, in MüKo AktG, § 111 Rn. 125; *Spindler*, in Spindler/Stilz, AktG, §111 Rn. 71 f.

kennt das Aktienrecht nicht.[902] Folglich wäre eine Delegation der Zustimmungskompetenz zu *Related Party Transactions* vom Plenum auf einen erledigenden *Related-Party*-Ausschuss zulässig.

Für eine effektive unabhängige Kontrolle der Transaktion ist zu empfehlen, von der Möglichkeit, den *Related-Party*-Ausschuss mit eigener Entscheidungskompetenz auszustatten, Gebrauch zu machen. Würde der *Related-Party*-Ausschuss den Aufsichtsratsbeschluss lediglich vorbereiten, bliebe es wegen der eigenverantwortlichen Entscheidung des Plenums bei der Einflussmöglichkeit des Kontrollaktionärs. Zwar mag von der Vorbereitung des Beschlusses durch einen Ausschuss eine gewisse Präjudizierung ausgehen; der Gesamtaufsichtsrat bleibt aber Herr des Verfahrens.[903] Dies gilt grundsätzlich auch im Verhältnis von erledigenden Ausschüssen zum Gesamtaufsichtsrat. Letzterer kann die Entscheidung des Ausschusses jederzeit wieder an sich ziehen oder abändern.[904] Zweifelhaft erscheint aber, ob dieser Grundsatz uneingeschränkt auch auf das Verhältnis von Zwangsausschüssen zum Plenum Geltung beanspruchen kann. Ungeachtet dieser Bedenken ist für Beschlüsse eines erledigenden Ausschusses, die gegenüber anderen Organen Wirkung haben, anerkannt, dass sie nicht mit Wirkung für die Vergangenheit aufgehoben werden können. So verhält es sich vor allem bei der Erteilung der Zustimmung eines Aufsichtsratsausschusses gegenüber dem Vorstand im Falle des § 111 Abs. 4 Satz 2 AktG.[905] Nach der hier vorgeschlagenen Ausgestaltung der Zustimmungspflicht des Aufsichtsrats als Konkretisierung des § 111 Abs. 4 Satz 2 AktG kann der *Related-Party*-Ausschuss folglich mit eigener Beschlusskompetenz ausgestattet werden. Es muss nicht befürchtet werden, dass der Beschluss geändert oder aufgehoben wird, jedenfalls solange der Vorstand die zustimmungsbedürftige Maßnahme vorgenommen hat.[906]

---

902 *Habersack*, in MüKo AktG, § 107 Rn. 142; *Lutter/Krieger/Verse*, Rechte und Pflichten des Aufsichtsrats, § 11 Rn. 744; *Mertens/Cahn*, in KK-AktG, § 107 Rn. 169; *Spindler*, in Spindler/Stilz, AktG, § 107 Rn. 90; a. A. *Dose*, ZGR 1973, 300, 312 f.

903 Vgl. *Lutter/Krieger/Verse*, Rechte und Pflichten des Aufsichtsrats, § 11 Rn. 747; *Spindler*, in Spindler/Stilz, AktG, § 107 Rn. 91.

904 BGH, Urt. v. 14.11.1983 – II ZR 33/83, BGHZ 89, 48, 55 f. = NJW 1984, 733, 735; *Habersack*, in MüKo AktG, § 107 Rn. 94; *Hambloch-Gesinn/Gesinn*, in Hölters, AktG, § 107 Rn. 146; *Koch*, in Hüffer, AktG, § 107 Rn. 18; *Mertens/Cahn*, in KK-AktG, § 107 Rn. 139.

905 *Spindler*, in Spindler/Stilz, AktG, § 107 Rn. 95.

906 So auch *M. Roth*, ZHR 175 (2011), 605, 633; *Spindler*, in Spindler/Stilz, AktG, § 107 Rn. 95.

Damit der Ausschuss in der Lage ist, eine informierte Entscheidung zu treffen, muss er sich hinreichend mit der Maßnahme befassen können. Um nicht die Transaktionsgeschwindigkeit unnötig zu bremsen, sollte er frühzeitig in die Entscheidungsvorbereitung durch den Vorstand eingebunden werden.[907] Möchte der Vorstand eine Transaktion durchführen, wird er vernünftigerweise solche Vertragsbedingungen vorsehen, bei denen die Zustimmung des Ausschusses erwartet werden kann. In der Regel wird der Vorstand daher gezwungen sein, relativ früh in Dialog mit dem *Related-Party*-Ausschuss zu treten und die Einzelheiten der Transaktion mit ihm zu verhandeln.[908] Diese Arbeitsweise trägt zu einer effektiven Kontrolle der Geschäftsführung und Beratung des Vorstands bei.

c) Besetzung des Ausschusses

Die Effektivität und Sinnhaftigkeit eines Zwangsausschusses steht und fällt mit seiner konkreten personellen Besetzung. Denn könnte der Ausschuss ausschließlich mit Repräsentanten des kontrollierenden Aktionärs besetzt werden, wäre für die unabhängige Entscheidung und damit für die effektive Kontrolle von *Related Party Transactions* nichts gewonnen. Aufgrund der starken Position des Kontrollaktionärs und der damit verbundenen Einflussmöglichkeit auf die Organisation des Aufsichtsrats ist der Vorschlag, die Bildung des Ausschusses und die nähere Ausgestaltung des Verfahrens der Organisationsautonomie des Aufsichtsrats zu überlassen,[909] abzulehnen. Ob dem Aufsichtsrat auch die konkrete Besetzung des Ausschusses vorgegeben werden kann, und wie eine solche Besetzung aussehen könnte, soll im Folgenden erläutert werden.

aa) Die Erforderlichkeit unabhängiger Mitglieder

Auch die Bestimmung der Größe sowie der Zusammensetzung des Ausschusses liegt als Ausprägung der Organisationsautonomie des Aufsichtsrats grundsätzlich in seinem Ermessen.[910] Eine gesetzliche Durchbrechung der Organisationsautonomie findet sich ebenfalls im Mitbestimmungsgesetz, der die Besetzung des Vermittlungsausschusses mit dem Aufsichtsratsvorsitzenden, seinem Stellvertreter sowie je einem von den Arbeitnehmervertretern und Anteilseignervertretern gewählten Mitglied zwingend vorgibt (§ 27 Abs. 3 MitbestG).

---

907 Vgl. *M. Roth*, ZHR 175 (2011), 605, 632 zu einem möglichen zeitlichen Ablauf der Beschlüsse von Vorstand und Aufsichtsrat beziehungsweise des Aufsichtsratsausschuss.

908 So auch *Rhiel*, S. 213.

909 In diesem Sinne *Bungert/Wansleben*, DB 2017, 1190, 1200; *Veil*, NZG 2017, 521, 527.

910 *Habersack*, in MüKo AktG, § 107 Rn. 93.

Der zur Entscheidung über *Related Party Transactions* berufene Ausschuss des Aufsichtsrats müsste so besetzt sein, dass der Kontrollaktionär keinen entscheidenden Einfluss auf das Zustimmungsverfahren nehmen kann. Dem könnte schon dann genüge getan sein, wenn mindestens die Hälfte der Ausschussmitglieder vom Kontrollaktionär unabhängig sind. Daneben dürften im Gesamtaufsichtsrat also weiterhin abhängige Repräsentanten des kontrollierenden Aktionärs das Aufsichtsratsamt übernehmen.[911] Für die Beschlussfähigkeit des Aufsichtsrats ist gemäß § 108 Abs. 2 Satz 3 AktG die Teilnahme von mindestens drei Mitgliedern erforderlich. Da diese Vorschrift durch die Bildung von Ausschüssen nicht umgangen werden darf, steht fest, dass anstelle des Plenums beschlussfassende Aufsichtsratsausschüsse mit mindestens drei Mitgliedern besetzt sein müssen.[912] Um sicherzustellen, dass der Kontrollaktionär nicht eine ihm genehme Entscheidung zulasten der Gesellschaft und der Minderheitsgesellschaft herbeiführen kann, schlagen *Spindler/Seidel* vor, einen Dreier-Ausschuss mit mindestens zwei unabhängigen Aufsichtsratsmitgliedern zu besetzen.[913] In mitbestimmten Aufsichtsräten sei den Anforderungen der Unabhängigkeit genüge getan, wenn der Ausschuss aus einem Arbeitnehmervertreter, einem unabhängigen Mitglied sowie einem Repräsentanten des Mehrheitsaktionärs bestehe.[914]

In der Regel sind Arbeitnehmervertreter als unabhängige Aufsichtsratsmitglieder zu qualifizieren, sodass sie sich für die Kontrollaufgabe des *Related-Party*-Ausschusses grundsätzlich eignen. Die im Schrifttum anzutreffende Diskussion der Unabhängigkeit der Arbeitnehmervertreter hat allerdings nicht – die hier maßgebliche – Beziehung zum Kontrollaktionär, sondern das Verhältnis zur Geschäftsleitung zum Gegenstand. Die durch das Arbeitsverhältnis begründete geschäftliche Beziehung zur Gesellschaft könnte einen Interessenkonflikt in der Person des Arbeitsnehmervertreters hervorrufen. Indes wird der Gefahr, dass

---

911 *Spindler/Seidel*, AG 2017, 169, 174; vgl. *Bungert/de Raet*, Der Konzern 2015, 189, 296; *J. Vetter*, ZHR 179 (2015), 273, 309.

912 BGH, Urt. v. 23.10.1975 – II ZR 90/73, BGHZ 65, 190, 191 f. = NJW 1976, 145, 146; BGH, Urt. v. 27.05.1991 – II ZR 87/90, NJW-RR 1991, 1187, 1188; *Drygala*, in K. Schmidt/Lutter, AktG, § 108 Rn. 46; *Habersack*, in MüKo AktG, § 108 Rn. 44, 133; *Hasselbach/Seibel*, AG 2012, 114, 118; *Hoffmann-Becking*, in MünchHdb GesR IV, § 32 Rn. 36; *Mertens/Cahn*, in KK-AktG, § 107 Rn. 117; *Rhiel*, S. 212; *Spindler*, in Spindler/Stilz, AktG, § 108 Rn. 98.

913 *Spindler/Seidel*, AG 2017, 169, 174 f.

914 *Spindler/Seidel*, AG 2017, 169, 174; im Ergebnis auch *J. Vetter*, ZHR 179 (2015), 273, 309.

sich die Arbeitnehmervertreter aufgrund des Drucks seitens des Vorstands nach den Interessen der Geschäftsleitung richten, bereits durch die arbeitsrechtlichen Benachteiligungsverbote begegnet. Zu diesen zählen insbesondere der relative Kündigungs- und Diskriminierungsschutz (§ 26 MitbestG).[915] Die Abhängigkeit der Anteilseignervertreter vom Kontrollaktionär ergibt sich in erster Linie daraus, dass der Kontrollaktionär seine Repräsentanten in den Aufsichtsrat wählt oder entsendet. Die Wahl der Arbeitnehmervertreter obliegt dagegen nicht dem Kontrollaktionär, sondern entweder den Arbeitnehmern der Gesellschaft selbst oder den von ihnen gewählten Delegierten (§§ 9 ff. MitbestG). Folglich stehen die Arbeitnehmervertreter grundsätzlich in keinem Abhängigkeitsverhältnis zum Kontrollaktionär.[916] Unberührt bleiben freilich persönliche oder geschäftliche Beziehungen einzelner Arbeitnehmervertreter zum Kontrollaktionär, die allerdings in der Regel nur die eigene Unabhängigkeit und nicht die der gesamten Arbeitnehmervertreterbank beeinträchtigen können. Zuzustimmen ist dem Vorschlag von *Spindler/Seidel* folglich insoweit, dass der *Related-Party*-Ausschuss in paritätisch mitbestimmten Aufsichtsräten mit mindestens einem Arbeitnehmervertreter besetzt werden sollte. Zwar enthält weder das Aktiengesetz noch das Mitbestimmungsgesetz ein Gebot der paritätischen Besetzung von Ausschüssen;[917] ebenso wenig haben die Arbeitnehmervertreter überhaupt einen Anspruch darauf, in jedem Ausschuss vertreten zu sein.[918] Wird jedoch ein Ausschuss ausschließlich mit Mitgliedern der Anteilseignerbank besetzt, wird die (widerlegliche) Diskriminierungsvermutung ausgelöst.[919] Auch im Hinblick auf die Tragweite der zustimmungsbedürftigen wesentlichen *Related Party Transactions* für die Gesellschaft, ist es empfehlenswert, in mitbestimmten

---

915 *Drygala*, in K. Schmidt/Lutter, AktG, § 100 Rn. 51; *Stephanblome*, NZG 2013, 445, 450. Dies liegt auf einer Linie mit der EU-Kommissionsempfehlung 2005.

916 So auch *Klene*, S. 227; *Spindler/Seidel*, AG 2017, 169, 175.

917 BGH, Urt. v. 25.02.1982 – II ZR 102/81, BGHZ 83, 144, 146 ff. = NJW 1892, 1528, 1529; BGH, Urt. v. 17.05.1993 – II ZR 89/92, BGHZ 122, 342, 355 ff. = NJW 1993, 2307, 2310; *Spindler*, in Spindler/Stilz, AktG, § 107 Rn. 100 f.; *E. Vetter*, in Marsch-Barner/Schäfer, Handbuch börsennotierte AG, Rn. 28.18.

918 *Spindler*, in Spindler/Stilz, AktG, § 107 Rn. 100.

919 BGH, Urt. v. 17.05.1993 – II ZR 89/92, BGHZ 122, 342, 361 f. = NJW 1993, 2307; 2312; *Spindler*, in Spindler/Stilz, AktG, § 107 Rn. 100; *E. Vetter*, in Marsch-Barner/Schäfer, Handbuch börsennotierte AG, Rn. 28.18; ausdrücklich nur sich mit dem Plenarvorbehalt unterliegenden Gegenständen befassende Ausschüsse: *Jaeger*, ZIP 1995, 1735, 1736 f.; *Oetker*, ZGR 2000, 19, 53 f.; weitergehend *Mertens/Cahn*, in KK-AktG, § 107 Rn. 126, die von einer Diskriminierungsvermutung bereits bei unparitätischer Besetzung des Ausschusses ausgehen.

Aktiengesellschaften den *Related-Party*-Ausschuss mit zumindest einem Arbeitnehmervertreter zu besetzen.[920]

Zweifelhaft ist hingegen, ob überhaupt ein Repräsentant des Kontrollaktionärs in den *Related-Party*-Ausschuss einbezogen werden sollte, oder ob auch die übrigen Ausschussmitglieder vom Kontrollaktionär unabhängig sein sollten. Zwar könnte die entscheidende Rolle des Kontrollaktionärs im *Related-Party*-Ausschuss bereits unterbunden werden, wenn die unabhängigen Mitglieder allein die Beschlussmehrheit im Ausschuss besitzen. Da jedes Aufsichtsratsmitglied eine Stimme hat, würde bei einem Ausschuss, der mit der Mindestzahl von drei Mitgliedern bestellt wurde, bereits ein unabhängiges Mitglied neben dem Arbeitnehmervertreter ausreichen, um sicherzustellen, dass der Vertreter des Kontrollaktionärs nicht die Mehrheit im Ausschuss hat.[921] Für die Besetzung des Ausschusses mit ausschließlich unabhängigen Mitgliedern spricht jedoch bereits die latente Gefahr, dass zumindest einer der unabhängigen Mitglieder vom Repräsentanten des Kontrollaktionärs überzeugt und umgestimmt werden könnte. Die Gefahr, dass der Kontrollaktionär missbräuchlich Einfluss auf die Entscheidungsfindung im Ausschuss nimmt, wäre weiterhin gegeben. Außerdem ist anerkannt, dass bei Geschäften, die auf einstimmig gefassten Beschlüssen eines vollständig unabhängig besetzten Ausschusses beruhen, tatsächlich vermutet werden kann, der Sorgfalt eines ordentlichen und gewissenhaften Aufsichtsratsmitglieds zu entsprechen.[922]

Für eine effektive *Related-Party-Transactions*-Kontrolle empfiehlt sich daher eine gesetzliche Regelung, nach der Aufsichtsräte über mindestens drei unabhängige Aufsichtsratsmitglieder zu verfügen haben, die im *Related-Party*-Ausschuss über wesentliche *Related Party Transactions* entscheiden.[923] Bei mitbestimmten Aktiengesellschaften sollten mindestens zwei unabhängige Mitglieder im Aufsichtsrat sitzen müssen, wenn der *Related-Party*-Ausschuss mit der Mindestzahl von drei Mitgliedern eingerichtet wird. Sollte sich der Aufsichtsrat für die

---

920 Das OLG München sieht in der Nichtberücksichtigung der Arbeitnehmerbank bei der Besetzung von Ausschüssen, die im Wesentlichen über Zustimmungsvorbehalte nach § 111 Abs. 4 Satz 2 AktG entscheidet, regelmäßig einen Rechtsmissbrauch, OLG München, Urt. v. 27.01.1995 – 23 U 4282/94, AG 1995, 466, 467. So auch *E. Vetter*, in Marsch-Barner/Schäfer, Handbuch börsennotierte AG, Rn. 28.18.

921 *J. Vetter*, ZHR 179 (2015), 273, 310.

922 *M. Roth*, ZHR 175 (2011), 605, 632.

923 Ähnlich bereits *Fleischer*, BB 2014, 2691, 2699; *Rhiel*, S. 211 ff.; vgl auch *M. Roth*, ZHR 175 (2011), 605, 632 f.; a. A. *Bungert/Wansleben*, DB 2017, 1190, 1200; *Veil*, NZG 2017, 521, 527.

Einrichtung eines *Related-Party*-Ausschusses entscheiden, der mit als drei Mitgliedern besetzt wird, ist die Anzahl unabhängiger Aufsichtsratsmitglieder entsprechend zu erhöhen.

bb) Verfassungsrechtliche Bedenken

Die vorgeschlagene Ausgestaltung des Regelungsinstruments ist mit einem legislatorischen Eingriff in die Organisationsautonomie der Aktiengesellschaft verbunden. Fraglich ist insbesondere, ob ein Zwangsausschuss mit zwingender Besetzung mit unabhängigen Mitgliedern mit dem verfassungsrechtlich garantierten Anteilseigentum (Art. 14 Abs. 1 GG)[924] vereinbar ist. Je größer der Anteilsbesitz, umso stärker ist das daraus resultierende Eigentumsrecht des Aktionärs. Der Schutz nimmt dabei nicht linear, sondern stufenweise, von der Sperrminorität (ab 25 %), über die Mehrheitsmacht (ab 50 %) bis zur satzungsändernden Mehrheit (75 %) zu.[925] Die beherrschende Position des Kontrollaktionärs stellt damit eine eigenständige –jedenfalls intensivere – Form der Eigentumsgarantie dar.[926] Durch die Besetzung des *Related-Party*-Ausschusses mit unabhängigen Mitgliedern ist der Kontrollaktionär nicht mehr in der Lage, seinem Willen zumindest mittelbar durch seine Repräsentanten im Aufsichtsrat Geltung zu verschaffen. Er wird daran gehindert, seine Ausschließungsbefugnis, die ihm in gesteigerter Intensität aufgrund seines Eigentumsrechts zusteht,[927] auszuüben.

Den Rechten des Kontrollaktionärs stehen jedoch die sich ebenfalls aus dem Anteilseigentum ergebenden Rechte der Minderheitsaktionäre gegenüber.[928] Die allgemeine Ausgestaltung der Grundrechte als Minderheitenrechte verlangt, dass Minderheitsaktionäre gegen den Missbrauch der Herrschaftsmacht des kontrollierenden Aktionärs angemessen geschützt werden.[929] Die widerstreitenden Grundrechtspositionen müssen daher gegeneinander abgewogen werden. Im Rahmen der Abwägung spielt die Intensität des Eingriffs eine entscheidende Rolle. Der hier vorgeschlagene *Related-Party*-Ausschuss, der zwingend mit unabhängigen Aufsichtsratsmitgliedern zu besetzen ist, wird lediglich in einem sehr begrenzten Kompetenzbereich, nämlich für die Zustimmung zu wesentlichen *Related Party Transactions*, tätig. Nicht zuletzt wegen der hohen

---

924 *Stumpf*, NJW 2003, 9, 10.

925 *Spindler/Seidel*, AG 2017, 169, 175.

926 *Spindler/Seidel*, AG 2017, 169, 175.

927 Vgl. *Fritzsche*, in BeckOK BGB, § 903 Rn. 13.

928 Vgl. BVerfG, Urt. v. 07.08.1962 – 1 BvL 16/60, BVerfGE 14, 263, 277 f.= NJW 1962, 1667; *Papier*, in Maunz/Dürig, GG, Art. 14 Rn. 195.

929 BVerfG, Beschl. v. 23.08.2000 – 1 BvR 68/95, BvR 147/97 = NJW 2001, 279, 281.

Wesentlichkeitsschwelle und des engen Kreises an einbezogenen *Related Partys* ist der Tätigkeitsbereich des Ausschusses überschaubar. In allen anderen Angelegenheiten bleibt es bei der Organisationsautonomie des Aufsichtsrats und damit bei der Einflussmöglichkeit des Kontrollaktionärs durch seine Repräsentanten.[930] Auf der anderen Seite wären Minderheitsaktionäre der missbräuchlichen Einflussnahme des Kontrollaktionärs schutzlos ausgesetzt. Sie haben keinen gemeinsamen Repräsentanten im Aufsichtsrat, der ihre Interessen durchzusetzen sucht. Durch einen mit unabhängigen Mitgliedern besetzten *Related-Party*-Ausschuss würde eine unbeeinflusste Entscheidungsfindung, die allein am Unternehmensinteresse ausgerichtet ist, sichergestellt werden.

Der Unterschied zu dem unter § 12 IV. 1. behandelten allgemeinen Unabhängigkeitserfordernis für Aufsichtsratsmitglieder ist, dass dort die unabhängige Besetzung des gesamten oder zumindest der Mehrheit des Aufsichtsrats in Rede stand. Dies ist aufgrund eines nicht gerechtfertigten Eingriffs in das Eigentumsrecht des Kontrollaktionärs und die Unternehmensverfassung der Aktiengesellschaft weiterhin abzulehnen. In diesem Punkt geht es aber lediglich um die zwingende Bestellung von zwei beziehungsweise drei Aufsichtsratsmitgliedern, soweit der *Related-Party*-Ausschuss mit der Mindestzahl von drei Mitgliedern eingerichtet wird. Bedenklich erscheint allenfalls, ob schon die Pflicht zur Bestellung unabhängiger Aufsichtsratsmitglieder in mitbestimmten Gesellschaften die Balance zwischen Anteilseigner- und Arbeitnehmervertretern im Gesamtaufsichtsrat beeinträchtigen könnte. Aber auch diese Bedenken greifen nicht durch, da anders als bei einem Stimmverbot der abhängigen Anteilseignervertreter die Stimmmacht der Anteilseignerbank nicht berührt wird. Der Kontrollaktionär kann nach wie vor „seine Vertreter" in den Aufsichtsrat wählen. Er hat lediglich aus dem Kreis potentieller Anteilseignervertreter zwei Kandidaten zu wählen, die in keinem Abhängigkeitsverhältnis zu ihm stehen.[931] Außerdem dürfte die Besetzung zweier oder dreier Ämter mit Unabhängigen bei allen anderen Entscheidungen des Aufsichtsrats kaum ins Gewicht fallen. Die Anteilseignervertreter stimmen häufig im Block ab. Es liegt nicht fern, dass die wenigen unabhängigen Aufsichtsratsmitglieder bei Entscheidungen des Plenums durch ihre Aufsichtsratskollegen vom Vorhaben überzeugt oder gar umgestimmt werden. Folglich bleibt der Mehrheitsaktionär in anderen Angelegenheiten grundsätzlich zur Durchsetzung seiner Vorstellungen in der Lage. Die unabhängigen

930 So auch *Spindler/Seidel*, AG 2017, 169, 176.

931 Vgl. *Tröger*, AG 2015, 53, 70 zum allgemeinen Unabhängigkeitserfordernis im Aufsichtsrat.

Mitglieder sollen lediglich für eine neutrale, an dem Unternehmensinteresse ausgerichtete Entscheidung sorgen und sind nicht im Sinne einer Opposition zu verstehen. Besteht der *Related-Party*-Ausschuss wie hier vorgeschlagen aus einem Vertreter der Arbeitnehmerbank sowie zwei unabhängigen Mitgliedern, ist die Beeinflussung der unabhängigen Mitglieder nicht zu besorgen. Der legislatorische Eingriff in die Organisationsautonomie des Aufsichtsrats und damit mittelbar in das Eigentumsrecht des Kontrollaktionärs ist lediglich von geringer Intensität und unter Abwägung der widerstreitenden Interessen gerechtfertigt.[932]

d) Besonderheiten für nichtbörsennotierte und/oder kleine Aktiengesellschaften

aa) Hauptversammlung versus Aufsichtsrat

Wie bereits unter § 11 V. 4. erwähnt, wäre die Einbindung der Hauptversammlung bei kleinen, geschlossenen Aktiengesellschaften weniger problematisch als bei großen, börsennotierten Aktiengesellschaften. Feststeht jedoch, dass Aufsichtsratsmitglieder gewisse Mindestkenntnisse und -fähigkeiten besitzen und in der Lage sein müssen, wirtschaftliche Zusammenhänge und Geschäftsvorfälle sachgerecht und eigenständig zu beurteilen. Eine solche Sachkunde wird von Aktionären nicht verlangt. Aus diesem Grund ist der Aufsichtsrat gemessen am Grundsatz der Organadäquanz im Verhältnis zur Hauptversammlung für die Kontrolle von *Related Party Transactions* regelmäßig fachlich besser geeignet. Es mag zwar einzelne Fälle geben, in denen Aktionäre sachkundig und zur Bewertung von *Related Party Transactions* in der Lage sind und daher dem Aufsichtsrat in nichts nachstehen. Dies hängt jedoch weniger davon ab, ob die Aktien der Gesellschaft zu einem Markt zugelassen sind. Zu weit ginge es daher, bei Aktionären einer geschlossenen Gesellschaft stets Sachkunde und bessere Eignung für die *Related-Party-Transactions*-Kontrolle im Vergleich zum Aufsichtsrat anzunehmen. Im Interesse einer einheitlichen Regelung und zur Schaffung eines geschlossenen Schutzkonzepts ist eine generalisierte Anwendung des Grundsatzes der Organadäquanz vorzugswürdig. Folglich sollte auch bei geschlossenen Aktiengesellschaften an dem Zustimmungserfordernis des Aufsichtsrats festgehalten werden.

bb) Notwendigkeit von Modifikationen

Große Aktiengesellschaften haben in der Regel größere Aufsichtsräte als kleine Aktiengesellschaften. Fraglich ist, ob an dem Erfordernis eines

932 So auch *Spindler/Seidel*, AG 2017, 169, 176.

Zwangsausschusses und dessen Besetzung mit unabhängigen Mitgliedern auch bei kleinen Aktiengesellschaften festgehalten werden kann. Nach § 95 AktG müssen Aufsichtsräte aus mindestens drei Mitgliedern bestehen. Für eine kleine Aktiengesellschaft, die nicht vom Geltungsbereich des Mitbestimmungsgesetzes erfasst ist, würde dies nach dem oben Gesagten bedeuten, dass drei unabhängige Mitglieder in den Aufsichtsrat bestellt werden müssen. Besteht der Aufsichtsrat einer kleinen Gesellschaft also aus drei Mitgliedern, könnte demnach kein einziger Repräsentant des Kontrollaktionärs im Aufsichtsrat vertreten sein. Damit wäre im Ergebnis nicht nur die vollständige Besetzung des *Related-Party*-Ausschusses mit unabhängigen Mitgliedern, sondern auch diejenige des Gesamtaufsichtsrats erreicht. Eine zwingende Aufsichtsratsbesetzung mit unabhängigen Mitgliedern ist wie unter § 12 C. IV. 1. erwähnt – auch nur de facto – nicht mit dem geltenden Recht vereinbar.

Klärungsbedürftig ist daher, wie eine Differenzierung innerhalb des *Related-Party-Transactions*-Regimes konkret aussehen könnte. In Betracht kommt zunächst, zwischen börsennotierten und nichtbörsennotierten Gesellschaften zu unterscheiden. Besondere Regelungen für Gesellschaften, die im Sinne des § 264d HGB kapitalmarktorientiert sind, sind bereits an verschiedenen Stellen des Aktiengesetzes enthalten,[933] sodass sich eine derartige Unterscheidung harmonisch in das Aktienrecht einfügen würde. Bei börsennotierten Aktiengesellschaften handelt es sich zwar meist um große Gesellschaften, ebenso, wie es sich bei nichtbörsennotierten Aktiengesellschaften in der Regel um kleine Gesellschaften handelt. Jedoch keine Regel ohne Ausnahme: Die Bertelsmann SE & Co. KGaA[934] zeigt, dass es auch große Aktiengesellschaften mit großen Aufsichtsräten[935] gibt, die nicht börsennotiert sind. Bei diesen Gesellschaften ist ein Abweichen von den Vorgaben des *Related-Party-Transactions*-Regimes nicht gerechtfertigt. Alternativ könnte daher daran gedacht werden, eine Differenzierung im Rahmen des *Related-Party-Transactions*-Regimes anhand der Größe des Aufsichtsrats vorzunehmen. Schon ab einer Größe von sieben Aufsichtsratsmitgliedern wäre der Einfluss des Kontrollaktionärs auf den Gesamtaufsichtsrat

933 Etwa in §§ 100 Abs. 5, 107 Abs. 4 AktG.

934 Auf die Kommanditgesellschaft auf Aktien finden gemäß § 278 Abs. 3 AktG die Vorschriften des Ersten Buchs über die Aktiengesellschaft sinngemäß Anwendung, soweit sich aus den §§ 278 ff. AktG nichts anderes ergibt.

935 Die Bertelsmann SE & Co. KGaA hat 15 Aufsichtsratsmitglieder (Quelle: https://www.bertelsmann.de/unternehmen/aufsichtsrat/#st-1 (Stand: 31.08.2018).

im Wege seiner Repräsentanten gesichert.[936] Auch in paritätisch mitbestimmten Aufsichtsräten, die sich § 7 Abs. 1 Nr. 1 MitbestG aus mindestens zwölf Aufsichtsratsmitgliedern zusammensetzen, ist der Einfluss des Kontrollaktionärs hinreichend gesichert. Nach der vorgeschlagenen Zusammensetzung müssten lediglich zwei von sechs Anteilseignervertreter unabhängig sein. Durch die Differenzierung anhand der Größe des Aufsichtsrats kann im Einzelfall der individuellen Struktur der Gesellschaft besser Rechnung getragen und sachgerechte Ergebnisse erreicht werden. Dass die persönlichen Verhältnisse von Gesellschaften bei der Einrichtung von Aufsichtsratsausschüssen mitberücksichtigt werden können, ist grundsätzlich kein fremder Ansatz. Beispielsweise enthält das bereits erwähnte Kreditwesengesetz in § 25d Abs. 7 Satz 1 KWG eine Proportionalitätsklausel, nach der in Abhängigkeit von der Größe, der internen Organisation und der Art, des Umfangs, der Komplexität und dem Risikogehalt der Geschäfte des Unternehmens von der Ausschussbildung abgesehen werden kann.[937] So sollte nach der Gesetzesbegründung zum CRD IV-Umsetzungsgesetz auf die Bildung der Ausschüsse nach §§ 25d Abs. 7–12 KWG bei einer Aufsichtsratsgröße von weniger als zehn Mitgliedern verzichtet werden können.[938] Erst bei einer Mindestgröße von zehn Aufsichtsratsmitgliedern sah der Gesetzgeber die Notwendigkeit, bestimmte Themen im Ausschuss vorzubereiten.[939] Daher ist die Größe des Aufsichtsrats ein geeignetes Differenzierungskriterium für die Pflicht zur Einrichtung eines unabhängigen *Related-Party*-Ausschusses. Auf diese Weise kann eine Balance zwischen den individuellen Verhältnissen der Gesellschaft und der effektiven Kontrolle von *Related Party Transactions* hergestellt werden. Die Bertelsmann SE & Co. KGaA, die nicht der paritätischen Mitbestimmung

---

936 Das Dreiteilbarkeitsgebot des § 95 Satz 3 AktG gilt seit der Aktienrechtsnovelle 2016 nur noch, wenn es zur Erfüllung mitbestimmungsrechtlicher Vorgaben erforderlich ist.

937 Das KWG schrieb die Einrichtung von Ausschüssen in der vor dem 06.11.2015 geltenden Fassung des § 25d Abs. 7 KWG noch vor. Durch Art. 2 des Abwicklungsmechanismusgesetzes v. 02.11.2015, BGBl. I Nr. 43, S. 1864, wurde die Einrichtungspflicht durch eine Soll-Vorschrift ersetzt. Ausführlich zur Ausschusseinrichtungspflicht nach der alten Fassung: *Bronnert-Härle*, S. 126 ff.

938 Begr. RegE. zum CRD IV-Umsetzungsgesetz, BT-Drucks. 17/10974, S. 88, l. Sp.

939 Begr. RegE. zum CRD IV-Umsetzungsgesetz, BT-Drucks. 17/10974, S. 88, l. Sp.; *Wolfgarten*, in Boos/Fischer/Schulte-Mattler, KWG, § 25d Rn. 87; a. A. *Bronnert-Härle*, S. 132, nach der die Aufsichtsratsgröße nicht als einziges maßgebendes Kriterium herangezogen werden sollte.

unterliegt, müsste demnach einen *Related-Party*-Ausschuss einrichten, der mit drei unabhängigen Mitgliedern zu besetzen ist.[940]

cc) Ausgestaltung des Zustimmungserfordernisses des Aufsichtsrats in kleinen Aktiengesellschaften

Da für kleine Aktiengesellschaften mit kleinen Aufsichtsräten an dem zwingenden Erfordernis, den Aufsichtsrat mit drei unabhängigen Mitgliedern zu besetzen, nicht festgehalten werden kann, sollte auch von der zwingenden Pflicht zur Errichtung eines *Related-Party*-Ausschusses Abstand genommen werden. Ein Zwangsausschuss, der ausschließlich aus Repräsentanten des Kontrollaktionärs besteht, würde nicht viel zu einer verbesserten Kontrolle von *Related Party Transactions* beitragen. Dennoch sollte auch kleinen Aktiengesellschaften abstrakt aufgegeben werden, im Rahmen der Abstimmung im Aufsichtsrat dafür zu sorgen, dass die Interessen der Gesellschaft und der Minderheitsaktionäre angemessen berücksichtigt werden und dass der Kontrollaktionär seine Position nicht ausnutzt. Die Bildung eines *Related-Party*-Ausschusses könnte dabei der Organisationsautonomie des Aufsichtsrats überlassen werden. Rechtspolitisch ist jedenfalls auch bei diesen Gesellschaften wünschenswert, dass eine angemessene Anzahl unabhängiger Mitglieder im Aufsichtsrat vertreten ist.

e) Besonderheiten bei der Europäischen Aktiengesellschaft mit monistischem System

Die Europäische Gesellschaft (Societas Europaea – kurz SE) mit monistischem System verfügt neben der Hauptversammlung anders als die dualistisch verfasste SE nicht über ein Aufsichts- und Leitungsorgan, sondern über ein Verwaltungsorgan, dem Verwaltungsrat (Art. 38 SE-VO, §§ 20 ff. SEAG). Gemäß § 22 SEAG obliegt dem Verwaltungsrat sowohl die Leitung als auch die Überwachung der Geschäftsführung.[941] Eine funktionale Trennung innerhalb des Verwaltungsrats erfolgt durch die Aufteilung in geschäftsführende und nicht geschäftsführende Direktoren.[942] In einer deutschen SE mit monistischem System ist die Bestellung geschäftsführender Direktoren zwingend. Bei den geschäftsführenden Direktoren kann es sich um Externe oder um Verwaltungsratsmitglieder handeln, sofern

940 Nach Einschätzung des Aufsichtsrats der Bertelsmann SE & Co. KGaA sind bereits sieben seiner Mitglieder als unabhängig im Sinne des DCGK anzusehen (Bertelsmann-Geschäftsbericht 2017, S. 137).

941 *Verse*, in Habersack/Drinhausen, SE-Recht, § 22 SEAG Rn. 1.

942 *Jannott/Frodermann*, in Kölner Handbuch des Handels- und Gesellschaftsrechts, Kap. 17 Rn. 117; *Kallmeyer*, ZIP 2003, 1531.

die Mehrheit der Verwaltungsratsmitglieder aus nicht geschäftsführenden Mitgliedern besteht (§ 40 Abs. 1 SEAG). Die geschäftsführenden Direktoren sind für die Geschäftsführung sowie Vertretung der Gesellschaft nach außen zuständig (§§ 40 Abs. 2 Satz 1, 41 Abs. 1 Satz 1 SEAG). Trotz des sehr weiten Aufgabenkreises ist das Amt eines Verwaltungsratsmitglieds, das nicht zugleich geschäftsführender Direktor ist, sowohl in der SE-VO als auch in der SEAG als Nebenamt ausgestaltet und daher mit dem Aufsichtsratsmandat im dualistischen System vergleichbar.[943] Fraglich ist daher, wie das Zustimmungserfordernis des Verwaltungsorgans einer monistischen SE zu *Related Party Transactions* ausgestaltet werden könnte. Dass bestimmte Geschäfte überhaupt an die Zustimmung des Verwaltungsrats gebunden werden können, folgt aus Art. 48 Abs. 1 SE-VO, der inhaltlich § 111 Abs. 4 Satz 2 AktG entspricht.

Der Verwaltungsrat kann wie der Aufsichtsrat einer Aktiengesellschaft aus seiner Mitte Ausschüsse bestellen (§ 34 Abs. 4 Satz 1 SEAG). Während im dualistischen System wegen der Beschlussfähigkeitsregelung in § 108 Abs. 2 Satz 3 AktG erledigende Ausschüsse aus mindestens drei Mitgliedern bestehen müssen, gilt für den Ausschuss des Verwaltungsrats eine Untergrenze von zwei Mitgliedern.[944] Aus diesem Grund würde die Bestellung zweier unabhängiger Mitglieder genügen, um eine unbeeinflusste Abstimmung im *Related-Party*-Ausschuss des Verwaltungsrats sicherzustellen. Verfügt die SE über einen mitbestimmten Verwaltungsrat, sollte der Ausschuss aus Gründen der Gleichbehandlung (§ 38 Abs. 1 SEBG) mit einem Arbeitnehmervertreter und einem unabhängigen Mitglied der Anteilseignerbank besetzt werden.[945]

Entsprechend den obigen Ausführungen zum Aufsichtsrat einer Aktiengesellschaft muss auch bei der monistischen SE sichergestellt sein, dass der Kontrollaktionär seine Interessen durch Repräsentanten im Verwaltungsrat vertreten lassen kann.[946] Bei kleinen Gesellschaften mit kleinen Verwaltungsräten wäre eine zwingende Besetzung des Verwaltungsrats mit zwei unabhängigen Mitgliedern ein erheblicher Eingriff in die Organisationsautonomie sowie in die verfassungsrechtlich geschützte beherrschende Position des Kontrollaktionärs.

---

943 *Verse*, in Habersack/Drinhausen, SE-Recht, § 22 SEAG Rn. 3.

944 *Eberspächer*, in Spindler/Stilz, SE-VO, Art. 44 Rn. 8; *Reichert/Brandes*, in MüKo AktG, Art. 44 SE-VO, Rn. 51; *Verse*, in Habersack/Drinhausen, SE-Recht, § 34 SEAG Rn. 30; a. A. *Lutter/Kollmorgen/Feldhaus*, BB 2005, 2473, 2479 f., die sogar einen „Einmann-Ausschuss" genügen lassen.

945 Allgemein *Verse*, in Habersack/Drinhausen, SE-Recht, § 34 SEAG Rn. 30.

946 Gemäß Art. 43 Abs. 3 SE-VO werden die Mitglieder des Verwaltungsrats von der Hauptversammlung bestellt.

Folglich sollte für das Zustimmungserfordernis auch bei der monistisch verfassten SE zwischen großen und kleinen Verwaltungsräten unterschieden werden. Die notwendige Einflussmöglichkeit des Kontrollaktionärs wäre bereits gewährleistet, wenn der Verwaltungsrat aus mindestens fünf Mitgliedern besteht.

f) Zwischenfazit

Für die Überweisung der Kontrolle von *Related Party Transactions* auf einen *Related-Party*-Ausschuss anstelle des Aufsichtsrats sprechen gute Gründe. Zunächst ist allgemein anerkannt, dass die Ausschussbildung vor allem bei großen Aktiengesellschaften mit großen Aufsichtsräten der effizienten Entscheidungsfindung dienlich ist.[947] Ausschüsse ermöglichen eine größere Flexibilität im Zustimmungsprozess und können näher am Transaktionsgeschehen sein.[948] Zudem können sie allgemein ein Instrument zur Gewährleistung einer unabhängigen Beschlussfassung sein, sofern das vom Interessenwiderstreit betroffene Aufsichtsratsmitglied selbst nicht Mitglied des Ausschusses ist.[949] Das Zustimmungserfordernis des Gesamtaufsichtsrats zu *Related Party Transactions* wäre wertlos, wenn nicht die Stimmenmehrheit unabhängiger Aufsichtsratsmitglieder, etwa durch ein generelles Stimmverbot abhängiger Mitglieder, sichergestellt wäre. Ein solches Stimmverbot wäre jedoch mit einem schwerwiegenden Eingriff in die Organisationsautonomie der Gesellschaft und einer Verschiebung der Machtbalance zwischen Anteilseigner- und Arbeitnehmerbank in mitbestimmten Gesellschaften verbunden. Die hier vorgeschlagene Pflicht zur Bestellung eines *Related-Party*-Ausschusses mit unabhängigen Mitgliedern ist für die Gesellschaft eine weniger einschneidende Maßnahme und in Abwägung der schutzwürdigen Belange gerechtfertigt. Etwas anderes gilt nur für Gesellschaften, deren Aufsichtsräte weniger als sieben Mitglieder haben, da andernfalls in unverhältnismäßiger Weise in die verfassungsrechtlich garantierte beherrschende Position des Kontrollaktionärs eingegriffen werden würde. Dennoch sind auch bei diesen Gesellschaften eine angemessene Anzahl unabhängiger Aufsichtsratsmitglieder sowie die Einrichtung eines *Related-Party*-Ausschusses empfehlenswert. Vorzugswürdig ist es aber, dies der Organisationsautonomie des Aufsichtsrats zu überlassen.

---

947 *Henssler*, in Henssler/Strohn, AktG, § 107 Rn. 22; *Koch*, in Hüffer, AktG, § 107 Rn. 18; *Kremer*, in Kremer/Bachmann/Lutter/v. Werder, DCGK, Ziff. 5.3.1 Rn. 1276.

948 *Henssler*, in Henssler/Strohn, AktG, § 107 Rn. 22; *Temming*, RdA 2015, 280, 284.

949 *Habersack*, in MüKo AktG, § 100 Rn. 98; *M. Roth*, ZGR 2012, 343, 353; *Semler*, in MüKo AktG, 2. Aufl., § 100 Rn. 158.

Nach Art. 9c Abs. 4 Unterabs. 1 AR-RL2017 müssen die Mitgliedstaaten sicherstellen, dass den wesentlichen *Related Party Transactions* durch den Aufsichtsrat gemäß einem Verfahren zugestimmt wird, in dem die *Related Party* ihr Einflusspotential nicht ausnutzen kann und in dem die Interessen der Gesellschaft und der nicht transaktionsbeteiligten (Minderheits-)Aktionäre angemessen geschützt werden. Mit der Übertragung der Entscheidung auf einen mit unabhängigen Aufsichtsratsmitgliedern besetzten Ausschuss würde den Vorgaben der reformierten Aktionärsrechterichtlinie entsprochen werden.[950]

D. Erteilung und Verweigerung der Zustimmung

Sieht man das Zustimmungserfordernis des Aufsichtsrats(ausschusses) zu *Related Party Transactions* als Konkretisierung des § 111 Abs. 4 Satz 2 AktG, muss auch im Hinblick auf die Rechtsfolgen einer erteilten und verweigerten Zustimmung an § 111 Abs. 4 Satz 2 AktG angeknüpft werden. Überwiegend wird im Rahmen des § 111 Abs. 4 Satz 2 AktG die vorherige Zustimmung für erforderlich gehalten.[951] Daran ist auch bei Zustimmungsvorbehalten zu *Related Party Transactions* festzuhalten, da dies dem Charakter des Zustimmungsvorbehalts als präventive Überwachungsmaßnahme gerecht wird. Verweigert der Aufsichtsrat beziehungsweise der *Related-Party*-Ausschuss die Zustimmung, darf der Vorstand das Geschäft nicht vornehmen. Setzt er sich über das Zustimmungserfordernis hinweg, tätigt er also die Transaktion ohne vorherige Zustimmung oder trotz verweigerter Zustimmung, handelt er pflichtwidrig. Dies gilt selbst dann, wenn das Geschäft für die Gesellschaft bei einer *Ex-ante*-Betrachtung vorteilhaft war.[952] Unter den weiteren Voraussetzungen des § 93 Abs. 2 Satz 1 AktG haftet er für einen daraus entstandenen Schaden der Gesellschaft. Für das Außenverhältnis hat die verweigerte Zustimmung allerdings keine Bedeutung: Die Vertretungsmacht des Vorstands besteht fort, die durchgeführte Transaktion bleibt wirksam.[953] Dies ist auch zwingend erforderlich, da die Unwirksamkeitsfolge als

950 So auch *Spindler/Seidel*, AG 2017, 169, 177.

951 *Habersack*, in MüKo AktG, § 111 Rn. 123; *Koch*, in Hüffer, AktG, § 111 Rn. 46; *M. Roth*, ZHR 175 (2011), 605, 632.

952 *Grigoleit/Tomasic*, in Grigoleit, AktG, § 111 Rn. 53; *Koch*, in Hüffer, AktG, § 111 Rn. 49; *Spindler*, in Spindler/Stilz, AktG, § 111 Rn. 75.

953 Allgemeine Meinung, *Brouwer*, Zustimmungsvorbehalte, S. 178 ff.; *Drygala*, in K. Schmidt/Lutter, AktG, § 111 Rn. 64; *Habersack*, in MüKo AktG, § 111 Rn. 129; *ders*., in FS Hüffer, S. 259, 260 ff.; *Hopt/Roth*, in Großkomm AktG, § 111 Rn. 702; *Mertens/Cahn*, in KK-AktG, § 111 Rn. 112; *Spindler*, in Spindler/Stilz, AktG, § 111 Rn. 75; *E. Vetter*, in Marsch-Barner/Schäfer, Handbuch börsennotierte AG, Rn. 26.34.

besonders starke „Transaktionsbremse“ wirken und Geschäftsaktivitäten lähmen würde.[954] Die Unwirksamkeitsfolge wäre zudem ein Novum für die deutsche Rechtsordnung, die bei einem kompetenzwidrigen Handeln der Organmitglieder nicht die *Ultra-vires*-Doktrin[955] anwendet. So bleiben im deutschen Aktienrecht Geschäfte, die vom vertretungsbefugten Vorstand vorgenommen wurden, selbst in Holzmüller-/Gelatine-Fällen wirksam, wenn die Hauptversammlung der Transaktion nicht vorher zugestimmt hat.[956] Gerade in Konzernsachverhalten werden Minderheitsaktionäre durch die Rechtsfigur des Missbrauchs der Vertretungsmacht ausreichend geschützt: Wirken die Vertragsparteien zum Nachteil der Aktionäre kollusiv zusammen, ist das Rechtsgeschäft auch im Außenverhältnis unwirksam.[957]

Schließlich stellt sich die Frage, welche Rechtswirkungen die zu Unrecht erteilte Zustimmung des Aufsichtsrats(ausschusses) entfaltet. Nachteilige *Related Party Transactions* mit dem Kontrollaktionär fallen oftmals unter den Tatbestand des Verbots der Einlagenrückgewähr (§ 57 Abs. 1 Satz 1 AktG). Denkbar wäre in diesem Zusammenhang, der Zustimmung des Aufsichtsrats zu einer nachteiligen Transaktion eine legitimierende Wirkung zukommen zu lassen. Eine solche Legitimationswirkung würde aber in das aktienrechtliche Kompetenzgefüge eingreifen, wonach es Aufgabe der Aktionäre ist, über die Verteilung des freien Gesellschaftsvermögens zu entscheiden.[958] Ein Bedürfnis für die Annahme einer solchen materiell-rechtlichen Wirkung, die den Kapitalabfluss rechtfertigt, ist nicht ersichtlich. Diese Ausrichtung würde auch der reformierten Aktionärsrechterichtlinie entsprechen, die einen prozeduralen Ansatz verfolgt.[959] Das *Related-Party*-Regime bezweckt gerade die Verhinderung unangemessener Geschäfte durch Machtmissbrauch nahestehender Personen und Unternehmen. Wenn der Zustimmung des Aufsichtsrats legitimierende Wirkung zugesprochen würde, müssten die pflichtwidrig handelnden Organmitglieder nicht einmal mehr fürchten, gemäß § 92 Abs. 3 Nr. 1 AktG (i. V. m. § 116 Satz 1 AktG) auf

954 So bereits zum Kommissionsvorschlag: *Seibt*, BDI/FBD, Erforderliche Harmonisierung oder unnötiger Systembruch?, S. 16.

955 Nach der *Ultra-vires*-Doktrin sind Rechtshandlungen bei Handeln außerhalb des Kompetenzbereichs im Außenverhältnis unwirksam.

956 BGH, Urt. 25.02.1982 – II ZR 174/80, BGHZ 83, 122, 132 = AG 1982, 158; *Koch*, in Hüffer, AktG, § 119 Rn. 26; *Kubis*, in MüKo AktG, § 119 Rn. 59.

957 *DAV-HRA*, NZG 2015, 54, 65.

958 Vgl. § 174 Abs. 1 Satz 1 AktG; *Veil*, NZG 2017, 521, 526.

959 *Veil*, NZG 2017, 521, 526.

Schadensersatz zu haften. Damit würde der verfolgte Zweck nicht nur vereitelt, sondern in sein Gegenteil verkehrt werden.

E. Fazit

Für die effektive Kontrolle von *Related Party Transactions* und den Schutz der Gesellschaft und der Minderheitsaktionäre vor einem Abfluss von Vermögenswerten bietet sich die Installierung eines zwingenden Zustimmungsvorbehalts des Aufsichtsrats(ausschusses) an. Durch die Mitwirkung eines weiteren Organs neben dem vertretungsbefugten Vorstand werden höhere Hemmschwellen zur Ausbeutung der Gesellschaft geschaffen. Die Wahrscheinlichkeit, dass missbräuchliche Transaktionen im Verborgenen bleiben, nimmt durch den größeren Kreis mitwirkender Personen ab. Die Zustimmungspflicht des Aufsichtsrats(ausschusses) ließe sich reibungslos in das Aktienrecht in Anlehnung an § 111 Abs. 4 Satz 2 AktG einfügen. Die Erfahrungen der Rechtspraxis im Umgang mit Zustimmungsvorbehalten nach § 111 Abs. 4 Satz 2 AktG würden eine friktionslose Rechtsanwendung ermöglichen. Auf diese Weise würde die aktienrechtliche Funktionstrennung zwischen dem Vorstand und Aufsichtsrat beibehalten werden.

Die Zustimmungspflicht des Aufsichtsrats für wesentliche Transaktionen mit nahestehenden Personen und Unternehmen könnte in einem neuen § 111 Abs. 4a AktG oder § 111a AktG gesetzlich verankert werden. Der Vorteil der letzteren Alternative liegt darin, dass neben der Zustimmungspflicht auch der persönliche und sachliche Anwendungsbereich des Regelungsregimes in einer Norm geregelt werden könnten. Dabei ist es besonders wichtig, die Wesentlichkeitsschwelle hinreichend im Gesetz zu konkretisieren. Im Rahmen des § 111 Abs. 4 Satz 2 AktG ist anerkannt, dass Geschäfte von grundlegender Bedeutung für die Gesellschaft zustimmungsvorbehaltspflichtig sind. Zu diesen zählen solche Geschäfte, die die Vermögens-, Finanz- oder Ertragslage grundlegend verändern. Die erforderliche Wesentlichkeitsschwelle für zustimmungspflichtige *Related Party Transactions* sollte nicht unter dieser Schwelle liegen. Zur weiteren Konkretisierung bietet sich ein gemischt quantitativ-qualitativer Ansatz an. Als Bezugsgröße eignen sich besonders betriebswirtschaftliche Kennzahlen wie Vermögen, Eigenkapital, Gewinn oder Umsatz der Gesellschaft. Erreicht die Transaktion 1 %–5 % einer Bezugsgröße, könnte eine widerlegliche Vermutung der Wesentlichkeit des Geschäfts angenommen werden. Aber auch im Übrigen kann eine wesentliche Transaktion vorliegen, wenn im Einzelfall unter Berücksichtigung der individuellen Verhältnisse der Gesellschaft anzunehmen ist, dass die Transaktion die Vermögens-, Finanz- oder Ertragslage der

Gesellschaft grundlegend verändert. In der weiteren rechtspolitischen Debatte könnte alternativ überlegt werden, die relevanten Kennzahlen durch ein ausdifferenziertes System mehrerer *Class Tests* nach Vorbild der britischen *Listing Rules* zu ermitteln.

Um den Zustimmungsvorbehalt effektiv auszugestalten, sollte die Zustimmungspflicht einem *Related-Party*-Ausschuss auferlegt werden, der über die Vornahme der Transaktion eigenverantwortlich anstelle des Plenums beschließt. Ein vom Kontrollaktionär unbeeinflusstes Zustimmungsverfahren wird gewährleistet, wenn der Ausschuss bei paritätisch mitbestimmten Aktiengesellschaften mit mindestens zwei, bei mitbestimmungsfreien Aktiengesellschaften mit drei unabhängigen Aufsichtsratsmitgliedern besetzt wird. Durch die Beschränkung der Pflicht auf Aktiengesellschaften, die über einen Aufsichtsrat mit mindestens sieben Mitgliedern verfügen, wird der verfassungsrechtlich geschützten Position des Kontrollaktionärs Rechnung getragen.

§ 13 Angemessenheitsprüfung

A. Prüfung der Konditionen nach geltendem Recht

I. Transaktionen mit kontrollierenden Aktionären

Nach geltender Rechtslage ist der Vorstand vor Abschluss einer Transaktion mit einem Kontrollaktionär verpflichtet, das Geschäft auf seine Angemessenheit hin zu überprüfen. Außerhalb von Konzernverbindungen folgt die aus dem Verbot der Einlagenrückgewähr (§ 57 AktG), gegen welches verstoßen wird, wenn das Geschäft einem Drittvergleich nicht standhält (siehe oben § 8 B.). Abweichungen bestehen für Geschäfte mit dem Kontrollaktionär im faktischen Konzern. Der Vorstand hat bei festgestelltem nachteiligen Charakter des Geschäfts lediglich zu überprüfen, ob der Nachteil einem Ausgleich zugänglich ist und ob das herrschende Unternehmen willens und in der Lage ist, den Nachteilsausgleich zu leisten.[960] Nur – aber immerhin – dann darf er einer nachteiligen Veranlassung nachgehen und handelt nicht pflichtwidrig.[961] Die §§ 57, 62, 93 Abs. 3 Nr. 1 AktG werden durch § 311 AktG als *lex specialis* verdrängt.[962]

960 *Habersack*, in Emmerich/Habersack, Aktien- und GmbH-Konzernrecht, § 311 Rn. 78.

961 OLG Hamm, Urt. v. 10.05.1995 – 8 U 59/94, AG 1995, 512, 516; *Habersack*, in Emmerich/Habersack, Aktien- und GmbH-Konzernrecht, § 311 Rn. 78; *Müller*, in Spindler/Stilz, AktG, § 311 Rn. 62.

962 BGH, Urt. 26.06.2012 – II ZR 30/11, NZG 2012, 1030, 1031 (Rn. 16); BGH, Urt. v. 01.12.2008 – II ZR 102/07 (MPS), BGHZ 179, 71, 76 (Rn. 11) = NZG 2009, 107,

Dem Aufsichtsrat der Gesellschaft obliegt gemäß § 111 Abs. 1 AktG die laufende Überwachung der Geschäftsführung des Vorstands. Schon aus dem Nebenamtscharakter des Aufsichtsratsamts folgt, dass sich die Überwachungstätigkeit des Aufsichtsrats nicht auf sämtliche Vorgänge der Gesellschaft unter Einschluss des Tagesgeschäfts beziehen kann.[963] Letzteres ist allein dem Vorstand vorbehalten. Eine derart weitreichende Überwachungstätigkeit hätte einen Eingriff in die Gewaltenteilung zwischen Vorstand und Aufsichtsrat zur Folge; der Aufsichtsrat würde entgegen § 111 Abs. 4 Satz 1 AktG die Rolle des Geschäftsführungsorgans übernehmen. Die Überwachungsaufgabe beschränkt sich daher nach einhelliger Meinung auf Führungs- und Leitungsentscheidungen des Vorstands.[964] Einzelmaßnahmen der Geschäftsführung sind nur soweit in die Überwachungstätigkeit einbezogen, als dass sie für die Gesellschaft von wesentlicher Bedeutung sind, insbesondere wenn sie Auswirkungen auf die Rentabilität oder Liquidität der Gesellschaft haben (§ 90 Abs. 1 Satz 1 Nr. 4 AktG).[965] Etwas anderes gilt ferner für die Fälle mitunternehmerischer, also präventiver Überwachung, wenn dem Aufsichtsrat die Zustimmung zu einem Geschäft gemäß § 111 Abs. 4 Satz 2 AktG vorbehalten ist. Bei diesen Geschäften muss sich der Aufsichtsrat vor Zustimmung ein Bild über deren Rechtmäßigkeit, Ordnungsmäßigkeit, Wirtschaftlichkeit und Zweckmäßigkeit machen.[966] Diese Überwachungsmaßstäbe hängen

---

108; *Cahn/v. Spannenberg*, in Spindler/Stilz, AktG, § 57 Rn. 137; *Kropff*, in FS Kastner, S. 279, 288; *Müller*, in Spindler/Stilz, AktG, § 311 Rn. 63; *Tröger*, ZGR 2009, 447, 464 f.; *Wand/Tillmann/Heckenthaler*, AG 2009, 148, 156.

963 BGH, Urt. v. 04.07.1977 – II ZR 150/75, BGHZ 69, 207, 213 = NJW 1977, 2311, 2312; OLG München, Beschl. v. 02.07.2009 – 31 Wx 24/09, ZIP 2009, 2001, 2002; *Drygala*, in K. Schmidt/Lutter, AktG, § 111 Rn. 8; *Habersack*, in MüKo AktG, § 111 Rn. 19; *Hoffmann-Becking*, in MünchHdb GesR IV, § 29 Rn. 27; *Spindler*, in Spindler/Stilz, AktG, § 111 Rn. 8.

964 *Habersack*, in MüKo AktG, § 111 Rn. 19 ff.; *Oetker*, in Erfurter Kommentar, AktG, § 111 Rn. 2; *Spindler*, in Spindler/Stilz, AktG, § 111 Rn. 8; *E. Vetter*, in Marsch-Barner/Schäfer, Handbuch börsennotierte AG, Rn. 26.3.

965 *Drygala*, in K. Schmidt/Lutter, AktG, § 111 Rn. 12; *Henssler*, in Henssler/Strohn, AktG, § 311 Rn. 8; *Koch*, in Hüffer, AktG, § 111 Rn. 3; *E. Vetter*, in Marsch-Barner/Schäfer, Handbuch börsennotierte AG, Rn. 26.3. Als Anhaltpunkt dienen insoweit die Berichtspflichten des Vorstands, insbesondere nach § 90 Abs. 1 Satz 1 Nr. 4 AktG.

966 Vgl. BGH, Urt. v. 12.07.1979 – III ZR 154/77, BGHZ 75, 120, 133 = NJW 1979, 1879, 1881; vgl. auch BGH, Urt. v. 25.03.1991 – II ZR 188/89, BGHZ 114, 127, 129 f. = NJW 1991, 1830, 1831; *Grooterhorst*, NZG 2011, 921, 923; *Säcker/Rehm*, DB 2008, 2814, 2817; *Spindler*, in Spindler/Stilz, AktG, § 111 Rn. 14 ff.; *E. Vetter*, in Marsch-Barner/Schäfer, Handbuch börsennotierte AG, Rn. 26.9.

eng zusammen und überschneiden sich teilweise.[967] Die Angemessenheitsprüfung ist bei zustimmungspflichtigen Geschäften damit stets Teil der präventiven Überwachungspflichten des Aufsichtsrats.[968] Die Prüfung des Aufsichtsrats beschränkt sich nicht auf eine reine Plausibilitätskontrolle.[969] Das heißt, er hat nicht nur zu prüfen, ob sich die vom Vorstand geplanten oder betroffenen Entscheidungen nachvollziehen lassen. Vielmehr muss sich der Aufsichtsrat selbst davon überzeugen, dass keine andere Alternative im Gesellschaftsinteresse vorzuziehen wäre.[970] Während die Meinung des Aufsichtsrats in unternehmerischen Belangen im Rahmen seiner beratenden Mitwirkung für den Vorstand nicht verbindlich ist, kann der Aufsichtsrat den gemäß § 111 Abs. 4 Satz 2 AktG zustimmungspflichtigen Geschäften die Zustimmung verweigern.[971] Auf diese Weise kann der Aufsichtsrat mittelbar den eigenen unternehmerischen Vorstellungen Geltung verschaffen. Ist der Vorstand an der Durchführung einer bestimmten Transaktion interessiert, wird er sich den Vorstellungen des Aufsichtsrats beugen müssen.[972] Unterliegt dagegen ein Rechtsgeschäft mit dem herrschenden Unternehmen im faktischen Konzern einem Zustimmungsvorbehalt des Aufsichtsrats, modifiziert sich die Verantwortung des Aufsichtsrats: Entsprechend den Ausführungen zu den Vorstandspflichten darf er auch einem nachteiligen Geschäft zustimmen, wenn nach vernünftiger kaufmännischer Beurteilung mit einer Kompensation des ausgleichsfähigen Nachteils gerechnet werden durfte.[973]

II. Transaktionen mit Organmitgliedern

Auch Eigengeschäfte der Organmitglieder mit ihrer Gesellschaft müssen einem Drittvergleich standhalten. Dies folgt aus der organschaftlichen Treuepflicht (siehe oben § 7 C. I.). Bei Geschäften mit Aufsichtsratsmitgliedern erfolgt die Angemessenheitsprüfung durch den handelnden Vorstand. Für die Überwachungsaufgabe des Aufsichtsrats gilt das oben Geschriebene. Steht ein Vorstandsmitglied der Gesellschaft als Vertragspartner gegenüber, ist der

---

967 *E. Vetter*, in Marsch-Barner/Schäfer, Handbuch börsennotierte AG, Rn. 26.9.

968 *Säcker/Rehm*, DB 2007, 2814, 2819.

969 So aber wohl *J. Vetter*, ZHR 179 (2015), 273, 311.

970 *Säcker/Rehm*, DB 2008, 2814, 2817; *Semler*, Die Überwachungsaufgabe des Aufsichtsrats, S. 71 f.

971 *Brouwer*, Zustimmungsvorbehalte, S. 195 f.; *Habersack*, in MüKo AktG, § 111 Rn. 127; *Säcker/Rehm*, DB 2008, 2814, 2818.

972 So auch *Rhiel*, S. 213; *Säcker/Rehm*, DB 2008, 2814, 2818.

973 *Habersack*, in Emmerich/Habersack, Aktien- und GmbH-Konzernrecht, § 311 Rn. 81; *Koch*, in Hüffer, AktG, § 311 Rn. 48; *Ulmer*, in FS Hüffer, S. 999, 1014 f.

Aufsichtsrat nicht nur formell für den Abschluss der Gesellschaft verantwortlich (§ 112 AktG), sondern auch verpflichtet, das Einhalten des *„at-arm's-length"*-Gebot in materieller Hinsicht zu überprüfen (siehe oben § 7 C. I. 1. a.).[974]

B. Angemessenheitsprüfung im Rahmen des Related-Party-Transactions-Regimes

Die Gefahr von *Tunneling* wird gemindert, wenn *Related Party Transactions* einer *Ex-ante*-Angemessenheitskontrolle unterworfen werden. Auf diese Weise wird gewährleistet, dass nur Transaktionen zu marktüblichen Konditionen getätigt werden und der Gesellschaft nicht unberechtigterweise Vermögenswerte entzogen werden. Die Feststellung der Angemessenheit im Zeitpunkt des Geschäftsabschlusses hat gegenüber einer nachträglichen Kontrolle wesentliche Vorteile. Ein unangemessenes Geschäft muss nicht rückabgewickelt werden, was bei bereits vollzogenen Geschäften häufig schwierig bis unmöglich ist. Weiter ist Gesellschaft nicht auf die Geltendmachung von Sekundäransprüchen verwiesen, deren Verfolgung durch die zuständigen Organe nicht immer gewährleistet ist (siehe oben § 7 F.).

Die unter das Regelungsregime fallenden wesentlichen Transaktionen werden in der Regel von erheblicher Bedeutung für die Rentabilität oder Liquidität der Gesellschaft im Sinne des § 90 Abs. 1 Satz 1 Nr. 4 AktG sein. Werden diese Geschäfte wie hier vorgeschlagen einem Zustimmungsvorbehalt des Aufsichtsrats unterworfen, wäre der Aufsichtsrat nach dem oben Geschriebenen bereits nach geltendem Recht verpflichtet, eine Angemessenheitsprüfung durchzuführen.[975] Ist der *Related-Party*-Ausschuss zur Entscheidung über die Transaktion berufen, entscheidet dieser anstelle des Plenums abschließend über die Erteilung oder Versagung der Zustimmung. In diesem Fall obliegt daher ihm die Durchführung der Angemessenheitskontrolle. Der Gesamtaufsichtsrat bleibt für die allgemeine Überwachung der Erledigung dieser Aufgabe zuständig.[976]

Das Angemessenheitskriterium orientiert sich an den Grundsätzen der verdeckten Gewinnausschüttung, die nicht nur im Rahmen des § 57 AktG, sondern auch für die Bestimmung der Nachteiligkeit im Sinne der §§ 317, 311 AktG maßgeblich sind.[977] Transaktionen müssen einem Drittvergleich

---

974 *Hölters*, in Hölters, AktG, § 93 Rn. 124.

975 Anders wohl *J. Vetter*, ZHR 173 (2015), 273, 312, der augenscheinlich davon ausgeht, dass eine präventive Kontrollpflicht des Aufsichtsrats nicht existiert.

976 Allgemein *E. Vetter*, in Marsch-Barner/Schäfer, Handbuch börsennotierte AG, Rn. 28.25.

977 *Altmeppen*, in MüKo AktG, § 311 Rn. 206.

standhalten.[978] Das Geschäft hat somit marktüblichen Bedingungen zu entsprechen. Falls vorhanden, ist grundsätzlich der Marktpreis als Vergleichsmaßstab heranzuziehen.[979] Ist ein Geschäft im Einzelfall nicht zu marktüblichen Bedingungen zustande gekommen, lehnt der Bundesgerichtshof das Vorliegen einer verbotswidrigen Vermögenszuwendung an einen Aktionär dennoch ab, wenn sie aus betrieblichen Gründen gerechtfertigt ist.[980] Ein solcher Fall kann beispielsweise vorliegen, wenn die gesamte Produktion an einen Aktionär zu Herstellungspreisen veräußert wird.[981] Ob eine betriebliche Rechtfertigung als eigenständiges wertendes Korrektiv im Rahmen des Drittvergleichs hinzugezogen werden sollte, muss an dieser Stelle nicht beantwortet werden.[982] Dasselbe Ergebnis ließe sich nach allgemeinen Beurteilungsmaßstäben erzielen, da bei Beurteilung der Angemessenheit des Beispielsfalls auch die Tatsache, dass der Gesellschaft das Absatzrisiko abgenommen wird, Berücksichtigung findet. Gleichermaßen verhält es sich, wenn die Gesellschaft Liquiditätsprobleme hat und ihre gesamten Waren gegen Preisnachlass einem Gesellschafter zum Kauf anbietet.[983] Auf diese Weise können auch Geschäfte, die zwar nicht zu marktüblichen Bedingungen getätigt werden, aber ausnahmsweise dennoch im Interesse der Gesellschaft und der (Minderheits-)Aktionäre liegen, im Einzelfall einer Angemessenheitsprüfung standhalten. Diese Perspektive trägt dem Regelungszweck des *Related-Party-Transactions*-Regimes Rechnung, der vor allem im verbesserten Schutz der (Minderheits-)Aktionäre liegt. Das Angemessenheitskriterium ist, wie oben dargestellt, nicht nur für Transaktionen mit (Kontroll-)Aktionären, sondern auch für Eigengeschäfte der Aufsichtsrats- und Vorstandsmitglieder relevant. Hinter dem Erfordernis der Angemessenheitsprüfung steht der Gedanke, dass der Gesellschaft nahestehende Personen und Unternehmen

---

978 BGH, Urt. v.01.03.1999 – II ZR 312/97, BGHZ 141, 79, 84 = NJW 1999, 1706, 1707; BGH, Urt. v. 01.12.2008 – II ZR 102/07 (MPS), BGHZ 179, 71, 76 (Rn. 9) = NZG 2009, 107, 108; *Altmeppen*, in MüKo AktG, § 311 Rn. 203; *Koch*, in Hüffer, AktG, § 57 Rn. 8 f.; *Lange*, in Henssler/Strohn, AktG, § 57 Rn. 6 f.; *Müller*, in Spindler/Stilz, AktG, § 311 Rn. 32.

979 *Altmeppen*, in MüKo AktG, § 311 Rn. 207; *Habersack*, in Emmerich/Habersack, Aktien- und GmbH-Konzernrecht, § 311 Rn. 55.

980 Zur GmbH: BGH, Urt. v. 13.11.1995 – II ZR 113/94, NJW 1996, 589, 590; BGH, Urt. v. 01.12.1986 – II ZR 306/85, NJW 1987, 1194, 1195.

981 *Fleischer*, WM 2007, 909, 913; *ders.*, in K. Schmidt/Lutter, AktG, § 57 Rn. 15; vgl. *Stimpel*, in FS 100 Jahre GmbHG, S. 335, 345; *Tries*, S. 53, 180 m. w. N.

982 Befürwortend: *Tries*, S. 53; ablehnend: *Fleischer*, WM 2007, 909, 913; *ders.*, in K. Schmidt/Lutter, AktG, § 57 Rn. 15.

983 *Fleischer*, WM 2007, 909, 913; *ders.*, in K. Schmidt/Lutter, AktG, § 57 Rn. 15.

ihre Position nicht zur Erzielung eigener Vorteile zulasten ersterer ausnutzen sollen. Da dasselbe regulierungsbedürftige Einflusspotenzial auch bei den anderen unter § 10 A. definierten *Related Partys* vorhanden ist, empfiehlt es sich, sämtliche wesentliche Transaktionen mit nahestehenden Personen und Unternehmen einer Angemessenheitsprüfung zu unterwerfen. Der Vorstand soll ein unangemessenes Geschäft nicht vornehmen, der Aufsichtsrat beziehungsweise der *Related-Party*-Ausschuss einem solchen Geschäft nicht die Zustimmung erteilen dürfen. Dieser Pflicht zuwider handelnde Organmitglieder würden sich unter den weiteren Voraussetzungen des § 93 Abs. 2 Satz 1 AktG (i. V. m. § 116 Satz 1 AktG) schadensersatzpflichtig machen.

C. Notwendige Modifikation: Aufgabe des zeitlich gestreckten Nachteilsausgleichs

I. Für den Aufsichtsrat

Mit dem hier vorgeschlagenen Schutzkonzept ist das Kernelement des faktischen Konzerns, namentlich die Möglichkeit des gestreckten Nachteilsausgleichs, und die damit verbundene modifizierte Verantwortlichkeit des Aufsichtsrats nicht vereinbar. Eine angemessene Kontrolle von *Related Party Transactions* erfordert, dass die Angemessenheit des Geschäfts, mithin die fehlende Nachteiligkeit des Geschäfts, spätestens zum Zeitpunkt des Geschäftsabschlusses feststeht.[984] Dagegen gestattet das Recht der faktischen Konzerne dem Aufsichtsrat, seine Zustimmung zu einem nachteiligen zu erteilen, wenn ein angemessener Nachteilsausgleich zu erwarten ist.[985] Wird der Nachteil nicht während des Geschäftsjahrs tatsächlich ausgeglichen, muss am Ende des Geschäftsjahrs ein Rechtsanspruch auf die zum Ausgleich bestimmten Vorteile gewährt werden, § 311 Abs. 2 AktG. Hielte man an der modifizierten Verantwortlichkeit des Aufsichtsrats auch bei den hier relevanten wesentlichen Transaktionen mit dem herrschenden Unternehmen fest, liefe die bezweckte *Ex-ante*-Kontrolle der Transaktionen leer. Stellte sich ferner bei einer *Ex-post*-Betrachtung heraus, dass bis zum Ende des Geschäftsjahrs keine Nachteilskompensation seitens des herrschenden Unternehmens stattgefunden hat, wäre die abhängige Gesellschaft auf die Geltendmachung des Schadensersatzanspruchs aus §§ 317 Abs. 1 Satz 1, 311 AktG verwiesen. Wie gesehen, ist der *Ex-ante*-Schutz von

---

984 Vgl. *Tarde*, ZGR 2017, 360, 382 f.; *ders.*, Related Party Transactions, S. 230; *J. Vetter*, ZHR 173 (2015), 279, 310.

985 *Habersack*, in Emmerich/Habersack, Aktien- und GmbH-Konzernrecht, § 311 Rn. 81.

Minderheitsaktionären bei der Vornahme von *Related Party Transactions* im und außerhalb des Konzernrechts defizitär. Gerade die präventive Kontrolle von *Related Party Transactions* ist der Schlüssel für einen effektiven Schutz der Gesellschaft vor Ausplünderungen durch nahestehende Personen und Unternehmen. Zu diesem Zweck ist eine abschließende Beurteilung der Angemessenheit im Zeitpunkt des Geschäftsabschlusses von besonderer Bedeutung. Ohne Belang ist, dass das Hinausschieben des Nachteilsausgleichs aufgrund möglicher Schadensersatzansprüche und Mitwirkungsrechte des Vorstands der abhängigen Gesellschaft keine rechtliche Schlechterstellung darstellt.[986] Nicht zuletzt im Hinblick darauf, dass Transaktionen der abhängigen Gesellschaft mit dem herrschenden Unternehmen den Hauptanwendungsfall von *Related Party Transactions* darstellen, empfiehlt es sich, an der vorgeschlagenen *Ex-ante*-Kontrolle auch im faktischen Konzern festzuhalten. Daher sollte für den Anwendungsbereich des Regelungsregimes die modifizierte Verantwortung des Aufsichtsrats im faktischen Konzern „rückgängig gemacht" und stattdessen am grundsätzlichen Pflichtenmaßstab der §§ 57, 60, 62 AktG festgehalten werden.[987]

Eine solche Modifikation für den Bereich von wesentlichen *Related Party Transactions* mit dem herrschenden Unternehmen ließe sich praktisch wie folgt regeln. Der Aufsichtsrat beziehungsweise der *Related-Party*-Ausschuss sollte dem Geschäft nur zustimmen dürfen, wenn spätestens zum Zeitpunkt des Geschäftsabschlusses feststeht, wann und auf welche Art und Weise der Nachteil durch das herrschende Unternehmen ausgeglichen werden soll.[988] Letztlich würde die Fälligkeit der Gegenleistung hinausgeschoben werden. Derartige Gegenleistungsvereinbarungen eines Aktionärs entsprächen auch dem Vollwertigkeitsgebot des § 57 Abs. 1 Satz 3 AktG, dem eine Befreiung vom Verbot der Einlagenrückgewähr folgt.[989] Ist zum Zeitpunkt der Beschlussfassung noch nicht absehbar, dass das Geschäft unter gleichzeitigem Nachteilsausgleich beziehungsweise unter Gewährung eines Rechtsanspruchs auf Nachteilskompensation zustande kommen wird, ließe sich die Zustimmung unter einer aufschiebenden

---

986 Vgl. *Kropff*, in FS Kastner, S. 279, 287.

987 Ebenso *Tarde*, Related Party Transactions, S. 230; *Wiersch*, NZG 2014, 1131, 1136; allgemein für eine Streichung der zeitlichen Streckung des Nachteilsausgleichs: *Hoffmann-Becking*, Sitzungsbericht R zum 59. DJT, S. R 17; *Hommelhoff*, Gutachten G zum 59. DJT, S. G 48; *Kropff*, in FS Kastner, S. 279, 291; *Schürnbrand*, ZHR 171 (2007), 241, 243.

988 Zur Umsetzung des AR-RL2017: *Tarde*, ZGR 2017, 360, 382.

989 Vgl. *Cahn/v. Spannenberg*, in Spindler/Stilz, AktG, § 57 Rn. 141.

Bedingung erteilen.[990] Beachtenswert ist dabei, dass die Bedingung nicht entgegen dem Geschäftsführungsverbot in § 111 Abs. 4 Satz 1 AktG zu einem verkappten Initiativrecht des Aufsichtsrats führt.[991] Zugleich sollte der Vorstand das Geschäft unter der aufschiebenden Bedingung der Zustimmungserteilung durch den Aufsichtsrat abschließen.[992] Wird der Nachteilsausgleichspflicht durch die Einräumung eines Anspruchs im Sinne des § 311 Abs. 2 Satz 2 AktG entsprochen, muss dieser zum Zeitpunkt des Geschäftsabschlusses hinreichend konkret sein und insbesondere den strengen Anforderungen der Rechtsprechung und des Schrifttums genügen.[993] Die bloße allgemeine Verpflichtung gäbe lediglich die aktuelle Gesetzeslage wieder. Der Bundesgerichtshof verlangt bei einem auf Zahlung gerichteten Ausgleichsanspruch, dass der Anspruch zu beziffern ist sowie Art, Umfang und Leistungszeit der Vorteile festzulegen sind.[994]

II. Für den Vorstand

Konsequenterweise müsste auch der Pflichtenkatalog des Vorstands im Konzern modifiziert werden. Nach geltendem Recht darf der Vorstand der abhängigen Gesellschaft, wie oben unter § 8 F. II. 2. a. und § 13 A. I. dargestellt, sich auch auf nachteilige Geschäfte mit dem herrschenden Unternehmen einlassen, wenn er nach vernünftiger kaufmännischer Beurteilung mit einem Nachteilsausgleich rechnen durfte. Bliebe es dabei, ergäbe sich kein anderes Ergebnis: Würde der Aufsichtsrat seine Zustimmung zu einer Transaktion verweigern, weil er das Geschäft als unangemessen erachtet, dürfte der Vorstand das Geschäft nicht vornehmen. Handelte er ohne oder trotz verweigerter Aufsichtsratszustimmung, würde er eine Pflichtverletzung begehen. Dennoch erscheint es widersprüchlich und dogmatisch wenig überzeugend, für die Organe, welche die gleiche unternehmerische Entscheidung zu treffen haben, unterschiedliche Maßstäbe anzusetzen. Ein Teil des Schrifttums kritisiert seit geraumer Zeit die Möglichkeit

990 Zur Zulässigkeit einer Zustimmung unter einer aufschiebenden Bedingung: *Habersack*, in MüKo AktG, § 111 Rn. 126.

991 *Habersack*, in MüKo AktG, § 111 Rn. 126.

992 Zur Zulässigkeit von Vertragsabschlüssen des Vorstands unter aufschiebender Bedingung der Aufsichtsrats- oder Hauptversammlungszustimmung: RG, Urt. v. 01.03.1927 – II 175/26, RGZ 115, 296, 302; *Koch*, in Hüffer, AktG, § 82 Rn. 3; *Mertens/Cahn*, in KK-AktG, § 82 Rn. 6; *Spindler*, in MüKo AktG, § 82 Rn. 14.

993 A. A. *J. Vetter*, ZHR 179 (2015), 273, 313.

994 BGH, Urt. v. 26.06.2012 – II ZR 30/11, AG 2012, 680, 682 (Rn. 23).

des gestreckten Nachteilsausgleichs.[995] Das Schrifttum wendet ein, dass sie eine Verschlechterung der ohnehin misslichen Lage des Vorstands der abhängigen Gesellschaft zur Folge habe. Der Vorstand ist zwar rechtlich nicht verpflichtet, sich auf die nachteilige Einflussnahme einzulassen, *de facto* wird er sich aber bei entsprechendem Druck seitens des herrschenden Unternehmens gezwungen sehen, sich der Einflussnahme zu beugen.[996] Davon abgesehen wird bezweifelt, ob der Nachteilsausgleich in der Praxis des faktischen Konzerns eine zentrale Bedeutung spielt.[997] Auch in der Rechtsprechung des Bundesgerichtshofs ist eine restriktive Handhabung des gestreckten Nachteilsausgleichs zu verzeichnen.[998] Zudem ist anerkannt, dass im Einzelfall von der Möglichkeit des hinausgeschobenen Nachteilsausgleichs eine Ausnahme gemacht werden kann, wenn es die Maßnahme ihrer Art nach verlangt. Besonderheiten gelten beispielsweise im Rahmen der Kreditgewährung an das herrschende Unternehmen:[999] Stellt der Vorstand *ex ante* ein konkretes Ausfall- oder Liquiditätsrisiko fest, ist die Kreditvergabe mithin nachteilig im Sinne des § 311 AktG, darf der Vorstand der abhängigen Gesellschaft dieses Kreditgeschäft nicht vornehmen.[1000] Eine solche Ausnahme scheint auch für den eng abgesteckten Bereich wesentlicher Transaktionen mit nahestehenden Personen und Unternehmen hinnehmbar. Für den Anwendungsbereich der *Related-Party-Transactions*-Kontrolle empfiehlt es sich mithin, an dem allgemeinen Pflichtenmaßstab des Vorstands und dem Verbot der Einlagenrückgewähr festzuhalten. Umgesetzt werden könnte die Regelung beispielsweise durch einen neuen Absatz 3 in § 311 AktG, der besagt, dass die Absätze 1 und 2 auf wesentliche Rechtsgeschäfte im Sinne des § 111a AktG n. F. keine Anwendung finden.

---

995 *Altmeppen*, ZIP 2016, 441, 443; *Hommelhoff*, Gutachten G zum 59. DJT, S. G 49; *Kropff*, in FS Kastner, S. 279, 286 ff.

996 *Kropff*, in FS Kastner, S. 279, 288 f.

997 *Altmeppen*, in MüKo AktG, § 311 Rn. 45, § 312 Rn. 121; *Kropff*, in FS Kastner, S. 279, 290 f.; *Schürnbrand*, ZHR 171 (2007), 241, 243; *J. Vetter*, in Fleischer/Koch/Kropff/Lutter, 50 Jahre AktG, S. 231, 252.

998 BGH, Urt. v. 26.06.2012 – II ZR 30/11, AG 2012, 680, 682 (Rn. 23).

999 *Habersack*, in Emmerich/Habersack, Aktien- und GmbH-Konzernrecht, § 311 Rn. 78.

1000 *Habersack*, in Emmerich/Habersack, Aktien- und GmbH-Konzernrecht, § 311 Rn. 78.

D. Zuständigkeit eines externen Sachverständigen statt des Aufsichtsrats

Die Beurteilung der Angemessenheit der relevanten *Related Party Transactions* ließe sich auch einem unabhängigen Sachverständigen anstelle des Aufsichtsrats beziehungsweise des *Related-Party*-Ausschusses überantworten (sogenannte *Fairness Opinion*).[1001] Anlass zur Diskussion über die Beauftragung eines unabhängigen Sachverständigen mit der Bewertung von *Related Party Transactions* gab der Ausgangsvorschlag der Europäischen Kommission. Art. 9c Abs. 1 Unterabs. 1 Satz 1 AR-RL-KOM sah vor, dass die Transaktionen von einem unabhängigen Dritten darauf hin zu überprüfen ist, ob die Transaktion zu marktüblichen Bedingungen getätigt wird und aus Sicht der (Minderheits-)Aktionäre fair und vernünftig ist. Die Einholung einer *Fairness Opinion* bietet den Vorteil neutraler Beratung der verantwortlichen Organe sowie einer Entscheidungsfindung ohne Einfluss der transaktionsbeteiligten *Related Party*.[1002] Für die Erstellung von *Fairness Opinions* ist zuvörderst an Wirtschaftsprüfer[1003] und Unternehmensberater[1004] zudenken, die regelmäßig Erfahrung und Fachkunde aufweisen. Sie gelten als unabhängige Auskunftspersonen und genießen im Rechtsverkehr wie andere *Gatekeeper* eine Zertifizierungsfunktion.[1005]

Bei diesen Überlegungen dürfen jedoch nicht die Kosten für eine *Fairness Opinion* außer Betracht gelassen werden. In der Begründung des Kommissionsvorschlags werden die Kosten auf lediglich EUR 2.500–5.000 geschätzt.[1006] Das Schrifttum hält diese Einschätzung allerdings für unrealistisch.[1007] Klar ist, dass im Vergleich zur Angemessenheitsprüfung durch den zustimmungspflichtigen Aufsichtsrat beziehungsweise *Related-Party*-Ausschuss die Mandatierung eines externen Sachverständigen mit wesentlich höheren Kosten verbunden wäre.[1008] Die unabhängige Prüfung könnte bei großen Aufsichtsräten dadurch

---

1001 Befürwortend: *Drygala*, AG 2013, 198, 208; *Hommelhoff*, KSzW 2014, 63, 66; *Jung*, WM 2014, 2351, 2353; *Veil*, NZG 2017, 521, 524; auf Freiwilligkeit abstellend: *Fleischer*, BB 2014, 2691, 2698.

1002 *Drygala*, AG 2013, 198, 208; *Jung*, WM 2014, 2351, 2353.

1003 *Fleischer*, ZIP 2011, 201, 202; *J. Vetter*, ZHR 179 (2015), 273, 310; *Wiersch*, NZG 2014, 1131, 1132; *Zetzsche*, NZG 2014, 1121, 1126.

1004 *J. Vetter*, ZHR 179 (2015), 273, 310.

1005 *Fleischer*, ZIP 2011, 201, 203; *Schiessl*, ZGR 2003, 2003, 814, 822 spricht von einer „Art Gütesiegel".

1006 Begr. Kommissionsvorschlag, COM(2014), 213 final, S. 10.

1007 *Fleischer*, BB 2014, 2691, 2698; *J. Vetter*, ZHR 179 (2015), 273, 311.

1008 *Tarde*, ZGR 2017, 360, 378; *J. Vetter*, ZHR 179 (2015), 273, 311.

sichergestellt werden, dass der zustimmungspflichtige *Related-Party*-Ausschuss über die Angemessenheitsprüfung durchzuführen hat. Bei kleineren Aufsichtsräten, die keinen freiwilligen *Related-Party*-Ausschuss einrichten, bliebe das entscheidende Plenum für die Angemessenheitsprüfung zuständig. Entscheidet das Plenum über die Zustimmung zu *Related Party Transactions*, sollte sichergestellt werden, dass ein transaktionsbeteiligtes Aufsichtsratsmitglied nicht an der Angemessenheitskontrolle teilnimmt.[1009] Außerdem stellt auch die sogleich noch zu erläuternde Publizität der Angemessenheitsprüfung eine ordnungsgemäße Beurteilung der Angemessenheit des Geschäfts sicher.[1010] Der erhöhte Arbeitsaufwand der Aufsichtsratsmitglieder könnte durch die Vergütung abgegolten werden, deren Angemessenheit durch die Regelung des § 113 Abs. 1 AktG abgesichert ist.[1011]

Entscheidend gegen die zwingende Beauftragung eines externen Dritten spricht zudem die unverändert fortbestehende Verantwortung des Aufsichtsrats als Überwachungsorgan der Aktiengesellschaft. Zu den Aufgaben des Aufsichtsrats gehört neben der nachträglichen Überwachung der Geschäftsführung auch die präventive Kontrolle des Vorstandshandelns. Durch die Mandatierung eines Sachverständigen droht die Gefahr, dass er sich seiner Verantwortung entzieht.[1012] Der Einwand, den Mitgliedern fehlten generell Sachverstand und Fachkunde zur Bewertung der Transaktionen, geht leer, da die Bewältigung wirtschaftlicher und unternehmerischer Bewertungen von Maßnahmen gehört zu den alltäglichen Aufgaben des Aufsichtsrats.

Die hier vorgeschlagene Angemessenheitsprüfung wesentlicher Transaktionen mit nahestehenden Personen und Unternehmen ist mit den Vorgaben der reformierten Aktionärsrechterichtlinie vereinbar. Abweichend vom ursprünglichen Kommissionsvorschlag steht die Angemessenheitsprüfung gemäß Art. 9c Abs. 3 AR-RL2017 zur Option der Mitgliedstaaten. Die Prüfung kann durch einen unabhängigen Dritten, das Verwaltungs- oder Aufsichtsorgan der Gesellschaft oder den Prüfungsausschuss oder einen anderen Ausschuss, der mehrheitlich aus unabhängigen Mitgliedern der Unternehmensleitung besteht, erfolgen. Letzterem genügt der hier vorgeschlagene zustimmungspflichtige *Related-Party*-Ausschuss, der mit unabhängigen Aufsichtsratsmitgliedern zu besetzen ist.

1009 Dies folgt bei transaktionsbeteiligten Aufsichtsratsmitgliedern aus § 34 BGB analog.

1010 Siehe unter § 14 D.

1011 Vgl. auch *Klene*, S. 230.

1012 *DAV-HRA*, NZG 2015, 54, 63; *J. Vetter*, ZHR 179 (2015), 273, 310; vgl. auch *Diekmann/Wurst*, NZG 2014, 121, 124; a. A. *Hommelhoff*, KSzW 2014, 63, 66.

E. Pflicht zur Beauftragung eines unabhängigen Experten im Einzelfall

Der Aufsichtsrat kann im Rahmen seiner nachträglichen Überwachungstätigkeit kein unternehmerisches Ermessen in Anspruch nehmen. Ein solches steht ihm nur bei durch Gesetz zugewiesenen unternehmerischen Aufgaben zu.[1013] Dies ist insbesondere bei Zustimmungsvorbehalten im Sinne des § 111 Abs. 4 Satz 2 AktG der Fall.[1014] In diesem Bereich gilt die *Business Judgement Rule* auch für den Aufsichtsrat (§§ 116 Satz 1, 93 Abs. 1 Satz 2 AktG).[1015] Diese verlangt, dass unternehmerische Entscheidungen auf einer angemessenen Informationsgrundlage beruhen.[1016] Auch bei der Beurteilung der notwendigen Informationsgrundlage hat der Aufsichtsrat grundsätzlich einen gewissen Ermessenspielraum.[1017] Ist die zu beurteilende Transaktion so komplex, dass die Aufsichtsratsmitglieder trotz vorhandener Kenntnisse, ausreichender Information und Vorbereitung nicht in der Lage sind, den Sachverhalt vollständig zu begreifen, sind sie verpflichtet, einen unabhängigen, fachlich qualifizierten Sachverständigen zu Rate zu ziehen.[1018] Dies folgt bereits aus dem organschaftlichen Sorgfaltsgebot.[1019] Ferner bedarf es der Heranziehung eines externen Sachverständigen immer dann, wenn die Aufsichtsratsmitglieder Zweifel an der Qualität der vorgelegten Unterlagen des Vorstands haben muss. Zu denken ist an Fälle, in denen dem Aufsichtsrat Hinweise auf Interessenkonflikte vorliegen und die Gefahr besteht, dass der Vorstand bei Vorlage der relevanten Informationen nicht mit der erforderlichen Objektivität gehandelt hat.[1020] Zugleich gelingt den Aufsichtsratsmitgliedern auf diese Weise der Nachweis, dass sie die Entscheidung auf Basis

---

1013 BGH, Urt. v. 21.04.1997 – II ZR 175/95 (ARAG/Garmenbeck), BGHZ 135, 244, 254 f. = NJW 1997, 1926, 1928; *Schiessl*, ZGR 2003, 814, 825.

1014 BGH, Urt. v. 21.04.1997 – II ZR 175/95 (ARAG/Garmenbeck), BGHZ 135, 244, 254 f. = NJW 1997, 1926, 1928.

1015 Vgl. nur *Spindler*, in Spindler/Stilz, AktG, § 116 Rn. 43; ausdrücklich auch in Ziff. 3.8 DCGK.

1016 *Koch*, in Hüffer, AktG, § 116 Rn. 5; *Schiessl*, ZGR 2003, 814, 826.

1017 *Spindler*, in Spindler/Stilz, AktG, § 116 Rn. 45.

1018 BGH, Urt. v. 14.05.2007 – II ZR 48/06, AG 2007, 548, 550 (Rn. 16 f.); *Fleischer*, ZIP 2011, 201, 207; *Hasselbach*, NZG 2012, 41, 45; *Lutter/Krieger/Verse*, Rechte und Pflichten des Aufsichtsrats, § 6 Rn. 245b; *Schiessl*, ZGR 2003, 814, 826; ausführlich, *Kropff*, in FS Raiser, S. 225 ff.

1019 *Fleischer*, ZIP 2011, 201, 203; *Schiessl*, ZGR 2003, 841, 823.

1020 *Hasselbach*, NZG 2012, 41, 45; *Schiessl*, ZGR 2003, 841, 825; *J. Vetter*, ZHR 179 (2015), 273, 311.

angemessener Information getroffen haben. Die Beurteilung der Transaktion durch einen externen Sachverständigen ist folglich auch haftungsrechtlich für die Aufsichtsratsmitglieder relevant. Nicht zuletzt aus diesem Grund werden in der deutschen Unternehmenspraxis zunehmend *Fairness Opinions* externer Dritter eingeholt.[1021]

F. Fazit

Wird die Kontrolle von *Related Party Transactions* wie hier vorgeschlagen durch die gesetzliche Implementierung eines Zustimmungsvorbehalts des Aufsichtsrats im Sinne des § 111 Abs. 4 Satz 2 AktG verbessert, ergibt sich die Pflicht zur Angemessenheitsprüfung zumeist aus den materiellen Schranken des geltenden Rechts. Die Angemessenheitsprüfung gewährleistet, dass sich die Verwaltungsorgane nur auf Geschäfte einlassen, die tatsächlich dem Unternehmensinteresse entsprechen. So haben aufgrund der Treuepflicht der Organmitglieder Eigengeschäfte einem Drittvergleich standzuhalten. Allgemein wird davon ausgegangen, dass sich der persönliche Anwendungsbereich der Treuepflicht auch auf Geschäfte mit nahen Familienangehörigen erstreckt,[1022] sodass auch diese Geschäfte einer Angemessenheitsprüfung standhalten müssen. Gleiches gilt für Geschäfte mit Unternehmen, an denen das Organmitglied herrschend beteiligt ist.[1023] Dogmatisch wird der den §§ 89 Abs. 3, 4, 115 Abs. 2 AktG zugrundeliegende Rechtsgedanke herangezogen.[1024] Die sich aus der Treuepflicht der Organe ergebenen materiellen Schranken sowie die Zurechnungsregelung für nahe Familienangehörige würden demnach eine gesetzliche Verankerung erfahren. Etwas anderes gilt für Geschäfte mit Organmitgliedern des Mutterunternehmens, die nicht zugleich eine Organposition in der betreffenden Gesellschaft besitzen. Aufgrund der fehlenden Organbeziehung zwischen den Organmitgliedern der Muttergesellschaft und der abhängigen Gesellschaft bestehen auch keine Treubindungen zur Gesellschaft, die eine „*at-arm's-length*"-Betrachtung erforderlich machen würden.[1025] Mit der vorgeschlagenen Angemessenheitsprüfung dürften

---

1021 *Fleischer*, ZIP 2011, 201, 204; *Hambloch-Gesinn/Gesinn*, in Hölters, AktG, § 111 Rn. 56; *Hasselbach*, NZG 2012, 41, 45; *Lutter/Krieger/Verse*, Rechte und Pflichten des Aufsichtsrats, § 13 Rn. 1015; *Mertens/Cahn*, in KK-AktG, § 111 Rn. 67.

1022 *Fleischer*, in Spindler/Stilz, AktG, § 93 Rn. 157; *Hölters*, in Hölters, AktG, § 93 Rn. 123; *Hopt/Roth*, in Großkomm AktG, § 100 Rn. 153.

1023 *Fleischer*, in Spindler/Stilz, AktG, § 93 Rn. 157.

1024 *Fleischer*, WM 2003, 1045, 1057.

1025 Vgl. *Altmeppen*, in MüKo AktG, § 317 Rn. 10.

künftig auch Geschäfte mit Organmitgliedern des Mutterunternehmens nur noch geschlossen werden, sofern sie einem Drittvergleich standhalten. Dies gilt entsprechend für nahe Familienangehörige dieser Organmitglieder sowie für Unternehmen, an denen eines dieser Organmitglieder herrschend beteiligt ist.

Die *Ex-ante*-Angemessenheitsprüfung würde mit der Möglichkeit des gestreckten Nachteilsausgleichs im faktischen Konzern kollidieren, die insofern den Pflichtenmaßstab der Vorstands- und Aufsichtsratsmitglieder modifiziert. Aufgrund des engen persönlichen sowie sachlichen Anwendungsbereichs des Regelungsregimes erscheint es hinnehmbar, die Möglichkeit der zeitlich gestreckten Nachteilskompensation aufzugeben. Nur auf diese Weise ist die gebotene *Ex-ante*-Kontrolle von Transaktionen auch im faktischen Konzern möglich, die für eine signifikante Verbesserung des Schutzniveaus der (Minderheits-)Aktionäre sorgen würde. Dies gilt auch für Unternehmen, die die Gesellschaft nur mittelbar beherrschen, für die das System des gestreckten Nachteilsausgleichs nach geltendem Recht gleichermaßen gilt.[1026]

§ 14 Beseitigung von Informationsdefiziten

A. Status quo

Die vorhandenen Transparenzregelungen im Konzernrecht sowie im unionrechtlich harmonisierten Recht der Rechnungslegung, weisen Schutzlücken auf und werden dem Informationsbedürfnis der Aktionäre nicht gerecht. Die Publizitätsregelungen, die Transaktionen mit dem Kontrollaktionär erfassen, haben zunächst gemein, dass sie lediglich für eine retrospektive Transparenz sorgen. Zum Zeitpunkt des Abschlusses des Geschäfts werden die Aktionäre weder in das Entscheidungsverfahren eingebunden, noch erhalten sie auf anderem Wege Kenntnis über die anstehende Transaktion. Da im Rahmen der Anhangangaben nach IAS 24 sowie §§§ 285 Nr. 21, 314 Abs. 1 Nr. 13 HGB wertende Darstellungen unterbleiben und insbesondere für den Aktionär nicht ersichtlich ist, wie die Transaktion unter unabhängigen Dritten stattgefunden hätte, wird der Minderheitsaktionär kaum zur Auswertung der Informationen und damit zur Beurteilung der Transaktion in der Lage sein.[1027] Auch zusammenfassende Darstellungen hindern (Minderheits-)Aktionäre daran, einzelne Transaktionen der Gesellschaft mit nahestehenden Personen und Unternehmen nachzuvollziehen.[1028]

1026 Siehe nur *Altmeppen*, in MüKo AktG, § 311 Rn. 62 f.
1027 *Wiersch*, NZG 2014, 1131, 1135.
1028 Praxisbeispiel: Geschäftsbericht 2017 der Bayer AG, Darstellung B 37/1.

Der Transparenzmangel bei Geschäften mit dem Kontrollaktionär im faktischen Konzern ist darauf zurückzuführen, dass der Abhängigkeitsbericht nur vom Abschlussprüfer und vom Aufsichtsrat geprüft wird und die Aktionäre nur eingeschränkt sowie erst im Nachgang von den Prüfungsergebnissen Kenntnis erlangen. Minderheitsaktionäre haben daher enorme Schwierigkeiten bei der Feststellung der Angemessenheit der Transaktionskonditionen und können mangels Kenntnis konzernrechtlichen Ersatzansprüchen nicht zur Realisierung verhelfen.[1029] Außerhalb faktischer Unternehmensverbindungen gibt es keine Pflicht zur Dokumentation der Angemessenheit des Geschäfts oder gar seiner Offenlegung. Bislang kennt das deutsche Aktien(konzern)recht vor allem keine Pflicht, Informationen betreffend Transaktionen der Gesellschaft mit nahestehenden Personen und Unternehmen *ex ante* bekannt zu machen.[1030] Aufgrund der schwach ausgeprägten Publizitätsvorschriften bleiben daher verbotene Vermögenszuwendungen der Gesellschaft an nahestehende Personen und Unternehmen in der Regel im Verborgenen.

B. Transparenz als Instrument zur Verbesserung des Schutzniveaus

Aus diesem Anlass ist fraglich, ob es sinnvoll und erforderlich ist, eine Pflicht zur *Ex-ante*-Publikation von *Related Party Transactions* einzuführen. Überwiegend wird in der Literatur davon ausgegangen, dass der Ausbau der Transaktionspublizität durch *Ad-hoc*-Offenlegung der Transaktion das Schutzniveau der (Minderheits-)Aktionäre verbessere.[1031] Zur Beantwortung dieser Frage, gilt es Vor- und Nachteile einer *Ad-hoc*-Offenlegung zu ermitteln und sie gegeneinander abzuwägen.

Erweiterte Offenlegungspflichten sind für die Gesellschaft mit Aufwand verbunden. Der Aufwand beginnt schon bei der Feststellung der offenzulegenden Transaktionen. Gegen eine Offenlegung von *Related Party Transactions* wird ferner angeführt, dass der Konzern-/Jahresabschluss bereits für hinreichende

---

1029 *Wackerbarth*, Der Konzern 2005, 562, 565; *Wiersch*, NZG 2014, 1131, 1134.

1030 Die kapitalmarktrechtlichen Verhaltenspflichten wie Art. 19 MAR (*director's dealing*) oder Art. 17 MAR (Pflicht zur *Ad-hoc*-Publizität) haben insoweit eine andere Zielrichtung. Vgl. auch *Bungert/de Raet*, Der Konzern 2015, 289, 293.

1031 *Bayer/Selentin*, NZG 2015, 7, 11 f.; *Fleischer*, BB 2014, 2691, 2698; *Hommelhoff*, KSzW 2014, 63, 66; *Hopt*, EuZW 2014, 401; *Lanfermann/Maul*, BB 2014, 1283, 1287; *U. H. Schneider*, EuZW 2014, 641; *Selzner*, ZIP 2015, 753, 761; *Wiersch*, NZG 2014, 1131, 1136; ablehnend: *BDA/BDI/DIHK*, Gemeinsame Stellungnahme, S. 3; *DAV-HRA*, NZG 2015, 54, 62 f.; *Seibt*, BDI/FBD, Erforderliche Harmonisierung oder unnötiger Systembruch?, S. 20; *ders.*, DB 2014, 1910, 1915.

Publizität sorge und die Offenlegung von Einzeltransaktionen daher überflüssig sei. Auch biete das deutsche Konzernrecht mit dem konzernrechtlichen Benachteiligungs- und Schädigungsverbot sowie mit konzernrechtlichen Ausgleichs-, Abfindungs- und Schadenersatzpflichten ein ausreichendes präventives Schutzsystem.[1032] Die Erweiterung der Publizitätspflichten würde mit dem austarierten, abgestuften System des Konzernrechts konfligieren. Wie bereits dargelegt, ist das bisherige Schutzkonzept jedoch lückenhaft. Erweiterte Transparenzinstrumente könnten die bestehenden Publizitätsvorschriften friktionslos ergänzen. Aufgrund der unterschiedlichen Veröffentlichungszeitpunkte und der unterschiedlichen Informationsgehalte könnten die Vorschriften nebeneinander bestehen. Wegen des engen Anwendungsbereichs des *Related-Party-Transactions*-Regimes würden sich Überschneidungen im Sinne von redundanten Informationen in Grenzen halten. Des Weiteren könnte gegen die Erforderlichkeit einer präventiven Publizität vorgebracht werden, dass die Veröffentlichung der Transaktion als Geschäftsführungsmaßnahme nur dann sinnvoll ist, wenn ein anderes Organ durch diese Informationen erst zum eigenen Tätigwerden veranlasst werden kann. Wenn wie hier vorgeschlagen die Entscheidungskompetenz nicht auf die Hauptversammlung verlagert wird, benötigen die Aktionäre die Informationen nicht zur Wahrnehmung ihrer mitgliedschaftlichen Rechte in der Hauptversammlung. Was den Aufsichtsrat anbelangt, sichert seine Zustimmungspflicht bereits seine hinreichende Informationsversorgung.[1033] Dafür genügt jedoch der Informationsaustausch zwischen den Verwaltungsorganen; für die Offenlegung der Informationen gegenüber der Allgemeinheit besteht im Rahmen des § 111 Abs. 4 Satz 2 AktG kein Grund. Dennoch bleibt die Informationsasymmetrie zu Lasten der (Minderheits-)Aktionäre situationsbedingt bestehen. Der Schutz der Aktionäre als Anleger erschöpft sich vor allem nicht in der Wahrnehmung ihrer Rechte in der Hauptversammlung. Die präventive Publizität ermöglicht ihnen, zeitnah auf nachteilige Transaktionen zu reagieren und sich gegebenenfalls durch einen Exit von ihrem Investment zu lösen.[1034] Ohne die transaktionsbezogene Offenlegung könnten die Aktionäre eine etwaige Desinvestitionsentscheidung erst nach Auswertung der in den Jahresabschlüssen enthaltenen Informationen treffen und somit Kursschwankungen anheimfallen.[1035]

1032 *DAV-HRA*, NZG 2015, 54, 62 f.

1033 Vgl. *Habersack*, in MüKo AktG, § 111 Rn. 100.

1034 *Kumpan*, EU Vorgaben für related party transactions, S. 31; *J. Vetter*, ZHR 179 (2015), 273, 314: „Abstimmung mit den Füßen". Kritiken im Diskussionsbericht *Osterloh-Konrad*, ZHR 179 (2015), 385, 387.

1035 So auch *Klene*, S. 211.

Daneben gilt die Pflicht zur Offenlegung von Informationen allgemein als effektives ordnungspolitisches Mittel. Das Bewusstsein der Organmitglieder darüber, bestimmte Transaktionen offenlegen zu müssen, regt zur pflicht- und sorgfaltsgemäßen Entscheidungsfindung und Einhaltung bewährter Verfahren an.[1036] Die handelnden Personen werden motiviert und diszipliniert, Handlungen zu unterlassen, die den gesetzmäßigen Bestimmungen nicht entsprechen.[1037] Hierzu passt *Brandeis*' oft zitiertes Sinnbild, nach dem Sonnenlicht das beste Desinfektionsmittel sei, elektrisches Licht der effizienteste Polizist.[1038] Außerdem wird den Aktionären durch die erhöhte Transparenz die Verfolgung etwaiger Ersatzansprüche der Gesellschaft erleichtert, weil sie dadurch erst von den anspruchsbegründenden Tatsachen Kenntnis erlangen und so etwaige Pflichtverletzungen nachweisen können.[1039] Die drohende Inanspruchnahme wiederum wird die Organmitglieder ebenfalls zu mehr Sorgfalt veranlassen.[1040] Auf diese Weise sorgt die Pflicht zur präventiven Offenlegung dafür, dass das Geschäft tatsächlich mit dem Unternehmensinteresse im Einklang steht.[1041]

Bedenklich erscheint allerdings, dass mit der Offenlegung der Transaktion teilweise auch berechtigte Vertraulichkeitsinteressen aufgegeben werden müssen.[1042] Bei den wesentlichen *Related Party Transactions*[1043] kann es sich um Geschäfte handeln, die beispielsweise die Übertragung von Unternehmensteilen, Beteiligungen oder gewerblichen Schutzrechten zum Inhalt haben.[1044] Aufgrund der Aussicht, Interna offenlegen zu müssen, könnten die Beteiligten von

1036 *Bezzenberger*, Das Kapital der AG, S. 283; *Kumpan*, EU Vorgaben für related party transactions, S. 31; vgl. auch *Bayer*, in MüKo AktG, § 62 Rn. 120.

1037 Bericht der hochrangigen Expertengruppe, S. 34; *J. Schmidt*, Der Konzern 2017, 1, 10; *Veil*, NZG 2017, 521, 524.

1038 *Brandeis*, Other People's Money and How the Bankers Use It, S. 92: "Sunlight is said to be the best of all disinfectants, electric light the most efficient policemen." Abrufbar unter: https://archive.org/details/otherpeoplesmone00bran (Stand 31.08.2018), zitiert nach *Fleischer*, NZG 2006, 561, 568.

1039 *Fleischer*, BB 2014, 2691, 2698; *Kumpan*, EU Vorgaben für related party transactions, S. 31; *J. Schmidt*, Der Konzern 2017, 1, 10; *J. Vetter*, ZHR 179 (2015), 273, 314.

1040 *Bayer/Selentin*, NZG 2015, 7, 12; *Fleischer*, BB 2014, 2691, 2698; *Kumpan*, EU Vorgaben für related party transactions, S. 31; *J. Vetter*, ZHR 179 (2015), 273, 314.

1041 *Wiersch*, NZG 2014, 1131, 1136.

1042 *Drygala*, AG 2013, 198, 209; *Seibt*, BDI/FBD, Erforderliche Harmonisierung oder unnötiger Systembruch?, S. 20; vgl. auch *DAI*, Position zur Änderung der Aktionärsrechterichtlinie, S. 37 f.

1043 Zu den offenlegungspflichtigen Transaktionen sogleich unter § 14 C. II.

1044 *Drygala*, AG 2013, 198, 209.

einer für beide Vertragsparteien günstigen Transaktion Abstand nehmen; wertschöpfende Transaktionen für die Gesellschaften könnten folglich unterbleiben (*freezing effect*).[1045] Diese Befürchtung ist aber nicht schon hinreichender Grund, den Ausbau der Publizität gänzlich abzulehnen. Berechtigten Geheimhaltungsinteressen der Gesellschaft kann vielmehr durch eine passende Schutzklausel entsprochen werden.[1046] Auf die konkrete Ausgestaltung der Schutzklausel wird unter § 14 C. VII. Bezug genommen.

Die Abwägung der Vor- und Nachteile ergibt mithin, dass die mit der *Ex-ante*-Offenlegung verbundenen Vorteile für den Schutz der Gesellschaft und ihrer (Minderheits-)Aktionäre die Nachteile für die Gesellschaft aufwiegen. Für eine effektive Kontrolle von *Related Party Transactions* empfiehlt sich mithin eine Pflicht zur *Ad-hoc*- Offenlegung.[1047]

C. Transaktionspublizität

I. Reformierte Aktionärsrechterichtlinie

Der von *Related Party Transactions* ausgehenden Gefahr des *Tunnelings* versucht die Aktionärsrechterichtlinie nicht nur durch die Einbindung der Hauptversammlung oder des Aufsichtsrats zu begegnen, sondern auch durch den Ausbau der Transparenzpflichten. Wesentliche Geschäfte mit nahestehenden Personen und Unternehmen sollen öffentlich bekannt gemacht werden (Art. 9c Abs. 2 AR-RL2017). Die *Ad-hoc*-Bekanntmachung hat spätestens zum Zeitpunkt des Transaktionsabschlusses zu erfolgen und muss eine Reihe an Anforderungen erfüllen. Sie muss neben der namentlichen Nennung der nahestehenden Partei und Informationen zur Art des Verhältnisses, Datum und Wert der Transaktion sowie alle Informationen, die zur Bewertung der Angemessenheit und Vernünftigkeit des Geschäfts aus Sicht der Gesellschaft und der Aktionäre, die nicht

---

1045 *Seibt*, BDI/FBD, Erforderliche Harmonisierung oder unnötiger Systembruch?, S. 20; a. A. *Fleischer*, BB 2013, 835, 840.

1046 *Bungert/de Raet*, Der Konzern 2015, 289, 295; *Bungert/Wansleben*, DB 2017, 1190, 1198; *Fleischer*, BB 2014, 2691, 2698; *ders.*, BB 2013, 835, 840; *Wiersch*, NZG 2014, 1131, 1136.

1047 So auch *Bayer/Selentin*, NZG 2015, 7, 11 f.; *Fleischer*, BB 2014, 2691, 2898; *Lanfermann/Maul*, BB 2014, 1283, 1287; *Veil*, NZG 2017, 521, 524; *J. Vetter*, ZHR 179 (2015), 273, 314; *Wiersch*, NZG 2014, 1131, 1136; zurückhaltender *Drygala*, AG 2013, 198, 209; kritisch *Langenbucher*, in FS Müller-Graff, S. 312, 314; ablehnend *DAV-HRA*, NZG 2015, 54, 62 f.; *Seibt*, FBD/BDI, Erforderliche Harmonisierung oder unnötiger Systembruch?, S. 20.

Related Party sind, erforderlich sind, erfassen, Art. 9c Abs. 2 Satz 2 AR-RL2017. Die Mitgliedstaaten können nach Art. 9c Abs. 1 Unterabs. 3 AR-RL2017 für die einzelnen Verfahrenspflichten verschiedene Wesentlichkeitsdefinitionen festlegen. Auf welchem Weg die Transparenz hergestellt werden soll, insbesondere ob sie gesellschaftsrechtlich im Aktiengesetz oder kapitalmarktrechtlich im Wertpapierhandelsgesetz verankert werden soll, gibt die Richtlinie nicht vor.

II. Offenzulegende Transaktionen

Bei der konkreten Ausgestaltung der Pflicht zur präventiven Offenlegung von *Related Party Transactions* ist es wichtig, eine Ausuferung des Anwendungsbereichs zu verhindern und ihn auf regulierungsbedürftige Geschäfte zu beschränken. Teilweise wird vertreten, dass die Publizitätspflicht nicht auf bestimmte Transaktionen, etwa auf wesentliche, nicht marktübliche oder nicht „*at-arm's-length*"-Transaktionen beschränkt werden dürfe, da andernfalls eine Umgehungsgefahr drohe.[1048] Jedoch wäre die Offenlegung sämtlicher Transaktionen mit nahestehenden Personen und Unternehmen mit einem Aufwand für die Gesellschaft verbunden, der sich auch im Hinblick auf den Schutz der (Minderheits-)Aktionäre nicht rechtfertigen ließe. Aus diesem Grund sollte sich die Publizitätspflicht wie die Zustimmungspflicht des Aufsichtsrats(ausschusses) auf wesentliche Transaktionen der Gesellschaft mit nahestehenden Personen und Unternehmen beschränken. Zudem wird mit wachsender Quantität die Informationsqualität nicht zwangsläufig verbessert.[1049] Im Gegenteil: Bei zu niedrigen Schwellen würden auch unzählige bedeutungslose Geschäfte offengelegt werden. Wesentliche Transaktionen könnten in der Fülle an Informationen untergehen, die Aussagekraft und Informationsqualität würden erheblich leiden (*information overload*).[1050] Eine derart weite Offenlegungspflicht wäre daher nicht effektiv. Zutreffend ist zwar, dass Einschränkungen im Sinne einer Wesentlichkeitsschwelle eine Umgehungsgefahr begründen können. Denn die im Interessenkonflikt stehende Geschäftsführung könnte bei der Beurteilung des Eingreifens der Publizitätspflicht opportunistisch von ihrem Ermessen Gebrauch machen, um nicht Gefahr zu laufen, sich selbst zu bezichtigen. Dieser Umgehungsgefahr kann man allerdings wie schon bei der Installierung des

---

1048 *Klene*, S. 213.

1049 *Fleischer*, Informationsasymmetrie, S. 115.

1050 *Bungert/de Raet*, Der Konzern 2015, 289, 294; *Bungert/Wansleben*, DB 2017, 1990, 1995; allgemein *Hopt*, ZGR 2013, 165, 187; *Möllers/Kernchen*, ZGR 2011, 1, 9; die Gefahr eines *information overloads* ablehnend: *Klene*, S. 214.

Zustimmungsvorbehalts durch die Verwendung quantitativer Grenzwerte für die Ermittlung der Wesentlichkeit begegnen.[1051] Soweit gegen die Gefahr eines *information overloads* vorgebracht wird, dass Aktionäre durch die Angabe von Leistung und Gegenleistung[1052] in die Lage versetzt würden, den Umfang der Einzeltransaktionen zu beurteilen,[1053] ist dem nicht zuzustimmen. Die Masse an Informationen ist bereits geeignet, die Auswertung einzelner Transaktionen zu erschweren. Daher sollte auch die Publizitätspflicht nur für wesentliche *Related Party Transactions* Anwendung finden.

Um die Gefahr einer Informationsüberflutung zu vermeiden, muss auch hier die Wesentlichkeitsschwelle sinnvoll konkretisiert werden. Da die geforderte Transparenz im Vergleich zum Zustimmungsvorbehalt ein weniger einschneidendes Mittel der Regulierung für die betreffende Gesellschaft ist,[1054] erscheint es grundsätzlich denkbar, geringere Anforderungen an die Wesentlichkeitsschwelle zu stellen.[1055] So könnte eine niedrigere Schwelle als die oben genannten Schwellenwerte festgelegt werden. Nach *Veil* soll in Anlehnung an die britischen *Listing Rules* bereits eine Schwelle von 0,25 % genügen, um den Anwendungsbereich der Offenlegungspflicht hinreichend einzuschränken und zugleich die Aktionäre angemessen zu schützen.[1056] Für die Festlegung unterschiedlicher Schwellenwerte könnte zwar sprechen, dass die Verantwortlichen bei einer offenzulegenden Transaktion wegen ihrer Bekanntheit zugleich gezwungen wären, das Erfordernis einer Aufsichtsratszustimmung sorgfältiger zu prüfen. Gegen die Festlegung unterschiedlicher Schwellenwerte ist indes einzuwenden, dass sie die Rechtsanwendung erschweren. Einheitliche, klare Regelungen mit klaren Voraussetzungen schaffen dagegen Rechtssicherheit. Ein Vergleich mit anderen Regelungen im deutschen Aktienrecht zeigt außerdem, dass auf unterschiedliche Anforderungen für verschiedene Schutzvorkehrungen innerhalb eines Regelungsinstituts verzichtet wird. Das hier vorgestellte Regelungsregime für *Related Party Transactions* ist mit den Vorschriften des Nachgründungsrechts vergleichbar.[1057] Das Nachgründungsrecht sieht als Schutzvorkehrung neben einem Zustimmungserfordernis der Hauptversammlung (§ 52 Abs. 5 AktG), eine Transaktionspublizität

---

1051 *Enriques*, European Business Organization Law Review 16 (2015), 1, 28; *Tarde*, ZGR 2017, 360, 374 f.

1052 Zum Inhalt der Veröffentlichung sogleich unter § 14 C. III.

1053 So aber *Klene*, S. 214.

1054 So auch *Hopt*, ZGR 2013, 165, 187.

1055 Diese Möglichkeit ist auch in Art. 9c Abs. 1 Unterabs. 3 AR-RL2017 vorgesehen.

1056 *Veil*, NZG 2017, 521, 525.

1057 *Bungert/Wansleben*, DB 2017, 1190, 1195; *Fleischer*, BB 2014, 2691, 2692.

(§ 52 Abs. 2 AktG) sowie eine sachverständige Prüfung (§ 52 Abs. 4 i. V. M. § 33 Abs. 4 AktG) vor. Das Regelungsinstitut knüpft an eine den zehnten Teil des Grundkapitals übersteigende Vergütung an, ohne zwischen den verschiedenen Schutzinstrumenten zu unterscheiden. Darüber hinaus scheint ein Schwellenwert von 0,25 % einer Bezugsgröße zu gering, um eine Informationsflut wirksam verhindern zu können. Aus diesen Gründen sollte die Offenlegungspflicht von derselben Wesentlichkeitsschwelle abhängig gemacht werden, die auch für das Eingreifen des Zustimmungsvorbehalts des Aufsichtsrats maßgeblich ist.[1058]

III. Inhalt und Zeitpunkt der Veröffentlichung

Die Veröffentlichung sollte inhaltlich derart ausgestaltet werden, dass sie einen Rückschluss auf die Identität der *Related Party* zulässt. Neben dem Namen der *Related Party* sollte ihre Beziehung zur Gesellschaft, also die Umstände, aus denen sich ihre Eigenschaft als *Related Party* ergibt, offengelegt werden. Dem Sinn und Zweck der Transparenzregelung entsprechend, sollten darüber hinaus alle aus Sicht der Gesellschaft und der Aktionäre, die nicht *Related Party* sind, bewertungserheblichen Informationen veröffentlicht werden. Das hier vorgeschlagene Regelungsregime erfordert, dass Transaktionen einer Angemessenheitsprüfung standhalten. Um beurteilen zu können, ob das Geschäft angemessen ist, sind daher insbesondere Leistung und Gegenleistung der Transaktion anzugeben. Dies entspricht im Wesentlichen den Anforderungen der reformierten Aktionärsrechterichtlinie.[1059] Davon zu unterscheiden ist die Frage, ob die Offenlegung mit einem Bericht über die Beurteilung der Angemessenheit (Angemessenheitsbericht) zu verbinden ist. Auf diese Frage soll sogleich unter § 14 D. eingegangen werden.

Ein Teil des Schrifttums verlangt, den Ermessensspielraum der publizitätspflichtigen Personen hinsichtlich der offenzulegenden Informationen so gering wie möglich zu halten und stattdessen detailliertere Vorgaben für die Offenlegung zu treffen. Klauseln, wie in der reformierten Aktionärsrechterichtlinie, nach der „alle weiteren Informationen, die erforderlich sind, um zu bewerten, ob das Geschäft […] angemessen und vernünftig ist",[1060] anzugeben sind, würden Verschleierungen begünstigen.[1061] Zur Orientierung wird auf die englischen *FCA Listing Rules* verwiesen, die für große Transaktionen ein Rundschreiben an

1058 So auch *Bungert/Wansleben*, DB 2017, 1190, 1195; *Tarde*, ZGR 2017, 360, 375.
1059 Art. 9c Abs. 2 Satz 2 AR-RL2017.
1060 Art. 9c Abs. 2 Satz 2 AR-RL2017.
1061 *Enriques*, European Business Organization Law Review 16 (2015), 1, 29.

die Aktionäre (*circular*) mit umfassenden Angaben vorschreiben (FCA LR 11.1.7 i. V. m. FCA LR 13.3 und 13.6). Wie detailliert die Vorgaben zum Informationsgehalt im deutschen Recht sein sollten, hängt davon ab, wie hoch die konkreten Schwellenwerte gesetzt werden.[1062] Sind die Schwellenwerte vergleichsweise niedrig angesetzt, droht damit ohnehin die Veröffentlichung einer unüberschaubaren Anzahl an Transaktionen, sollte eine geringere Informationsdichte gewählt werden. Zu sehr aufgebauschte Mitteilungen sind der Informationsqualität und Aussagekraft abträglich. Da die Aktionäre die Informationen mangels Entscheidungskompetenz auch nicht für eine sachgerechte Wahrnehmung ihrer mitgliedschaftlichen Rechte in der Hauptversammlung benötigen, kann die Veröffentlichung auf die bewertungserheblichen Informationen beschränkt werden. Die nach den *FCA Listing Rules* erforderlichen umfangreichen Angaben im Rundschreiben sind daher vor dem Hintergrund der Mitentscheidungskompetenz der Aktionäre nach FCA LR 11.1.7 zu verstehen. Sie eignen sich daher nicht ohne Weiteres als gesetzliche „Blaupause". Sinnvoll erscheint es aber, entsprechend der Regelung in der FCA LR 11.1.10 Abs. 2 lit. c) zumindest eine kurze Beschreibung der Transaktion zu verlangen.[1063]

Die Veröffentlichung sollte in Übereinstimmung mit der reformierten Aktionärsrechterichtlinie spätestens zum Zeitpunkt des Geschäftsabschlusses erfolgen. Eine frühere Veröffentlichung könnte zwar für eine zeitnahe Desinvestitionsmöglichkeit der Aktionäre von Bedeutung sein. Jedoch können gerade bei umfangreichen Transaktionen zwischen dem ersten Vertragsentwurf und dem endgültigen Vertrag umfassende Veränderungen vorliegen. haben können. Folglich könnte das veröffentlichte Geschäft von dem am Ende getätigten Geschäft wesentlich abweichen. In börsennotierten Gesellschaften erfahren Aktionäre über kursrelevante Transaktionen mit nahestehenden Personen und Unternehmen bereits durch *Ad-hoc*-Meldungen nach Art. 17 MAR.[1064] Die im Schrifttum vorgeschlagene unverzügliche, spätestens innerhalb von vier Handelstagen nach Geschäftsabschluss vorzunehmende Veröffentlichung,[1065] erscheint angemessen.[1066]

1062 So auch *Bungert/Wansleben*, DB 2017, 1190, 1198.

1063 So auch *Tarde*, ZGR 2017, 360, 378.

1064 *Bungert/Wansleben*, DB 2017, 1190, 1198; *Veil*, NZG 2017, 521, 526, der vorschlägt, dass der *Ad-hoc*-Mitteilung nach Art. 17 MAR eine von der Veröffentlichungspflicht für *Related Party Transactions* befreiende Wirkung beigemessen wird.

1065 So auch im Rahmen der Mitteilungspflichten bei Veränderungen des Stimmrechtsanteils (§ 33 WpHG).

1066 *Bungert/Wansleben*, DB 2017, 1190, 1198; *Tarde*, Related Party Transactions, S. 214; *Veil*, NZG 2017, 521, 526.

IV. Erfasste Gesellschaften

Wie der Zustimmungsvorbehalt des Aufsichtsrats zur Kontrolle von *Related Party Transactions* sollte sich auch die Publizitätspflicht nicht nur an börsennotierte Aktiengesellschaften richten, sondern auch an geschlossene Gesellschaften. In geschlossenen Gesellschaften entfallen die kapitalmarktrechtlichen Publizitätsvorschriften keine Wirkung, sodass deren (Minderheits-)Aktionäre ein gesteigertes Interesse an einem Ausbau der Transparenzvorschriften haben.

V. Informationskanal der Veröffentlichung

Damit bleibt die Frage zu beantworten, wie die Offenlegung ausgestaltet werden sollte. Soweit teilweise eine bilanzrechtliche Ausgestaltung als ausreichend erachtet wird,[1067] kann dem nicht gefolgt werden. Der Anhang des Konzern-/Jahresabschlusses und der Lagebericht sorgen lediglich für periodische *Ex-post*-Publizität und sind nicht die geeigneten Berichtsinstrumente für die hier für erforderlich gehaltenen *Ad-hoc*-Veröffentlichungen.[1068]

Darüber hinaus kommt sowohl eine kapitalmarktrechtliche Ausgestaltung, etwa über Informationsverbreitungsdienste wie die marktführende Deutsche Gesellschaft für Ad-hoc-Publizität (DGAP),[1069] als auch eine gesellschaftsrechtliche Bekanntmachung, insbesondere im Bundesanzeiger, in Betracht. Für die grundsätzliche Wahl eines gesellschaftsrechtlichen Informationskanals spricht, dass die Publizitätspflicht bei einer Gesamtbetrachtung des *Related-Party-Transactions*-Regimes als gesellschaftsrechtliches Schutzinstitut zu qualifizieren ist.[1070] Wie oben unter § 14 C. II. dargestellt, weist das Regelungsregime insbesondere Parallelen zum Nachgründungsrecht auf. Die Befürworter einer kapitalmarktrechtlichen Ausgestaltung bemängeln, dass gesellschaftsrechtliche Veröffentlichungen mit Verzögerungen einhergingen. Insbesondere kenne der Bundesanzeiger keinen automatischen Abruf von Gesellschaftsbekanntmachungen.[1071] Jedoch steht der zeitliche Aspekt der Veröffentlichungspflicht bei der Kontrolle von *Related Party Transactions*– anders als bei kapitalmarktrechtlichen Mitteilungspflichten – nicht derart im Vordergrund, als dass zwingend

1067 So *Zetzsche*, NZG 2014, 1121, 1127 für kleine (nicht zustimmungsbedürftige) Transaktionen nach dem Kommissionsvorschlag.

1068 So auch *Tröger*, AG 2015, 53, 60 (Fn. 73); *Veil*, NZG 2017, 521, 523 (Fn. 24).

1069 Deutsche Gesellschaft für Ad-hoc-Publizität, www.dgap.de.

1070 Für eine kapitalmarktrechtliche Ausgestaltung: *Veil*, NZG 2017, 521, 523, 526.

1071 *Tarde*, Related Party Transactions, S. 214; *Veil*, NZG 2017, 521, 526.

ein kapitalmarktrechtlicher Informationskanal für eine gesellschaftsrechtliche Publizitätspflicht notwendig wäre.[1072] Daher überzeugt auch nicht die pauschale Kritik gegen eine Veröffentlichung im elektronischen Bundesanzeiger. Zudem stößt man auf konzeptionelle Bedenken, wenn man, wie hier vertreten, das *Related-Party-Transactions*-Regime auch auf geschlossene Gesellschaften anwendet. Für geschlossene Gesellschaften müsste zwangsläufig ein gesellschaftsrechtlicher Informationskanal gewählt werden. Die Zweigleisigkeit der Bekanntmachung, je nachdem, ob die Aktien einer Gesellschaft zu einem Markt zugelassen sind oder nicht, ist nicht wünschenswert und sorgt für unnötige Komplizierung der Rechtsanwendung.

Die Bekanntmachung im elektronischen Bundesanzeiger würde grundsätzlich allen Interessierten einen unkomplizierten Zugang ermöglichen und wäre für große Gesellschaften eine kostengünstige Alternative, insbesondere gegenüber Bekanntmachungen in Papierform. Zudem sorgt der Bundesanzeiger für ausreichend schnelle Verfügbarkeit der Informationen. Im Gegensatz zur bloßen Veröffentlichung auf der Internetseite der Gesellschaft hat der Bundesanzeiger den Vorteil, dass die Informationen in einem Medium gebündelt werden.[1073] Gerade wenn von der wirksamen Kontrolle von *Related Party Transactions* auch andere Stakeholder profitieren sollen, bietet sich die gebündelte Bekanntmachung bei einem einheitlich nationalen Veröffentlichungsinstitut wie demjenigen des Bundesanzeigers an. Jedoch wäre dies für kleine Aktiengesellschaften mit einem unverhältnismäßig großen Aufwand verbunden. Eine universelle Lösung für alle Gesellschaften bietet daher die Veröffentlichung auf der Internetseite der Gesellschaft nach dem Vorbild des § 161 AktG. Das Internet ist heutzutage praktisch flächendeckend als Kommunikations- und Informationsplattform im Einsatz.[1074] Sowohl die Gesellschaft als auch der interessierte Personenkreis könnten die Internetseite der Gesellschaft ohne nennenswerten Aufwand als „elektronisches Anschlagbrett" verwenden.[1075] Dem interessierten Personenkreis kann zugemutet werden, sich die gewünschten Informationen über einen Internetzugang zu beschaffen. Auch die reformierte Aktionärsrechterichtlinie gibt kein spezifisches Informationsmedium vor. In ihrem Erwägungsgrund Nr. 44 ReformRL heißt es, dass „die öffentliche Bekanntmachung solcher Geschäfte, beispielsweise auf der Website der Gesellschaft" erfolgen kann.

1072 *Bungert/Wansleben*, DB 2017, 1190, 1198.

1073 Begr. RegE. zum TransPuG, BT-Drucks. 14/8769, S. 11, r. Sp.

1074 Zu § 161 BGB: *W. Goette*, in MüKo AktG, § 161 Rn. 79.

1075 *W. Goette*, in MüKo AktG, § 161 Rn. 79.

VI. Transaktionen der Tochtergesellschaft

Zur Umgehungsvermeidung werden auch Geschäfte zwischen *Related Partys* der Muttergesellschaft und Tochtergesellschaften vom Transaktionsbegriff erfasst (siehe oben § 10 B. II.). Während die Transaktion der Tochter aufgrund der rechtlichen Selbstständigkeit nicht von der Zustimmung des Aufsichtsrats der Muttergesellschaft abhängig gemacht werden kann,[1076] ist es grundsätzlich denkbar, die Publizitätspflicht auch auf diese Transaktionen zu erstrecken. Eine solche Pflicht hätte zur Konsequenz, dass die Muttergesellschaft nicht nur die eigenen, sondern auch alle wesentlichen *Related Party Transactions* ihrer Tochtergesellschaften zu beobachten hätte. Da diese Transaktionen für die Gesellschaft und ihre Minderheitsaktionäre dieselbe Gefahr einer Ausplünderung bergen, erscheint eine solche Überwachungspflicht grundsätzlich angemessen. Um die Gesellschaft jedoch nicht mit übermäßigem Verwaltungsaufwand zu belasten, könnte die Offenlegung dieser Transaktionen auf die Jahresabschlusspublizität beschränkt werden.[1077] Die reformierte Aktionärsrechterichtlinie sieht entsprechende Publizitätspflichten im Hinblick auf Transaktionen der Tochtergesellschaft in Art. 9c Abs. 7 AR-RL2017 vor. Im Gegensatz zur Offenlegungspflicht in Art. 9c Abs. 2 AR-RL2017 wird hier keine *Ad-hoc*-Offenlegung zum Zeitpunkt des Geschäftsabschlusses vorgeschrieben. Auch der europäische Gesetzgeber geht augenscheinlich davon aus, dass gelockerte Publizitätspflichten bereits ausreichend sind, um hinreichenden Schutz vor Umgehungen des Regelungsregimes durch die Zwischenschaltung von Tochtergesellschaften sicherzustellen.

VII. Ausnahmsweise Wahrung der Vertraulichkeit

Um auf der anderen Seite dem Schutz der berechtigten Geheimhaltungsinteressen der Gesellschaft hinreichend Rechnung zu tragen, sollte die Veröffentlichungspflicht um eine Schutzklausel ergänzt werden.[1078] Gesetzliche „Blaupausen" zum Schutz von Betriebs- und Geschäftsgeheimnissen findet man im Rahmen des Berichts über den Abschluss eines Unternehmensvertrags (§ 293a Abs. 2 Satz 1 AktG), des Auskunftsrechts des Aktionärs (§ 131 Abs. 3 Satz 1 Nr. 1 AktG), des Prüfungsberichts der Sonderprüfer (§ 145 Abs. 4 AktG)

1076 Siehe bereits unter § 12 C. II.

1077 So auch *Tarde*, Related Party Transactions, S. 231; *ders.*, ZGR 2017, 360, 383.

1078 *Bungert/Wansleben*, DB 2017, 1190, 1198; *Seibt*, FBD/BDI, Erforderliche Harmonisierung oder unnötiger Systembruch?, S. 11; *Wiersch*, NZG 2014, 1131, 1136.

oder des Verschmelzungsberichts (§ 8 Abs. 2 Satz 1 UmwG).[1079] So könnte die Offenlegung von Informationen unterbleiben, soweit durch ihre Veröffentlichung nach vernünftiger kaufmännischer Beurteilung der Gesellschaft oder einem verbundenen Unternehmen ein nicht unerheblicher Nachteil droht (§ 131 Abs. 3 Satz 1 Nr. 1 AktG) oder überwiegende Belange der Gesellschaft die Geheimhaltung der Informationen gebieten (§ 145 Abs. 4 AktG). Da sich bei *Related Party Transactions* zwei Parteien gegenüberstehen, empfiehlt sich eine Regelung nach Vorbild des § 293a Abs. 2 Satz 1 AktG oder des § 8 Abs. 2 Satz 1 UmwG. Danach genügt es, wenn der nicht unerhebliche Nachteil der Gesellschaft oder dem Vertragspartner droht.[1080] Entsprechend §§ 293a Abs. 2 Satz 2 AktG, § 8 Abs. 2 Satz 2 UmwG sollten dann aber die Gründe angegeben werden, aus denen bestimmte Informationen nicht offengelegt wurden.[1081] Auf diese Weise kann ein Ausgleich zwischen dem Informationsinteresse der Aktionäre und dem Geheimhaltungsinteresse der Gesellschaft oder des Vertragspartners hergestellt werden.[1082] Die Entscheidung gegen eine Offenlegung könnte einer obligatorischen Kontrolle durch den Abschlussprüfer unterworfen werden.[1083]

VIII. Überschneidungen mit dem Abhängigkeitsbericht

Die neuen Transparenzinstrumente drohen faktisch konzernierte Aktiengesellschaften durch eine Doppelregulierung unangemessen zu benachteiligen, nämlich durch die Pflicht zur *Ex-ante*-Offenlegung von *Related Party Transactions* einerseits und durch die *Ex-post*-Offenlegung dieser Transaktionen im Rahmen des Abhängigkeitsberichts andererseits. Jedoch handelt es sich nur scheinbar um eine Doppelregulierung. Zum einen wird der Abhängigkeitsbericht als solcher nicht veröffentlicht. Er erfährt lediglich eine beschränkte Publizität (siehe oben § 8 F. II. 3. c.). Zum anderen sind die auf diese Weise veröffentlichten Informationen mit den nach dem *Related-Party-Transactions*-Regime offenzulegenden Angaben im Hinblick auf Umfang und Qualität nicht vergleichbar. Durch die eingeschränkte Publizität des Abhängigkeitsberichts erhalten die Aktionäre keine Informationen über einzelne Transaktionen, weder über Gegenstand, Leistung

1079 *Fleischer*, BB 2014, 835, 840.

1080 So auch *J. Vetter*, ZHR 179 (2015), 273, 315; *Wiersch*, NZG 2014, 1131, 1136. Für eine Gesamtanalogie *Bayer/Selentin*, NZG 2015, 7, 12; ähnlich *Fleischer*, BB 2014, 835, 840.

1081 Zum Abhängigkeitsbericht: *Fleischer*, BB 2014, 835, 840.

1082 Vgl. zu § 293a Abs. 2 AktG: *Veil*, in Spindler/Stilz, AktG, § 293a Rn. 19.

1083 *Fleischer*, BB 2014, 835, 840; *Osterloh-Konrad*, ZHR 179 (2015), 385, 388.

und Gegenleistung der Transaktion, noch über sonstige bewertungserhebliche Informationen. Folglich ist der Informationsgehalt des Abhängigkeitsberichts, der die Aktionäre erreicht, ein anderer. Der Vorstand hat im Abhängigkeitsbericht bei Rechtsgeschäften Leistung und Gegenleistung anzugeben, was in erster Linie der Selbstkontrolle dient. Insofern mag es zu Funktionsüberschneidungen mit dem *Related-Party-Transactions*-Regime kommen. Dies spricht jedoch nicht per se für eine Unvereinbarkeit der vorgeschlagenen Transparenzinstrumente mit dem Recht des faktischen Konzerns. Vielmehr kann die unterjährige Offenlegung von Einzeltransaktionen die Arbeit des Vorstands bei der Aufstellung des Abhängigkeitsberichts erleichtern. Im Rahmen der *Ad-hoc*-Veröffentlichung herausgearbeitete Angaben kann der Vorstand ohne Weiteres bei der Erstellung des Abhängigkeitsberichts berücksichtigen und wiederverwenden. Folglich ließen sich die neuen Transparenzregeln friktionslos in den bestehenden Rechtsrahmen einfügen.[1084]

IX. Fazit

Das deutsche Aktien(konzern)recht enthält bislang keine Regelungen, nach der *Related Party Transactions* zum Zeitpunkt ihres Abschlusses öffentlich bekannt zu machen sind; Rechnungslegungsvorschriften sowie der Abhängigkeitsbericht im faktischen Konzern sorgen lediglich für begrenzte retrospektive Transparenz. Die Erweiterung der Publizitätsvorschriften durch eine *Ad-hoc*-Offenlegungspflicht von *Related Party Transactions* zum Zeitpunkt des Transaktionsabschlusses würde die bestehenden Lücken im Minderheitenschutz reduzieren. Die präventive Publizität hat mäßigende Wirkung und schafft einen Anreiz für den Vorstand und Aufsichtsrat beziehungsweise *Related-Party*-Ausschuss, bei der Vornahme von *Related Party Transactions* besondere Sorgfalt walten zu lassen. Ein *freezing effect* aus Furcht vor Offenlegung von Betriebsgeheimnissen kann durch eine Schutzklausel nach Vorbild der §§ 293a Abs. 2 Satz 1 AktG, 8 Abs. 2 Satz 1 UmwG verhindert werden.

D. Publizität der Angemessenheitsprüfung

I. Erstellung eines Berichts über die Angemessenheitsprüfung

Als weiteres Instrument der *Related-Party-Transactions*-Kontrolle kommt in Betracht, dem Aufsichtsrat beziehungsweise dem *Related-Party*-Ausschuss die Erstellung eines schriftlichen Angemessenheitsberichts und dessen Offenlegung

---

1084 So auch *Klene*, S. 211.

aufzugeben. Der Ausgangsvorschlag der Europäischen Kommission, der die zwingende Veröffentlichung eines Berichts eines unabhängigen Dritten über die Bewertung der Transaktion vorschreibt,[1085] wurde in Deutschland unterschiedlich beurteilt.[1086] Als Reaktion auf die zahlreichen Kritiken wurde im weiteren Gesetzgebungsverfahren von diesem Erfordernis Abstand genommen. Die reformierte Aktionärsrechterichtlinie sieht in Art. 9c Abs. 3 AR-RL2017 die Veröffentlichung eines solchen Berichts nur noch als Regelungsoption für die Mitgliedstaaten vor.

Dem Aufsichtsrat beziehungsweise dem *Related-Party*-Ausschuss nicht nur die Angemessenheitsprüfung, sondern auch die Erstellung eines Berichts über diese Prüfung aufzugeben, ist sinnvoll und konsequent. Die Berichtspflicht ist ein geeignetes Instrument der Selbstkontrolle, da die Entscheidungsträger zur sorgfältigen Prüfung und Ausrichtung am Unternehmensinteresse gemahnt werden.[1087] Den prüfenden Aufsichtsratsmitgliedern ist ohnehin zu raten, die vorgenommene Bewertung des Geschäfts schriftlich zu dokumentieren, um gegebenenfalls einen Nachweis über die sorgfaltsgemäße Erfüllung ihrer organschaftlichen Aufgaben erbringen zu können.

II. Prüfung durch den Abschlussprüfer und eingeschränkte Publizität

Auf einem anderen Blatt steht die Offenlegung des Angemessenheitsberichts. Zum Teil wird für eine solche Publizität ins Feld geführt, dass interessierte Aktionäre nur durch die Verbindung der *Ad-hoc*-Offenlegung der Transaktion mit einem Angemessenheitsbericht in die Lage versetzt würden, die offengelegten Einzeltransaktionen zu beurteilen.[1088] Je umfangreicher und komplexer Transaktionen seien, umso weniger nützlich sei für Aktionäre die bloße Offenlegung des Geschäfts ohne Bewertung der Angemessenheit. Da der Aufsichtsrat beziehungsweise der *Related-Party*-Ausschuss nach der hier vorgeschlagenen Konzeption verpflichtet ist, die Angemessenheit der Transaktion zu prüfen, wäre die Erstellung eines Berichts und die Veröffentlichung auf der Internetseite der

---

1085 Art. 9c Abs. 1 Satz 1 AR-RL-KOM.

1086 Befürwortend: *Drygala*, AG 2013, 198, 208; *Jung*, WM 2014, 2351, 2353; ablehnend: *Hommelhoff*, KSzW 2014, 63, 66; *Seibt*, DB 2014, 1910, 1915; *J. Vetter*, ZHR 179 (2015), 273, 310 f.

1087 So ist auch anerkannt, dass die Dokumentationspflicht im Rahmen des § 312 AktG der Selbstkontrolle des Vorstands dient, *Fleischer*, BB 2014, 835,

1088 *Tarde*, Related Party Transactions, S. 211; *Veil*, NZG 2017, 521, 528; a. A. *Klene*, S. 212.

Gesellschaft nicht mit großem Mehraufwand verbunden.[1089] Aufgrund der mangelnden Fähigkeit eines durchschnittlichen Aktionärs, komplexe wirtschaftliche Zusammenhänge sowie Bewertungsmethoden zu verstehen, ist aber auch hier zweifelhaft, ob sie überhaupt in der Lage sind, die Angaben im Angemessenheitsbericht auszuwerten. Für die Aktionäre, die nach dem hier vorgeschlagenen Regelungsregime keine Mitentscheidungskompetenz besitzen, ist allein das positive Ergebnis der Angemessenheitsprüfung von Interesse. Diesem Interesse könnte dadurch Rechnung getragen werden, dass der Angemessenheitsbericht nach Vorbild des § 313 AktG zusammen mit dem Jahresabschluss und dem Lagebericht dem Abschlussprüfer vorgelegt wird, der die Richtigkeit der Angaben im Angemessenheitsbericht zu überprüfen hat. Hierzu gehört zum einen die Kontrolle, ob die betreffende Transaktion tatsächlich zu den angegebenen Konditionen zustande gekommen ist. Zum anderen sollte er überprüfen, ob Leistung und Gegenleistung tatsächlich objektiv in einem angemessenen Verhältnis standen, das heißt, ob die Transaktion zu marktgerechten Bedingungen zustande gekommen ist. Über das Ergebnis seiner Prüfung könnte er sodann im Rahmen des Prüfungsberichts an Vorstand und Aufsichtsrat (§ 321 Abs. 1, 5 HGB) berichten. Ferner empfiehlt es sich, den Bestätigungsvermerk des Abschlussprüfers entsprechend zu erweitern, wenn er nach dem abschließenden Ergebnis der Prüfung des Angemessenheitsberichts keine Einwendungen hat.[1090] Den Interessen der (Minderheits-)Aktionäre wäre genüge getan, wenn der Aufsichtsrat in Anlehnung an § 314 Abs. 2 Satz 2 AktG in seinem Bericht an die Hauptversammlung nach § 171 Abs. 2 AktG zu dem Ergebnis der Prüfung des Abschlussprüfers Stellung bezieht und den vom Abschlussprüfer erteilten erweiterten Bestätigungsvermerk in seinen Bericht aufnimmt. Hat der Abschlussprüfer den Bestätigungsvermerk versagt, sollte der Aufsichtsrat hierüber in seinem Bericht informieren. Durch die Prüfungspflicht des Abschlussprüfers ist ein unabhängiges und sachverständiges Urteil über die Angemessenheit der Transaktion sichergestellt.[1091] Auf diese Weise wird auch bei Aktiengesellschaften, die über einen kleinen Aufsichtsrat verfügen und keinen freiwilligen unabhängigen

---

1089 A. A. wohl *J. Vetter*, ZHR 179 (2015), 273, 315.

1090 Ähnlich, jedoch auf den Abhängigkeitsbericht beschränkt: *Tarde*, Related Party Transactions, S. 216.

1091 Vgl. zur Prüfung des Abhängigkeitsberichts: *Altmeppen*, in MüKo AktG, § 313 Rn. 3; *Habersack*, in Emmerich/Habersack, Aktien- und GmbH-Konzernrecht, § 313 Rn. 2; *Koch*, in Hüffer, AktG, § 313 Rn. 1; Begr. RegE. AktG 1965 bei *Kropff*, S. 413.

Related-Party-Ausschuss einrichten, eine möglichst unabhängige Angemessenheitsprüfung gewährleistet. Das *Related-Party-Transactions*-Regime verfolgt den Zweck, die Gesellschaft und ihre (Minderheits-)Aktionäre vor unangemessenen Transaktionen mit nahestehenden Personen und Unternehmen zu schützen. Dieser Schutz wird durch das Zusammenwirken der einzelnen Instrumente des Regelungsregimes – des Zustimmungsvorbehalts des Aufsichtsrats(ausschusses), der Angemessenheitsprüfung, der Offenlegung der Transaktion, der Modifikation des gestreckten Nachteilsausgleichs im faktischen Konzern sowie der Prüfungs- und Berichtspflicht des Abschlussprüfers – hinreichend gesichert. Aus diesem Grund erscheint es auch ausreichend, wenn die Aktionäre über das Ergebnis der Angemessenheitsprüfung nicht zeitgleich mit *Ad-hoc*-Offenlegung der Einzeltransaktionen, sondern erst im Rahmen der Jahresabschlusspublizität Kenntnis erlangen.[1092] Zum einen hielte sich dadurch auch der Aufwand für die Unternehmen in Grenzen des Zumutbaren. Zum anderen würde die Information der Aktionäre über Angelegenheiten der Gesellschaft nicht weiter zerpflückt werden, sondern gebündelt mit der Jahresabschlusspublizität erfolgen.[1093] Nicht verkannt werden darf schließlich, dass der Angemessenheitsbericht weitaus detailliertere und sensiblere Informationen enthält als die *Ad-hoc*-Veröffentlichung der Einzeltransaktionen. Aus diesem Grund fallen die Vertraulichkeitsinteressen der Gesellschaft und des Vertragspartners hier mehr ins Gewicht. Ein *freezing effect* wäre kaum zu vermeiden.

Die vorgeschlagene Pflicht zur Erstellung eines Angemessenheitsberichts sowie seine Prüfung vom Abschlussprüfer ist zwar an die Erstellung und Prüfung des Abhängigkeitsberichts nach § 313 AktG angelehnt, jedoch nicht auf Transaktionen mit dem herrschenden Unternehmen beschränkt. Sie ist für alle in den Anwendungsbereich des Regelungsregimes fallenden *Related Party Transactions* zu empfehlen. Um einen *information overload* zu vermeiden, sollte die Pflicht zur Erstellung und Prüfung des Angemessenheitsberichts auf wesentliche Transaktionen beschränkt sein. Für die Konkretisierung der Wesentlichkeit sollten dieselben Grundsätze wie im Rahmen der Zustimmungs- und Transaktionspublizitätspflicht gelten. Auf diesem Weg ist ein Gleichlauf der Schutzinstrumente des *Related-Party-Transactions*-Regimes gewährleistet. Hinsichtlich Überschneidungen mit den Angaben im Abhängigkeitsbericht gelten die Ausführungen unter § 14 C. VIII. entsprechend.

1092 In diese Richtung geht auch *J. Vetter*, ZHR 179 (2015), 273, 315.
1093 *J. Vetter*, ZHR 179 (2015), 273, 314, 315.

E. Offenlegung des Abhängigkeitsberichts

Die Entscheidung des Reformgesetzgebers von 1965, den Inhalt des Abhängigkeitsberichts als „geheime Kommandosache"[1094] auszugestalten, wird in der Literatur kontrovers diskutiert, kritisiert und teilweise als nicht mehr zeitgemäß erachtet.[1095] Durch die aktuelle Diskussion um *Related Party Transactions* wurde auch die Debatte über eine mögliche Offenlegung des Abhängigkeitsberichts neu befeuert. Die Vertraulichkeit des Abhängigkeitsberichts ist zunächst angesichts der Regierungsbegründung verwunderlich, nach der der Abhängigkeitsbericht den Kenntnisstand außenstehender Aktionäre und Gläubiger verbessern soll.[1096] Aktionäre und Gläubiger erfahren nämlich wie gesehen in der Regel nicht, ob und wie nachteilige Einflussnahmen seitens des herrschenden Unternehmens auf ihre Gesellschaft stattgefunden haben, obwohl in der Regel nur sie willens sind, die Akteure zur Verantwortung zu ziehen.[1097] Der Gesetzgeber hat sich indes gegen eine Offenlegung des Abhängigkeitsberichts entschieden, da der Abhängigkeitsbericht konkrete Einzelheiten der Geschäftsführung darstellt, die nicht an die Öffentlichkeit gelangen dürften.[1098] Überzeugend wird in der Literatur angeführt, dass der Abhängigkeitsbericht als Hilfsmittel für die Überwachungstätigkeit des Aufsichtsrats gedacht und damit funktional mit den Vorstandsberichten nach § 90 AktG vergleichbar sei. Daher dürfe der Bericht lediglich eine verwaltungsinterne Behandlung widerfahren.[1099] Dem ist zuzustimmen. Der Abhängigkeitsbericht dient zumindest auch als Grundlage zur Überprüfung der Konzernbeziehungen durch den Abschlussprüfer und des Aufsichtsrats der abhängigen Gesellschaft.[1100] Durch die detaillierten Angaben

---

1094 *Hoffmann-Becking*, Sitzungsbericht R zum 59. DJT, S. R 19.

1095 Gegen eine Offenlegung: *Flume*, DB 1959, 190, 191; *E. Vetter*, ZHR 171 (2007), 342, 263 ff.; für eine Offenlegung: *Fleischer*, BB 2014, 835, 839; *Habersack*, Gutachten E zum 69. DJT, S. E 79, 103; *Koppensteiner*, in FS Steindorff, S. 79, 109; *Peltzer*, AG 1997, 145, 151; *U. H. Schneider*, in FS Lutter, S. 1193, 1197 f.; *E. Vetter*, ZHR 171 (2007), 342, 365 f.; *J. Vetter*, in Fleischer/Koch/Kropff/Lutter, 50 Jahre AktG, S. 231, 253 ff.

1096 Begr. RegE. AktG 1965 bei *Kropff*, S. 411.

1097 *Altmeppen*, in MüKo AktG, § 312 Rn. 1; Begr. RegE. AktG 1965 bei *Kropff*, S. 410 f.

1098 *BMJ*, Bericht über die Verhandlungen der Unternehmensrechtskommission, Rn. 1446; *Decher*, ZHR 171 (2007), 126, 138; *Flume*, DB 1959, 190, 191; *Koch*, in Hüffer, AktG, § 312 Rn. 38.

1099 *Hommelhoff*, Gutachten G zum 59. DJT, S. G 59.

1100 *Grigoleit*, in Grigoleit, AktG, § 312 Rn. 1; *J. Vetter*, in K. Schmidt/Lutter, AktG, § 312 Rn. 3.

im Abhängigkeitsbericht, insbesondere zur Leistung und Gegenleistung, soll die nachträgliche Kontrolle vereinfacht werden.

Es kann nicht von der Hand gewiesen werden, dass die Offenlegung des Abhängigkeitsberichts den berichterstellenden Vorstand zu größerer Sorgfalt veranlassen könnte. Ebenso würden Abschlussprüfer sowie Aufsichtsrat bei Prüfung des Abhängigkeitsberichts an ihre Rolle als Sachverwalter der Außenseiterinteressen gemahnt werden, die ihnen das Gesetz in §§ 313, 314 AktG überträgt.[1101] Denn die verbesserte Informationslage für Aktionäre und Gläubiger würde die Wahrscheinlichkeit der Aufdeckung unausgewogener Geschäfte erhöhen; der Nachweis einer Pflichtverletzung würde vereinfacht werden.[1102] Das Bewusstsein über die intensivere Beobachtung ihrer Tätigkeiten im Zusammenhang mit Geschäften mit dem herrschenden Unternehmen könnte den Tochtervorstand von Anfang an davon abhalten, sich auf ungünstige Geschäfte einzulassen.[1103] Seine schwache Position gegenüber dem herrschenden Unternehmen könnte dadurch gestärkt werden. Dem steht jedoch entscheidend die Sorge gegenüber, dass der Vorstand der abhängigen Gesellschaft den Bericht nicht mit der erforderlichen Offenheit, Aufrichtigkeit und gegebenenfalls Selbstkritik erstattet.[1104] Dieser sogenannte *chilling effect* wäre auch der Funktion des Abhängigkeitsberichts als Hilfsmittel des Aufsichtsrats abträglich,[1105] da sich ein unvollständiger, unrichtiger oder geschönter Abhängigkeitsbericht nicht als Grundlage für eine wirksame Überwachung eignet. Sämtliche Rechtsgeschäfte im faktischen Konzern würden unabhängig davon, ob sie nachteilig sind, offengelegt werden. Die berechtigten Geheimhaltungsinteressen der Gesellschaft wären in einem erheblichen Umfang berührt.[1106] Teilweise wird gegen die Schutzwürdigkeit der Geheimhaltungsinteressen angeführt, dass die in den Abhängigkeitsbericht aufzunehmenden Geschäfte sich in großen Teilen mit den Anhangangaben nach IAS 24 beziehungsweise §§ 285 Nr. 21, 314 Abs. 1 Nr. 13 HGB überschneiden.

1101 *Fleischer*, BB 2014, 835, 839; *Lutter*, Information und Vertraulichkeit im Aufsichtsrat, Rn. 85; *J. Vetter*, in Fleischer/Koch/Kropff/Lutter, 50 Jahre AktG, S. 231, 254 f.

1102 *Bayer/Selentin*, NZG 2015, 7, 12.

1103 *J. Vetter*, in Fleischer/Koch/Kropff/Lutter, 50 Jahre AktG, S. 231, 254.

1104 *BMJ*, Bericht über die Verhandlungen der Unternehmensrechtskommission, Rn. 1446; *Hoffmann-Becking*, Sitzungsbericht R zum 59. DJT, S. R 19; *Hommelhoff*, Gutachten G zum 59. DJT, S. G 59; Begr. RegE. AktG 1965 bei *Kropff*, S. 411.

1105 Vgl. *Hommelhoff*, Gutachten G zum 59. DJT, S. G 59.

1106 *Decher*, ZHR 171 (2007), 126, 138; *Hoffmann-Becking*, Sitzungsbericht R zum 59. DJT, S. R 8, 19; *Hommelhoff*, Gutachten G zum 59. DJT, S. G 59; *Müller*, in Spindler/Stilz, AktG, § 312 Rn. 4; a. A. *Koppensteiner*, in FS Steindorff, S. 79, 109.

Im Anwendungsbereich der bilanzrechtlichen Publizität blieben diese Geschäfte also ohnehin nicht verborgen.[1107] Dieser Behauptung kann in dieser Pauschalität nicht beigepflichtet werden. Der Detailgrad und die Qualität der im Abhängigkeitsbericht anzugebenden Informationen sind mit denen der Anhangangaben zu *Related Party Transactions* nicht vergleichbar.[1108] Im Anhang des Jahresabschlusses könnten schon aus Platzgründen nicht alle Informationen über die Transaktion im selben Detailgrad angegeben werden.[1109]

Die Offenlegung des Abhängigkeitsberichts würde zwar auf einer Linie mit dem national und international zu verzeichnenden Trend liegen, den Geheimhaltungsinteressen des Unternehmens gegenüber den Informationsinteressen der (Minderheits-)Aktionäre nicht mehr unbedingt der Vorrang einzuräumen.[1110] Nicht aus dem Blick geraten darf jedoch, dass die Offenlegung des Abhängigkeitsberichts weit über die vorgeschlagene Offenlegung von *Related Party Transactions* hinausgehen würde. Mit der Offenlegung aller Rechtsgeschäfte mit dem herrschenden Unternehmen oder mit ihm verbundenen Unternehmen sowie aller sonstigen Maßnahmen, die von diesen Unternehmen veranlasst oder in ihrem Interesse vorgenommen wurden, würde letztlich die Konzernstrategie publik gemacht werden. Eine derart weitgehende Transparenz ist für die Kontrolle von *Related Party Transactions*, die Gegenstand dieser Untersuchung sind, nicht notwendig und auch darüber hinaus aufgrund berechtigter Vertraulichkeitsinteressen sehr zweifelhaft.

F. Ausweitung der bilanzrechtlichen Publizität

Als Alternative zur *Ex-ante*-Publizität von *Related Party Transactions* wird im Schrifttum vorgeschlagen, die bestehenden bilanzrechtlichen Publizitätsvorschriften in §§ 285 Nr. 21, 314 Abs. 1 Nr. 13 HGB zu erweitern. So könnte die Regelung derart ausgeweitet werden, dass nicht mehr nur zu marktunüblichen Bedingungen zustande gekommenen Geschäfte, sondern sämtliche wesentliche Geschäfte der Gesellschaft mit nahestehenden Personen und Unternehmen anzugeben sein könnten.[1111] Damit wäre letztlich nur eine Annäherung an die Vorgaben des IAS 24 für Gesellschaften erzielt, die keinen IFRS-Einzel- beziehungsweise IFRS-Konzernabschluss aufzustellen haben. Ein maßgeblicher

1107 *Fleischer*, BB 2014, 835, 839.

1108 So auch bereits *Hoffmann-Becking*, Sitzungsbericht R zum 59. DJT, S. R 8, 20.

1109 Vgl. Begr. RegE. AktG 1965 bei *Kropff*, S. 411.

1110 *Bayer/Selentin*, NZG 2015, 7, 11 f.; *Fleischer*, BB 2014, 835, 840.

1111 *Bungert/de Raet*, Der Konzern 2015, 289, 294.

Gewinn für die Kontrolle von *Related Party Transactions* wäre damit nicht verbunden. Bereits heute ist den Unternehmen gestattet, freiwillig alle wesentlichen Transaktionen anzugeben, wovon in der Regel Gebrauch gemacht wird.[1112] Zudem ist für die Verbesserung der Informationslage der (Minderheits-)Aktionäre gerade das zeitliche Element, also die *Ex-ante*-Offenlegung, ausschlaggebend. Eine „Abstimmung mit den Füßen" durch Anteilsverkauf wäre bei jährlichen Veröffentlichungen nur verzögert möglich. Der Transparenzeffekt würde damit weit hinter der vorgeschlagenen *Ad-hoc*-Offenlegung von Einzeltransaktionen zurückbleiben. Der Ausbau der bilanziellen Publizität ist mithin keine empfehlenswerte Alternative.

§ 15 Verbesserung des Verfolgungsrechts der Aktionäre

Der Schutz der Gesellschaft und ihrer (Minderheits-)Aktionäre vor unangemessenen *Related Party Transactions* leidet häufig an der mangelnden Verfolgung von Rückgewähr- und Ersatzansprüchen durch die zuständigen Orange.[1113] Verstärkt wird das Problem dadurch, dass auch Aktionäre, deren Interessen betroffen sind, rechtlich oder auch nur tatsächlich daran gehindert werden, Rückgewähr- und Ersatzansprüche zu verfolgen. Die geringe praktische Bedeutung des Klagezulassungsverfahrens, das gemäß § 148 AktG einer Aktionärsklage vorgeschaltet ist, hat vielschichtige Gründe.[1114] Von wesentlicher Bedeutung sind zwei Defizite: Zum einen sind es Informationsmängel, namentlich der beschränkte Zugang des Aktionärs zu streiterheblichen Informationen,[1115] zum anderen ein prohibitiv hohes Prozesskostenrisiko, das lediglich einer mittelbaren und nur anteiligen Partizipation am Erfolg der Klage gegenübersteht.[1116] Die Reformvorschläge reichen von der Modifikation der Voraussetzungen des Klagezulassungsverfahrens[1117] bis zu seiner

1112 *Niehus*, DStR 2008, 2280, 2282.

1113 Siehe oben § 7 F.

1114 Ausführlich *J. Vetter*, in KK-AktG, § 148 Rn. 84 ff.

1115 *Peltzer*, in FS U. H. Schneider, S. 953, 956 ff.; *Schmolke*, ZGR 2011, 398, 432 f.; *Semler*, in FS Goette, S. 499, 508; *J. Vetter*, in KK-AktG, § 148 Rn. 88.

1116 *Habersack*, Gutachten E zum 69. DJT, S. E 93; *Schmolke*, ZGR 2011, 398, 404 ff.; *J. Vetter*, in KK-AktG, § 148 Rn. 85; *Wagner*, ZHR 178 (2014), 227, 242 ff.

1117 *Lutter*, in FS U. H. Schneider, S. 763, 767 f.; *Schmolke*, ZGR 2011, 398, 425; *Ulmer*, ZHR 163 (1999), 290, 329 ff. Für eine dem § 247 Abs. 2 AktG entsprechende Streitwertspaltung: *Habersack*, Gutachten E zum 69. DJT, S. E 96; so auch *Veil*, in Spindler/Stilz, AktG, § 309 Rn. 35 zur Aktionärsklage nach § 309 Abs. 4 AktG (i. V. m. §§ 317 Abs. 4, 318 Abs. 4 AktG).

Abschaffung.[1118] Die Fragen, ob sich die Einführung einer vom Klagezulassungsverfahren losgelösten Aktionärsklage empfiehlt,[1119] und wie das Verfolgungsrecht der Minderheit als praktisch wirksames Corporate-Governance-Instrument attraktiver gestaltet werden kann, sind allgemeiner Natur. Sie betreffen nicht nur Rückgewähr- und Ersatzansprüche im Zusammenhang mit *Related Party Transactions*, sondern sämtliche Ansprüche der Gesellschaft, an deren Geltendmachung die Aktionäre ein Interesse haben. Daher sind sie nicht Gegenstand dieser auf die Kontrolle von *Related Party Transactions* begrenzten Untersuchung. Zu bedenken geben aber viele Stimmen der Literatur, die einhellig rechtpolitischen Handlungsbedarf annehmen. Durch die hier vorgeschlagene *Ad-hoc*-Offenlegung wesentlicher *Related Party Transactions* könnten Informationsdefizite der Aktionäre zumindest teilweise reduziert werden.

§ 16 Aggregationsregelung

A. Reformierte Aktionärsrechterichtlinie

Die Verwendung von Wesentlichkeitsschwellen, insbesondere unter Hinzuziehung quantitativer Schwellenwerte, birgt die Gefahr, dass Transaktionen künstlich aufgespalten werden, um nicht unter das Regelungsregime zu fallen. Dies hat auch der europäische Gesetzgeber erkannt und in Art. 9c Abs. 8 AR-RL2017 den Mitgliedstaaten die Aufnahme einer Aggregationsklausel aufgegeben. Mehrere Transaktionen mit derselben *Related Party*, die in einem beliebigen Zeitraum von zwölf Monaten oder in demselben Geschäftsjahr getätigt wurden, sollen für die Zwecke des *Related-Party-Transactions*-Regimes zusammengerechnet werden.[1120] Nicht unter die Aggregationsklausel fallen Transaktionen, die aufgrund einer Ausnahmeregelung aus dem Anwendungsbereich des Regelungsregimes herausgenommen werden, wie Transaktionen, die zu marktüblichen Bedingungen zustande gekommen sind (Art. 9c Abs. 5 AR-RL2017)

1118 Für einen Verzicht auf das Klagezulassungsverfahren: *Habersack*, ZHR 177 (2013), 782, 790 f.; *ders.*, Gutachten E zum 69. DJT, S. E 94 ff.; *Wagner*, ZHR 178 (2014), 227, 268 ff.

1119 *Bayer*, NJW 2000, 2609 ff.

1120 *Bungert/Wansleben*, DB 2017, 1190, 1195; zum Parlamentsvorschlag: *Bungert/de Raet*, Der Konzern 2015, 289, 293; zum Kommissionsvorschlag: *J. Vetter*, ZHR 179 (2015), 273, 322. *Tarde* geht weiter und nimmt an, dass die Aggregationsklausel auch dafür sorgt, dass sich sukzessive, verstärkende oder auf Dauer angelegte wesentliche Geschäftsverbindungen mit *Related Partys* einer Kontrolle unterworfen werden, *Tarde*, Related Party Transactions, S. 209; *ders.*, ZGR 2017, 360, 366.

oder die unter einen optionalen Bereichsausnahmetatbestand des Art. 9c Abs. 6 AR-RL2017 fallen. Nicht ganz klar ist, wie bei Überschreiten der Wesentlichkeitsschwelle frühere, für sich genommen nicht wesentliche Transaktionen zu behandeln sind. Insbesondere ist fraglich, ob die Verfahrenspflichten nachgeholt werden müssen. Das Erfordernis einer nachträglichen Zustimmung zu bereits durchgeführten Transaktionen wäre mit erheblichen Rechtsunsicherheiten verbunden. Die Regelung kann nur so auszulegen sein, dass das Regelungsregime erst auf die die Wesentlichkeitsschwelle erstmals überschreitende Transaktion und jede einzelne künftige Transaktion anwendbar ist.[1121] So war dies ausdrücklich noch im Ausgangsvorschlag der Europäischen Kommission vorgesehen.[1122] Andernfalls ist kaum vorstellbar, wie der mit den Regelungen bezweckte Schutz der Gesellschaft und der nicht beteiligten (Minderheits-)Aktionäre nachträglich hergestellt werden soll.[1123] Die Wesentlichkeitsschwelle würde *de facto* abgeschafft werden, knüpfte man bereits stattgefundene Transaktionen, die aufgrund der Aggregation dem *Related-Party-Transactions*-Regime unterworfen werden, an dieselben Rechtsfolgen. Denn dann wäre die Gesellschaft gezwungen, bei jeder Transaktion vorsorglich, also unabhängig vom Überschreiten der Wesentlichkeitsschwelle, die Vorgaben für *Related Party Transactions* einzuhalten.[1124] Ebenso ist fraglich, ob vergangene Transaktionen bei Überschreiten der Wesentlichkeitsschwelle nachträglich offengelegt werden müssen. Dies wäre in der Praxis leichter umsetzbar und mit weniger Unsicherheiten behaftet.[1125]

B. Rechtspolitische Bewertung

Insgesamt bringt die Aggregationsklausel einen immensen bürokratischen Aufwand mit sich.[1126] Gerade bei Konzernsachverhalten wird es kaum zu bewältigen sein, alle Transaktionen mit derselben Konzerngesellschaft, die nicht von der Konzernausnahme erfasst werden, zu veröffentlichen und durch das zuständige Organ genehmigen zu lassen.[1127] Zudem müssten die betroffenen Gesellschaften

1121 So auch *Bungert/Wansleben*, DB 2017, 1190, 1195.

1122 Art. 9c Abs. 3 Satz 2 AR-RL-KOM.

1123 *Bungert/de Raet*, Der Konzern 2015, 289, 293.

1124 *Bungert/de Raet*, Der Konzern 2015, 289, 293.

1125 Für die nachträgliche Anwendung der Publizitätspflicht: *Tarde*, Related Party Transactions, S. 209; *ders.*, ZGR 2017, 360, 386.

1126 Zur reformierten Aktionärsrechterichtlinie *Tarde*, ZGR 2017, 360, 376.

1127 *J. Vetter* führt als Beispiel an, dass die MAN SE, „die vermutlich alle ihre Dienstwagen bei anderen Gesellschaften des VW-Konzerns kauft oder least, ab einem gewissen Zeitpunkt im Laufe des Geschäftsjahrs jede einzelne Transaktion über Firmenwagen

nicht nur das Geschäft, das die Wesentlichkeitsschwelle überschreitet, im Blick haben, sondern darüber hinaus auch alle unwesentlichen Geschäfte mit nahestehenden Personen und Unternehmen. Nur so würden sie rechtzeitig ein Überschreiten der Wesentlichkeitsschwelle durch Aggregation identifizieren können. Um diese ständige Kontrolle und Auswertung der Geschäfte bewerkstelligen zu können, könnte es erforderlich und zweckmäßig sein, ein internes Überwachungssystem eigens für diese Geschäfte einzurichten.[1128] Konzerngesellschaften könnten auf das Ausnutzen wirtschaftlich wichtiger Verbundvorteile, und damit gegebenenfalls auch auf wertschöpfende Transaktionen verzichten, wenn selbst die kleinsten Transaktionen offengelegt oder sogar einer Abstimmung unterzogen werden müssten. Noch weiter geht die Befürchtung, dass bereits die Eingehung engerer Konzernverbindungen weniger attraktiv sein könnte, wenn die Möglichkeit der Synergiehebung nur unter unverhältnismäßig hohem, prohibitivem Aufwand möglich ist. Die in der reformierten Aktionärsrechterichtlinie vorgesehene Aggregationsregelung steuert auch deswegen zu einem enormen Verwaltungsaufwand bei, da sie augenscheinlich sämtliche Trankaktionen mit einer *Related Party* zusammenrechnen lässt, ohne dabei zwischen verschiedenen Arten von Transaktionen zu unterscheiden. Die Aggregationsklausel soll Umgehungen des Regelungsregimes durch künstliche Zerstückelung einer an sich wesentlichen, und somit kontrollbedürftigen, Transaktion verhindern.[1129] Rechtspolitisch vorzugswürdig erscheint eine Aggregationsklausel, nach der Transaktionen mit einer *Related Party* zusammengerechnet werden, die bei wirtschaftlicher Betrachtung sowohl einen zeitlichen als auch inneren Zusammenhang erkennen lassen und daher die Vermutung nahelegen, dass sie allein zur Umgehung des *Related-Party-Transactions*-Regimes zeitlich gestreckt abgeschlossen wurden.[1130] Dies könnte insbesondere dann angenommen werden, wenn bei wirtschaftlicher Betrachtung die spätere Transaktion mit derselben *Related Party* aufgrund einer im Zusammenhang mit einer vorherigen Transaktion getroffenen Abrede erfolgt. Damit könnte, was den dahinterstehenden

der Hauptversammlung oder dem Aufsichtsrat vorlegen und öffentlich darüber berichten [müsste].“, *J. Vetter*, ZHR 179 (2015), 273, 293.

1128 *Tarde*, ZGR 2017, 360, 377.

1129 *Bungert/de Raet*, Der Konzern 2015, 289, 293; *J. Vetter*, ZHR 179 (2015), 273, 322.

1130 *J. Vetter* hält die Anwendung der bewährten allgemeinen Grundsätze zur Vermeidung von Gesetzesumgehungen für ausreichend, *J. Vetter*, ZHR 179 (2015), 273, 322.

Rechtsgedanken der Umgehungsverhinderung betrifft, an den Tatbestand der verdeckten Sacheinlage gemäß § 27 Abs. 3 AktG angelehnt werden.[1131]

§ 17 Bereichsausnahmen

A. Transaktionen im Rahmen des Vertragskonzerns

I. Notwendigkeit der Ausklammerung des Vertragskonzerns

Im Rahmen der Definition der relevanten Geschäfte wurde bereits erläutert, dass der Abschluss von Unternehmensverträgen mangels rechtsgeschäftlichen Charakters nicht unter den Transaktionsbegriff fallen sollte. Eine andere Frage ist, ob einzelne Transaktionen, die im Rahmen eines bestehenden Vertragskonzerns vorgenommen werden, vom *Related-Party-Transactions*-Regime erfasst werden sollten.[1132] Dies hätte zur Konsequenz, dass das Modell des Vertragskonzerns, nach dem die Mutter im Konzerninteresse gerade auch für die Gesellschaft nachteilige Geschäfte durchsetzen kann und sie im Gegenzug dafür eine pauschale umfassende Verlustübernahmepflicht trifft, aus den Angeln gehoben wäre. Der Beherrschungsvertrag würde jegliche Beherrschungswirkung verlieren, verlangte man auch für Transaktionen im bestehenden Vertragskonzern die vorherige Zustimmung des Aufsichtsrats.[1133] Auch die Regelung in § 308 Abs. 3 AktG mag nicht zur Lösung des Problems verhelfen. Nach § 308 Abs. 3 Satz 1 AktG kann bei zustimmungspflichtigen Geschäften der abhängigen Gesellschaft das Zustimmungserfordernis zwar überwunden werden, wenn das herrschende Unternehmen die Weisung wiederholt. Mit diesem Prozedere wären jedoch stets Transaktionsverzögerungen verbunden. Zum einen müsste zunächst der Ablauf einer angemessenen Frist für die Entscheidung des Aufsichtsrats abgewartet werden, nach der der Vorstand der abhängigen Gesellschaft den Sachverhalt dem herrschenden Unternehmen mitzuteilen hätte. Zum anderen dürfte eine erneute Weisung erst erteilt werden, wenn der Aufsichtsrat des herrschenden Unternehmens zugestimmt hat.[1134]

Zudem sind die Aktionäre bedingt schutzwürdig und -bedürftig, da sie der Begründung des Vertragskonzerns mit einer qualifizierten Mehrheit von drei

---

1131 Zum Sinn und Zweck der in § 27 Abs. 3 AktG geregelten verdeckten Sacheinlage: *Pentz*, in MüKo AktG, § 27 Rn. 74 ff.

1132 *Bungert/Wansleben*, DB 2017, 1190, 1196.

1133 *Zetzsche*, NZG 2014, 1121, 1127.

1134 *Koch*, in Hüffer, AktG, § 308 Rn. 24; *Semler*, Leitung und Überwachung der Aktiengesellschaft, S. 259 f.

Vierteln des bei der Beschlussfassung vertretenen Grundkapitals zugestimmt haben. Außenstehenden Aktionären steht es frei, die Gesellschaft gegen Abfindung zu verlassen (§ 305 AktG) oder einen angemessenen Ausgleich nach § 304 AktG zu verlangen.[1135] Im Schrifttum wird die Kontrolle vom *Related Party Transactions* im Vertragskonzern mit dem Hinweis darauf, dass börsennotierte beherrschungsvertraglich gebundene Tochtergesellschaften in der Praxis selten anzutreffen seien,[1136] dennoch für hinnehmbar gehalten. Dem kann nicht zugestimmt werden. Unternehmensvertraglich gebundene börsennotierte Tochtergesellschaften sind insbesondere in öffentlichen Übernahmesituationen von praktischer Bedeutung.[1137] Wenn die Konzernintegration durch faktische Abhängigkeit nach Übernahmeverfahren an ihre Grenzen stößt, kann sie durch den Abschluss eines Beherrschungs- und Gewinnabführungsvertrags intensiviert werden. Einem strategischen Investor wird es vor einer öffentlichen Übernahme häufig darauf ankommen, die Zielgesellschaft im Anschluss in die eigene Gruppe integrieren zu können.[1138] Die geringe Zahl der langfristigen Vertragskonzerne mit börsennotierten Tochtergesellschaften[1139] ist darauf zurückzuführen, dass der Übernehmer häufig im Laufe der Zeit weitere Aktien der Gesellschaft erwirbt, bis er die 95 %-Grenze zur Durchführung eines Squeeze-Outs (§ 327a AktG) erreicht. Bei uneingeschränkter Anwendbarkeit des Regelungsregimes wären öffentliche Übernahmen unmittelbar betroffen und Investoren zu einem vorherigen Rückzug der Tochtergesellschaft von der Börse gezwungen. Davon abgesehen, schlägt das Argument, dass börsennotierte beherrschungsvertraglich gebundene Tochtergesellschaften selten anzutreffen

1135 So auch *Klene*, GWR 2018, 210, 211; *ders.*, S. 199 f.

1136 *Bayer/Hoffmann*, AG 2015, R91, R93 f.; *Bayer/Selentin*, NZG 2015, 7, 12.

1137 *Selzner*, ZIP 2015, 753, 760 (Fn. 80); *J. Vetter*, in Fleischer/Koch/Kropff/Lutter, 50 Jahre AktG, S. 231, 242; *ders.*, ZHR 179 (2015), 273, 316.

1138 *J. Vetter*, in Fleischer/Koch/Kropff/Lutter, 50 Jahre AktG, S. 231, 242; *ders.*, ZHR 179 (2015), 273, 316. Ein passendes Beispiel bietet die Übernahme der MAN SE durch die Volkwagen AG im Jahre 2011. Nachdem die Volkwagen AG ihren Stimmrechtsanteil an der MAN SE im Laufe der Zeit auf 75,03 % erhöht hat, wurde 2013 ein Beherrschungs- und Gewinnabführungsvertrag zwischen der MAN SE und der Truck & Bus GmbH, einer 100 %-igen Tochtergesellschaft der Volkswagen AG, geschlossen. Zum Beherrschungsvertrag als Mittel der Konzernintegration nach öffentlichen Übernahmen: *Austmann*, ZGR 2009, 277, 286, 288 ff.

1139 Zu den Zahlen: *Bayer/Hoffmann*, AG 2015, R91, R93 f.: Zum Stichtag 01.07.2014 waren gerade einmal 4 % der börsennotierten Gesellschaften beherrschungsvertraglich an ein anderes Unternehmen gebunden.

sind, ohnehin nicht durch, wenn man – wie hier – auch geschlossene Gesellschaften dem Regelungsregime unterwerfen möchte.

II. Reformierte Aktionärsrechterichtlinie

Ob eine Ausklammerung der im Vertragskonzern getätigten Transaktionen aus dem *Related-Party-Transactions*-Regime auch mit der reformierten Aktionärsrechterichtlinie im Einklang steht, ist fraglich. Eine ausdrückliche Ausnahme fehlt jedenfalls, was im Hinblick auf das nur im deutschen Recht zu findende ausgefeilte Konzernrecht nicht verwunderlich ist. Die in der reformierten Aktionärsrechterichtlinie in Art. 9c Abs. 6 lit. a) 3. Var. AR-RL2017 vorgesehene Möglichkeit einer Bereichsausnahme für Transaktionen zwischen der Gesellschaft und ihren Tochtergesellschaften, hilft nur bedingt weiter. Der erforderliche angemessene Schutz der vertraglich beherrschten Aktiengesellschaft und ihrer Minderheitsaktionäre wird zwar angenommen werden können: Denn auch wenn der aktienrechtliche Vermögensschutz nach §§ 57 ff. AktG wegen der Regelungen in § 291 Abs. 3 AktG und § 308 Abs. 1 AktG suspendiert ist, sichern die pauschale Verlustausgleichspflicht (§ 302 AktG) und die Pflicht zur Sicherheitsleistung (§ 303 AktG) den Bestand der Gesellschaft, während den Interessen der Aktionäre durch Ausgleichs- und Abfindungsansprüche (§§ 304, 305 AktG) Rechnung getragen wird. Jedoch greifen diese Privilegierungen nur bei Transaktionen im Konzern und nur für Transaktionen einer Muttergesellschaft mit ihrer Tochtergesellschaft. Ein Unternehmensvertrag kann auch unabhängig von einem Abhängigkeitsverhältnis bestehen, wenn auch im Regelfall die Obergesellschaft an der Untergesellschaft beteiligt sein wird.[1140] Nach überwiegender Auffassung ist der Ausnahmetatbestand des Art. 9c Abs. 6 lit. a) AR-RL2017 auf Transaktionen mit Tochter- und Enkelgesellschaften beschränkt (siehe oben § 10 A. III. 4.). In der Literatur wird teilweise vertreten, anhand einer teleologischen Auslegung die Ausnahme auch auf Transaktionen mit einem Mutterunternehmen zu erstrecken.[1141] Gestützt wird diese Ansicht auf ein Wortlautargument: Art. 9c Abs. 6 lit. a) 3. Var. AR-RL2017 fordert auch den Schutz der Minderheitsaktionäre der abhängigen Gesellschaft. So heißt es, dass die Richtlinie den angemessenen Schutz der Aktionäre der abhängigen Gesellschaft nicht vorausgesetzt hätte, wenn die Bereichsausnahme diesen Fall ohnehin nicht

---

1140 *Altmeppen*, in MüKo AktG, § 291 Rn. 18; *Koppensteiner*, in KK-AktG, § 291 Rn. 7; *Paschos*, in Henssler/Strohn, AktG, § 291 Rn. 6; a. A. *Van Venrooy*, BB 1986, 612, 615.

1141 So *Bungert/Wansleben*, DB 2017, 1190, 1196.

erfassen wollte.[1142] Ferner wird die teleologische Auslegung darauf gestützt, dass die Gefährdungssituation für die Minderheitsaktionäre beider Gesellschaften, also des herrschenden und des abhängigen Unternehmens, vergleichbar seien und es deswegen nicht einzusehen sei, warum ein und dieselbe Transaktion bei der herrschenden Gesellschaft von der Bereichsausnahme erfasst werde, nicht aber bei der abhängigen Gesellschaft. Jedoch kann das Wortlautargument nicht überzeugen. Es beruht auf einem falschen Betrachtungswinkel. Die Regelungen des Art. 9c AR-RL2017 sind stets aus der Sicht der Gesellschaft zu lesen, um deren Schutz es geht. Einen plausiblen Grund für den vorgenommenen Perspektivenwechsel ist nicht ersichtlich. Wenn also von einer Tochtergesellschaft und deren Aktionäre die Rede ist, ist damit die Tochtergesellschaft der betreffenden Gesellschaft gemeint, und nicht etwa die an der Transaktion beteiligte Gesellschaft selbst in der Rolle der abhängigen Tochtergesellschaft. Aus Sicht der abhängigen, transaktionsbeteiligten Gesellschaft ist sie als Gesellschaft im Sinne des Art. 9c AR-RL2017 zu identifizieren, und nicht als Tochtergesellschaft. Außerdem sind die sich aus der Abhängigkeit ergebenden Gefahren für die Minderheitsaktionäre des abhängigen Unternehmens nicht ausnahmslos mit den Gefahren für Minderheitsaktionäre des herrschenden Unternehmens vergleichbar, sodass auch aus diesem Grund eine Beschränkung der Bereichsausnahme auf *Downstream*-Geschäfte nachvollziehbar ist. Nach der reformierten Aktionärsrechterichtlinie können daher nur Transaktionen der Obergesellschaft mit einer unternehmensvertraglich gebundenen Tochtergesellschaft, nicht aber die Transaktionen einer unternehmensvertraglich gebundenen Tochtergesellschaft mit der Konzernholding privilegiert werden.

Als Rechtsgrundlage für eine Ausklammerung kommt allerdings Art. 9c Abs. 6 lit. b) AR-RL2017 in Betracht, nach dem genau festgelegte Geschäfte, für die nach nationalem Recht die Zustimmung durch die Hauptversammlung erforderlich ist, aus dem Regelungsregime ausgenommen werden können. Zwar sind nach dem Wortlaut der Norm nur einzelne Transaktionen erfasst. Damit dürften im deutschen Aktienrecht Geschäfte, die nach allgemeinen Merkmalen bestimmt sind, wie zum Beispiel Kauf- oder Pachtverträge, gemeint sein.[1143] Abwegig erscheint es aber nicht, auch „Geschäfte zwischen den unternehmensvertraglich verbundenen Gesellschaften“ unter die Bereichsausnahme zu subsumieren. Zu denken gibt jedoch die Tatsache, dass zu diesen Geschäften nach dem deutschen Aktienrecht grundsätzlich keine Hauptversammlungszustimmung

1142 *Bungert/Wansleben*, DB 2017, 1190, 1196 f.

1143 *Veil*, NZG 2017, 521, 530; vgl. auch *Spindler*, in Spindler/Stilz, AktG, § 111 Rn. 65.

erforderlich und somit eine tatbestandliche Voraussetzung der Bereichsausnahme nicht erfüllt ist. Da aber der Abschluss von Unternehmensverträgen selbst wegen Art. 9c Abs. 6 lit. b) AR-RL2017 aus dem *Related-Party-Transactions*-Regime ausgenommen werden kann (siehe oben § 10 B. I.), muss dies erst recht für die im Vertragskonzern getätigten Geschäfte angenommen werden können, die das abhängige Unternehmen aufgrund der Leitungsmacht des herrschenden Unternehmens vornimmt.[1144] Das nationale Recht stellt für den Abschluss des Unternehmensvertrags hohe Hürden auf (zur Konzerneingangskontrolle, siehe oben § 8 F. I. 1.). Es besteht darüber hinaus ein engmaschiges System zum Schutz der Gesellschaft und der außenstehenden Aktionäre, um gerade diese Geschäfte im Vertragskonzern legitimieren zu können.[1145] Folglich dürfte eine Bereichsausnahme für Transaktionen im bestehenden Vertragskonzern auch nach der reformierten Aktionärsrechterichtlinie möglich sein.[1146] Angesichts des konsistenten Schutzsystems des Vertragskonzerns, das nur schwerlich mit dem transaktionsbezogenen Regelungswerk des Art. 9c AR-RL2017 in Einklang gebracht werden könnte, ist dem deutschen Gesetzgeber zu raten, den Vertragskonzern aus dem Anwendungsbereich des Regelungsregimes zu nehmen. Dieses Ergebnis deckt sich mit dem oben dargestellten Vorschlag,[1147] unternehmensvertraglich verbundene Gesellschaften von vornherein nicht in die Definition der *Related Party* einzubeziehen.

Alternativ könnte auch auf Grundlage der reformierten Aktionärsrechterichtlinie daran gedacht werden, Transaktionen, die im Rahmen eines bestehenden Vertragskonzerns getätigt werden, als nicht wesentliche Transaktionen im Sinne des Art. 9c Abs. 1 AR-RL2017 zu qualifizieren.[1148] Rechtfertigen ließe sich dies durch die erforderliche Festlegung von Kennzahlen, die der „Art des Geschäfts und der Position des nahestehenden Unternehmens" Rechnung tragen (Art. 9c Abs. 1 Unterabs. 2 AR-RL2017). Auf diese Weise würden sowohl Transaktionen mit der Obergesellschaft als auch Transaktionen mit der Untergesellschaft im Rahmen eines bestehenden Vertragskonzerns aus dem Anwendungsbereich des *Related-Party-Transactions*-Regime fallen.

1144 *Bungert/Wansleben*, DB 2017, 1190, 1196; *Veil*, NZG 2017, 521, 530.

1145 *Bungert/Wansleben*, DB 2017, 1190, 1196; a. A. wohl *Inci*, NZG 2017, 579, 580.

1146 Im Ergebnis auch *J. Schmidt*, Der Konzern 2017, 1, 10; a. A. wohl *Tarde*, Related Party Transactions, S. 228; *ders.*, ZGR 2017, 360, 385.

1147 Siehe oben § 10 A. III. 4.

1148 *Veil*, NZG 2017, 521, 530 (Fn. 100).

B. Laufende Geschäfte der Gesellschaft

Um Aktiengesellschaften nicht mehr als notwendig mit Verwaltungsaufwand zu belasten und vor allem nur tatsächlich regulierungsbedürftige Transaktionen zu erfassen, sollten marktübliche Geschäfte im ordentlichen Geschäftsgang aus dem Anwendungsbereich des Regelungsregimes genommen werden. Solche Geschäfte sind nicht verdächtig, einem Drittvergleich nicht standzuhalten und sollten zur Vermeidung einer Überregulierung nicht der besonderen Kontrolle unterfallen. In Betracht kommt eine Regelung nach Vorbild der im Nachgründungsrecht geregelten Ausnahme für Transaktionen „im Rahmen der laufenden Geschäfte der Gesellschaft" (§ 52 Abs. 9 AktG).[1149] Gemeint sind damit ständig wiederkehrende Routinegeschäfte, alltägliche Geschäfte oder Tagesgeschäfte.[1150] Ob für die Qualifizierung als laufendes Geschäft im Sinne des § 52 Abs. 9 AktG erforderlich ist, dass es sich um eine Transaktion im Rahmen des satzungsmäßigen Unternehmensgegenstands oder zumindest mit einem spezifischen Bezug zum Unternehmensgegenstand handelt, ist nicht abschließend geklärt. Überwiegend wird die Frage bejaht.[1151] Dies hat zur Folge, dass die individuellen Verhältnisse der betreffenden Aktiengesellschaft für das Eingreifen des Ausnahmetatbestandes maßgeblich sind.[1152] In praktischer Hinsicht ist diese Ausnahme besonders relevant für ständige Liefer- und Leistungsbeziehungen

---

1149 So auch *Bungert/de Raet*, Der Konzern 2015, 289, 297; *Bungert/Wansleben*, DB 2017, 1190, 1197. Andere wollen auf den gewöhnlichen Geschäftsbetrieb im Sinne des § 116 HGB, also auf Geschäfte, die mit einem bestimmten Unternehmenstyp verbunden sind, abstellen: *Jung*, WM 2014, 2351, 2355. Teilweise wird gar kein Konkretisierungsbedarf gesehen, so *Tarade*, Related Party Transactions, S. 224; *Veil*, NZG 2017, 521, 528.

1150 *Pentz*, in MüKo AktG, § 52 Rn. 54; ähnlich *Arnold*, in KK-AktG, § 52 Rn. 47; *Bayer*, in K. Schmidt/Lutter, AktG, § 52 Rn. 46; *Vedder*, in Grigoleit, AktG, § 52 Rn. 11. Streitig ist in diesem Zusammenhang, ob auch alle „gewöhnlichen" Geschäfte im Sinne des § 116 HGB unter „laufende" Geschäfte fallen. Befürwortend: *Dormann/Fromholzer*, AG 2001, 242, 246; *Hartmann/Barcaba*, AG 2001, 437, 441; ablehnend: *Bayer*, in K. Schmidt/Lutter, AktG, § 52 Rn. 46; *Pentz*, in MüKo AktG, § 52 Rn. 54; *Priester*, in Großkomm AktG, § 52 Rn. 92.

1151 *Bungert/Wansleben*, DB 2017, 1190, 1197; *Heidinger*, in Spindler/Stilz, AktG, § 52 Rn. 18; *Koch*, in Hüffer, AktG, § 52 Rn. 18a; a. A. *Dormann/Fromholzer*, AG 2001, 242, 246; *Pentz*, in MüKo AktG, § 52 Rn. 54; *Wardenbach*, in Henssler/Strohn, AktG, § 52 Rn. 16.

1152 *Dormann/Fromholzer*, AG 2001, 242, 246; *Finckh*, in Henssler/Strohn, HGB, § 116 Rn. 6; *Koch*, in Hüffer, AktG, § 52 Rn. 18a.

aus dauerhaften Verträgen, die häufig in Konzernen anzutreffen sind.[1153] Als Geschäfte ohne nachgründungstypische Gefährdungslage zählen außerdem normale Umsatzgeschäfte marktgängiger Güter, für die ein Marktpreis mühelos festgestellt werden kann, sowie Dienstverträge des laufenden Geschäftsverkehrs.[1154] An die Stelle der Werthaltigkeitskontrolle treten Marktmechanismen.[1155]

Die reformierte Aktionärsrechterichtlinie sieht in Art. 9c Abs. 5 AR-RL2017 eine Bereichsausnahme für Transaktionen vor, die im ordentlichen Geschäftsgang und zu marktüblichen Bedingungen getätigt werden. Die nationalen Gesetzgeber können aber die Einbeziehung solcher Geschäfte ausdrücklich vorsehen. Zur Feststellung, ob die Voraussetzungen der Ausnahmevorschrift vorliegen, verlangt Art. 9c Abs. 5 Unterabs. 2 AR-RL2017 die Installierung eines internen Kontrollverfahrens durch das Aufsichtsorgan. Die konkrete Ausgestaltung des Verfahrens dürfte der Organisationsautonomie des Aufsichtsrats überlassen werden.[1156] Es muss lediglich sichergestellt werden, dass die an der Transaktion beteiligte *Related Party* an diesem Beurteilungsverfahren nicht mitwirkt. Damit dürfte eine Umsetzung nach Vorbild des § 52 Abs. 9 AktG mit den Bestimmungen des Art. 9c AR-RL2017 vereinbar sein.[1157]

Die Ausnahme für marktgerechte Transaktionen im ordentlichen Geschäftsgang hat für die Praxis von *Related Party Transactions* im Allgemeinen und für konzerninterne Geschäfte im Besonderen eine enorme Bedeutung.[1158] *Related Party Transactions*, die die Wesentlichkeitsschwelle überschreiten, werden zwar häufig nicht mehr als Geschäfte im ordentlichen Geschäftsgang zu qualifizieren sein.[1159] Indes ist auch nicht ausgeschlossen, dass sie im Einzelfall ein Geschäft im ordentlichen Geschäftsgang der Gesellschaft darstellen. Dies gilt insbesondere dann, wenn sich der Gesetzgeber für eine niedrige Wesentlichkeitsschwelle entscheiden sollte.[1160] Von herausragender Bedeutung ist der Ausnahmetatbestand für Transaktionen, die aufgrund der Aggregationsregelung zusammengerechnet werden. Bei konzerninternen Transaktionen einer Unternehmensgruppe würde

---

1153 *Jung*, WM 2014, 2351, 2355; *Veil*, NZG 2017, 521, 528.

1154 *Bayer*, in K. Schmidt/Lutter, AktG, § 52 Rn. 49; *Koch*, in Hüffer, AktG, § 52 Rn. 18b.

1155 *Koch*, in Hüffer, AktG, § 52 Rn. 18b; *ders.*, Die Nachgründung, S. 96.

1156 *Bungert/Wansleben*, DB 2017, 1190, 1198; *Veil*, NZG 2017, 521, 528.

1157 *Bungert/Wansleben*, DB 2017, 1190, 1197.

1158 *Bungert/Wansleben*, DB 2017, 1190, 1198; *Veil*, NZG 2017, 521, 528.

1159 *Veil*, NZG 2017, 521, 528.

1160 *Veil*, NZG 2017, 521, 528; großzügiger *Bungert/Wansleben*, die von der Relevanz des Ausnahmetatbestandes auch bei der Festlegung hoher Schwellenwerte ausgehen, *Bungert/Wansleben*, DB 2017, 1190, 1197.

die Wesentlichkeitsschwelle durch Aggregation häufig überschritten werden. Finden die Einzeltransaktionen für sich genommen im ordentlichen Geschäftsgang statt, könnten sie von vornherein bei der Aggregation unberücksichtigt bleiben. Durch die Ausnahme dieser Transaktionen würde die Aggregationsregelung daher auf ein auch für Konzerne hinnehmbaren Umfang beschränkt werden.[1161]

§ 18 Konkurrenz zu bestehenden Schutzinstrumenten

Das vorgeschlagene *Related-Party-Transactions*-Regime überschneidet sich in einigen Punkten mit den im Aktienrecht geregelten Einzelinstrumenten zur Kontrolle von *Related Party Transactions*. Teilweise sind die vorgesehenen Pflichten strenger, teilweise bleiben sie hinter dem vorgeschlagenen Regelungsregime zurück. Teilweise würden bislang geltende, aber nicht kodifizierte Grundsätze eine ausdrückliche gesetzliche Grundlage erlangen. Richtigerweise sollte das neue *Related-Party-Transactions*-Regime nicht die bestehenden Regelungen ersetzen, sondern diejenigen Regelungen flankieren, deren Schutzniveau verbesserungswürdig ist. Erreicht beispielsweise eine Transaktion, die im Rahmen der Holzmüller-/Gelatine-Rechtsprechung anerkannten Schwellen und ist daher die Zustimmung der Hauptversammlung einzuholen, ist bereits die intensivste Art der Einbindung der (Minderheits-)Aktionäre sichergestellt. Einer zusätzlichen Zustimmung des Aufsichtsrats- beziehungsweise des *Related-Party*-Ausschusses sollte es nicht bedürfen. Gewährt hingegen eine Aktiengesellschaft einen Kredit an ein Vorstandsmitglied, ist bereits gemäß § 89 AktG die Zustimmung des Aufsichtsrats erforderlich. Aufgrund des *Related-Party-Transactions*-Regimes könnte § 89 AktG dahingehend konkretisiert werden, dass die Entscheidung über die Bewilligung des Kredits dem *Related-Party*-Ausschuss zu übertragen ist, sofern die Gesellschaft nach der hier vorgeschlagenen Konzeption zur Einrichtung eines solchen Ausschusses verpflichtet ist.

§ 19 Einheitliche Regelungen für Transaktionen mit Organmitgliedern und Kontrollaktionären

Für die Untersuchung der Regulierungsbedürftigkeit von *Related Party Transactions* war eine grobe Unterscheidung zwischen Geschäften mit Organmitgliedern und Kontrollaktionären zweckmäßig. Hingegen erscheint eine Differenzierung

1161 So auch *Tarde*, Related Party Transactions, S. 223.

im Rahmen des Regelungsregimes weder erforderlich, noch gewinnbringend.[1162] Durch ein einheitliches Regelungswerk würde die Rechtsanwendung enorm vereinfacht werden. Des Weiteren differenzieren weder die vorgeschlagenen Verfahrenspflichten, noch die materiell-rechtliche Angemessenheitsprüfung zwischen den verschiedenen Gruppen der *Related Partys*. Daher ist kein zwingender Grund für eine getrennte Regelung ersichtlich.

§ 20 Schlussbetrachtung

Related-Party-Transactions sind ein alltägliches Phänomen des Wirtschaftslebens. Ihre Existenz ist für die Wirtschaft ebenso notwendig wie ihre Regulierung. Die Regulierung hat zwischen zwei Polen zu erfolgen: Auf der einen Seite steht die notwendige wirtschaftliche Flexibilität, die das Ausnutzen von „*windows of opportunity*" voraussetzt. Auf der anderen Seite steht der Schutz der Gesellschaft und ihrer (Minderheits-)Aktionäre vor der Gefahr des *Tunnelings*. Je mehr sich das Regelungsregime in Richtung eines der Pole bewegt, umso mehr geht es auf Kosten des gegenüberstehenden Pols. Ziel des Regelungsregimes ist es daher, einen Ausgleich zwischen diesen Polen zu schaffen. Nach der hier vorgeschlagenen Konzeption würde sich das Regelungsregime vor allem die erwähnte Wirkung der Transparenz als „Desinfektionsmittel" zu Eigen machen. Dabei wird Transparenz nicht nur durch die Pflicht zur *Ad-hoc*-Offenlegung geschaffen. Auch die übrigen Instrumente bewirken, dass *Related Party Transactions* keine auf das Verhältnis zwischen Vorstand und Vertragspartner begrenzte Angelegenheit bleiben. Die Einbeziehung des Aufsichtsrats, beziehungsweise des *Related-Party*-Ausschusses sowie die Erstellung eines Angemessenheitsberichts, ihre Prüfung durch den Abschlussprüfer sowie die Veröffentlichung des Ergebnisses der Angemessenheitsprüfung sorgen für Transparenz im weiteren Sinne. Transparenz wiederum regt die Verantwortlichen an, im Rahmen der gesetzlichen Grenzen zu handeln. Durch die zu erwartende präventive Wirkung des Regelungsregimes werden mittelbar auch andere Schwächen der bisherigen *Related-Party-Transactions*-Kontrolle kompensiert werden. Die Einführung des Erfordernisses unabhängiger Aufsichtsratsmitglieder kann mittelbar dazu beisteuern, dass die erwähnten „Beißhemmungen" nicht entstehen. Durchsetzungsdefizite, die auf mangelnde Information klagewilliger Aktionäre zurückzuführen sind, werden durch die Publizitätsregelungen reduziert. Zudem werden Organmitglieder damit rechnen müssen, dass durch den Ausbau der Transparenzregelungen die Aufdeckung pflichtwidrigen Organhandelns wahrscheinlicher wird. Dies kann sich auch präventiv auf die Entstehung oder Aufrechterhaltung von Schweigekartellen

1162 A. A. *Klene*, S. 183.

zwischen Vorstand und Aufsichtsrat auswirken. Dennoch findet auch die sinnbildliche Warnung des Schrifttums, dass „zu viel Sonnenlicht womöglich Hautkrebs verursache",[1163] Berücksichtigung: Die schützenswerten Geheimhaltungsinteressen der Gesellschaft sowie des Vertragspartners dürfen nicht gänzlich ignoriert und die Entscheidungsmacht einem Organ verantwortet werden, das nicht über die notwendige personelle Besetzung und Organisationsstrukturen verfügt. Indem der unabhängig besetzte *Related-Party*-Ausschuss von den individuellen Verhältnissen der Gesellschaft abhängig gemacht und eine passende Schutzklausel für berechtigte Geheimhaltungsinteressen aufgenommen wird, wird diesem Gedanken Rechnung getragen. Die vorgeschlagenen Instrumente zur Regulierung von *Related Party Transactions* sind dem Aktienrecht ferner nicht fremd.[1164] Sämtliche Schutzvorkehrungen finden sich etwa – in mehr oder weniger ähnlicher Form – im Nachgründungsrecht:[1165] So wird ein Vertrag erst dann als Nachgründungsvertrag qualifiziert, wenn ein besonderer Schwellenwert (10 % des Grundkapitals) überschritten wird. Der Aufsichtsrat prüft den Nachgründungsvertrag auf seine Werthaltigkeit (interne Prüfung). Über die Prüfung hat der Aufsichtsrat einen schriftlichen Bericht zu erstatten (Nachgründungsbericht). Der Nachgründungsvertrag muss in den Geschäftsräumen der Gesellschaft zur Einsicht der Aktionäre ausgelegt oder auf der Internetseite der Gesellschaft veröffentlicht werden (präventive Transaktionspublizität). Sodann bedarf der Nachgründungsvertrag der Zustimmung der Hauptversammlung (Zustimmungserfordernis). Schließlich gelten die Nachgründungsvorschriften nicht für den Erwerb von Vermögensgegenständen im Rahmen der laufenden Geschäfte (Bereichsausnahme). Gewiss können die Nachgründungsvorschriften nicht als „Eins-zu-eins-Blaupause" verwendet werden. Zumindest wird am Beispiel des Nachgründungsrechts aber deutlich, dass Orientierungshilfen für ein stimmiges und konsistentes *Related-Party-Transactions*-Regimes schnell gefunden werden können. Doch entspricht die vorgeschlagene Ausgestaltung des Regelungsregimes nicht vollständig den Vorgaben der reformierten Aktionärsrechterichtlinie. Insbesondere ist der sehr weite und unpräzise persönliche und sachliche Anwendungsbereich des Art. 9c AR-RL2017 als rechtspolitische Fehlleistung des europäischen Gesetzgebers zu werten. Die vorliegende Untersuchung hat damit zugleich eine rechtspolitische Bewertung des Art. 9c AR-RL2017 zum Inhalt.

1163 *Fleischer*, NZG 2006, 561, 568.

1164 Vgl. *Kalss*, ZHR 171 (2007), 146, 180; *dies.*, in Kalss/Schauer, Die Reform des Österreichischen Kapitalgesellschaftsrechts, 16. ÖJT, S. 382 ff.

1165 So bereits zum Ausgangsvorschlag der Europäische Kommission: *Fleischer*, BB 2014, 2691, 2692.

Kapitel 5: Schluss

§ 21 Zusammenfassung in Thesen

Rechtsökonomischer Hintergrund von Related Party Transactions

1. *Related Party Transactions* zählen zu den wesentlichen *Tunneling*-Instrumenten, durch die der Gesellschaft zugunsten eines Kontrollinhabers Vermögenswerte und Erträge entzogen werden. Sie können nicht die unter Dritten geltende Regelvermutung für sich beanspruchen, zu angemessenen Bedingungen zustande gekommen zu sein.
2. Die wirtschaftliche Notwendigkeit von *Related Party Transactions* ist dennoch allgemein anerkannt. Gerade im faktischen Konzern gehören Konzerngesellschaften zu unverzichtbaren alltäglichen Geschäftspartnern. Durch *Related Party Transactions* wird Konzerngesellschaften erst ermöglicht, wirtschaftlich wichtige Synergien zu nutzen.

Regelungen von Related Party Transactions im deutschen Recht

3. Das deutsche Aktienrecht kennt kein geschlossenes Gesamtkonzept für die Kontrolle von *Related Party Transactions*, sondern ein Bündel von Einzelinstrumenten für bestimmte Geschäftsarten mit bestimmten *Related Partys*, die dem Organhandeln formelle und materielle, schadensersatzbewehrte Schranken setzen.
4. Das deutsche Recht macht sich bei Eigengeschäften von Organmitgliedern grundsätzlich die Existenz zweier Organe in der Gesellschaft – einem Leitungs- und einem Aufsichtsorgan – zunutze und schafft damit ein System von *Checks and Balances*. Bei Rechtsgeschäften von Vorstandsmitgliedern wird der Interessenkonflikt an der Wurzel gepackt, indem die Vertretungszuständigkeit auf den Aufsichtsrat verlagert wird (§ 112 AktG). Auf diese Weise wird auf eine unbeeinflusste Entscheidung hingewirkt.
5. Besonders missbrauchsanfällige Geschäfte mit Organmitgliedern bedürfen der Zustimmung des Aufsichtsrats (§§ 89, 114, 115 AktG). Teilweise wird der persönliche Anwendungsbereich der Regelungen auch auf sonstige nahestehende Personen und Unternehmen erstreckt, um Umgehungen zu verhindern. Andere als die geregelten Individualverträge sind aber grundsätzlich nicht von der Mitwirkung des Aufsichtsrats abhängig, obwohl sich die Gefährdungslage nicht unterscheidet. Insoweit besteht ein Defizit in der Kontrolle von *Related Party Transactions*. Allein Ziff. 4.3.3 Satz 4 DCGK

enthält die Empfehlung, wesentliche Geschäfte mit einem Vorstandsmitglied nahestehenden Personen und Unternehmen dem Zustimmungsvorbehalt des Aufsichtsrats zu unterstellen. Die Empfehlung wird von fast allen börsennotierten Aktiengesellschaften befolgt.

6. Die verfahrensrechtlichen Schutzinstrumente werden durch die organschaftliche Treuepflicht flankiert. Vorstands- und Aufsichtsratsmitglieder müssen eigene Interessen oder Interessen Dritter stets hinter die Gesellschaftsinteressen stellen. Für Eigengeschäfte der Organmitglieder und ihrer nahestehenden Personen und Unternehmen bedeutet dies, dass sie in materiell-rechtlicher Hinsicht einem Drittvergleich standhalten müssen („*dealing at arm's length*"). Bei Pflichtverstößen droht ihnen die Schadensersatzpflicht aus § 93 Abs. 2 Satz 1 AktG (i. V. m § 116 Satz 1 AktG). Organmitglieder, die einem Interessenkonflikt unterliegen, können sich nicht auf die *Business Judgement Rule* berufen.
7. Aufgrund der organschaftlichen Treuepflicht sind Vorstands- und Aufsichtsratsmitglieder zwar verpflichtet, Interessenkonflikte offenzulegen. Die Offenlegung hat jedoch nur gegenüber dem Aufsichtsrat, bei Vorstandsmitgliedern zusätzlich gegenüber den übrigen Vorstandskollegen zu erfolgen.
8. Sowohl im Anhang des HGB-Jahresabschlusses als auch in dem eines nach IAS bilanzierten Abschlusses sind Angaben zu *Related Party Transactions* zu machen. Die bilanziellen Publizitätspflichten tragen jedoch kaum zur Vermeidung der *Tunneling*-Gefahr bei, da sie lediglich für eine retrospektive Publizität sehr geringen Umfangs sorgen. Aufgrund der Möglichkeit zusammenfassender Darstellungen sind interessierte (Minderheits-) Aktionäre nicht in der Lage, die Angemessenheit einzelner *Related Party Transactions* zu evaluieren. Auch das Auskunftsrecht bleibt in der Regel ein „stumpfes Schwert". Für dessen gewinnbringenden Einsatz müssen potentiell anrüchige Transaktionen zuvor identifiziert worden sein, was aufgrund restriktiv gelebter Informationspolitik in der Regel nicht der Fall ist.
9. Verstöße der Vorstands- und Aufsichtsratsmitglieder gegen ihre Sorgfalts- und Treuepflichten führen zur Organhaftung nach § 93 Abs. 2 Satz 1 AktG (i. V. m. § 116 Satz 1 AktG). Der Aufsichtsrat ist zur Verfolgung der Ersatzansprüche gegen die Vorstandsmitglieder verpflichtet und *vice versa*. Da jedoch häufig zwischen Aufsichtsrats- und Vorstandsmitgliedern „Beißhemmungen" bestehen und die Rüge von Pflichtverletzungen regelmäßig eigene Pflichtverstöße offenzulegen geeignet ist, bleibt die Durchsetzung der Ersatzansprüche bloße Theorie.

10. Eine *actio pro socio* als allgemeine Institution kennt das deutsche Aktienrecht nicht. Aktionären steht allein der Weg über das vorgeschaltete Klagezulassungsverfahren (§ 148 AktG) offen. Aufgrund hoher Zulassungshürden und des rational apathischen Verhaltens der Minderheitsaktionäre sind Aktionärsklagen in der Praxis von geringer Bedeutung. Dem Kostenrisiko und der Trittbrettfahren-Problematik steht lediglich die Aussicht auf eine mittelbare und anteilige Partizipation am Erfolg der Klage gegenüber.
11. Die Hauptversammlung spielt bei der Kontrolle von *Related Party Transactions*, abgesehen von Sondersituationen, keine Rolle. Ebenso ist der Aufsichtsrat von der Geschäftsführung grundsätzlich ausgeschlossen (§ 111 Abs. 4 Satz 1 AktG). *Related Party Transactions* können aber durch eine Regelung in der Satzung, in der Geschäftsordnung des Aufsichtsrats oder Vorstands oder durch *Ad-hoc*-Beschluss von der Zustimmung des Aufsichtsrats abhängig gemacht werden.
12. Im Verhältnis zu Aktionären ist das Verbot der Einlagenrückgewähr (§ 57 AktG) außerhalb von Konzernverbindungen die zentrale Regelung zur Bewältigung des Problemkreises der *Related Party Transactions*. Verboten ist jede finanzielle Leistung der Gesellschaft an ihre Aktionäre aufgrund der Mitgliedschaft. Davon abzugrenzen sind neutrale Drittgeschäfte, die einer „*at-arm's-length*"-Betrachtung standhalten. Da Vermögenszuwendungen zugunsten Familienangehöriger nicht mehr pauschal dem Aktionär zugerechnet werden können, besteht die offenkundige Gefahr von Umgehungen der Kapitalerhaltungsgrundsätze. Die Durchsetzung des Rückgewährsanspruchs scheitert in der Praxis an der Aufgabenzuständigkeit des Vorstands.
13. Verbotene Vermögenszuwendungen an Aktionäre bleiben in der Praxis oft im Verborgenen. Der durch Bekanntwerden des Verbotsverstoßes drohende öffentliche Druck auf die Vorstandsmitglieder sowie deren persönliche Haftung wären geeignet, bereits im Vorfeld Verstöße gegen die Kapitalerhaltungsgrundsätze zu unterbinden.
14. Nehmen Aktionäre vorsätzlich gesellschaftsschädigenden Einfluss auf die Führungskräfte der Gesellschaft, machen sie sich gemäß § 117 Abs. 1 Satz 1 AktG schadensersatzpflichtig. Der Schadensersatzanspruch ist in der Praxis jedoch kaum von Bedeutung, da auch hier Schwächen in der Durchsetzung sowie praktische Schwierigkeiten im Nachweis einer vorsätzlichen Schädigung bestehen.
15. Im Vertragskonzern kann das herrschende Unternehmen die abhängige Gesellschaft kraft seiner gesetzlichen Leitungsmacht zur Vornahme nachteiliger Rechtsgeschäfte bestimmen. Die aktienrechtliche Vermögensbindung ist insoweit suspendiert (§ 291 Abs. 3 AktG). Der Schutz der Außenseiter erfolgt

nicht durch Ausgleich einzelner nachteiliger Transaktionen, sondern durch eine pauschale und verschuldensunabhängige Ausgleichspflicht des herrschenden Unternehmens (§ 302 AktG), die ausreichend vor *Tunneling* schützt.

16. Im Recht der faktischen Konzerne wird das allgemeine Schädigungsverbot in § 311 Abs. 1 AktG bestätigt und durch Berichts- und Prüfungspflichten sowie Schadensersatzansprüche verstärkt. Durch den Vorbehalt eines zeitlich gestreckten Nachteilsausgleichs werden die allgemeinen Regeln zum Schutze des Gesellschaftsvermögens aber nicht unerheblich abgeschwächt.
17. In rechtlicher Hinsicht stellt der zeitlich gestreckte Nachteilsausgleich keine Benachteiligung der abhängigen Gesellschaft dar, da für die Ausgleichsleistung der Zeitpunkt der Vorteilsgewährung maßgeblich ist. In tatsächlicher Hinsicht wird der Außenseiterschutz dadurch geschwächt, dass der Tochtervorstand einer schwächeren Verhandlungsposition gegenüber dem herrschenden Unternehmen ausgesetzt ist und die Kontrolle durch Abschlussprüfer und Aufsichtsrat erschwert werden.
18. Kompensationslose Veranlassungen zu nachteiligen Rechtsgeschäften lösen die verschuldensunabhängige Schadensersatzhaftung des herrschenden Unternehmens und seiner gesetzlichen Vertreter nach §§ 317 Abs. 1 Satz 1, Abs. 3, 311 AktG aus. Die Vorstands- und Aufsichtsratsmitglieder der abhängigen Gesellschaften haften unter den Voraussetzungen des § 318 AktG als Gesamtschuldner.
19. §§ 317 Abs. 4, 318 Abs. 4 AktG i. V. m. § 309 Abs. 4 AktG räumen den Aktionären zwar ein besonderes Individualklagerecht ein, das praktisch jedoch nahezu bedeutungslos geblieben ist. Dies ist ebenfalls auf ein prohibitiv hohes Kostenrisiko zurückzuführen, dem lediglich eine mittelbare Partizipation am Erfolg der Klage gegenübersteht. Zudem steht den klagewilligen Aktionären in der Regel keine hinreichende Informationsbasis zur Verfügung.
20. Dem Normzweck nach soll der Abhängigkeitsbericht die tatsächlichen Voraussetzungen für die Durchsetzbarkeit der Ersatzansprüche durch die Außenseiter schaffen. Aufgrund der lediglich eingeschränkten Publizität des Berichts wird dieses Ziel nur bedingt erreicht. Der Abhängigkeitsbericht hat dennoch eine gewisse Vorfeldwirkung, da die Berichtspflicht die Selbstkontrolle des Tochtervorstands anregt.
21. Auch das Recht auf Sonderprüfung (§ 315 AktG), das zur Schließung des Informationsmangels gedacht war, hat in der Praxis keine nennenswerte Bedeutung, da hierfür zunächst Vorstand, Aufsichtsrat oder Abschlussprüfer ausdrücklich die Gesetzwidrigkeit der Beziehung der Gesellschaft zu verbundenen Unternehmen und des Abhängigkeitsberichts einräumen müssten. Damit ist in der Regel nicht zu rechnen.

Regulierungsoptionen für Related Party Transactions

22. Für die effektive Kontrolle von *Related Party Transactions* empfiehlt sich ein geschlossenes Schutzregime, das einheitliche Maßstäbe zur Vermeidung unangemessener Transaktionen mit nahestehenden Personen und Unternehmen schafft. Dieses *Related-Party-Transactions*-Regime muss derart ausgestaltet werden, dass es bestehende Schutzlücken im Aktienrecht schließt und die bestehenden Schutzinstrumente sinnvoll ergänzt.
23. Die einzelnen existenten Schutzinstrumente haben unterschiedlich weite persönliche Anwendungsbereiche. Für ein geschlossenes Schutzkonzept ist im ersten Schritt die Einführung einer einheitlichen Definition der *Related Party* notwendig. Die Definition ist auf natürliche Personen und Unternehmen zu begrenzen, die ein unüberschaubares und daher regulierungsbedürftiges Einflusspotential auf die Gesellschaft besitzen.
24. Die reformierte Aktionärsrechterichtlinie verweist für die Definition der *Related Party* auf die internationalen Rechnungslegungsstandards, die gemäß der IAS-VO übernommen wurden. Wenn der deutsche Gesetzgeber im Rahmen der Umsetzung der Richtlinie von der wörtlichen Übernahme der Definition ins Aktiengesetz absieht und sich stattdessen für eine Verweisung entscheidet, handelt es sich um eine dynamische Verweisung. Diese wäre in verfassungsrechtlicher Hinsicht mit dem Rechtsstaats-, Demokratie- sowie dem Bundesstaatsprinzip nur dann vereinbar, wenn der Gesetzgeber ausdrücklich aus IAS 24.9 verweist.
25. Die Verweisung auf die Definition der *Related Party* in IAS 24.9 geht zu weit. Rechtspolitisch empfehlenswert ist die Beschränkung auf natürliche Personen, die Organmitglieder der betreffenden Gesellschaft oder eines Mutterunternehmens sind, die auf die Gesellschaft unmittelbar oder mittelbar beherrschen Einfluss im Sinne der §§ 290 Abs. 1, 2 Nr. 1 und 2 HGB ausüben können oder nahe Familienangehörige dieser Personen sind. Zum Kreis der nahestehenden Unternehmen sollten lediglich Unternehmen zählen, die die Gesellschaft im Sinne der §§ 290 Abs. 1, 2 Nr. 1 und 2 HGB unmittelbar oder mittelbar kontrollierend beherrschen oder an denen eine der natürlichen Personen herrschend beteiligt ist oder in denen sie eine Organposition bekleidet.
26. Der Transaktionsbegriff sollte lediglich Rechtsgeschäfte, nicht aber Strukturmaßnahmen erfassen. Für Strukturmaßnahmen sieht das deutsche Aktienrecht auch eine Bandbreite an Regelungen vor, die Missbräuchen entgegensteuern. Transparenz- und Schutzdefizite, die eine Regulierung erforderlich machen, bestehen daher nicht. Die Einbeziehung von

Strukturmaßnahmen in das Regelungsregime würde zu einer unnötigen Doppelregulierung führen. Im Rahmen der Umsetzung der reformierten Aktionärsrechterichtlinie ließe sich dasselbe Ergebnis durch Ausnutzung der optionalen Bereichsausnahme des Art. 9c Abs. 6 lit. b) AR-RL2017 erzielen.

27. Das *Related-Party-Transactions*-Regime sollte in seinem Anwendungsbereich nicht auf börsennotierte Aktiengesellschaften beschränkt werden, sondern auch nicht-börsennotierte Gesellschaften erfassen, da deren *Related Party Transactions* dieselbe *Tunneling*-Gefahr innewohnt. Die Lage spitzt sich in der Regel sogar zu, da in geschlossenen Gesellschaften der Anteilsbesitz oft noch stärker konzentriert ist. Auch würden auf diese Weise Umgehungen durch die Zwischenschaltung nicht-börsennotierter Tochtergesellschaften verhindert werden. Die reformierte Aktionärsrechterichtlinie ist in ihrem Anwendungsbereich zwar auf börsennotierte Aktiengesellschaften beschränkt. Dem nationalen Gesetzgeber steht es aber frei, das Regelungsregime auf sämtliche Aktiengesellschaften auszuweiten.
28. Die Hauptversammlung ist nicht das geeignete Organ für die Kontrolle von *Related Party Transactions*. Die Zustimmungspflicht der Hauptversammlung hätte einen Bruch im aktienrechtlichen Kompetenzgefüge zur Folge. Konzeptionell müsste der Zustimmungsvorbehalt bei Rechtsgeschäften mit Kontrollaktionären oder ihm nahestehenden Personen und Unternehmen mit einem Stimmverbot verbunden werden, da andernfalls für die wirksame Kontrolle wenig gewonnen wäre. Ein derart weitreichendes Stimmverbot ist jedoch abzulehnen, da es zum einen der deutschen Rechtstradition widerspricht und zum anderen die Entscheidungsmacht in die Hand einer „Zufallsminderheit“ verlagert werden würde.
29. Zur Verbesserung der Kontrolle von *Related Party Transactions* empfiehlt sich die Installierung eines Zustimmungsvorbehalts zugunsten des Aufsichtsrats. Durch die Mitwirkung eines weiteren Organs neben dem vertretungsbefugten Vorstand werden höhere Hemmschwellen zur Ausbeutung der Gesellschaft geschaffen.
30. Die Zustimmungspflicht des Aufsichtsrats sollte sich auf wesentliche Transaktionen beschränken. Der Aufsichtsrat ist bereits *de lege lata* verpflichtet, Geschäfte, die von grundlegender Bedeutung für die Vermögens-, Finanz- oder Ertragslage sind, von seiner Zustimmung abhängig zu machen. Die Zustimmungspflicht könnte daher als gesetzliche Konkretisierung des § 111 Abs. 4 Satz 2 AktG erfolgen. Dadurch würden die Kompetenzen des Aufsichtsrats in Geschäftsführungsangelegenheiten hinreichend von den Befugnissen des Vorstands abgegrenzt werden.

31. Für die weitere Konkretisierung der Wesentlichkeitsschwelle sollte ein gemischt qualitativ-quantitativer Ansatz herangezogen werden. Als Bezugsgröße bieten sich betriebswirtschaftliche Größenmerkmale wie das bilanzielle Aktivvermögen, das Eigentum, der Gewinn oder der Umsatz der Gesellschaft an. Erreicht die Transaktion 1 %–5 % einer Bezugsgröße, sollte die Wesentlichkeit der Transaktion widerleglich vermutet werden. In der weiteren rechtspolitischen Debatte könnte alternativ überlegt werden, die relevanten Kennzahlen durch ein ausdifferenziertes System mehrerer *Class Tests* nach Vorbild der britischen *Listing Rules* zu ermitteln.
32. Als Auffangtatbestand sollte ein rein qualitativer Wesentlichkeitsbegriff installiert werden, nach dem eine wesentliche Transaktion auch dann vorliegt, wenn im Einzelfall unter Berücksichtigung der individuellen Verhältnisse der Gesellschaft anzunehmen ist, dass die Transaktion die Vermögens-, Finanz- oder Ertragslage der Gesellschaft grundlegend verändert.
33. Um eine allein am Unternehmensinteresse ausgerichtete Entscheidung des Aufsichtsrats zu gewährleisten, empfiehlt es sich, die Zustimmungskompetenz von Gesetzes wegen einem *Related-Party*-Ausschuss zu übertragen. Ein Related-Party-Ausschuss mit der Mindestgröße von drei Mitgliedern sollte mit drei unabhängigen Mitgliedern besetzt werden. Die zwingende Entscheidungsdelegation auf einen Ausschuss wäre wirkungslos, wenn der Kontrollaktionär seinem Willen durch die Besetzung des Ausschusses mit eigenen Repräsentanten Geltung verschaffen könnte. Bei paritätisch mitbestimmten Aktiengesellschaften ist die Besetzung des Dreier-Ausschusses mit einem Arbeitnehmervertreter sowie zwei unabhängigen Mitgliedern der Anteilseignerbank zu empfehlen. Diese Vorgaben sollten auf Aufsichtsräte mit einer Mindestanzahl von sieben Mitgliedern beschränkt werden, da andernfalls in unverhältnismäßiger Weise in die verfassungsrechtlich garantierte beherrschende Position des Kontrollaktionärs eingegriffen werden würde.
34. Die zwingende vollständige oder mehrheitliche Besetzung des Aufsichtsrats mit unabhängigen Mitgliedern kommt nicht als alternatives Konzept in Betracht, da sie mit traditionellen Wertungen des deutschen Aktien(konzern)rechts im Widerspruch stünde. Ebenso wenig empfiehlt sich ein hartes Stimmverbot für abhängige Aufsichtsratsmitglieder, da es in paritätisch mitbestimmten Gesellschaften eine Verschiebung der Machtbalance zwischen Arbeitnehmer- und Anteilseignerbank zur Folge hätte und der verfassungsrechtlich garantierte Einfluss der Anteilseigner nicht sichergestellt werden könnte.

35. Bereits nach geltendem Recht müssen einzelne *Related Party Transactions* einer Angemessenheitskontrolle im Sinne eines Drittvergleichs unterzogen werden. Dies gilt insbesondere für Eigengeschäfte der Organmitglieder und Leistungen an (Kontroll-)Aktionäre. Auch der Aufsichtsrat hat eine Angemessenheitsprüfung durchzuführen, wenn das betreffende Geschäft gemäß § 111 Abs. 4 Satz 2 AktG von seiner Zustimmung abhängig ist oder Auswirkungen auf Rentabilität oder Liquidität der Gesellschaft im Sinne des § 90 Abs. 1 Satz 1 Nr. 4 AktG hat. Da dasselbe regulierungsbedürftige Einflusspotenzial auch von den anderen als *Related Party* definierten Personen und Unternehmens ausgeht, sollten sämtliche wesentliche Transaktionen mit nahestehenden Personen und Unternehmen einer Angemessenheitsprüfung unterworfen werden. Der Vorstand sollte daher ein unangemessenes Geschäft nicht vornehmen, der Aufsichtsrat beziehungsweise der *Related-Party*-Ausschuss einem solchen Geschäft nicht die Zustimmung erteilen dürfen.
36. Die *Ex-ante*-Angemessenheitsprüfung hat eine Schlüsselfunktion für die effektive Kontrolle von *Related Party Transactions*. An diesem Ansatz sollte auch für Transaktionen zwischen einem herrschenden und einem abhängigen Unternehmen im faktischen Konzern festgehalten werden, da sie den Hauptanwendungsfall von *Related Party Transactions* darstellen. Der zeitliche gestreckte Nachteilsausgleich nach § 311 Abs. 2 AktG müsste hierfür teilweise aufgegeben werden. Der Aufsichtsrat beziehungsweise der *Related-Party*-Ausschuss sollte einer nachteiligen Transaktion mit dem herrschenden Unternehmen nur zustimmen dürfen, wenn im Zeitpunkt des Geschäftsabschlusses feststeht, wann und auf welche Weise der Nachteil ausgeglichen wird. Entsprechendes sollte für den Pflichtenmaßstab des Vorstands gelten. Ist zum Zeitpunkt der Beschlussfassung nicht absehbar, dass der Nachteil eines Rechtsgeschäfts tatsächlich oder durch Gewährung eines Rechtsanspruchs auf Nachteilskompensation ausgeglichen wird, empfiehlt sich eine aufschiebend bedingte Zustimmungserteilung.
37. Die Angemessenheitsprüfung ist eine originäre Pflicht des Aufsichtsrats, weshalb kein externer Sachverständiger mit dieser Aufgabe betraut werden sollte. Eine unabhängige Prüfung kann durch die Zuständigkeit des *Related-Party*-Ausschusses sichergestellt werden. Bei kleinen Aufsichtsräten, die keinen freiwilligen *Related-Party*-Ausschuss eingerichtet haben, bleibt der Gesamtaufsichtsrat für die Angemessenheitsprüfung zuständig. Hat der Aufsichtsrat(ausschuss) Zweifel an der eigenen Kompetenz oder an der Qualität der vorgelegten Unterlagen des Vorstands, ist er bereits nach

geltender Rechtslage verpflichtet, einen unabhängigen, fachlich qualifizierten Sachverständigen zu beauftragen.

38. Wesentliche *Related Party Transactions* sollten *ad hoc* spätestens zum Zeitpunkt des Geschäftsabschlusses veröffentlicht werden. Die Pflicht zur Offenlegung von Informationen ist allgemein als effektives ordnungspolitisches Mittel anerkannt. Die erhöhte Transparenz ermöglicht die Verfolgung etwaiger Ersatzansprüche durch Aktionäre. Die drohende Inanspruchnahme ist wiederum geeignet, die Organmitglieder zu mehr Sorgfalt zu veranlassen.
39. Der Anwendungsbereich der Offenlegungspflicht sollte demjenigen der Zustimmungspflicht entsprechen. Insbesondere sollte für die Wesentlichkeit auf das Überschreiten eines Schwellenwerts von 1 %–5 % einer Bezugsgröße abgestellt werden. Die Offenlegung sämtlicher *Related Party Transactions* sowie sehr niedrige Schwellenwerte würden dazu führen, dass die für die Aktionäre wichtigen Transaktionen in der Fülle an Informationen untergehen und die Aussagekraft sowie Informationsqualität erheblich leiden.
40. Offengelegt sollten alle bewertungserheblichen Informationen, durch welche die Aktionäre in die Lage versetzt werden, die Angemessenheit des Geschäfts zu beurteilen. Neben dem Namen der *Related Party* sollte ihre Beziehung zur Gesellschaft, also die Umstände, aus denen sich ihre Eigenschaft als *Related Party* ergibt, offengelegt werden. Daneben sollten insbesondere Leistung und Gegenleistung und eine kurze Beschreibung der Transaktion angegeben werden. Nach Vorbild des § 293a Abs. 2 Satz 1 AktG und § 8 Abs. 2 Satz 1 AktG sollte die Offenlegung unterbleiben können, soweit durch ihre Veröffentlichung nach vernünftiger kaufmännischer Beurteilung der Gesellschaft oder dem Vertragspartner ein nicht unerheblicher Nachteil droht. In diesem Fall sollten die Gründe angegeben werden, aus denen bestimmte Informationen nicht veröffentlicht wurden.
41. Als Veröffentlichungsmedium empfiehlt sich die Internetseite der Gesellschaft nach dem Vorbild des § 161 AktG. Auf diese Weise wird auch den Belangen kleiner Aktiengesellschaften Rechnung getragen, für die eine Bekanntmachungspflicht im Bundesanzeiger mit einem unverhältnismäßig großen Aufwand verbunden wäre. Ein kapitalmarktrechtlicher Informationskanal ist schon deswegen abzulehnen, weil die Publizitätspflicht als gesellschaftsrechtliches Schutzinstitut zu qualifizieren ist. Darüber hinaus ist das Regelungsregime nach der hier vorgeschlagenen Konzeption nicht auf börsennotierte Gesellschaften beschränkt, sodass es zwangsläufig zu einer Zweigleisigkeit der Bekanntmachung führen würde.
42. Um Umgehungen durch die Zwischenschaltung von Tochtergesellschaften zu vermeiden, sollten Muttergesellschaften auch wesentliche Geschäfte

zwischen ihren *Related Partys* und Tochtergesellschaften öffentlich bekannt machen. Ausreichend erscheint eine periodische Offenlegung im Rahmen der Rechnungslegungspublizität.

43. Ferner sollte der Aufsichtsrat beziehungsweise der *Related-Party-*Ausschuss einen schriftlichen Bericht über die Angemessenheitsprüfung erstellen. Eine Offenlegung dieses Angemessenheitsberichts ist nicht zu empfehlen, da er detaillierte und höchst sensible Informationen enthalten würde. Die Richtigkeit des Angemessenheitsberichts könnte aber dadurch gewährleistet werden, dass er zusammen mit dem Jahresabschluss sowie dem Lagebericht dem Abschlussprüfer vorgelegt wird. Der Abschlussprüfer sollte nach Vorbild des § 313 AktG kontrollieren, ob die Transaktionen tatsächlich zu den angegebenen Konditionen zustande gekommen sind und ob Leistung und Gegenleistung tatsächlich objektiv in einem angemessenen Verhältnis standen. Über das Ergebnis seiner Prüfung könnte er im Rahmen des Prüfungsberichts an Vorstand und Aufsichtsrat (§ 321 Abs. 1, 5 HGB) berichten.
44. Außerdem empfiehlt es sich, den Bestätigungsvermerk entsprechend zu erweitern, wenn der Abschlussprüfer nach dem abschließenden Ergebnis der Prüfung keine Einwendungen hat. Andernfalls sollte der Bestätigungsvermerk eingeschränkt oder versagt werden. Der Aufsichtsrat sollte in dem Bericht an die Hauptversammlung nach § 171 Abs. 2 AktG zum Ergebnis der Prüfung des Abschlussprüfers Stellung beziehen und den erweiterten Bestätigungsvermerk in den Bericht aufnehmen oder dessen Versagung ausdrücklich mitteilen.
45. Die durch die Reform der Aktionärsrechterichtlinie wiederbelebte Forderung nach der Offenlegung des Abhängigkeitsberichts ist abzulehnen. Der Abhängigkeitsbericht ist ein Hilfsmittel für die Überwachungstätigkeit des Aufsichtsrats. Er ist funktional mit den Vorstandsberichten nach § 90 Abs. 1 AktG vergleichbar und bedarf daher einer verwaltungsinternen Behandlung. Bei Offenlegung des Abhängigkeitsberichts bestünde die Gefahr des sogenannten *chilling effects*. Auch würde mit Offenlegung des Berichts die Konzernstrategie publik gemacht werden, was ersichtlich nicht gewollt sein kann.
46. Um eine Umgehung des *Related-Party-Transactions-*Regimes durch künstliche Zerstückelung der Transaktion zu verhindern, erscheint die Aufnahme einer Aggregationsklausel sinnvoll. Die Ausgestaltung nach den Vorgaben der reformierten Aktionärsrechterichtlinie ist rechtspolitisch nicht empfehlenswert. Eine solche Aggregationsregelung hätte einen immensen bürokratischen Aufwand zur Folge, da sämtliche *Related Party Transactions*, auch jene, die für sich genommen unwesentlich sind, stets im Hinblick auf eine

Aggregation in Beobachtung bleiben müssten. Rechtspolitisch vorzugswürdig wäre eine Regelung, nach der Transaktionen mit einer *Related Party* zusammengerechnet werden, die bei wirtschaftlicher Betrachtung sowohl einen zeitlichen als auch inneren Zusammenhang erkennen lassen.

47. Vom *Related-Party-Transactions*-Regime sollten Transaktionen im Rahmen eines bestehenden Vertragskonzerns ausgenommen werden. Andernfalls würde der Beherrschungsvertrag jegliche Beherrschungswirkung verlieren. Eine ausdrückliche Bereichsausnahme für diese Geschäfte enthält die reformierte Aktionärsrechterichtlinie zwar nicht. Da jedoch der Abschluss eines Unternehmensvertrags selbst wegen Art. 9c Abs. 6 lit. b) AR-RL aus dem Regelungsregime genommen werden kann, muss dies erst recht für die im Vertragskonzern getätigten Geschäfte angenommen werden können.
48. Von besonderer praktischer Bedeutung ist eine Ausnahmeregelung für Transaktionen im Rahmen der laufenden Geschäfte der Gesellschaft. Anempfohlen ist eine Regelung nach Vorbild des § 52 Abs. 9 AktG. Dadurch könnte eine Vielzahl konzerninterner Transaktionen aus dem Regelungsregime fallen. Auch würde die Aggregationsregelung auf einen für Konzerne tragbaren Umfang beschränkt werden, weil marktübliche Geschäfte im ordentlichen Geschäftsgang von vornherein bei der Aggregation unberücksichtigt bleiben könnten.

Literaturverzeichnis

Adler, Hans/Düring, Walther/Schmaltz, Kurt (Begr.): Rechnungslegung und Prüfung der Unternehmen, Kommentar, 4. Teilband, 6. Auflage, Stuttgart 2001 (zitiert: *Adler/Düring/Schmaltz*, Rechnungslegung und Prüfung, HGB).

Altmeppen, Holger: Gestreckter Nachteilsausgleich bei Benachteiligung der faktisch abhängigen AG durch Hauptversammlungsbeschluss nach § 119 Abs. 2 AktG, ZIP 2016, 441–447.

Anatasov, Vladimir/Black, Bernard/Ciccotelle, Conrad: Law and Tunneling, The Journal of Corporation Law 37 (2011), 1–50.

Angerer, Lutz/Geibel, Stephan/Süßmann, Rainer (Hrsg.): Wertpapiererwerbs- und Übernahmegesetz (WpÜG), 3. Auflage, München 2017 (zitiert: *Bearbeiter*, in Angerer/Geibel/Süßmann).

Arnold, Michael: Mitwirkungsbefugnisse der Aktionäre nach Gelatine und Macroton, ZIP 2005, 1573–1579.

Assmann, Heinz-Dieter: Überlagerung und Komplementierung des Aktienrechts nach dem Aktiengesetz 1965 durch Kapitalmarktrecht, AG 2015, 597–613.

Austmann, Andreas: Integration der Zielgesellschaft nach Übernahme, ZGR 2009, 277–309.

Bachmann, Gregor/Eidenmüller, Horst/Engert, Andreas/Fleischer, Holger/Schön, Wolfgang: Rechtsregeln für geschlossene Kapitalgesellschaften, Berlin (u. a.) 2012.

Bamberger, Georg/Roth, Herbert/Hau, Wolfgang/Poseck, Roman (Hrsg.): Beck'scher Online-Kommentar, 46. Edition, München 2018 (zitiert: *Bearbeiter*, in BeckOK BGB).

Baumbach, Adof (Begr.)/Hopt, Klaus/Kumpan, Christoph/Merkt, Hanno/Roth, Markus (Bearb.): Handelsgesetzbuch, 38. Auflage, München 2018 (zitiert: *Bearbeiter*, in Baumbach/Hopt).

Baums, Theodor: Managerhaftung und Verjährung, ZHR 174 (2010), 593–615.

Bayer, Walter: Aktionärsklagen de lege lata und de lege ferenda, NJW 2000, 2609–2619.

Ders.: Grundsatzfragen der Regulierung der aktienrechtlichen Corporate Governance, NZG 2013, 1–16.

Bayer, Walter/Hoffmann, Thomas: Börsennotierte Aktiengesellschaften in Deutschland und ihre Aktionärsstruktur, AG 2015, R91–R94.

Bayer, Walter/Scholz, Philipp: Wirksamkeit von Verpflichtungs- und Erfüllungsgeschäft bei verbotener Einlagerückgewähr, AG 2013, 426–429.

Dies.: Vertretung durch den Aufsichtsrat nach § 112 AktG und Rechtsirrtümer im Kernbereich des Aktienrechts, ZIP 2015, 1853–1861.

Bayer, Walter/Selentin, Philipp: Related Party Transactions: Der neueste EU-Vorschlag im Kontext des deutschen Aktien- und Konzernrechts, NZG 2015, 7–14.

Beresford, Dennis/Katzenbach, Nicholas/Rogers, C. B., Junior: Report of Investigation by the Special Investigative Committee of the Board of Directors of WorldCom, Inc., 2003, abrufbar unter http: https://www.sec.gov/Archives/edgar/data/723527/000093176303001862/dex991.htm (Stand 31.08.2018).

Beuthien, Volker: Zur Zulässigkeit beschließender Aufsichtsratsausschüsse – Am Beispiel des Personalausschusses, NZG 2010, 333–335.

Bezzenberger, Tilman: Das Kapital der Aktiengesellschaft, Köln 2005.

Bieder, Marcus: Grund und Grenzen der Verfolgungspflicht des Aufsichtsrats bei pflichtwidrigem Vorstandshandeln, NZG 2015, 1178–1186.

Bitter, Georg: Rechtsperson und Kapitalerhaltung, ZHR 168 (2004), 302–351.

Blasche, Sebastian: Die Anwendung der Business Judgement Rule bei Kollegialentscheidungen und Vorliegen eines Interessenkonflikts bei einem der Vorstandsmitglieder, AG 2010, 692–699.

Böcker, Georg: Die kleine AG als Alternative zur GmbH?, RNotZ 2002, 130–164.

Boos, Karl-Heinz/Fischer, Reinfrid/Schulte-Mattler, Hermann(Hrsg.): KWG, CRR-VO, Kommentar zu Kreditwesengesetz, VO (EU) Nr. 575/2013 (CRR) und Ausführungsvorschriften, Band 1, 5. Auflage, München 2016 (zitiert: *Bearbeiter*, in Boos/Fischer/Schulte-Mattler).

Brandeis, Louis: Other People's Money and How the Bankers Use It, New York 1914.

Bremer, Jan: Neue Entwicklungen in Brüssel, NZG 2014, 415–416.

Bronnert-Härle, Caroline: Aufsichtsratsausschüsse als neue Akteure der internen Corporate Governance von Banken, Baden-Baden 2016.

Brouwer, Tobias: Zustimmungsvorbehalte des Aufsichtsrats im Aktien- und GmbH-Recht, Berlin 2008.

Brüggemeier, Gert: Die Einflussnahme auf die Verwaltung einer Aktiengesellschaft, AG 1988, 93–102.

Bühring-Uhle, Christian/Nelle, Andreas: Aktionärsklage und Konzernklage im amerikanischen Recht – ein Modell?, AG 1989, 41–53.

Bundesministerium der Justiz: Bericht über die Verhandlungen der Unternehmensrechtskommission, Köln 1980 (zitiert: *BMJ*, Bericht über die Verhandlungen der Unternehmensrechtskommission).

Bundesrechtsanwaltskammer: Stellungnahme Nr. 39/2014, September 2014 (zitiert: *BRAK*, Stellungnahme).

Bundesvereinigung der Deutschen Arbeitgeberverbände/Bundesverband der Deutschen Industrie e. V./Deutscher Industrie- undHandelskammertag e. V.: Gemeinsame Stellungnahme von BDA, BDI und DIHK zum Vorschlag für eine Richtlinie zur Änderung der Richtlinie 2007/36/EG im Hinblick auf die Förderung der langfristigen Einbeziehung der Aktionäre sowie der Richtlinie 2013/34/EU in Bezug auf bestimmte Elemente der Erklärung zur Unternehmensführung, COM(2014)213 final, 2014 (zitiert: *BDA/BDI/DIHK*, Gemeinsame Stellungnahme).

Bungert, Hartwin/de Raet, Tobias: Die Aktionärsrechterichtlinie im EU-Parlament: Die Auswirkungen der geplanten Regelungen zu Related Party Transactions auf das deutsche Konzernrecht, Der Konzern 2015, 289–197.

Bungert, Hartwin/Wansleben, Till: Umsetzung der überarbeiteten Aktionärsrechterichtlinie in das deutsche Recht: Say on Pay und Related Party Transactions, DB 2017, 1190–1200.

Bürgers, Tobias/Körber, Torsten (Hrsg.): Aktiengesetz, 4. Auflage, Heidelberg 2017 (zitiert: *Bearbeiter*, in Bürgers/Körber).

Bürgers, Tobias/Schilha, Ralph: Die Unabhängigkeit des Vertreters des Mutterunternehmens im Aufsichtsrat der Tochtergesellschaft, AG 2010, 221–230.

Burgi, Martin/Dreher, Meinrad (Hrsg.): Beck'scher Vergaberechtskommentar, Band 1, Gesetz gegen Wettbewerbsbeschränkungen, 4. Teil, 3. Auflage, München 2017 (zitiert: *Bearbeiter*, in BeckVergabeR).

Cahn, Andreas: Beratungsverträge mit Aufsichtsratsmitgliedern, Der Konzern 2012, 501–508.

Canaris, Claus-Wilhelm: Die Rückgewähr von Gesellschaftereinlagen, in Lutter, Marcus/Stimpel, Walter/Wiedemann, Herbert (Hrsg.), Festschrift für Robert Fischer, S. 31–64, Berlin (u. a.) 1979 (zitiert: *Canaris*, in FS Fischer).

Casper, Matthias: Hat die grundsätzliche Verfolgungspflicht des Aufsichtsrats im Sinne des ARAG/Garmenbeck-Urteils ausgedient?, ZHR 176 (2012), 617–652.

Cheffins, Brian: Corporate Ownership and Control, British Business Transformed, Oxford 2008.

DAV-Handelsrechtsausschuss: Stellungnahme zum Vorschlag der Europäischen Kommission einer Richtlinie zur Änderung der RL 2007/36/EG - COM(2014) 213, NZG 2015, 54–65.

Decher, Christian: Das Konzernrecht des Aktiengesetzes: Bestand und Bewährung, ZHR 171 (2007), 126–145.

Deutsches Aktieninstitut: Position zum Vorschlag der EU Kommission für eine Richtlinie des Europäischen Parlaments des Rates zur Änderung der Richtlinie 2007/36/EG im Hinblick auf die Förderung der langfristigen Einbeziehung der Aktionäre sowie der Richtlinie 2013/34/EU in Bezug auf bestimmte Elemente der Erklärung zur Unternehmensführung COM(2014) 213, November 2014 (zitiert: *DAI*, Position zur Änderung der Aktionärsrechterichtlinie).

Diekmann, Hans: Die Nachgründung der Aktiengesellschaft, ZIP 1996, 2149–2153.

Diekmann, Hans/Bidmon, Katja: Das „unabhängige" Aufsichtsratsmitglied nach dem BilMoG – insbesondere als Vertreter des Hauptaktionärs, NZG 2009, 1087–1092.

Diekmann, Hans/Fleischmann, Dermot: Umgang mit Interessenkonflikten in Aufsichtsrat und Vorstand der Aktiengesellschaft, AG 2013, 141–150.

Diekmann, Hans/Wurst, Friederike: Die Organisation der Aufsichtsratsarbeit, NZG 2014, 121–127.

Djankov, Simeon/La Porta, Rafael/Lopez-de-Silanes/Shleifer, Andrei: The law and economics of self-dealing, Journal of Financial Economics 88 (2008), 430–465.

Dormann, Ulrike/Fromholzer, Ferdinand: Offene Fragen der Nachgründung nach dem NaStraG, AG 2001, 242–250.

Dose, Stefan: Zivilrechtliche Haftung und Aufgabendelegation auf Ausschüsse im Aufsichtsrat der AG, ZGR 1973, 300–316.

Driesch, Dirk/Riese, Joachim/Schlüter, Jörg/Senger, Thomas (Hrsg.): Beck'sches IFRS-Handbuch, 5. Auflage, München 2016 (zitiert: *Bearbeiter*, in Beck'sches IFRS-Hdb).

Drygala, Tim: Europäisches Konzernrecht: Gruppeninteresse und Related Party Transactions, AG 2013, 198–210.

Ellmendorff, Wilhelm: Diskussionsbeitrag zum Thema „Abhängigkeitsbericht unter betriebswirtschaftlichen Aspekten", in Institut der Wirtschaftsprüfer (Hrsg.), Wirtschaftsprüfung im neuen Aktienrecht, S. 131–132, Düsseldorf 1966.

Emmerich, Volker: 50 Jahre Aktiengesetz 1965, AG 2015, 627–630.

Ders.: Kapitulation vor der Komplexität: Zur Praxis der Unternehmensbewertung in der aktuellen Rechtsprechung, in Habersack, Mathias/Huber, Karl/Spindler, Gerald (Hrsg.), Festschrift für Eberhard Stilz zum 65. Geburtstag, S. 135–142, München 2014 (zitiert: *Emmerich*, in FS Stilz).

Emmerich, Volker/Habersack, Mathias: Konzernrecht, 10. Auflage, München 2013.

Emmerich, Volker/Habersack, Mathias/Schürnbrand, Jan: Aktien- und GmbH-Konzernrecht, 8. Auflage, München 2016 (zitiert: *Bearbeiter*, in Emmerich/Habersack, Aktien- und GmbH-Konzernrecht).

Enriques, Luca: Related Party Transactions, European Business Organization Law Review 16 (2015), 1–37.

Enriques, LucaHertig, Gerald/Kanda, Hideki/Pargendler, Mariana: Related-Party Transactions, in Kraakman, Reinier/Armour, John/Enriques, Luca/-Hansmann, Henry/Hertig, Gerald/Hopt, Klaus/Kanda, Hideki/Rock, Edward (Hrsg.), The Anatomy of Corporate Law, S. 145–169, 3. Auflage, Oxford 2017 (zitiert: *Enriques/Hertig/Kanda/Pargendler*, in The Anatomy of Corporate Law).

Enriques, Luca/Volpin, Paolo: Corporate Governance Reforms in Continental Europe, Journal of Economic Perspectives 21 (2007), 117–140.

Eßwein, Kilian: § 112 AktG: Universalnorm für die Vermeidung von Interessenkonflikten?, AG 2015, 151–157.

Fischer, Sebastian: Der Rückgewähranspruch bei Beraterverträgen mit Aufsichtsratsmitgliedern, BB 2015, 1411–1418.

Fleck, Hans-Joachim: Eigengeschäfte eines Aufsichtsratsmitglieds, in Kübler, Friedrich/Mertens, Hans-Joachim (Hrsg.), Festschrift für Theodor Heinsius zum 65. Geburtstag, S. 89–110, Berlin (u. a.) 1991 (zitiert: *Fleck*, in FS Heinsius).

Fleischer, Holger: Die „Business Judgement Rule" im Spiegel von Rechtsvergleichung und Rechtsökonomie, in Wank, Rolf/Hirte, Heribert/Frey, Kaspar/Fleischer, Holger/Thüsing, Gregor (Hrsg.), Festschrift für Herbert Wiedemann zum 70. Geburtstag, S. 827–849, München 2002 (zitiert: *Fleischer*, in FS Wiedemann).

Ders.: Zur organschaftlichen Treuepflicht des Geschäftsleiters im Aktien- und GmbH-Recht, WM 2003, 1045–1058.

Ders.: Aktienrechtliche Zweifelsfragen der Kreditgewährung an Vorstandsmitglieder, WM 2004, 1057–1067.

Ders.: Ungeschriebene Hauptversammlungszuständigkeiten im Aktienrecht: Von „Holzmüller" zu „Gelatine", NJW 2004, 2335–2339.

Ders. (Hrsg.): Handbuch des Vorstandsrechts, München 2006 (zitiert: *Bearbeiter*, in Fleischer, Hdb Vorstandsrecht).

Ders.: Organpublizität im Aktien-, Bilanz- und Kapitalmarktrecht, NZG 2006, 561–569.

Ders.: Zweifelsfragen der verdeckten Gewinnausschüttung im Aktienrecht, WM 2007, 909–917.

Ders.: Aktionärsdemokratie versus Verwaltungsmacht: Empowering Shareholders or Director Primacy, in Fleischer, Holger/Kalss, Susanne/Vogt, Hans-Ueli (Hrsg.), Konvergenzen und Divergenzen im deutschen, österreichischen und schweizerischen Gesellschafts- und Kapitalmarktrecht, S. 81–115, Tübingen 2011 (zitiert: *Fleischer*, Fleischer/Kalss/Vogt, Konvergenzen und Divergenzen).

Ders.: Informationsasymmetrie im Vertragsrecht, München 2011.

Ders.: Zukunftsfragen der Corporate Governance in Deutschland und Europa, ZGR 2011, 155–181.

Ders.: Zur rechtlichen Bedeutung der Fairness Opinion im deutschen Aktien- und Übernahmerecht, ZIP 2011, 201–211.

Ders.: Gestaltungsgrenzen für Zustimmungsvorbehalte des Aufsichtsrats nach § 111 Abs. 4 S. 2 AktG, BB 2013, 835–843.

Ders.: „Geheime Kommandosache": Ist die Vertraulichkeit des Abhängigkeitsberichts (§ 312 AktG) noch zeitgemäß?, BB 2014, 835–841.

Ders.: Related Party Transactions bei börsennotierten Gesellschaften: Deutsches Aktien(konzern)recht und Europäische Reformvorschläge, BB 2014, 2691–2700.

Florstedt, Tim: Die Unabhängigkeit des Aufsichtsratsmitglieds vom kontrollierenden Aktionär, ZIP 2013, 337–344.

Flume, Werner: Die abhängige Aktiengesellschaft und die Aktienrechtsreform, DB 1959, 190–196.

Ders.: Der Gesellschafter und das Vermögen der Kapitalgesellschaft und die Problematik der verdeckten Gewinnausschüttung, ZHR 144 (1980), 18–33.

Fonk, Hans-Joachim: Zustimmungsvorbehalte des AG-Aufsichtsrats, ZGR 2006, 841–874.

Frodermann, Jürgen/Jannott, Dirk (Hrsg.): Handbuch des Aktienrechts, 9. Auflage, Heidelberg 2017 (zitiert: *Bearbeiter*, in Frodermann/Jannott, Hdb Aktienrecht).

Fuhrmann, Lambertus: Beraterverträge mit Organmitgliedern in der Aktiengesellschaft, NZG 2017, 291–299.

Gesell, Harald: Prüfungsausschuss und Aufsichtsrat nach dem BilMoG, ZGR 2011, 361–397.

Geßler, Ernst: Zur handelsrechtlichen verdeckten Gewinnausschüttung, in Lutter, Marcus/Stimpel, Walter/Wiedemann, Herbert (Hrsg.), Festschrift für Robert Fischer, S. 131–148, Berlin (u. a.) 1979 (zitiert: *Geßler*, in FS Fischer).

Geßler, Ernst/Hefermehl, Wolfgang/Eckardt, Ulrich/Kropff, Bruno (Hrsg.): Aktiengesetz-Kommentar, Band 1 (§§ 1–75 AktG), München 1983 (zitiert: *Bearbeiter*, in Geßler/Hefermehl/Eckardt/Kropff).

Gilson, Ronald/Gordon, Jeffrey: The Agency Costs of Agency Capitalisim: Acitivist Investors and the Revaluation of Governance Rights, Columbia Law Review 113 (2013), 863–928.

Glöge-Müller, Rudi/Preis, Ulrich/Schmidt, Ingrid (Hrsg.): Erfurter Kommentar zum Arbeitsrecht, 18. Auflage, München 2018 (zitiert: *Bearbeiter*, in Erfurter Kommentar).

Goette, Wulf/Habersack, Mathias (Hrsg.): Münchener Kommentar zum Aktiengesetz, Band 2, 3. Auflage, München 2008 (zitiert: *Bearbeiter*, in MüKo AktG, 3. Aufl.).

Dies.: Münchener Kommentar zum Aktiengesetz, Band 2, 4. Auflage, München 2014 (zitiert: *Bearbeiter*, in MüKo AktG).

Dies.: Münchener Kommentar zum Aktiengesetz, Band 5, 4. Auflage, München 2015 (zitiert: *Bearbeiter*, in MüKo AktG).

Dies.: Münchener Kommentar zum Aktiengesetz, Band 1, 4. Auflage, München 2016 (zitiert: *Bearbeiter*, in MüKo AktG).

Dies.: Münchener Kommentar zum Aktiengesetz, Band 4, 4. Auflage, München 2016 (zitiert: *Bearbeiter*, in MüKo AktG).

Dies.: Münchener Kommentar zum Aktiengesetz, Band 7, 4. Auflage, München 2017 (zitiert: *Bearbeiter*, in MüKo AktG).

Dies.: Münchener Kommentar zum Aktiengesetz, Band 3, 4. Auflage, München 2018 (zitiert: *Bearbeiter*, in MüKo AktG).

Goshen, Zogar: The Efficiency of Controlling Corporate Self-Dealing: Theory Meet Reality, California Law Review 91 (2003), 393–438.

Götz, Heinrich: Zustimmungsvorbehalte des Aufsichtsrates der Aktiengesellschaft, ZGR 1990, 633–656.

Ders.: Die Pflicht des Aufsichtsrats zur Haftbarmachung von Vorstandsmitgliedern, NJW 1997, 3275–3278.

Ders.: Rechte und Pflichten des Aufsichtsrats nach dem Transparenz- und Publizitätsgesetz, NZG 2002, 599–604.

Götz, Jürgen: Der Abhängigkeitsbericht der 100%igen Tochtergesellschaft, AG 2000, 498–503.

Grigoleit, Hans Christoph (Hrsg.): Aktiengesetz Kommentar, München 2013 (zitiert: *Bearbeiter*, in Grigoleit, AktG).

Grooterhorst, Johannes: Pflichten und Haftung des Aufsichtsrats bei zustimmungsbedürftigen Geschäften des Vorstands, NZG 2011, 921–926.

Grottel, Bernd/Schmidt, Stefan/Schubert, Wolfgang/Norbert, Winkeljohann (Hrsg.): Beck'scher Bilanz-Kommentar, 11. Auflage, München 2018 (zitiert: *Bearbeiter*, in BeckBilKomm).

Gruber, Johannes: Der unabhängige Finanzexperte im Aufsichtsrat nach dem Referentenentwurf des Bilanzrechtsmodernisierungsgesetzes, NZG 2008, 12–15.

Habersack, Mathias: Alte und neue Ungereimtheiten im Rahmen der §§ 311 ff. AktG, in Lutter, Marcus/Scholz, Manfred/Walter, Sigle (Hrsg.), Festschrift für Martin Peltzer zum 70. Geburtstag, S. 139–151, Köln 2001 (zitiert: *Bearbeiter*, in FS Peltzer).

Ders.: Europäisches Gesellschaftsrecht im Wandel – Bemerkungen zum Aktionsplan der EG-Kommission betreffend die Modernisierung des Gesellschaftsrechts und die Verbesserung der Corporate Governance in der Europäischen Union, NZG 2004, 1–9.

Ders.: Die Teilhabe des Aufsichtsrats an der Leitungsaufgabe des Vorstands gemäß § 111 Abs. 4 S. 2 AktG, dargestellt am Beispiel der Unternehmensplanung, in Kindler, Peter/Koch, Jens/Ulmer, Peter/Winter, Martin (Hrsg.), Festschrift für Uwe Hüffer zum 70. Geburtstag, S. 259–272, München 2010 (zitiert: *Habersack*, in FS Hüffer).

Ders.: Staatliche und halbstaatliche Eingriffe in die Unternehmensführung, Gutachten E, in Ständige Deputation des Deutschen Juristentages (Hrsg.), Verhandlungen des 69. Deutschen Juristentages, München 2012 (zitiert: *Habersack*, Gutachten E zum 69. DJT).

Ders.: Perspektiven der aktienrechtlichen Organhaftung, ZHR 177 (2013), 782–806.

Ders.: Aktienkonzernrecht – Bestandsaufnahme und Perspektiven, AG 2016, 691–697.

Habersack, Mathias/Drinhausen, Florian (Hrsg.): SE-Recht, 2. Auflage, München 2016 (zitiert: *Bearbeiter*, in Habersack/Drinhausen, SE-Recht).

Harbarth, Stephan: Unternehmerisches Ermessen des Vorstands im Interessenkonflikt, in Erle, Bernd/Kleindiek, Detlef/Krieger, Gerd/Priester, Hans-Joachim/Schubel, Christian/Schwab, Martin/Teichmann, Christoph/Witt, Carl-Heinz/Goette, Wulf (Hrsg.), Festschrift für Peter Hommelhoff zum 70. Geburtstag, S. 323–342, Köln 2012 (zitiert: *Harbarth*, in FS Hommelhoff).

Hartmann, Uwe/Barcaba, Dirk: Die Anforderungen an den Bericht des Aufsichtsrats im Nachgründungsverfahren, AG 2001, 437–446.

Hasselbach, Kai: Überwachungs- und Beratungspflichten des Aufsichtsrats in der Krise, NZG 2012, 41–48.

Hasselbach, Kai/Seibel, Markus: Ad-hoc-Ausschüsse des Aufsichtsrats, AG 2012, 114–123.

Healy, Paul/Palepu, Krishna: The Fall of Enron, Journal of Economic Perspectives 17 (2003), 3–26.

Heidel, Thomas (Hrsg.): Aktienrecht und Kapitalmarktrecht, 4. Auflage, Baden-Baden 2014 (zitiert: *Bearbeiter*, in Heidel).

Heidrick & Struggles International, Inc.: European Corporate Governance Report 2011, Challenging board performance, Chicago 2011.

Hennrichs, Joachim/Kleindiek, Detlef/Watrin, Christoph (Hrsg.): Münchener Kommentar zum Bilanzrecht, Band 2, München 2013 (*Bearbeiter*, in MüKoBilR).

Dies.: Münchener Kommentar zum Bilanzrecht, Band 1, 5. Ergänzungslieferung, München 2014 (*Bearbeiter*, in MüKoBilR).

Henssler, Martin/Strohn, Lutz (Hrsg.): Gesellschaftsrecht, 3. Auflage, München 2016 (zitiert: *Bearbeiter*, in Henssler/Strohn).

Henze, Hartwig: Zur Treuepflicht unter Aktionären, in Goerdeler, Reinhard/Hommelhoff, Peter/Lutter, Marcus/Odersky, Walter/Wiedemann, Herbert (Hrsg.), Festschrift für Alfred Kellermann zum 70. Geburtstag, S. 141–152, Berlin (u. a.) 1991 (zitiert: *Henze*, in FS Kellermann).

Ders.: Die Treuepflicht im Aktienrecht, BB 1996, 489–499.

Herdegen, Matthias/Herzog, Roman/Klein, Hans/Scholz, Rupert (Hrsg.): Grundgesetz Kommentar, Band 2 (Art. 6–15), Loseblattwerk, 82. Auflage, München 2018 (zitiert: *Bearbeiter*, in Maunz/Dürig, GG).

Hirte, Heribert/Mülbert, Peter/Roth, Markus (Hrsg.): Aktiengesetz Großkommentar, Band 4 (Teilband 1, §§ 76–91 AktG), 5. Auflage, Berlin (u. a.) 2015 (zitiert: *Bearbeiter*, in Großkomm AktG).

Dies.: Aktiengesetz Großkommentar, Band 4 (Teilband 2, §§ 92–94 AktG), 5. Auflage, Berlin (u. a.) 2015 (zitiert: *Bearbeiter*, in Großkomm AktG).

Dies.: Aktiengesetz Großkommentar, Band 2 (Teilband 2, §§ 41–53 AktG), 5. Auflage, Berlin (u. a.) 2016 (zitiert: *Bearbeiter*, in Großkomm AktG).

Hoffmann-Becking, Michael: Vorstands-Doppelmandate im Konzern, ZHR 150 (1986), 570–584.

Ders.: Referat R, in Ständige Deputation des Deutschen Juristentages (Hrsg.), Verhandlungen des 59. Deutschen Juristentages, München 1992 (zitiert: *Hoffmann-Becking*, Referat R zum 59. DJT).

Ders.: Gibt es das Konzerninteresse?, in Erle, Bernd/Wulf, Goette/Kleindiek, Detlef/Krieger, Gerd/Priester, Hans-Joachim/Schubel, Christian/Schwab, Martin/Teichmann, Christoph/Witt, Carl-Heinz (Hrsg.), Festschrift für Peter Hommelhoff zum 70. Geburtstag, S. 433–446, Köln 2012 (zitiert: *Hoffmann-Becking*, in FS Hommelhoff).

Ders.: Unabhängigkeit im Aufsichtsrat, NZG 2014, 801–809.

Ders. (Hrsg.): Münchener Handbuch des Gesellschaftsrechts, Band 4, 4. Auflage, München 2015 (zitiert: *Bearbeiter*, in MünchHdb GesR IV).

Hölters, Wolfgang (Hrsg.): Aktiengesetz, 3. Auflage, München 2017 (zitiert: *Bearbeiter*, in Hölters).

Hommelhoff, Peter: Empfiehlt es sich, das Recht faktischer Unternehmensverbindungen neu zu regeln?, Gutachten G, in Ständige Deputation des Deutschen Juristentages (Hrsg.), Verhandlungen des 59. Deutschen Juristentages, München 2012 (zitiert: *Hommelhoff*, Gutachten G zum 59. DJT).

Ders.: Praktische Erfahrungen mit dem Abhängigkeitsbericht, ZHR 156 (1992), 295–313.

Ders.: Aufsichtsrats-Unabhängigkeit in der faktisch konzernierten Börsengesellschaft, ZIP 2013, 1645–1650.

Ders.: Ein Neustart im europäischen Konzernrecht, KSzW 2014, 63–68.

Ders.: Aktuelle Impulse aus dem europäischen Unternehmensrecht: Eine Herausforderung für Deutschland, NZG 2015, 1329–1336.

Hopt, Klaus: Aktionärskreis und Vorstandsneutralität, ZGR 1993, 534–566.

Ders.: Die Haftung von Vorstand und Aufsichtsrat, in Immenga, Ulrich/Möschel, Wernhard/Reuter, Dieter (Hrsg.), Festschrift für Ernst-Joachim Mestmäcker zum 70. Geburtstag, S. 909–931, Baden-Baden 1996 (*Hopt*, in FS Mestmäcker).

Ders.: ECLR Interessenwahrnehmung und Interessenkonflikte im Aktien-, Bank- und Berufsrecht, ZGR 2004, 1–52.

Ders.: Europäisches Gesellschaftsrecht und deutsche Unternehmensverfassung – Aktionsplan und Interdependenzen, ZIP 2005, 461–474.

Ders.: Europäisches Gesellschaftsrecht im Lichte des Aktionsplans der Europäischen Kommission vom Dezember 2012, ZGR 2013, 165–215.

Ders.: Europäisches Unternehmensrecht oder nur mehr Aktionärsschutz? Ein Pläyoder für mehr Mut bei der externen Corporate Governance, EuZW 2014, 401–402.

Hopt, Klaus/Wiedemann, Herbert (Hrsg.): Aktiengesetz Großkommentar, Band 2 (§§ 53a–75 AktG), 4. Auflage, Berlin (u. a.) 2008 (zitiert: *Bearbeiter*, in Großkomm AktG).

Dies.: Aktiengesetz Großkommentar, Band 4 (§§ 95–117 AktG), 4. Auflage, Berlin (u. a.) 2006 (zitiert: *Bearbeiter*, in Großkomm AktG).

Dies.: Aktiengesetz Großkommentar, Band 5 (MitbestG, §§ 118–149 AktG), 4. Auflage, Berlin (u. a.) 2008 (zitiert: *Bearbeiter*, in Großkomm AktG).

Dies.: Aktiengesetz Großkommentar, Band 5 (§§ 118–149 AktG), 4. Auflage, Berlin (u. a.) 2012 (zitiert: *Bearbeiter*, in Großkomm AktG).

Dies.: Aktiengesetz Großkommentar, Band 8 (§§ 278–310 AktG), 4. Auflage, Berlin (u. a.) 2013 (zitiert: *Bearbeiter*, in Großkomm AktG).

Horton, Chris/Weston, Jo: Significant Transactions and Related Party Transactions, in Wallis, Toby (Hrsg.), A practitioner's guide to the FCA listing regime 2014/2015, 27. Auflage, London 2014.

Hüffer, Uwe: Die Unabhängigkeit von Aufsichtsratsmitgliedern nach Ziff. 5.4.2. DCGK, ZIP 2006, 637–644.

Ders.: Aktiengesetz, 10. Auflage, München 2012 (zitiert: *Hüffer*, AktG, 10. Aufl.).

Hüffer, Uwe (Begr.)/Koch, Jens (Bearb.): Aktiengesetz, 13. Auflage, München 2018 (zitiert: *Koch*, in Hüffer).

Ihrig, Hans-Christoph: Vergütungszahlungen auf einen Beratungsvertrag mit einem Aufsichtsratsmitglied vor Zustimmung des Aufsichtsrats, ZGR 2013, 417–435.

Ihrig, Hans-Christoph/Schäfer, Carsten: Rechte und Pflichten des Vorstands, Köln 2014.

Ihrig, Hans-Christoph/Wandt, Andre: Die Aktienrechtsnovelle 2016, BB 2016, 6–18.

Inci, Serdar: Diskussionsbericht zum Berliner Kreis für Gesellschaftsrecht: Die reformierte Aktionärsrechte-Richtlinie und ihre Umsetzbarkeit ins deutsche Recht, NZG 2017, 579–580.

Institut der Wirtschaftsprüfer in Deutschland e. V. (Hrsg.): WP-Handbuch, 15. Auflage, Düsseldorf 2017 (zitiert: *IDW*, WP-Hdb I).

Jaeger, Carsten: Aufsichtsratsausschüsse ohne Arbeitnehmervertreter?, ZIP 1995, 1735–1739

Jaspers, Philipp: Voraussetzungen und Rechtsfolgen der Unabhängigkeit eines Aufsichtsratsmitgliedes nach dem BilMoG, AG 2009, 607–615.

Jensen, Michael/Meckling, William: Theory of the firm: Managerial behavior, agency costs and ownership structure, Journal of Financial Economics 3 (1976), 305–360.

Jung, Stefanie: Transaktionen mit nahestehenden Unternehmen und Personen, WM 2014, 2351–2357.

Kallmeyer, Harald: Das monistische System in der SE mit Sitz in Deutschland, ZIP 2003, 1531–1536.

Kalss, Susanne: Die Reform des Österreichischen Kapitalgesellschaftsrecht, in Kalss, Susanne/Schauer, Martin (Hrsg.), Verhandlungen des Sechszehnten Österreichischen Juristentages Graz 2006, Band 2, 1. Gutachten, Wien 2006 (zitiert: *Kalss*, in Kalss/Schauer, Die Reform des Österreichischen Kapitalgesellschaftsrechts, 16. ÖJT).

Dies.: Alternativen zum deutschen Aktienrecht, ZHR 171 (2007), 146–198.

Kalss, Susanne/Klampfl, Christoph: Europäisches Gesellschaftsrecht, in Dauses, Manfred (Begr.)/Ludwigs, Markus (Hrsg.), Handbuch des EU-Wirtschaftsrechts, Band 1, 37. Ergänzungslieferung, Stand April 2015, München 2015 (zitiert: *Kalss/Klampfl*, in Dauses/Ludwigs, Handbuch des EU-Wirtschaftsrechts).

Kiefner, Alexander/Theusinger, Ingo: Aufsteigende Darlehen und Sicherheitenbegebung im Aktienrecht nach dem MoMiG, NZG 2008, 801–806.

Kindler, Peter: Die Aktiengesellschaft für den Mittelstand. Das Gesetz für kleine Aktiengesellschaften und zur Deregulierung des Aktienrechts, NJW 1994, 3041–3048.

Klausing, Friedrich: Gesetz über Aktiengesellschaften und Kommanditgesellschaften auf Aktien (Aktien-Gesetz), Berlin 1937.

Klein, Martin: Die Änderungen des Deutschen Corporate Governance Kodex 2012 aus Sicht der Unternehmenspraxis, AG 2012, 805–814.

Kleinert, Ursula/Mayer, Volker: Geschäfte der Aktiengesellschaft mit nahestehenden Personen und Unternehmen, EuZW 2018, 314–322.

Klene, Victor: Related Party Transactions, Frankfurt a. M. (u. a.) 2017.

Ders.: Related Party Transactions – Handlungsbedarf in Deutschland, GWR 2018, 210–213.

Koch, Jens: Die Nachgründung, München 2002.

Ders.: Das Gesetz zur Unternehmensintegrität und Modernisierung des Anfechtungsrechts (UMAG), ZGR 2006, 769–804.

Ders.: Die Anwendung der Business Judgement Rule bei Interessenkonflikten innerhalb des Vorstands, in Joost, Detlev/Oetker, Hartmut/Paschke, Marian (Hrsg.), Festschrift für Franz Säcker zum 70. Geburtstag, S. 403–420, München 2011 (zitiert: *Koch*, in FS Säcker).

Ders.: Begriff und Rechtsfolgen von Interessenkonflikten und Unabhängigkeit im Aktienrecht, ZGR 2014, 697–730.

Ders.: Die schleichende Erosion der Verfolgungspflicht nach ARAG/Garmenbeck, NZG 2014, 934–942.

Koller, Ingo/Kindler, Peter/Roth, Wulf-Henning/Morck, Winfried: Handelsgesetzbuch Kommentar, 8. Auflage, München 2015 (*Bearbeiter*, in Koller/Kindler/Roth/Morck).

Koppensteiner, Hans-Georg: Abhängige Aktiengesellschaften aus rechtspolitischer Sicht, in Baur, Jürgen/Hopt, Klaus/Mailänder, Peter (Hrsg.), Festschrift für Ernst Steindorff zum 70. Geburtstag am 13. März 1990, S. 79–112, Berlin (u. a.) 1990 (zitiert: *Koppensteiner*, in FS Steindorff).

Kort, Michael: Interessenkonflikte bei Organmitgliedern der AG, ZIP 2008, 717–725.

Kremer, Thomas/Bachmann, Gregor/Lutter, Marcus/von Werder, Axel (Hrsg.): Deutscher Corporate Governance Kodex, Kodex-Kommentar, 7. Auflage, München 2018 (zitiert: *Bearbeiter*, in Kremer/Bachmann/Lutter/v. Werder, DCGK).

Kremer, Thomas/von Werder, Axel: Unabhängigkeit von Aufsichtsratsmitgliedern, AG 2013, 340–348.

Krieger, Gerd: Zum Aufsichtsratspräsidium, ZGR 1985, 338–364.

Kropff, Bruno: Aktiengesetz, Düsseldorf 1965.

Ders.: Diskussionsbeitrag zum Thema „Abhängigkeitsbericht unter betriebswirtschaftlichen Aspekten", in Institut der Wirtschaftsprüfer in Deutschland (Hrsg.), Wirtschaftsprüfung im neuen Aktienrecht, S. 127–130, Düsseldorf 1966.

Ders.: Außenseiterschutz in der faktisch abhängigen „kleinen Aktiengesellschaft", ZGR 1988, 558–586.

Ders.: Benachteiligungsverbot und Nachteilsausgleich im faktischen Konzern, in Doralt, Peter/Nowotny, Christian (Hrsg.), Kontinuität und Wandel, Festschrift für Walther Kastner zum 90. Geburtstag, S. 279–299, Wien 1992 (zitiert: *Kropff*, in FS Kastner).

Ders.: Informationspflichten des Aufsichtsrats, in Damm, Reinhard/Heermann, Peter/Veil, Rüdiger (Hrsg.), Festschrift für Thomas Raiser zum 70. Geburtstag am 20. Februar 2005, S. 225–246, Berlin 2005 (*zitiert*: *Kropff*, in FS Raiser).

Ders.: Der unabhängige Finanzexperte in der Gesellschaftsverfassung, in Bitter, Georg/Lutter, Marcus/Priester, Hans-Joachim/Schön, Wolfgang/Ulmer, Peter (Hrsg.), Festschrift für Karsten Schmidt zum 70. Geburtstag, S. 1023–1040, Köln 2009 (zitiert: *Kropff*, in FS K. Schmidt).

Kropff, Bruno/Semler, Johannes (Hrsg.): Münchener Kommentar zum Aktiengesetz, Band 3, 2. Auflage, München 2004 (zitiert: *Bearbeiter*, in MüKo AktG, 2. Auflage).

Kumpan, Christoph: Der Interessenkonflikt im deutschen Privatrecht, Tübingen 2014.

Ders.: EU Vorgaben für related party transactions – Eine kritische Analyse der vorgeschlagenen Regelungen nach der Abänderung durch das Europäische Parlament, Bonn 2015.

Lanfermann, Georg/Maul, Silja: Maßnahmenpaket der Europäischen Kommission zum Gesellschaftsrecht und Corporate Governance, BB 2014, 1283–1294.

Lanfermann, Georg/Röhricht, Victoria: Pflichten des Prüfungsausschusses nach dem BilMoG, BB 2009, 887–891.

Lange, Oliver: Zustimmungsvorbehaltspflicht und Kataloghaftung des Aufsichtsrats nach neuem Recht, DStR 2003, 376–381.

Langenbucher, Katja: Vorstandshandeln und Kontrolle, DStR 2005, 2083–2090.

Dies.: (No) market for corporate governance? Related party transactions and shareholder approval rights, in Stumpf, Cordula/Kainer, Friedemann/Baldus, Christian (Hrsg.), Privatrecht, Wirtschaftsrecht, Verfassungsrecht, Festschrift für Peter-Christian Müller-Graff zum 70. Geburtstag, S. 312–318, Baden-Baden 2015 (zitiert: *Langenbucher*, in FS Müller-Graff).

La Porta, Rafael/Lopez-De-Silanes, Florencio/Shleifer, Andrei: Corporate Ownership Around the World, The Journal of Finance 2 (1999), 471–517.

La Porta, Rafael/Lopez-De-Silanes, Florencio/Shleifer, Andrei/Vishny, Robert: Legal Determinants of External Finance, NBER Working Paper No. 5879, Januar 1997, abrufbar unter: http://www.nber.org/papers/w5879.pdf (Stand 31.08.2018).

Lieder, Jan: Zustimmungsvorbehalte des Aufsichtsrats nach neuer Rechtslage, DB 2004, 2251–2255.

Löbbe, Marc/Fischbach, Jonas: Die Business Judgement Rule bei Kollegialentscheidungen des Vorstands, AG 2014, 717–729.

Lorenz, Dirk: Das Spruchverfahren – dickes Ende oder nur viel Lärm um nichts?, AG 2012, 284–288.

Lutter, Marcus: Zur Treuepflicht des Großaktionärs, JZ 1976, 225–233.

Ders.: Die Treuepflicht des Aktionärs, ZHR 153 (1989), 446–471.

Ders.: Information und Vertraulichkeit im Aufsichtsrat, 3. Auflage, Köln 2006.

Ders.: Zur Durchsetzung von Schadensersatzansprüchen gegen Organmitglieder, in Burgard, Ulrich/Hadding, Walther/Mülbert, Peter/Nietsch, Michael/Welter, Reinhard (Hrsg.), Festschrift Uwe H. Schneider zum 70. Geburtstag, S. 763–770, Köln 2011 (zitiert: *Lutter*, in FS U. H. Schneider).

Ders.: Nochmal: Die geplante europäische Gesetzgebung zu „related party transactions", EuZW 2014, 687–688.

Lutter, Marcus/Bayer, Walter/Schmidt, Jessica: Europäisches Unternehmens- und Kapitalmarktrecht, 6. Auflage, Berlin (u. a.) 2017.

Lutter, Marcus/Kollmorgen, Alexander/Feldhaus, Heiner: Die Europäische Aktiengesellschaft – Satzungsgestaltung bei der „mittelständischen SE", BB 2005, 2473–2483.

Lutter, Marcus/Krieger, Gerd/Verse, Dirk: Rechte und Pflichten des Aufsichtsrats, 6. Auflage, Köln 2014.

Marsch-Barner/Schäfer, Frank (Hrsg.): Handbuch börsennotierte AG, 4. Auflage, Köln 2018 (zitiert: *Bearbeiter*, in Marsch-Barner/Schäfer, Handbuch börsennotierte AG).

Merkt, Hanno: Die Zusammenarbeit von Aufsichtsrat und Abschlussprüfer nach der EU-Reform: Mut zur Erwartungslücke?, ZHR 179 (2015), 601–644.

Michalski, Lutz: Ungeklärte Fragen bei der Einlagenrückgewähr im Aktienrecht, AG 1980, 261–269.

Miebach, Bernhard: Organisationstheorie, 2. Auflage, Wiesbaden 2012.

Möllers, Thomas: Treuepflichten und Interessenkonflikte bei Vorstands- und Aufsichtsratsmitgliedern, in Hommelhoff, Peter/Hopt, Klaus/v. Werder, Axel (Hrsg.), Handbuch Corporate Governance, S. 423–446, 2. Auflage Köln (u. a.) 2009 (zitiert: *Bearbeiter*, in Hommelhoff/Hopt/v. Werder, HdB Corporate Governance).

Möllers, Thomas/Kernchen, Eva: Information Overload am Kapitalmarktecht, ZGR 2011, 1–26.

Mülbert, Peter: Auf dem Weg zu einem europäischen Konzernrecht?, ZHR 179 (2015), 645–667.

Müller, Hans-Friedrich: Aufsichtsratsmandat und anwaltliche Tätigkeit, NZG 2002, 797–802.

Müller, Welf/Rödder, Thomas (Hrsg.): Beck'sches Handbuch der AG, 2. Auflage, München 2009 (zitiert: *Bearbeiter*, in Beck'sches Hdb der AG).

Niehus, Rudolf: Berichterstattung über Geschäfte mit nahe stehenden natürlichen Personen nach dem BilMoG und dem Deutschen Corporate Governance Kodex, DB 2008, 2493–2500.

Ders.: Nahestehende Personen nach dem BilMoG; Anhangsangaben mit brisanten steuerlichen Auswirkungen, DStR 2008, 2280–2285.

Noack, Max: Das Spruchverfahren nach dem Spruchverfahrensgesetz, Berlin 2014 (zitiert: *Noack*, Spruchverfahren).

Noack, Ulrich: Die konzernrechtliche Sonderprüfung nach § 315 AktG, WPg 1994, 225–236.

Ders.: Satzungsändernde Verträge der Gesellschaft mit ihren Gesellschaftern, NZG 2013, 281–285.

OECD: Related Party Transactions and Minority Shareholder Rights, Paris 2012.

Oetker, Hartmut: Das Recht der Unternehmensmitbestimmung im Spiegel der neueren Rechtsprechung, ZGR 2000, 19–60.

Osterloh-Konrad, Christine: Diskussionsbericht zu den Referaten von Jochen Vetter und Peter Kindler, ZHR 179 (2015), 385–394.

Paefgen, Walter: Dogmatische Grundlagen, Anwendungsbereich und Formulierung einer Business Judgement Rule im künftigen UMAG, AG 2004, 245–261.

Ders.: Die Inanspruchnahme pflichtvergessener Vorstandsmitglieder als unternehmerische Ermessensentscheidung des Aufsichtsrats, AG 2008, 761–769.

Paschos, Nikolaos/Goslar, Sebastian: Unabhängigkeit von Aufsichtsratsmitgliedern nach den neuesten Änderungen des Deutschen Corporate Governance Kodex, NZG 2012, 1361–1366.

Pearce, Will/Kirkby, Antonia: The Listing, Prospectus, and Disclosure and Transparency Rules, in Blair, Michael/Walker, George/Willey, Stuart, Financial Markets and Exchanges Law, S. 173–201, 2. Auflage, Oxford 2012.

Peltzer, Martin: Die Haftung des Aufsichtsrats bei Verletzung der Überwachungspflicht, WM 1981, 346–352.

Ders.: Haftungsgeneigte Personalentscheidungen des Aufsichtsrats, in Bierich, Marcus/Hommelhoff, Peter/Kropff, Bruno (Hrsg.), Festschrift für Johannes Semler zum 70. Geburtstag am 28. April 1993, S. 261–276, Berlin (u. a.) 1993 (zitiert: *Peltzer*, in FS Semler).

Ders.: Probleme bei der Kreditgewährung der Kapitalgesellschaft an ihre Leitungsperson, in Pfeiffer, Gerd/Wiese, Günther/Zimmermann, Klaus (Hrsg.), Festschrift für Heinz Rowedder zum 75. Geburtstag, S. 325–345, München 1994 (zitiert: *Peltzer*, in FS Rowedder).

Ders.: Der Kommissionsentwurf für eine 13. Richtlinie über Übernahmeangebote vom 07.02.1996, AG 1997, 145–151.

Ders.: Das Zulassungsverfahren nach § 148 AktG wird von der Praxis nicht angenommen! Warum?, in Burgard, Ulrich/Hadding, Walther/Mülbert, Peter/Nietsch, Michael/Welter, Reinhard (Hrsg.), Festschrift für Uwe H. Schneider zum 70. Geburtstag, S. 953–968, Köln 2011 (*Peltzer*, in FS U. H. Schneider).

Petersen, Karl/Zwirner, Christian/Busch, Julia: Berichterstattungspflichten im Zusammenhang mit natürlichen Personen: Nahestehende Personen und Abhängigkeitsbericht, BB 2009, 1854–1858.

Powers, William, Junior/Troubh, Raymond/Winokur, Herbert, Junior: Report of Investigation by the Special Investigative Committee of the Board of Directors of Enron Corp., 2002, abrufbar unter: http://i.cnn.net/cnn/2002/LAW/02/02/enron.report/powers.report.pdf (Stand 31.08.2018).

Puszkajler, Peter/Sekera-Terplan, Tino: Reform des Spruchverfahrens?, NZG 2015, 1055–1063.

Raiser, Thomas/Wiesner, Georg: Aktien- und Unternehmensrecht im Spiegel der Festschrift für Carl Hans Barz, AG 1976, 266–272.

Reichert, Jochem: Das Prinzip der Regelverfolgung von Schadensersatzansprüchen nach „ARAG/Garmenbeck“ – Eine kritische Würdigung, in Erle, Bernd/Wulf, Goette/Kleindiek, Detlef/Krieger, Gerd/Priester, Hans-Joachim/Schubel, Christian/Schwab, Martin/Teichmann, Christoph/Witt, Carl-Heinz (Hrsg.), Festschrift für Peter Hommelhoff zum 70. Geburtstag, S. 907–926, Köln 2012 (zitiert: *Reichert*, in FS Hommelhoff).

Rellermeyer, Klaus: Aufsichtsratsausschüsse, Köln (u. a.) 1986.

Renner, Moritz: Hauptversammlungszuständigkeit und Organadäquanz, AG 2015, 513–523.

Rhiel, Jörg: Related-Party Transactions im deutschen und US-amerikanischen Recht der Aktiengesellschaft, Berlin 2015.

Rimmelspacher, Dirk/Fey, Gerd: Anhangangaben zu nahe stehenden Unternehmen und Personen nach dem BilMoG, WPg 2010, 180–192.

Ringleb, Henrik-Michael/Kremer, Thomas/Lutter, Marcus/von Werder, Axel: Die Kodex-Änderungen vom Mai 2012, NZG 2012, 1081–1089.

Roe, Mark: The Institutions of Corporate Governance, in Ménard, Claude/Shirley, Mary (Hrsg.), Handbook of New Institutional Economics, S. 371–399, Berlin (u. a.) 2008.

Roth, Günter/Wörle, Ulrike: Die Unabhängigkeit des Aufsichtsrats – Recht und Wirklichkeit, ZGR 2004, 565–630.

Roth, Markus: Unabhängige Aufsichtsratsmitglieder, ZHR 175 (2011), 605–643.

Ders.: Deutscher Corporate Governance Kodex 2012, WM 2012, 1985–1992.

Ders.: Information und Organisation des Aufsichtsrats, ZGR 2012, 343–381.

Ders.: Related Party Transactions, 2016, abrufbar bei SSRN: https://ssrn.com/abstract=2710128 (Stand 31.08.2018).

Rupietta, Dirk: Die Vertretung der Aktiengesellschaft gegenüber dem Vorstand, NZG 2007, 801–805.

Sachs, Michael (Hrsg.): Grundgesetz Kommentar, 8. Auflage, München 2018 (zitiert: *Bearbeiter*, in Sachs, GG).

Säcker, Franz Jürgen/Rehm, Christian: Grenzen der Mitwirkung des Aufsichtsrats an unternehmerischen Entscheidungen in der Aktiengesellschaft, DB 2008, 2814–2821.

Schäfer, Carsten: Die Binnenhaftung von Vorstand und Aufsichtsrat nach der Renovierung durch das UMAG, ZIP 2005, 1253–1259.

von Schenck, Kersten (Hrsg.): Arbeitshandbuch für Aufsichtsratsmitglieder, 4. Auflage, München 2013 (zitiert: *Bearbeiter*, in Semler/v. Schenck, AR Hdb).

Ders.: Der Aufsichtsrat, München 2015 (zitiert: *Bearbeiter*, in Semler/v. Schenck, Der Aufsichtsrat).

Schiessl, Maximilian: ECLR Fairness Opinion im Übernahme- und Gesellschaftsrecht, ZGR 2003, 814–852.

Schlegelberger, Franz/Quassowski, Leo/Herbig, Gustav/Geßler, Ernst/Hefermehr, Wolfgang/Schmalenbach, Eugen (Hrsg.): Gesetz über Aktiengesellschaften und Kommanditgesellschaft auf Aktien vom 30. Januar 1937 samt Einführungsgesetz und amtlicher Begründung, 3. Auflage, Berlin 1939 (zitiert: *Schlegelberger/Quassowski*, AktG 1937).

Schmidt, Christian/Seipp, Jennifer: Berechnung der Vergütung von Miet- und Leasingverträgen im Rahmen der Nachgründung gemäß § 52 Abs. 1 AktG, ZIP 2000, 2089–2097.

Schmidt, Karsten: Gesellschaftsrecht, 4. Auflage, Köln (u. a.) 2002.

Ders.: Verfolgungspflichten, Verfolgungsrechte und Aktionärsklagen: Ist die Quadratur des Zirkels näher gerückt? – Gedanken zur Reform der §§ 147–149 AktG vor dem Hintergrund der Juristentagsdiskussion des Jahres 2000, NZG 2005, 796–801.

Schmidt, Karsten/Lutter, Marcus (Hrsg.): Aktiengesetz Kommentar, Band 1 (§§ 1–149), 3. Auflage, Köln 2015 (zitiert: *Bearbeiter*, in K. Schmidt/Lutter).

Schmidt-Bleibtreu, Bruno/Bethge, Herbert/von Coelln, Christian/Grasshof, Karin/Haratsch, Andreas/Mellinghoff, Rudolf/Müller-Terpitz, Ralf/Niesler, André/Rozek, Jochen (Hrsg.): Bundesverfassungsgerichtsgesetz Kommentar, Band 1, 53. Ergänzungslieferung, Stand Februar 2018, München 2018 (zitiert: *Bearbeiter*, in Maunz/Schmidt-Bleibtreu/Klein/Bethge, BVerfGG).

Schmits, Volker: Die Vertretung der Aktiengesellschaft gegenüber ausgeschiedenen Vorstandsmitgliedern, AG 1992, 149–155.

Schmitt, Joachim/Hörtnagl, Joachim/Stratz, Rolf-Christian (Hrsg.): Umwandlungsgesetz, Umwandlungssteuergesetz, 7. Auflage, München 2016 (zitiert: *Bearbeiter*, in Schmitt/Hörtnagl/Stratz).

Schmolke, Klaus Ulrich: Die Aktionärsklage nach § 148 AktG, ZGR 2011, 398–442.

Schneider, Uwe H.: Der Auskunftsanspruch des Aktionärs im Konzern – Ein Beitrag zum Konzernverfassungsrecht, in Schneider, Uwe H. (Hrsg.), Festschrift für Marcus Lutter zum 70. Geburtstag, S. 1193–1205, Köln 2000 (zitiert: *U. H. Schneider*, in FS Lutter).

Ders.: Europarechtlicher Schutz vor nachteiligen Transaktionen mit nahe stehenden Unternehmen und Personen?, EuZW 2014, 641–642.

Scholderer, Frank: Unabhängigkeit und Interessenkonflikte der Aufsichtsratsmitglieder, NZG 2012, 168–176.

Scholz, Philipp: Die Haftung bei Verstößen gegen die Business Judgement Rule, AG 2015, 222–231.

Schulze, Reiner/Zuleeg, Manfred/Kadelbach, Stefan (Hrsg.): Europarecht, 3. Auflage, Baden-Baden 2015 (zitiert: *Bearbeiter*, in Schule/Zuleeg/Kadelbach, EuropaR)

Schürnbrand, Jan: Diskussionsbericht zu den Referaten Decher, Kalss und Hopt, ZHR 171 (2007), 241–244.

Seebach, Daniel: Kontrollpflicht und Flexibilität – Zu den Möglichkeiten des Aufsichtsrats bei der Ausgestaltung und Handhabung von Zustimmungsvorbehalten, AG 2012, 70–77.

Seibert, Ulrich: „Gesetzesmaterialien" in der Gesetzgebungspraxis, in Fleischer, Holger (Hrsg.), Mysterium „Gesetzesmaterialien", S. 111–126, Tübingen 2013.

Seibt, Christoph: Richtlinienvorschlag zur Weiterentwicklung des europäischen Corporate Governance Rahmens, DB 2014, 1910–1919.

Ders.: BDI/FBD: Erforderliche Harmonisierung oder unnötiger Systembruch?, 2015, abrufbar unter: https://bdi.eu/media/presse/publikationen/2015_Related_Party_Transactions.pdf (Stand 31.08.2018).

Selzner, Harald: Related Party Transactions – Fortschritt oder Bedrohung?, ZIP 2015, 753–761.

Semler, Johannes: Die Überwachungsaufgabe des Aufsichtsrats, Köln (u. a.) 1980.

Ders.: Geschäfte einer Aktiengesellschaft mit Mitgliedern ihres Vorstands, in Pfeiffer, Gerd/Wiese, Günther/Zimmermann, Klaus (Hrsg.), Festschrift für Heinz Rowedder zum 75. Geburtstag, S. 441–457, München 1994 (*Semler*, in FS Rowedder).

Ders.: Leitung und Überwachung der Aktiengesellschaft, 2. Auflage, Köln (u. a.) 1996.

Ders.: Anforderungen an die Befähigung eines Aufsichtsratsmitglieds, in Bitter, Georg/Lutter, Marcus/Priester, Hans-Joachim/Schön, Wolfgang/Ulmer, Peter (Hrsg.), Festschrift für Karsten Schmidt zum 70. Geburtstag, S. 1489–1505, Köln 2009 (zitiert: *Semler*, in FS K. Schmidt).

Ders.: Überlegungen der Praktikabilität der Organhaftungsvorschriften, in Habersack, Mathias/Hommelhoff, Peter (Hrsg.), Festschrift für Wulf Goette zum 65. Geburtstag, S. 499–512, München 2011 (zitiert: *Semler*, in FS Goette).

Semler, Johannes/Stengel, Arndt: Interessenkonflikte bei Aufsichtsratsmitgliedern von Aktiengesellschaften am Beispiel von Konflikten bei Übernahme, NZG 2003, 1–8.

Spindler, Gerald: Beratungsverträge mit Aufsichtsratsmitgliedern – Vorabzustimmung oder nachträgliche Genehmigung?, NZG 2011, 334–337.

Ders.: Beratungsverträge mit Aufsichtsratsmitgliedern, NZG 2012, 1161–1164.

Spindler, Gerald/Seidel, Andreas: Die Zustimmungspflicht bei Related Party Transactions in der konzernrechtlichen Diskussion, AG 2017, 169–178.

Spindler, Gerald/Stilz, Eberhard (Hrsg.): Kommentar zum Aktiengesetz, Band 1 (§§ 1–149 AktG), 3. Auflage München 2015 (zitiert: *Bearbeiter*, in Spindler/Stilz).

Dies.: Kommentar zum Aktiengesetz, Band 2 (§§ 150–410 AktG, IntGesR, SpruchG, SE-VO), 3. Auflage, München 2015 (zitiert: *Bearbeiter*, in Spindler/Stilz, AktG).

Stein, Ursula: Die Grenzen vollmachtloser Vertretung der Gesellschaft gegenüber Vorstandsmitgliedern und Geschäftsführern, AG 1999, 28–42.

Stephanblome, Markus: Der Unabhängigkeitsbegriff des Deutschen Corporate Governance Kodex, NZG 2013, 445–452.

Stimpel, Walter: Zum Auszahlungsverbot des § 30 Abs. 1 GmbHG. Die Befreiung vom handelsrechtlichen Denken und die Unzulässigkeit von Vermögenszuwendungen an Gesellschafter gegen hinausgeschobene schuldrechtliche Ausgleichsverpflichtungen, in Lutter, Marcus/Ulmer, Peter/Zöllner, Wolfgang (Hrsg.), Festschrift 100 Jahre GmbH-Gesetz, S. 335–361, Köln 1992 (zitiert: *Stimpel*, in FS 100 Jahre GmbHG).

Stöber, Michael: Die Aktienrechtsnovelle 2016, DStR 2016, 611–617.

Stumpf, Christoph: Grundrechtsschutz im Aktienrecht, NJW 2003, 9–15.

Thaeter, Ralf/Guski, Roman: Shareholder Activism: Gesellschaftsrechtliche Schranken aktiven Aktionärsverhaltens, AG 2007, 301–308.

Tarde, Andreas: Die verschleierte Konzernrichtlinie, ZGR 2017, 360–388.

Ders.: Related Party Transactions, Köln 2018.

Teichmann, Christoph: Europäisches Konzernrecht: Vom Schutzrecht zum Enabling Law, AG 2013, 184–197.

Temming, Felipe: Geschäfte zwischen einer AG und ihr nahestehenden Parteien – Wer soll diese genehmigen, RdA 2015, 280–285.

Thoma, Katrin: Eigengeschäfte des Vorstands mit der Aktiengesellschaft, Frankfurt a. M. 2003.

Tries, Hermann-Josef: Verdeckte Gewinnausschüttungen im GmbH-Recht, Köln 1991.

Tröger, Tobias: Anreizorientierte Vorstandsvergütung im faktischen Konzern, ZGR 2009, 447–473.

Ders.: Corporate groups, SAFE Working Paper Series No. 66, Frankfurt a. M. 2014, abrufbar unter: http://dx.doi.org/10.2139/ssrn.2500101 (Stand 31.08.2018).

Ders.: Durchsetzung der Vorstandshaftung, ZHR 179 (2015), 453–489.

Ders.: Related Party Transactions mit Blockaktionären im europäischen Gesellschaftsrecht, AG 2015, 53–71.

Ulmer, Peter: Gläubigerschutz im „qualifizierten" faktischen GmbH-Konzern, NJW 1986, 1579–1586.

Ders.: Die Aktionärsklage als Instrument zur Kontrolle des Vorstands- und Aufsichtsratshandelns, ZHR 163 (1999), 290–342.

Ders.: Der Deutsche Corporate Governance Kodex – ein neues Regulierungsinstrument für börsennotierte Aktiengesellschaften, ZHR 166 (2002), 150–181.

Ders.: Strikte aktienrechtliche Organhaftung und D&O-Versicherung – zwei getrennte Welten?, in Heldrich, Andreas/Prölss, Jürgen/Koller, Ingo/Langenbucher, Katja/Grigoleit, Hans/Hager, Johannes/Hey, Felix/Neuner, Jörg/Petersen, Jens/Singer, Reinhard (Hrsg.), Festschrift für Claus-Wilhelm Canaris zum 70. Geburtstag, Band 2, S. 451–472, München 2007 (zitiert: *Ulmer*, in FS Canaris).

Ders.: Das Sonderrecht der §§ 311 ff. AktG und sein Verhältnis zur allgemeinen aktienrechtlichen Haftung für Schädigungen der AG, in Kindler, Peter/Koch, Jens/Ulmer, Peter/Winter, Martin (Hrsg.), Festschrift für Uwe Hüffer zum 70. Geburtstag, S. 999–1016, München 2010 (zitiert: *Ulmer*, in FS Hüffer).

Ulmer, Peter/Habersack, Mathias/Henssler, Martin (Hrsg.): Mitbestimmungsrecht, 3. Auflage, München 2013 (zitiert: *Bearbeiter*, in Ulmer/Habersack/Henssler).

Van Venrooy, Gerd: Isolierte Unternehmensverträge nach § 291 AktG?, BB 1986, 612–616.

Veil, Rüdiger: Transaktionen mit Related Parties im deutschen Aktien- und Konzernrecht, NZG 2017, 521–530.

Verse, Dirk/Wiersch, René: Die Entwicklung des europäischen Gesellschaftsrechts im Jahr 2013, EuZW 2014, 375–382.

Vetter, Eberhard: Beratungsverträge mit Aufsichtsratsmitgliedern, AG 2006, 173–180.

Ders.: Interessenkonflikte im Konzern – vergleichende Betrachtungen zum faktischen Konzern und zum Vertragskonzern, ZHR 171 (2007), 342–375.

Ders.: Der Prüfungsausschuss in der AG nach dem BilMoG, ZGR 2010, 751–793.

Vetter, Jochen: Regelungsbedarf für Related Party Transactions, ZHR 179 (2015), 273–329.

Ders.: 50 Jahre Aktienkonzernrecht, in Fleischer, Holger/Koch, Jens/Kropff, Bruno/Lutter, Marcus (Hrsg.), 50 Jahre Aktiengesetz, S. 231–272, Berlin 2016.

Wachter, Thomas (Hrsg.): Kommentar zum Aktiengesetz, 2. Auflage, Köln 2014 (zitiert: *Bearbeiter*, in Wachter).

Wackerbarth, Ulrich: Die Abschaffung des Konzernrechts, Der Konzern 2005, 562–576.

Wagner, Gerhard: Organhaftung im Interesse der Verhaltenssteuerung – Skizze eines Haftungsregimes, ZHR 178 (2014), 227–281.

Wand, Peter/Tillmann, Tobias/Heckenthaler, Stephan: Aufsteigende Darlehen und Sicherheiten bei Aktiengesellschaften nach dem MoMiG und der MPS-Entscheidung des BGH, AG 2009, 148–161.

Wardenbach, Frank: Interessenkonflikte und mangelnde Sachkunde als Bestellungshindernis zum Aufsichtsrat der AG, Köln 1996.

Wellhöfer, Werner/Peltzer, Martin/Müller, Welf: Die Haftung von Vorstand, Aufsichtsrat, Wirtschaftsprüfer, München 2008.

von Werder, Axel/Turkali, Julia: Corporate Governance Report 2015, DB 2015, 1357–1367.

Werner, Winfried: Vertretung der Aktiengesellschaft gegenüber Vorstandsmitgliedern, ZGR 1989, 369–395.

Wiedemann, Herbert: Unternehmerische Verantwortlichkeit und formale Unternehmensziele in einer zukünftigen Unternehmensverfassung, in Fischer, Robert/Möhring, Philipp/Westermann, Harry (Hrsg.), Wirtschaftsfragen der Gegenwart: Festschrift für Carl Hans Barz zum 65. Geburtstag am 6. Dezember 1974, S. 561–577, Berlin (u. a.) 1974 (zitiert: *Wiedemann*, in FS Barz).

Ders.: Organverantwortung und Gesellschafterklagen in der Aktiengesellschaft, in Rheinisch-Westfälische Akademie der Wissenschaften (Hrsg.), Vorträge G 296, Wiesbaden 1989.

Wiersch, René: Der Richtlinienentwurf zu Transaktionen mit nahestehenden Unternehmen und Personen, NZG 2014, 1131–1137.

Wilsing, Hans-Ulrich (Hrsg.): Deutscher Corporate Governance Kodex, München 2012 (zitiert: *Bearbeiter*, in Wilsing, DCGK).

Witt, Carl-Heinz: Rechtsfolgen eines Verstoßes gegen § 57 AktG, ZGR 2013, 668–685.

Zetzsche, Dirk: Langfristigkeit im Aktienrecht? – Der Vorschlag der Europäischen Kommission zur Reform der Aktionärsrechterichtlinie, NZG 2014, 1121–1131.

Zientek, Niklas: Ungeschriebene Hauptversammlungskompetenzen bei Unternehmensakquisitionen einer Aktiengesellschaft, Baden-Baden 2016.

Ziemons, Hildegard: Beraterverträge mit Mitgliedern des Aufsichtsrats, GWR 2012, 451–457.

Zöllner, Wolfgang (Hrsg.): Kölner Kommentar zum Aktiengesetz, Band 1 (§§ 1–147 AktG), 1. Auflage, Köln (u. a.) 1985 (zitiert: *Bearbeiter*, in KK-AktG, 1. Auf.)

Ders.: Kölner Kommentar zum Aktiengesetz, Band 2 (§§ 76–117 AktG), 2. Auflage, Köln (u. a.) 1996 (zitiert: *Bearbeiter*, in KK-AktG, 2. Auf.).

Ders.: Treupflichtgesteuertes Aktienkonzernrecht, ZHR 162 (1998), 235–248.

Zöllner, Wolfgang/Noack, Ulrich (Hrsg.): Kölner Kommentar zum Aktiengesetz Band 6 (§§ 15–22, 291–328 AktG), 3. Auflage, Köln (u. a.) 2004 (zitiert: *Bearbeiter*, in KK-AktG).

Dies.: Kölner Kommentar zum Aktiengesetz, Band 2/1 (§§ 76–94 AktG), 3. Auflage, Köln 2010 (zitiert: *Bearbeiter*, in KK-AktG).

Dies.: Kölner Kommentar zum Aktiengesetz, Band 3/1 (§§ 131, 132 AktG), 3. Auflage, Köln 2010 (zitiert: *Bearbeiter*, in KK-AktG).

Dies.: Kölner Kommentar zum Aktiengesetz, Band 2/2 (§§ 95–117 AktG), 3. Auflage, Köln 2013 (zitiert: *Bearbeiter*, in KK-AktG).

Dies.: Kölner Kommentar zum Aktiengesetz, Band 3/1, 7. Teillieferung (§§ 133–134, 136–137 AktG), 3. Auflage, Köln 2017 (zitiert: *Bearbeiter*, in KK-AktG).